KB051885

이 책의 내용은 대한민국 정부나 외교부의 입장과 무관한, 저자 개인의 견해입니다.

미래 청년 외교관들을 위한 진로 가이드

외교는 감동이다

2015년 10월 28일 초판 1쇄
2016년 12월 5일 2쇄
2020년 1월 15일 개정판 1쇄
2021년 4월 16일 개정판 2쇄

글 유복근
펴낸곳 HadA
펴낸이 전미정
책임편집 최효준
디자인 고은미 정윤혜
교정교열 강찬휘
출판등록 2009년 12월 3일 제 301-2009-230호
주소 서울 중구 퇴계로 243 평광빌딩 10층
전화 02-2275-5326
팩스 02-2275-5327
이메일 go5326@naver.com
홈페이지 www.npplus.co.kr
ISBN 978-89-97170-55-5 03300

값 15,000원

미래 청년 외교관들을 위한
진로 가이드

외교는 감동이다

유복근 저

전면 개정판을 내며

지난 2015년 본 저서를 출간한 이후 많은 시간이 흘러 군데군데 보완할 내용이 많이 생겼다. 독자들에게 죄송한 마음이었다. 일선 외교현장과 법무부 본부에서 여러 공무로 쫓기다보니 전면 개정판을 낼 시간을 갖지 못하였다. 금년 들어 주말에 틈틈이 작업하여 개정판을 내게 되었다.

이번에 전면 개정판을 내면서 아래와 같은 내용을 추가하거나 보완하였다.

첫째, 수천 년간 쉬지 않고 계속 되어 온 우리 민족 외교사에 대한 이해를 돕고자 삼국시대 때부터 조선시대에 이르기까지 치열하게 전개되어 온 선조들의 외교활동에 대한 내용을 대폭 보강하였다. 우리 민족은 세계 어디에 내놓아도 손색이 없는 자랑스럽고 체계적인 외교시스템을 갖고 선진적인 외교를 전개해 왔다. 서양에서 근대적인 외교시스템이 등장하기 이전부터 우리 민족은 이미 고대시대 때부터 이웃 국가들과 선진적이고 정례적인 외교교류를 진행하고, 準상주공관까지 갖추고 있었다. 주변국들에 외교사절을 정례적으로 파견하여 평화를 다지고, 국가 간의 이견이나 마찰을 해소하기 위한 외교교섭을 진행하고, 학술·문화·예술 등 다방면에서 깊이 있는 인문교류를 진행하였다. 그럼에도 불구하고 그간 우리는 선조 외교관들의 외교활동과 외교역사에 대해 제대로 배우지 못했다. 대부분의 외교사 책에 고대, 중세, 그리고 근대에 이르기까지 중단 없이 계속되었던 선조 외교관들의 사행단使行團 외교활동에 대한 기술이 없다. 그 결과 삼국사기, 조선왕조실록, 연행록燕行錄

등을 비롯한 수많은 사서에 기록된 선조들의 선진화된 외교활동best practices에 대해 제대로 배우질 못했다. 그저 베스트팔렌Westphalia 체제 이후의 근대 유럽의 외교사부터 배우고, 서세동점西勢東漸과 열강들의 패권다툼 속에 국권을 상실해 가는 우리의 외교사를 배워야 했다.

이제 우리는 민족의 장구하고 찬란했던 외교사, 동아시아 평화와 선린우호관계, 그리고 국태민안國泰民安을 위해 수천 킬로미터에 이르는 장구한 여정을 힘들게 걸었던 선조들의 위대하고 장구한 외교사, 그 외교사에 숨은 깊이 있는 전략과 전통에 대해 제대로 알아야 한다. 그리고 과거 선조들이 한 외교의 한계와 문제점, 깊은 고뇌, 그리고 개선방안 등에 대해서도 제대로 알아야 한다. 필자는 이런 문제의식에서 출발하여 전시나 평시, 혹서와 엄동설한, 밤낮을 가리지 않고 나라와 민족을 위해 순교자의 자세로 고행의 사행길을 떠났던 선조 외교관들의 외교활동에 대한 내용을 대폭 보강하였다. 이를 통해 장차 외교관이 되려는 학생, 외교에 대한 이해를 제고하고자 하는 일반인들이 그간 몰랐던 우리 외교의 역사에 대해 생각할 수 있는 여지를 주고자 하였다.

둘째, 실제 외교 현장과 우리 민족 외교사에 대한 시각적 이해를 돕고자 생생하고 현장감이 넘치는 사진들을 가급적 많이 넣고자 하였다. 사진 중에는 현대 외교의 모습을 보여주는 정상외교의 사진뿐만 아니라, 우리 선조들의 얼과 넋이 서려 있는 사행단 외교여정상의 사진들도 대폭 수록하였다. 이 사진들은 우리 외교가 온고지신溫故知新의 자세로 나아갈 방향을 잘 제시해 줄 것으로 믿는다.

셋째, 앞으로 외교관이 되려는 사람, 현재 공직에 있으면서 재외공관 근무를 희망하는 분들, 그리고 외교에 대해 알고 싶은 일반인들에게도 도움이 될 수 있도록 외교에 대한 시사적인 내용들도 보강하였다. 외교부 본부와 해외 각지의 재외공관에서 근무하는 외교관들의 실제 삶과 애환, 그들의 보람, 일상을 보여줌으로써 외교와 외교관을 이해하고자 하는 분들에게 충실한 안내서가 되도록 하였다.

이 책의 개정판을 내면서 지난해 여름부터 법무부 근무를 통해 좋은 인연을 맺고 많은 배움과 가르침을 준 분들께 감사를 전하고자 한다. 박상기 법무부장관님, 김오수 차관님, 차규근 출입국·외국인정책본부 본부장님, 김영근·장세근 출입국정책단장님 그리고 출입국·외국인정책본부의 많은 동료 직원들에게 특별한 감사의 마음을 전하고 싶다. 필자는 지난해 2018년 8월 법치rule of law와 정의justice의 정책수립 현장인 법무부로 온 이후 장·차관님, 본부장님 그리고 여러 직원·동료들과 많은 시간을 함께하면서 많은 것을 배우고 체험하였다. 법무부에 와서 국적, 난민, 이민자 사회통합, 외국인 정책, 출입국 등 생소한 이민법과 이민정책immigration law & policy을 배우고, 새로운 정책을 수립하고, 법령을 개정하고 집행하는 과정에서 많은 도움과 가르침을 받았다. 법무부 직원들이 필자에게 보내준 많은 성원과 격려, 자극, 지혜와 조언 등에 깊이 감사드린다. 이분들은 공직자로서 투철한 사명감과 전문직업정신 그리고 충성심professionalism & integrity을 갖고 출입국·이민정책, 법집행 현장에서 인권을 옹호하고, 국익을 지키며, 정의를 실현하는 동료들이었다. 아울러 일선 외교현장에서 필자와 함께 근무할 때 많은 조언과 도움을 아끼지 않은 외교부의 선·후배, 동료 여러분들께도 감사를 전하고 싶다. 특히, 필자가 최근에 근무하였던 주홍콩총영사관, 주선양총영사관, 주중대사관 직원·동료·선배 여러분들에게 깊은 우의와 감사의 마음을 전하고 싶다. 외교공동체의 일원으로 외교현장에서 함께하였던 많은 외국 동료들의 경험담, 교류도 큰 도움이 되었다.

감사할 분이 또 있다. 전면 개정판을 준비하는 과정에서 30℃가 넘는 삼복 무더위에 수고를 아끼지 않으면서 어느 책보다 훌륭한 작품이 될 수 있도록 노고를 아끼지 않은 (주)늘품플러스의 전미정 대표님, 최효준 팀장님에게도 특별한 감사를 전한다.

아울러 근 20년 넘게 국내외로 정처 없이 이사를 다니느라 고생하면서 외교관 생활을 함께해주고 고생을 마다하지 않은 아내 그리고 사랑하는 두 딸(지원, 정원)과 출간의 기쁨을 함께하고자 한다. 이번에 대입 시험을 본 둘째 딸에게도 좋은 결과가 있기를 기원해본다.

끝으로 부족한 이 졸저가 독자들로 하여금 오랜 역사와 전통을 가진 우리 민족 외교사에 대한 이해를 돕고, 동아시아의 평화를 위해 노력해 온 선조 외교관들의 헌신과 고난에 대해 이해하면서, 외교관들이 하고 있는 외교업무의 실상과 현실을 제대로 이해하는 데 조금이나마 도움이 되길 바라 마지않는다. 이를 통해 우리 외교가 국민의 이해와 지지 속에 더욱 발전할 수 있기를 희망하며, 독자 여러분들의 건승을 기원한다.

2019년 8월 4일
혹서의 와중에 서울에서
저자 씀

외교관은 국제관계에서 국익을 수호하고 재외국민을 보호하는 업무를 수행하는 국가의 공직자이다. 외교관은 또한 국제공동체의 평화와 발전이라는 더 큰 공익을 위해 헌신하는 평화의 사도다. 이런 측면에서 보면 외교관은 비단 자신이 속한 국가공동체는 물론, 보다 더 큰 국제공동체의 공동선과 이익을 증진하기 위해 봉사하는 아주 특별한 직업이기도 하다.

오늘날 상호의존된 국제사회는 '외교의 전성시대'라고 해도 무색하지 않을 만큼 외교관들의 활동영역이 넓어지고 있다. 정치, 안보, 경제·통상(우리 정부의 통상기능이 과거 외교부에서 산업통상자원부로 이관되었으나, 외교관이 재외공관에서 하는 주요 업무 중에는 통상업무가 포함된다), 영사 및 비자업무 등 전통적인 외교의 영역뿐만 아니라 국제사회의 개발, 인권, 재난과 전염병 대응, 문화 및 예술교류, 한국어 보급 등 다양한 업무가 외교의 영역에 포함되고 있다. 이에 따라 외교일선에서도 전인적 인격을 토대로 다양한 분야에서 전문성을 갖춘 창의적인 인재들을 필요로 하고 있다.

외교의 업무분야가 늘어나는 만큼 외교에 대한 국민들의 기대수준이 다방면에서 높아지고 요구사항 또한 다양해지고 있다. 미국, 중국, 일본, 러시아 등 주변 강대국과의 전략적이고 지혜로운 외교를 통한 우리의 국익확보, 다양한 분야에서의 인적 교류 촉진, 재외국민 보호뿐만 아니라 우리 문화와 정체성, 이미지, 위상 등을 국제사회에서 더욱 신장시키라는 요구 또한 높다.

그러다 보니 외교관은 본부와 재외공관 근무를 막론하고 몸이 두 개라도 부족할 정도로 항시 바쁘게 산다.

그러나 사실 우리 사회에서 외교관이 도대체 어떤 직업이고, 어떤 일을 하는지는 많이 알려져 있지 않다. 외교관이라는 국제관계 전문 공직자들에 대한 일반인들의 이해가 높지 않고, 상당수 전문가들조차도 외교관이라는 직업에 대해 피상적으로 알고 있다. 또 많은 사람들이 외교관을 화려한 직업 중의 하나로 생각한다. 그런 분들에게는 독일 소설 『황태자의 사랑』에 나오는 다음과 같은 구절이 많은 것을 설명해 줄 것이다.

> "고귀한 사람들의 생활이라는 것은 멀리서 바라보는 사람에게는 마치 햇볕에 싸여 있는 것처럼 찬란하게 보일 뿐입니다. 그러나 실제로는 수없이 많고, 번거롭고, 때로는 저속한 일들의 산더미이옵니다."
>
> _ Wilhelm Meyer-Förster(이종대 역), 『황태자의 사랑』 중에서
> 폰 하우크 국무장관이 황태자에게 하는 말 중에서 인용

필자도 한때 외교관에 대한 동경을 품고 대학시절 준비를 통해 외교관이 되었다. 외교관이 되기 전에도 외교관이 되고자 하는 사람들을 많이 보았고, 외교관이 된 후에도 외교관이 되고자 하는 젊은이들을 많이 보았다. 많은 이들에게 외교관이라는 직업은 선망의 대상이자 직업상의 목표이기도 하다.

일부는 외교관이 갖고 있는 상징성, 화려한 직업이라는 이미지, 협상가로서의 이미지 등 다양한 측면 중의 한 측면에 이끌려 외교관이 되고자 한다. 또는 외국생활이 주는 매력에 이끌려 외교관이 되고자 한다. 필자 역시 외교관이 주는 이런 이미지 중의 한 측면에 이끌려 외교관이 되었다. 그러나 안타깝게도 필자가 외교관이 되고자 하던 시기에 외교관이라는 직업에 대해 체계적으로 안내를 해 주는 가이드를 접하지 못했다. 특히, 외교관들이 외교일선에서 국익수호와 재외국민 권익보호를 위해 얼마나 치열하게 활동하는지는 외교부라는 직장에 들어오기 전에는 잘 몰랐다. 젊은 시절 외교관이 되기 전에 외교관이라는 직업이 주는 명예는 물론, 고난과 애환에 대해서도 종합적으로 알려주는 책이 있었다면 외교관을 하면서도 보다 나은 직업생활을 할 수 있지 않았을까 하는 생각을 해 본다.

예나 지금이나 외교관들은 국익의 최전선에서 치열하게 살고 있다!

이 책에서 필자는 현대적인 외교관을 설명하기에 앞서 먼저 우리 선조 외교관들과 그들의 치열한 외교활동을 역사적으로 조명코자 했다. 우리 민족이 주변 강대국들의 틈바구니 속에서 어떻게 오늘날까지 당당하게 주권과 독자성을 유지하면서 찬란한 민족문화와 역사를 가꾸어 왔는지, 우리 선조들이 어떻게 외교를 해왔는지를 밝히고자 했다. 이 책에서 보듯이 우리 민족은 반만 년의 역사를 면면히 이어오면서 어느 한 순간도 쉬지 않고 외교를 하였다. 외교는 우리 민족의 삶의 방식이자 생존방식이었으며, 우리 민족의 역사 그 자체였다. 우리 민족은 역사상 세계 어느 나라에서도 찾아볼 수 없는 선진적 외교시스템을 일찍부터 갖추고 주변국들과의 정기적이고 지속적인 사행단 교류를 통해 밀도 있고 수준 높은 외교를 해왔다. 또한 모든 외교행위에 대해 철저한 기록을 남겼다. 조선왕조실록은 이런 외교기록의 집대성 판이라고 볼 수 있다.

역사적으로 보면, 우리 선조들은 중국과 가장 활발한 외교교류를 진행하였다. 임기중 교수에 따르면, 오늘날 남아 있는 외교에 관한 기록인 연행록燕行錄 중 가장 오래된 고려시대 이승휴의 『빈왕록賓王錄』1273년이 나온 13세기 말부터 1894년 김동호金東浩의 갑신연행록이 나온 약 625년 동안에 우리 선조 외교관들은 1,795회에 걸쳐 모두 53,850여 명이 중국을 왕래했다.* 정사, 부사, 서장관 등 삼사를 제외한 수행인원까지 포함하면 10만 명이 훨씬 넘는다. 조선사행단은 서울에서 베이징까지 왕복 3,000㎞에 달하는 험난한 여정을 폭우와 혹한, 전쟁의 와중에도 아랑곳하지 않고, 풍찬노숙하면서 수백 개에 달하는 역참을 거치면서 험난한 여정을 오갔다. 해로 여정은 더욱더 큰 위험이 존재하는 생명을 건 모험이었다. 1년에 평균 6-7차례, 5-6개월이 걸리는 먼 사행길을 우리 선조들은 어려움을 마다하지 않고 다녔다. 이는 국가와 민생의 안정을 도모하는 한편, 주변국가들과의 소통과 교류를 통해 평화와 공영을 이루기 위한 외교활동이었다.** 우리 민족은 사행단 교류 계기에 중국 등 주변 국가들의 정치, 외교, 사회, 문화, 역사, 인물 등 당대 정세, 풍속 및 생활사를 지속적으로 기록하여 조선왕조실록 등 공식기록 이외에도 총 15만여 면, 6천 1백만여 자로 추정되는 방대한 개인 기록유산인 연행록燕行錄을 남겼다.*** 연행록은 우리 선조 외교관들이 남긴 개별적이면서도 집단적인 지혜의 산물로, 세계 역사에 유례를 찾기 힘든 평화와 상생의 국제적 기록물들이다.

필자는 우리 선조 외교관들의 치열한 직업정신과 역사의식, 우리 민족의 찬란하고 자랑스러운 외교역사를 먼저 조명한 후에 외교관을 꿈꾸는 사람들

---

* 임기중, 『연행록의 발굴현황과 세계기록유산 등재신청 문제』, 제2회 한중사행단 국제학술포럼 발표자료(주선양총영사관), 2015, pp. 7-12.

** 임기중, 위의 논문

*** 임기중, 위의 논문

에게 필요한 커리어 가이드를 제시하고자 했다. 필자는 오래전부터 우리 사회의 청소년, 대학생들의 진로 지도에 많은 관심을 갖고 있었다. 이 책을 내기 전에 장차 법조인이 되고자 하는 학생들을 위한 진로가이드인 로스쿨 가이드를 펴낸 바 있다. 이번에는 진로문제로 고민하면서 어떻게 미래의 직업 경로를 밟아가야 하는지 고민하고 있는 젊은이들에게 공직의 하나인 외교관이라는 직업에 대한 선택의 기회를 제시하면서 그 구체적인 청사진을 보여주고 싶었다. 이 책이 외교관이라는 전문직업 세계에 대한 일반인들의 이해를 돕고, 외교관이라는 오래된, 그러나 가장 도전적인 직업을 추구하는 청년들이 꿈을 이루는 데 필요한 길잡이가 되기를 희망한다. 그리고 그들이 대한민국의 국익과 공동체의 공익을 실현하기 위해 헌신하면서 남들과 구별되는 삶을 살기를 기대한다(making a difference!).

끝으로 필자가 외교관이 된 이후부터 많은 지도편달을 아끼지 않은 외교부의 많은 선배, 동료 및 후배 여러분, 그리고 올바른 학문의 길을 잡아 준 많은 선생님들에게 감사드린다. 이분들의 도움과 지도가 없었다면 필자는 글을 쓴다는 과분한 호사를 누리지 못했을 것이다. 아울러 필자의 바쁜 외교관 생활에 많은 희생을 아끼지 않고 변함없는 격려와 사랑을 보내 준 처와 사랑하는 두 딸(지원, 정원)에게 특별한 감사와 기쁨의 마음을 전한다.

2015년 7월 20일
중국 선양에서
저자 씀

위 그림 지도는 張士遵, 『紐帶: 明清 兩代 中朝交通考』, 黑龍江人民出版社, 2012; 정은주, 『조선시대 사행기록화: 옛 그림으로 읽는 한중관계사』, 사회평론, 2012; 신성순 · 이근성, 『조선통신사』, 중앙일보사, 1994; 인터넷 자료 등을 참고로 작성한 것이다. 디자인 작업은 미술 전문가인 최윤정 씨가 수고해 주었다.

차례

외교관과 프로페셔널리즘

외교관 생활의 이면과 실제

외교는 감동이다

외교의 신경망: 외교 전문

외교관과 외국어

외교관 드림 부팅: 외교관을 위한 준비

프롤로그

세상의 차이를 만들기 위한 직업: 외교관

세상에는 가치 있는 일들이 많고, 그만큼 가치 있는 직업들도 많다. 어떤 직업이 가치 있는지는 그 직업을 통해 얼마만큼 자신의 자아를 실현하고, 더 나아가 자신이 속한 공동체에서 어느 정도까지 의미 있는 변화를 만들어 낼 수 있는지를 통해 판단할 수 있다. 이런 기준에서 보면 세상에서 가치 있는 일은 자신의 일과 기여를 통해 자신이 속한 공동체나 지역사회, 혹은 나라에서든 그리고 더 나아가 "세계 공동체 속에서 차이를 만들어 내는 일making a difference in the world"이라고 할 수 있다. 즉 자신의 역할이나 재능을 통해 지금까지 우리가 살아왔던 공동체나 국가, 더 나아가 지구촌 공동체에서 새로운 변화를 만들어 내고, 그러한 변화를 통해 공동체와 인류의 발전과 진보를 만들어 내는 것이야말로 정말 가치 있는 일이다.

또한 자신의 기여를 통해 개인의 이익이 아닌 공동체, 국가, 지구촌 차원에서 필요한 공공의 복지public wellbeing와 공익public interests을 증진시키는 것은 더욱 값어치 있는 삶이다. 개인적 이익이 아닌 공동체 전체의 이익, 사익이 아닌 공중의 이익을 증진시키고 이러한 이익 증진을 통해 이 세상에서 의미 있는 변화를 만들어 내는 것은 공직이 제공하는 큰 가치 중 하나다. 그중에서 특히 회사, 지역사회, 국가뿐만 아니라 지구촌 공동체 차원의 복지와 혜택을 증진시키는 것은 공직 중 하나인 '외교관'이라는 직업이 제공하는 큰 매력이자 도전이다.

외교관은 좁게는 자신이 속한 국가의 이익 증진을 위해 해외에 파견된 국가의 대표다. 그러나 외교관은 자신의 국가뿐만 아니라 더 나아가 국제공동체의 평화와 안전을 증진하기 위한 봉사자로서, 국제사회의 공동번영과 발전의 촉진자로서, 때로는 인권과 같은 인류보편적 가치의 옹호를 위해 보다 광범위한 역할을 수행한다. 외교관은 이를 위해 국내적 시각에서 벗어나 보다 전략적이고 세계적인 시각에서 인류역사의 발전을 촉진하고 지역과 인종이 다른 다양한 인류사회 구성원 간의 상호이해와 교류를 증진하기 위해 많은 노력을 해 왔다. 외교관들의 이러한 시각과 실천은 인류 문명사를 바꿔 왔다.

프랑스 외교관 페르디낭 드 레셉스Ferdinand de Lesseps, 1805~1894는 수에즈 운하Suez Canal를 완공시켜 역사를 바꾸었다. 그는 1869년 유럽의 지중해와 중동의 홍해를 연결하는 수에즈 운하를 만들어 수천 킬로미터에 달하는 항로를 단축하고 동양과 서양의 교역을 활성화시켜 인류의 역사 발전에 신기원을 열었다. 그는 이집트, 튀니지 등 중동지역에서 프랑스 외교관으로 근무하면서 홍해와 지중해, 동양과 서양을 운하로 연결해 동·서양 간 교류를 비약적으로 발전시킴으로써 인류역사를 발전시키기 위한 비전과 열정을 갖고 있었다. 이러한 열정과 비전을 바탕으로 당시 지정학적인 이유에서 운하 건설에 반대하던 영국과 오스만 터키제국의 술탄을 설득한 후 운하 건설에 따르는 많은 난관을 거친 끝에 마침내 사막을 가르고 수에즈 운하를 개통시켰다.

수에즈 운하는 한 외교관의 집념과 열정, 미래에 대한 비전이 이루어 낸 인류 역사상 최고의 대역사大役事였다.*

미국의 유명 외교관으로 주불공사(오늘날의 주불대사)를 지낸 엘리후 워시번Elihu B. Washburne, 1816~1887은 외교관으로서 지켜야 할 직업정신을 지키면서도 인도적인 위기 시에 보편적인 인류애를 발휘하여 세계 외교사에서 새로운 역사를 만들어 낸 인물이다. 그는 노예를 해방하고 남북전쟁을 승리로 이끌어 냄으로써 미국 역사를 새로운 단계로 발전시킨 에이브러햄 링컨Abraham Lincoln, 1809~1865 대통령의 절친한 친구이자 강력한 지지자였다. 워시번은 국무장관직을 수행한 이후 '보불프로이센-프랑스전쟁', '파리 코뮌Commune de Paris' 등으로 프랑스가 가장 어려움을 겪던 시기1869~1877에 주불공사로 근무하면서 외교관으로서 탁월한 직업정신과 인류애를 발휘해 외

---

* Zachary Karabell, *PARTING THE DESERT*, Alfred A. Knopf, 2003. 페르디난드 드 레셉스는 수에즈 운하를 건설하기 위해 나중에 사업가로 변신한 뒤 수에즈 운하 회사(Suez Canal Company)를 설립해 운하를 완성했다. 수에즈 운하 공사로 엄청난 사업적 성공을 거둔 드 레셉스는 1881년 중남미에서 파나마 운하 건설에 착수했다. 그러나 사막과 완전히 조건이 다른 파나마 열대우림 밀림지대의 진흙더미, 수많은 사람의 생명을 앗아가는 말라리아 모기 등으로 인해 공사에 성공하지 못하고 결국 파산하여 운하사업을 미국에 양도했다. 미국은 중남미와 태평양 진출이라는 전략적 관점에서 테오도어 루즈벨트(Theodore Roosevelt) 대통령 당시 운하사업을 인수해 미 육군 공병대가 1914년 운하를 완공했으며 이를 통해 대서양이 태평양과 연결되었다. 미국의 파나마 운하 완성은 1898년 미서전쟁에서 승리한 후 미국이 대서양과 태평양 모두에서 세계 강대국으로 성장하는 전략적 발판이 되었다. David McCullough, *The Path Between the Seas: The Creation of the Panama Canal 1870-1914*, Simon & Shuster, 1977.

교관에 대한 국제적 존경심을 고취시켰다. 그는 보불전쟁 와중인 1870년과 1871년 사이 유럽 열강의 모든 외교관들이 생지옥 속에 놓인 파리를 탈출할 때 임지를 지키며, 자신의 안전보다 생지옥 속에서 고통을 겪던 자국민을 보호하는 임무를 수행하였다. 그는 또 프랑스의 적국이던 독일의 국민들까지 보호하면서 이들에게 인도적 지원까지 제공했다. 그는 공포정치에 휩싸인 파리 코뮌 통치기간 중에도 파리에서 계속 임무를 수행하며 자국민과 외국인들이 한겨울을 버틸 수 있도록 식량과 연료를 제공함으로써 미국 국민들뿐만 아니라 프랑스, 프로이센 국민들로부터도 찬사를 받았다.*

한국이 배출한 최초의 UN 사무총장이었던 반기문 전 사무총장은 외교부에서 수십 년의 외교관 경력을 쌓은 뒤 세계 외교무대의 중추인 UN의 사무총장으로 당선되었다. 사무총장 재임 중 그는 UN이 국제사회의 평화와 안전을 유지하는 데 주도적인 역할을 하도록 하였다. 그는 특히 국제사회의 가장 큰 지역갈등이슈 중 하나인 팔레스타인 문제, 기후변화 문제, UN 개혁, 국제테러 문제, 에볼라 등 전염병 문제 해결과 대응을 위해 많은 역할을 하였다.**

---

* 파리 봉쇄기간 중 워시번의 외교활동에 대해서는 Elihu B. Washburne, *The Diary and Letters of America's Minister to France During the Siege and Commune of Paris; See David McCullough, The Greater Journey: Americans in Paris*, Simon & Schuster, 2011을 참조할 것.

** 서울신문, 2011.06.08.자 보도 참고.

이러한 사례들은 외교관이라는 직업이 국익의 증진, 더 나아가 지구촌 공동체의 번영과 발전, 국제평화와 안정의 유지, 인간의 존엄성 수호라는 공익적 가치를 위해 얼마나 가치 있는 기여를 할 수 있는지를 보여주는 몇 가지 사례들에 불과하다. 그만큼 외교관은 국가의 발전은 물론, 인류 공동체 전체의 번영과 복지 증진을 위해서도 중요한 역할을 할 수 있는 직업이다.

대한민국은 그간 산업화, 민주화, 탈권위화 단계를 거쳐 통일시대라는 새로운 도전을 맞을 준비를 하고 있다. 다가올 통일시대에는 창의적이고 전략적인 시각과 전문지식, 그리고 국내와 국제사회를 모두 아우를 수 있는 소통 능력과 리더십을 갖춘 외교관이 꼭 필요하다. 즉 '치국경세治國經世, statecraft'의 덕목을 갖춘 국가지도자형의 외교관이 필요하다.* 세계의 초강대국들에

---

* '치국경세'의 덕목은 1990년 10월 3일 동독과 서독이 통일을 달성하는 과정에서 미국과 서독의 정치지도자들이 보여준 위대한 리더십을 분석하기 위한 개념으로 콘돌리사 라이스(Condoleezza Rice)와 필립 젤리코(Philip Zelikow)가 『독일통일과 유럽의 변환: 치국경세술 연구』라는 저서에서 제시한 것이다. 이 저서에서 콘돌리사 라이스(전 미국 국무장관)는 "(통일 이후) 후일의 정책결정자들이 국가를 경영하고 외교를 관리함에 필요한 교훈이 있다고 믿는다. 예를 들면, 국가지도자들은 예측하지 못한 사태 ―예, 1989년 여름 동독인들의 대거 탈출― 를 예견하는 지혜를 발휘해야 하고, 설사 그 시점에서는 정치적으로 달성하기 어려워 보이더라도 국가와 민족을 위한 최선의 목표를 설정해야 하며 ―예, 소련의 반대를 감안할 때 통일독일이 나토에 완전히 통합되는 것은 상상하기 어려웠음― 스스로 추구하고자 하는 것이 무엇인지 정확하게 아는 국가의 정부는 그 목표를 달성할 가능성이 있는 정부다.(There are lessons here in statecraft that can guide policymakers of the future. This episode reminds policymakers to expect the unexpected (the East German exodus in the summer of 1989); to choose goals that are optimal, even if they seem at the time politically infeasible (Germany fully integrated into NATO despite Soviet objections); and that

둘러 쌓인채 아직도 분단된 조국에 살고 있는 우리에게는 한반도가 통일되는 그날까지 통일에 대비한 슬기로운 외교가 필요하고, 통일 이후에는 동북아는 물론 지구촌을 이끌어 갈 다재다능한 외교관이 필요하다.

이 책에서는 우리 앞에 당면한 도전을 능동적으로 극복해 나가고 시대의 변화를 주도해 가면서 국제사회에서 한국을 빛날 미래의 외교관들에게 필요한 내용을 담았다. 또한 외교관이라는 직업에 대해 많은 궁금증을 갖고 있는 일반 시민들을 위해 외교관들의 24시간을 실제로 관찰할 수 있는 현장 경험담도 수록했다. 이 책이 외교관이라는 직업에 대한 대중들의 인식을 제고하는 한편, 외교관이 되고자 하는 젊은이들에게 충실한 안내자가 되길 기대한다.

---

the government that knows what it wants has a reasonable chance of getting it (as Washington and Bonn did and Moscow did not).)"라면서 치국경세의 핵심을 제시하고 있다. 필립 D. 젤리코 & 콘돌리자 라이스 저·김태현·유복근 역), 『독일통일과 유럽의 변환: 치국경세술 연구』, 모음북스, 2008, p.22. Philip D. Zelikow & Condoleezza Rice, *Germany United and Europe Transformed: A Study in Statecraft*, Havard University Press, 1995, Preface at ix.

한민족의
외교 역사와 전통

고대 한민족의 글로벌 외교:
사마르칸트에 간 고구려 외교관

우리 민족은 일찍부터 동아시아는 물론이고, 전 세계를 대상으로 글로벌 외교를 수행해 왔다. 한민족이 자리 잡은 지역은 한반도와 동북아 지역이었으나 중원 한복판의 강대국, 바다 건너 일본, 그리고 파미르 고원을 넘어 서역에 이르기까지 전 세계적으로 외교를 전개하였다. 주변 강대국들과 동급 국가들, 그리고 변방의 이민족들을 대상으로 한 우리 민족의 외교는 사대와 교린, 조공과 무역, 문화와 지식의 전파와 전수, 주전과 강화, 정벌과 관용이라는 요소들을 융합해 가면서 시대 상황에 맞게 이루어졌다. 이러한 외교활동을 통해 우리 민족은 국가를 유지하고, 생존을 지키며 문화적 정체성을 유지·발전시켜 왔다. 장구한 우리 민

중국 당대(唐代) 벽화 속의 고대 통일신라 외교사절의 모습. 그림은 중국 당대 장회태자(章懷太子) 무덤에서 출토된 객사도(客使圖)의 일부로, 앞열 우측 5번째에 있는 인물이 통일신라의 사신으로 추정되는 사람이다(학계 일각에서는 고구려 사신설을 제기하기도 한다). 하얀색 바탕에 넓은 소매, 분홍색의 옷깃을 두른 관복을 입고 깃털모자를 쓰고 있다. 모자를 쓴 왼쪽 3명의 관리는 당나라 시대 외빈접대기관이었던 홍려시(鴻臚寺)의 직원이다. 맨 우측은 말갈족 사절로 보인다.(출처 : Baidu 검색)

족의 역사는 바로 외교의 역사였으며, 한순간도 외교가 단절된 적은 없었다. 외교는 우리 민족의 DNA 속에 코드화된 생존과 생활양식 그 자체인 셈이다.

신라는 일찍부터 당나라는 물론, 남북조 국가들 사이에서 합종과 연횡의 복합외교를 수행했다. 신라는 왕조의 존엄과 유구한 전통을 유지한 채 내실있게 국력을 키워가던 중 대륙 정세의 급변과 고구려-백제의 동맹이라는 한반도 상황에 맞춰 중국의 수나라, 당나라와 효율적인 외교를 통해 자신의 자주권을 극대화하고 마침내 삼국 통일을 이룰 수 있었다. 한반도 동쪽에 치우쳐 있던 신라는 대중외교에서 가장 불리한 위치에 있었으나 국제정세의 흐름이 바뀌는 것을 놓치지 않았다. 신라는 중원 대륙에서 수나라 문제가 대륙을 통일하자 개황 14년594년 사절단을 파견했다. 수나라가 망하고 당나라가 등장하자 김춘추를 당나라와 고구려에 보내 적극적인 연맹외교를 구사했으며, 마침내 삼한통일을 달성했다. 이러한 신라의 외교활동은 중국에서 발견

사마르칸트 아프로시압 벽화 속의 고구려 사신도(맨 우측 2인)(출처 : 문화일보 2015.01.21)

된 당나라 시대의 벽화에서도 잘 확인할 수 있다. 1971년 발굴된 당나라 시대 장회태자章懷太子 이현李賢, AD.655-684의 능에서는 당시 당唐을 방문한 외국 외교사절들의 모습을 그린 객사도客使圖가 나왔는데, 객사도에는 황색 가죽신에 넓은 소매의 하얀색 관복을 입고, 머리핀이 꽂힌 깃털 모자를 쓴 통일신라 사신의 모습이 잘 기록되어 있다.

백제 또한 적극적인 다변외교를 수행했다. 백제는 이미 4세기경부터 중국, 일본 등과 해상 네트워크를 구축해 중국의 남북조 왕조들에 외교관을 파견했으며, 일본에는 한자와 불교를 전파하는 등 적극적인 문화외교를 수행했다. 백제가 선물해 오늘날 일본의 주요 보물로 남아있는 칠지도七支刀는 백제가 남긴 중요한 외교적 교류물 중 하나다.

한반도는 물론 동북아의 강자였던 고구려는 수, 당 등 동아시아의 초강대국을 대상으로 무력과 외교를 동원한 화전양면의 종합외교를 구사했다. 특히, 고구려는 동북아시아라는 지역적 범위를 벗어나 멀리 중앙아시아까지 이르는 글로벌 외교를 구사했다. 오늘날 우즈베키스탄의 고도 사마르칸트

Samarkan에서 발견된 아프로시압 궁전Afrosiab Palace 벽화에는 조우관鳥羽冠을 쓴 두 명의 고구려 외교사절이 그려져 있는데, 이는 고구려가 당나라와 같은 동아시아 제국은 물론, 멀리 서역의 강자로 중앙아시아를 지배했던 소그드Sogd 왕국과도 외교적 유대관계를 갖고 있었음을 잘 보여주고 있다. 고구려가 장장 5,000㎞나 멀리 떨어진 소그드 왕국에까지 사신을 파견한 것은 7세기 당과의 중원 패권을 놓고 싸우던 시기 서쪽에서 고구려의 우방을 확보하려는 외교적 노력을 기울이고 있었음을 알 수 있다.*

우리 민족이 살아온 역사는 언제나 변화와 변혁의 격동기였다. 이러한 변혁기에 우리 민족은 국제정세의 흐름을 정확히 읽지 못해 독립과 주권을 상실한 적도 있었으나, 외부의 변화, 도전과 고난을 외교를 통해 극복해 왔다. 그렇기 때문에 우리 민족의 역사는 바로 외교의 역사라고 해도 과언이 아니다.

---

* 이욱헌(주우즈베키스탄 대사), "글로벌 에세이: 고구려 사신, 왜 사마르칸트에 왔을까", 《문화일보》, 2015.01.21.

조선의 외교관: 사행단(燕行使)

한민족의 반만년 역사에서 외교는 언제나 국가와 민족의 번영과 운명을 건 국가 중대사였다. 고대왕국, 삼국시대, 고려시대, 그리고 조선시대에 이르기까지 역대 왕조는 모두 외교를 중시했고, 삼국사기, 고려사, 조선왕조실록 등의 기록에는 주변국과의 외교에 관한 내용이 수를 헤아리기 힘들 정도로 많이 나온다. 역대 왕조 중 특히 유교적 문치주의를 추구했던 조선시대에 들어와서 외교는 시스템이 정치화精緻化되고 국정의 중심 어젠다가 되었다. 조선의 외교는 1392년 태조 이성계가 건국한 때부터 조선왕조가 막을 내릴 때까지 국정의 중심축을 담당했다. 외교가 중요한 만큼 조선 초기부터 왕의 가장 큰 관심사는 사대교린事大交隣을 통해 주변국들과의 외교관계를 잘 관리해 종묘사직과 민생을 안정시키는 것이었다. 외교가 실패했을 때는 종묘사직이 위태로워지고 백성들의 삶은 도탄에 빠졌다. 조선은 중국과의 외교관계를 원만하게 관리하는 데 국정의 최우선순위를 두었고 일본 등 주변국에 대한 외교사절의 파견도 적절하게 이루어졌다.*

조선은 개국 이튿날인 1392년태조 원년 7월 18일 일찍부터 원에 유학하여 국제무대 경험이 풍부하고 중국어, 몽골어에 능통했던 조반趙胖을 명나라에 주청사로 처음 파견했는데, 이러한 외교사절의 중국 파견은 고종 31년인 1894년까지 매년 중단 없이 계속되었다. 태조 원년부터 중기인 성종 연간 1392~1494까지 북경에 보낸 부경사행은 669회로 매년 평균 6~7차례 파견되었다.** 조선시대 대중사행단의 왕복기간이 대체로 5~6개월씩 걸리고, 의주에서 북경까지의 거리가 1,979리里였음을 감안하면, 조선과 중국 간 사행로 상에서는 언제나 한 팀 이상의 사행단이 머물고 있었다는 것이 된다.***

---

* 조선시대 명에 파견된 사신은 조천사(朝天使), 청에 파견된 사신은 연행사(燕行使)라고 불렀다. 명에 파견된 사신과 청에 파견된 사신을 달리 불렀던 이유는 명과 청에 대한 조선의 인식이 달랐기 때문이다. 조선은 개국 이후 명에 대해 사대외교를 표방하면서 조천사라고 불렀으나, 여진족이 세운 '오랑캐의 나라'였던 청에 대해서는 "베이징으로 가는 사신"이라는 의미로 연행사라고 불렀다. 조천사나 연행사 모두 외교사절이었던 만큼 통칭으로 '사행단(使行團)'으로 부를 수 있다. 이와는 별도로 조선시대 국왕의 이름으로 일본 막부 장군에게 파견된 공식 외교사절을 통신사(通信使)라고 불렀다. 통신사는 조선 전기에 8회, 조선 후기에 12회 등 총 20회 파견되었다. 통신사라는 이름의 조선 사신이 일본에 최초로 파견된 것은 1428년(세종 10년)에 일본에 사행한 박서생(朴瑞生) 일행이었으며, 1811년(순조 11년)에 중단되었다. 일본에서도 수십 회의 사절단을 조선에 파견했다. 통신사는 당시 한일 간 선린관계의 상징이었으며, 1회 파견 시 삼사(정사, 부사, 종사관)를 위주로 470~500명 정도의 인원을 파견했다. 조선통신사가 서울을 출발, 부산을 거쳐 일본의 에도까지 수륙 1만여 리의 험난한 여정을 거쳐 다시 돌아오는 데는 대략 8~12개월이 걸렸다. 1719년(숙종 45년) 아홉 번째 통신사의 제술관으로 일본에 다녀온 신유한 공(申維翰 公)은 일본에 갔다 온 후 『해유록(海游錄)』이라는 기행문을 남겨 통신사 일행의 여정에 대해 생생하게 기록하고 있다. 신성순·이근성, 『조선통신사』, 중앙일보사, 1994, pp.21-22, 266-275.

** 정은주, 『조선시대 사행기록화: 옛 그림으로 읽는 한중관계사』, 사회평론, 2012, p.32.

*** 위의 책, p.37.; 서인범, 『연행사의 길을 가다: 압록강 넘은 조선 사신, 역사의 풍경을 그리다』, 한길사, 2014, p.55.

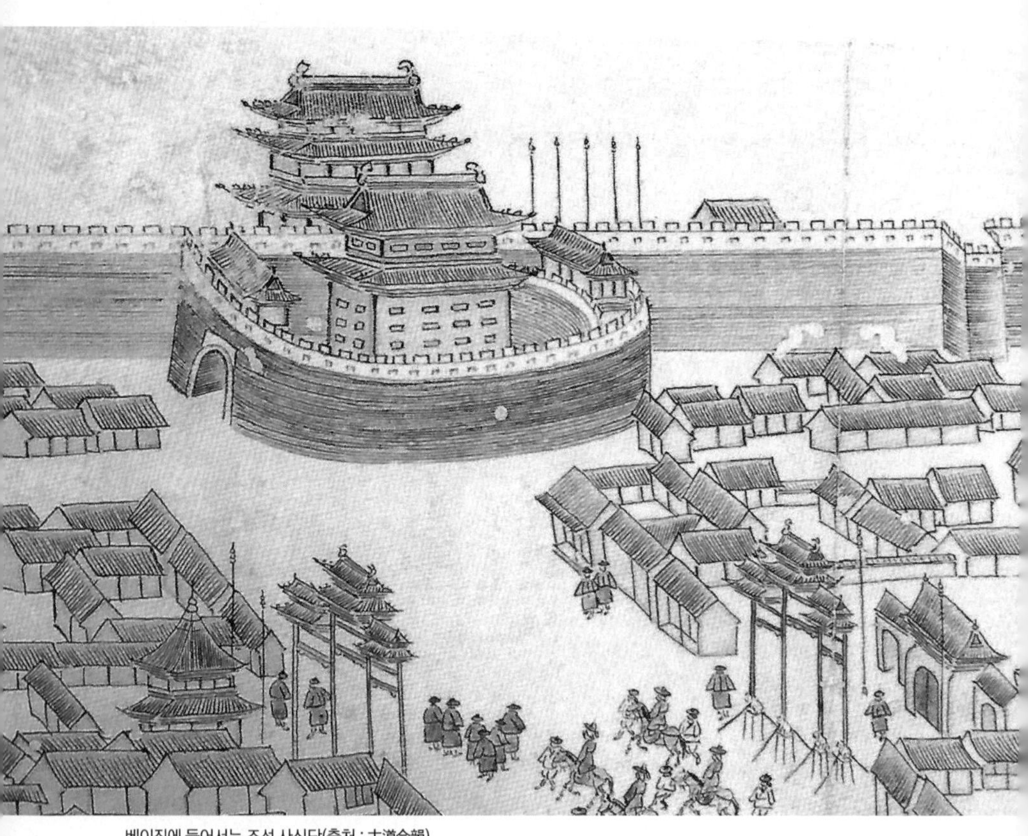

베이징에 들어서는 조선 사신단(출처 : 古道今韻)

명나라에 파견된 외교사절은 부경사행과 요동사행으로 구분되며, 부경사행의 종류는 정조사, 성절사, 천추사, 동지사 등 계절에 맞춰 파견된 절행과 사은사, 주문사, 계품사, 진하사, 진향사, 변무사, 진헌사, 주청사, 문안사 등 계기별로 파견된 별행으로 구분된다. 절행은 신년을 축하하는 정조사, 황제와 황태자의 생일을 축하하기 위해 파견된 성절사, 천추사 등이 있었다. 별행은 황제나 황태자의 사망에 대한 조문사절(진위사), 중국과 의논하거나 알려야 할 일이 있을 경우(주문사) 파견했다. 명나라의 극동 지역 최전선사령부였던 요동 지역에 파견된 요동사행은 대명관계의 구체적인 사안인 여진족 문제와 말 무역, 요동과 조선 간의 직접적인 문제로서 요동도사와 조선 사이에 발생한 현안과 관계되었다. 요동도사는 조선의 명에 대한 외교통로로서 중요한 역할을 수행했다.*

중국 대륙에서 명이 망하고 청이 들어선 후에도 외교관계는 활발하게 이루어졌다. 청이 산해관에 입관하기 전인 1637년부터 1644년에 이르기까지는 동지·정조·성절·세폐 사행이 정기적이었으나, 1645년 이후 절행은 동지사로 합병되어 청 말까지 지속 파견되었다. 별행 또한 사은, 주청, 진하, 변무사 등이 지속적으로 파견되었다. 1637년부터 1894년에 이르기까지 조선시대의 대청관계에서 조선사행의 파견 숫자는 절행과 별행의 겸행을 추산하면 총 481회에 달한다. 청에서도 총 168회의 청사를 파견했다.**

사행단은, 사행단을 대표하는 삼사와 수행인원 등을 포함한 약 70명에서 300여 명 정도의 대규모로 구성되었다. 삼사는 정사, 부사, 서장관을 가리킨다. 정사는 사행을 대표하고 사행의 등급을 결정하는 역할을 담당했으며 3품

---

* 정은주, 『조선시대 사행기록화: 옛 그림으로 읽는 한중관계사』, 사회평론, 2012, pp.32-33.

** 위의 책, pp.175-176.

이상의 종친이나 2품 이상의 대신을 임명했다. 부사는 정사를 보조하는 역할을 하며, 일반적으로 대중관계에 정통한 관원이나 명의 관원을 접대할 능력이 있는 인물이 임명되었다. 서장관은 사행 구성원을 규찰하는 업무를 띠었으며 귀환 뒤 사행과정에서 수집한 외교정보가 정리된 문견사건을 승정원을 통해 국왕에게 올렸다. 이는 다시 국왕의 재가를 받아 외교정책에 반영되었다.*

삼사 이하의 정관에 해당하는 사행원을 종사관이라고 불렀는데, 종사관은 사행에 있어 실무적인 역할을 담당했으며 대부분 언어에 능통한 역관으로 구성되었다. 역관은 사역원에서 선발된 인원의 등급에 따라 통사, 압물, 타각부 등의 직책으로 파견되었다. 통사는 명의 예부와 접촉뿐만 아니라 사행 동안 발생한 외교적 현안을 보고하는 실무외교를 담당했다. 따라서 대명관계가 급박하게 진행되던 성종 이전 통사에 대한 인식과 위상은 서장관과 좌차가 문제될 정도로 동일한 서열에서 참여했고, 귀국 후 국왕에게 하사받는 상급도 동일하거나 상대적으로 높았다.** 사행단 중에서 공식적인 외교의례에 참여하는 인원을 정관이라고 불렀는데, 여기에는 정사·부사·서장관·종사관을 비롯해 압물관까지 약 30명 내외 규모였고, 이러한 인원은 조선 중기로 갈수록 점점 증가했다.*** 사행단의 전체 규모는 명나라 파견 사행단의 경우 대략 70명에서 250명 내외였으나, 청나라로 파견된 조선 후기의 경우에는 200~300명 내외로 늘어났다.****

사행단의 노정은 고난과 고행의 연속이었다. 5~6개월(일본으로 간 통신사는 8~12개월)이 걸리는 여정 중에서 온갖 고초를 겪기도 하고 심지어 목숨을

---

* 위의 책, p.34.

** 위의 책.

*** 위의 책.

**** 위의 책, p.34, 176 참조.

잃는 경우도 많았기 때문에 사행단은 생명의 위험을 무릅쓴 고난의 길이었다.*

사행단 파견을 통해 조선과 중국은 국가 간의 우호관계 강화, 외교관계 강화 및 양국 간 현안의 해결 등 공식적인 교류를 진행했을 뿐만 아니라 양국 간 국경무역을 실시했다. 특히 명·청 시대에는 거의 육상과 해상 통로를 봉쇄하고 조선 상인의 중국 출입 및 자유무역을 금지했기 때문에 사행단 교류를 통한 사행무역은 중요한 역할을 수행했다.** 조선사행단은 중국 방문기간 중 변경지역이던 책문邊門(오늘날의 요녕성), 중국의 동쪽 변방요지였던 요양의 조선관朝鮮館 또는 懷遠館, 베이징의 옥하관玉河館, 또는 會同館 등에서 활발한 교역활동을 펼쳤다. 조선의 중국 내 사행 무역활동은 세 가지 목적을 갖고 있었다.

첫째, 조선에서 자체적으로 구하기 힘든 전략물자를 조달하는 통로의 역할을 했다. 예를 들면, 당시의 중요한 군수물품이자 전략물자로 화약 제조에 사용되었던 유황, 튼튼한 활을 제작하는 데 필요했던 궁각弓角(물소의 뿔) 등을 조달했다. 기록에 따르면 1597년 조선사행단은 북경 방문 시 옥하관에서 장을 열어 초석 53,537근, 유황 6,218근, 궁각 9,570개를 구매했다. 당시 명나라는 물소의 뿔과 유황의 수출을 엄격하게 통제했고, 물소의 뿔은 매년 50개만 조선에 판매토록 허락하고 있었다. 조선에서는 물소의 뿔이 나지 않아 명에 지속적으로 추가 구매를 요청했는데, 임진왜란이라는 특별한 시대상황 이었기 때문에 이와 같은 대량구매가 가능했다.***

둘째, 유교적 문치주의의 유지를 위한 각종 서적 및 문화용품의 수입이다. 조선사행단은 책에 대한 욕구가 강해 중국 방문 시 대량으로 책을 구매했다.

---

* 서인범, 『연행사의 길을 가다: 압록강 넘은 조선 사신, 역사의 풍경을 그리다』, 한길사, p.55.

** 張士遵, 「명·청 시대 한중 사절단 교류와 한중관계」, 〈2014 한-동북3성 미디어 인문포럼〉 발표자료(2014.08.23.).

*** 장사준, 위의 논문.

유교 경전에서부터 문인들의 화답시문, 국가에서 편찬한 서적, 민간의 서화에 이르기까지 새로 나온 책들을 대량으로 구매했다. 예를 들어, 조선사행단은 명나라 유학자 하흔賀欣의 『의려선생집醫閭先生集』이 막 인쇄되었을 때 이 책을 찾을 방법을 강구하기도 했으며, 조선과 관련된 책은 대부분 구입했다. 또한 중국 역대 왕조가 새로 수정한 『회전會典』, 『요동지遼東志』 등 지방지리서 등도 최대한 구입하기도 했다.*

셋째, 국가적인 차원의 필수품 수입통로의 역할을 했다. 당시 전갈은 중요한 한약재의 성분으로 수요가 많았으나, 조선에서는 사행단을 통해서만 전갈을 구할 수 있었다. 기록에 따르면, 1489년성종 20년 왕명으로 사행단에게 의원을 동행시켜 전갈을 구입해 산 채로 국내로 가져와 번식시키도록 했다. 그해 9월 성절사였던 이맹손李孟孫은 살아 있는 전갈 100마리를 산 채로 가져오기 위해 갖은 방법을 동원했다. 그는 북경에서 구입한 전갈을 궤에 넣어 진흙을 바르고 흙이 마르면 물을 뿌려 습기를 유지했다. 궤짝 밖에 철망으로 된 바구니를 씌워 전갈이 달아나지 못하게 했으며, 계속 먹이를 주어 굶어죽지 않도록 했다. 왕은 이렇게 해서 들어온 전갈을 40마리는 의원에서, 60마리는 궁내에서 기르게 했다. 이외에도 사행단은 중국의 당나귀, 물소, 붓, 비단, 악기, 사치품 등을 들여왔다.**

중국도 사행단 교류를 통해 품질이 우수한 조선의 볍씨, 삼베, 인삼, 종이, 부채 등을 수입했다. 이처럼 사행단 교류를 통해 한중 양국은 상호 비교우위를 가진 물건들에 대한 교역을 실시했고, 이러한 교역은 한중 양국 간 농업경제의 취약점을 보완하는 역할을 했다.

---

* 위의 논문.

** 위의 논문.

또한 조선의 사신들이 중국의 명소나 유교사적 등을 방문해 서로 간의 견문을 넓히는 한편, 관리·학자·민간 예술인 등 다양한 계층 간 인문교류의 범위를 넓히고 이를 통해 유교에 기반한 양국 간의 문화적·정서적 유대감과 공감대, 그리고 동질감을 확인함으로써 정치적 신뢰관계를 증진시킬 수 있었다.*

그러나 전통 봉건시대의 사행단 교류가 반드시 순기능만을 한 것은 아니었다. 지나친 사대주의에 흐른 사행단 교류는 외교와 내치 모두에서 우리의 자주성을 제약하고 진취적 사고를 방해했다. 때로는 지나친 저자세 조공외교가 백성들에게 많은 부담을 주고 국가의 재정에 엄청난 압박을 가하는 등 많은 폐단을 불러왔다.**, *** 또한 매년 수차례에 달하는 사행단 파견에도 불구하고

---

* 위의 논문.

** 조선시대 외교에서 중요한 업무 중의 하나는 중국에서 온 사신 접대였다. 명에서 온 사신은 명사(明使) 또는 천사(天使)라고 불렸는데, 평안감사가 명 사신 출래를 보고하면 먼저 의주에 원접사를 보내고, 평양, 개성 등 명사가 통과하는 주요 사행로 5곳에 선위사를 보냈다. 명사가 도성에 도착하면 모화관에서 조서(황제의 등극, 황태자의 책봉 등을 주변국에 알리는 문서)를 맞는 영조의식을 치르고, 경복궁 근정전에서 의례를 행했다. 명사가 도성에 체류하는 동안에는 여러 관원들로 구성된 영접도감을 운영해 명사의 편의를 도모하고 귀국하기 전에 태평관에서 상마연과 전연을 베푼 후 반송사가 의주 압록강까지 전송했다. 명사가 도성에서 체류하는 동안 왕이나 왕세자, 종친부, 의정부, 육조 등에서 다양한 잔치를 베풀었다. 명사는 국내 체류기간 중 공적인 업무를 수행하는 것 외에도 금강산, 남산, 한강 등을 유람하거나 사찰을 방문해 예불을 드리거나 활쏘기 관람, 사냥을 하기도 하고, 성균관을 방문해 알성례를 행하기도 했다. 이들이 왕복하는 동안에는 도체찰사나 도순찰사를 보내 사신 접대와 관련된 일을 규찰하게 했고, 필요 시 장수를 임명해 사신을 호송하게 했다. 정은주, 『조선시대 사행기록화: 옛 그림으로 읽는 한중관계사』, 사회평론, 2012, pp.37-40.

*** 일부 시기에는 조선에 온 중국 사신들의 횡포가 극에 달했다. 조선에 온 명나라 사신들은 조선인들을 무단으로 처벌하기도 했고, 관원과 백성들을 두들겨 패는 일도 많았다. 태조 5년 조선에 온 명의 칙사 일행 중 환관 왕례(王禮)가 말에서 떨어지는 사건이 일어나자 영접관 정빈을 매질하고, 안반사 장자충이 곤욕을 당했으며 공역서 최득경(崔得冏)은 순군옥에 하옥되었다. 명 사신들은 또한 조선 방문 시 천문학적인 액수의 뇌물을 요구했기 때문에 이들의 탐욕을 충족시키는 과정에서 국가재정은 파탄을 면치 못했다. 일례로 1625년 2월 명에서 인조를 책봉하기 위해 조선에 보낸 명사 왕민정과 호양보는 조선에서 16만 냥에 달하는 은과 수천 근의 인삼을 챙겼다. 서울에서 챙긴 은이 10만 7천 냥, 인삼이 2천 1백 근이었다. 또한 황해도에서 2만 냥, 평안도에서 2만 8천여 냥을 수탈했다. 약탈 방법도 가관이었다. 그들은 서울에 머물 때 은 5천 냥을 내놓고 인삼 5백 근을 요구했다. 개성유수는 인삼의 수량을 채우기 위해 가가호호마다 인삼을 강제징수하고 거부하는 주민들을 체포했다. 그 결과 개성의 감옥이 다 찼다는 이야기가 나오고, 주민들은 부담을 이기지 못해 목을 매 스스로 자살까지 했다. 이들은 조선의 각 고을을 지날 때마다 은을 요구했고, 응하지 않을 경우 수령과 백성들을 난타했다. 명사 일행이 지나가는 고을은 일시에 쑥대밭이 되었다. 이들이 다녀간 이후 조선의 재정은

주변 국제정세의 흐름을 읽지 못하고 닥쳐오는 국가안보상의 위기에 제대로 대처하지 못함으로써 임진왜란, 병자호란 등의 국난을 당하여 백성들에게 형언할 수 없는 고통을 안겼다. 급기야 조선 말 일제에 의해 국권을 강탈당하는 수난까지 당한 당시의 외교는 철저히 반성하고 다시는 이런 일이 우리 역사에서 반복되지 않도록 대비해야 할 것이다.

초토화되었다. 1626년 2월 24일의 보고에 따르면 당시 호조 창고에는 은 2만 냥, 인삼 1백 근 정도가 남아 있을 뿐이었다. 1626년 인조는 명 사신들이 와서 "온 나라가 비로 쓴 것과 같았다"고 통탄했다. 1634년에 왕세자 책봉례를 위해 조선에 온 환관 출신 명사 노유녕의 횡포는 더 극심했다. 인조는 비변사 신료들을 불러 모아 어떻게 그를 접대할 것인지 대책을 논의했다. 비변사는 사신 접대비용과 뇌물을 준비하기 위해 지방의 관원들에게 은과 포를 할당하고, 호남의 수군들에게 군역을 면제해준 대가로 포를 받아들이자고 했다. 또한 각 아문이 보유하고 있는 은과 포목을 모두 동원하고, 유배되어 있는 죄인들을 사면하며, 속죄금을 받고 서얼들을 허통해 주어 그 대가를 받아 은을 마련할 것을 건의했다. 노유녕은 조선에 입국해서도 돈을 주지 않으면 움직이질 않았고 왕세자 책봉례를 마칠 때까지 10만 냥 이상의 은을 뜯어냈다. 서민들의 피해도 막심했다. 노유녕이 데리고 온 상인들은 쓸데없는 잡물을 내어놓고 은과 인삼을 요구했고, 조정의 강요로 시전상인들은 일방적인 거래의 희생양이 될 수밖에 없었다. 1637년 7월 노유녕 일행이 숙소로 돌아가는 장면을 목격했던 시전상인들은 일제히 통곡했다. 그러자 그는 조선 측 인사들에게 역정을 냈고, 이 보고를 접한 인조는 시전상인들 가운데 주동자를 색출해 하옥시키는 한편, 그들을 제대로 관리하지 못한 평시서 관원들을 처벌하라고 지시했다. 칙사의 심기를 어지럽혔다는 죄목이었다. 한명기 교수는 이들을 '은 먹는 하마', '중원의 대도(大盜)'라고 표현하고 있다. 김경록, 「宣祖代 洪純彦의 외교활동과 朝·明관계」, 『명청사연구』 제41집, p.25.; 한명기, 『역사평설: 병자호란 1』, 푸른역사, 2013, pp.85-89, 363-367 참조.

외교사절단의 트로이카: 삼사(三使)

우리 민족은 일찍부터 주변국과의 외교교류를 진행했다. 중국의 고대사서인 「후한서後漢書」85권 「동이열전」편에는 서한 선제宣帝(B.C. 91-48) 시대 이후부터 동이東夷로부터 오는 사신 행렬이 끊이지 않았다고 기록하고 있다. 중국의 『당서唐書』에도 중국인 고암顧愔이 당 대종 대력 연간에 신라를 방문한 사신 귀숭경歸崇敬을 따라 종사한 기록이 나오고 있다. 우리의 사서인 「삼국사기」도 고구려 대무신왕 11년 서기 18년에 한漢의 광무제에게 사신을 파견하였다고 기록하고 있다. 그러나 우리 역사상 비교적 체계적으로 주변국들과 쌍방향적인 외교사절의 파견 및 접수가 이루어진 것은 고려시대부터라고 볼 수 있다. 13세기 중국의 마단림

馬端臨이 저술한 『문헌통고文獻通考』에는 송나라의 사신 유달劉達과 오식吳武이 고려에 사신으로 간 기록이 나오고, 신종 원풍 연간부터 고려와 처음으로 사신을 교류한 내용을 잘 기록하고 있다. 동 기록에는 또한 1124년 고려에 사신으로 온 송사 로윤적路允迪을 수행해 고려에 온 서긍徐兢이 고려 방문 시 보고 느낀 것을 그림으로 그린 「고려도경高麗圖經」에 관한 내용이 나온다.* 우리의 사서들 또한 고려시대에 송에 사신을 보낸 내용들을 잘 기록하고 있다. 이러한 기록들을 볼 때 대체로 고려시대 때부터 송과의 외교사절 파견이 정례화되고 정사, 서장관 등 사신들의 직급과 업무분장이 이루어진 것으로 보인다.

조선시대에 들어서면서 외교사절 교류제도가 더욱 발전해 체계화·정례화·규범화되었다. 우선 조선은 매년 수차례에 걸쳐 수백 명에 달하는 규모의 사행단을 정기적으로 중국에 파견했다. 사행단의 구성은 삼사, 역관(통역 담당, 사역원에서 선발), 의원(내의원과 혜민원에서 번갈아 임명), 사자관(중국 조정에 올리는 각종 문서의 글씨 쓰는 일을 담당, 승문원에서 차출), 화원(그림 기록, 도화서에서 발탁), 군관(호송 호위 담당, 전·현직 무관 중에서 선발), 우어별치(중국어, 몽고어, 만주어 학습 담당, 사역원에서 선발), 만상군관(삼사의 뒷바라지 및 식량 관리), 마두(말을 돌보고 모는 일을 담당)와 하인 등 다양한 임무와 신분을 갖는 인원들로 구성되었다.** 이 중에서 중국과의 각종 외교 교섭, 의전행사의 참석, 중국 예부 및 황제 예방 등 중요한 외교업무를 수행했던 정사, 부사, 서장관 3인의 대표단을 삼사라고 불렀다.

정사와 부사는 반드시 귀한 집안의 저명한 사람으로 선별해 의전을 책임지는 상징적 존재로 삼았다. 때론 왕자 등 왕실 인사들 중에서 정사를 선발했다.

---

* 서긍 저·한국고전번역원 옮김, 고려도경, 서해문집, 2015 참조.

** 박지원 저·고미숙 외 역, 『세계최고의 여행기: 열하일기』, 상권, 그린비, 2008, pp.22-27.

서장관 역시 평소 명망을 쌓아 풍습과 도덕규범을 감당할 만한 인물로 충당했다. 서장관은 일행을 규찰할 임무가 있었으며 매일 보고 들은 바를 적어서 연행에서 돌아온 후에 보고서를 제출해야 했다.*

외교사절단인 사행단을 이끌었던 삼사는 보통 정부의 최고 엘리트들로 구성되었다. 정사, 부사, 서장관 모두 당대에 문재나 서예, 인품, 접대능력 등 신언서판의 기준에서 볼 때 최고의 인재들을 선발해 보냈다. 국왕 또한 정사, 부사, 서장관 선발에 각별한 주의를 기울였다. 특히, 이들 외교사절이 작성한 외교문서(표문, 전문 등)가 잘못되어 양국 간 외교문제를 불러일으킬 경우 국가 차원에서 큰 문제가 될 수 있었기 때문에 문장에 최고의 기량을 갖춘 인재들이 선발되도록 각별히 신경을 썼다.**

이들은 중국 관원들과 중국어가 통하지 않더라도 필담을 통해 교류하고 즉석에서 상황에 맞게 시문창화(상대방이 지은 시에 대한 화답으로 운과 대구를 맞춰 시를 짓는 일)를 해야 했기 때문에 문장과 임기응변 능력 또한 뛰어나야 했다. 조선시대 중국 사신과 조선 관헌들 간의 시문창화를 통한 접대 및 면담에 관한 기록인 『황화집』에는 이러한 조선 관헌들의 실력이 잘 드러나 있다.

---

* 위의 책, p.22.

** 명·청 시대 중국의 황제에게 올리는 문서를 표문(表文), 황태후·황후 또는 황태자에게 올리는 글을 전문(箋文)이라고 했다. 양자를 통칭해 표전문이라고 한다. 조선 사신이 중국 예부에 보내는 문서는 자문(咨文)이라고 했다. 조선시대 대중외교에서 표전문의 표현, 또는 자구로 인해 종종 마찰이 발생했다. 첫 번째 사례는 1395년(태조 4년)에 일어난 표전문 사건이다. 태조 4년에 조선은 조선 국왕의 고명(誥命)과 인신(印信)을 청하기 위해 정총(鄭摠)을 외교사절로 파견했다. 명은 정총이 가져간 표문의 언사가 불손하다고 트집을 잡아 정총을 억류했다. 이듬해 조선은 유구와 정신의를 외교사절로 파견했으나 이번에도 표전문이 경박희모(輕薄戱侮)하다는 핑계로 사신을 억류했다. 1545년(인종 원년)에는 윤계(尹溪)가 사은사로 북경에 가서 올린 사은표문의 표현이 불경하다는 이유로 공문의 수정을 요청했다. 1573년(선조 6년)에는 조선에서 보낸 문서에 "태종문황제"라는 표현이 문제가 되었고, 1679년(숙종 5년)에는 동지사가 휴대한 표문에 회피해야 할 글자를 썼다하여 그 벌로 은 5천 냥을 내놓으라고 억지를 부리기도 했다. 〈네이버 한국민족문화대백과〉, "표전문제(表箋問題)" 참조.

기록을 보면 우리 역사에 기록된 많은 명신과 인재들이 사행단으로서 중국을 다녀왔고, 이들의 사행단 경험은 이후 국정운영과 대중외교에 많은 도움이 되었다. 고려시대에는 광종대에 거란과 외교담판을 통해 거란군을 물리치고 강동6주를 고려 영토로 편입시킨 서희徐熙(송), 여말 대표적인 재상이었던 정몽주鄭夢周(명), 후일 조선왕조의 설계자가 된 정도전鄭道傳(명) 등이 외교사절로 중국을 다녀왔다. 조선시대에는 초기의 경세이론가 하륜何崙, 유명 정치가였던 신숙주申叔舟, 세종대의 성세를 이끈 명재상 맹사성孟思誠, 세조의 최고 참모 한명회韓明澮, 유명한 철학자인 이이李珥, 임진왜란이라는 미증유의 전란을 극복한 명재상 유성룡柳成龍, 병자호란기의 주화파 사신 최명길崔鳴吉 등이 정사 또는 서장관으로 중국을 다녀왔다. 조선은 또한 외교를 초국가적으로 수행했기 때문에 많은 왕실 인사들이 외교사절로 중국을 내왕했다. 조선 초기 왕자였던 정안군(태종), 수양대군(세조), 인평대군(인조 대), 임양군(숙종 대), 양평군(영조 대), 하은군(정조 대) 등 많은 왕실 인사 또는 왕자들이 외교사절로 중국에 파견되었다.

이와 같이 우리 역사에 이름을 남긴 많은 사람들이 외교관직에 종사했고, 그들은 조선을 이끌어간 최고의 엘리트들이었다.

한국 역사의 최고 엘리트, 서장관(書狀官)

우리 역사에서 외교사절단사신을 구성하는 삼사 중에서 서장관은 사절단 활동에서 일어나는 매일의 상황을 기록하고 귀국 후에는 왕에게 사절단 활동 결과보고서를 작성해 제출하는 임무를 수행했다. 서장관은 사행과정에 일행을 감독하고 규찰할 임무를 갖고 있었기 때문에 사행단의 임무수행에 중요한 역할을 맡았다. 조선시대에는 특히 중국으로 나가는 외교사절이 사행에서 보고 들은 일, 소위 '견문사건見聞事件'을 귀국 10일 내에 일일이 승정원에 보고토록 했고, 기한을 어기고 보고하지 않은 자는 사헌부에 넘겨 규찰토록 했기 때문에*

---

* 『태종실록』 권33, 17년 3월 30일(병진).; 서인범, 「명대 조선통사의 요

산해관(山海關)에 들어서는 조선 사신단(서장관)(출처 : 古道今韻)

외교사절의 활동 기록 및 보고를 맡은 서장관의 책임은 엄중했다.

서장관의 직급은 정4품에서 종6품 정도로 오늘날 정부부처의 사무관에서 서기관 정도의 직급에 해당해 정사나 부사에 비해 낮았다. 그러나 서장관에는 젊은 문반 관료들 중에서 문재가 가장 뛰어나고 실력 있는 신진기예들이 선발되었다. 그런 만큼 중국으로 가는 사행단의 서장관들은 당대 최고의 엘리트들이었고, 서장관 임무를 수행한 이후에는 조정에서 계속 성장해 중책을 맡은 사례가 많았다. 우리 역사에서 이름을 남긴 많은 인물들이 대중외교의 현장에서 서장관 역할을 수행했다.

먼저 고려시대로 가보자. 명문장가로 『제왕운기帝王韻紀』를 저술한 이승휴李承休는 고려 말 원나라에 파견된 사행단의 서장관으로 임명되어 원나라 사행 경험을 기록한 최초의 사행기 『빈왕록賓王錄』을 남겼다. 원나라에서 목화씨를

동 회원관에서의 외교활동」, 〈제1회 한중 사행단 국제학술제〉 발표자료(2014.08.22.)에서 재인용.

도입해 한반도 의복문화에 신기원을 연 문익점은 고려 공민왕 12년1363년 서장관으로 원나라를 다녀왔다. 고려 말 천재 중의 한 명으로 유명 문신이었던 포은 정몽주 또한 서장관으로 중국을 다녀왔다. 이성계李成桂를 주축으로 한 역성혁명을 성공시켜 조선왕조의 설계자로 역할을 한 삼봉 정도전은 고려 말 우왕 10년1384년 성절사의 서장관이 되어 정몽주를 따라 명나라 금릉으로 가 우왕의 승인과 시호를 요청했다.

조선시대에도 역사를 빛낸 많은 인물들이 서장관으로 중국을 다녀왔다. 조선 초기 유명 정치가였던 신숙주는 1452년 정사로 중국에 파견된 수양대군의 서장관으로 중국 방문을 수행했다. 신숙주는 명을 방문해 조선 국왕의 인신과 고명을 받음으로써 조선 초 대명관계를 안정시키는 데 기여했다. 유명한 철학자인 이이는 1568년 천추사의 서장관으로 명나라에 다녀와 중국 방문에 대한 많은 기록을 남겼다. 임진왜란 시 성웅 이순신李舜臣을 추천하고 난세에 나라를 이끈 정승 서애 유성룡은 1569년 성절사의 서장관으로 명나라를 다녀왔다. 선조대 유명 외교관이자 정치가로 조선왕조의 최대 외교현안이었던 종계변무宗系辨誣 문제를 해결한 황정욱黃廷彧은 선조 즉위년에 서장관으로 북경을 다녀왔다.

이처럼 장래가 촉망되는 신진기예 엘리트들을 외교관으로 중국에 파견해 국제정세를 익히고, 중국 요인들과 교류케 한 것은 외교를 중시한 역대 왕조들의 훌륭한 전통이었다. 이들의 해외 경험은 나중에 국정운영에 많은 도움이 되었고, 그들의 사고, 정책, 사관은 나라의 역사를 좌우했다.

선조 외교관들의 고난과 수난

고려와 조선시대에는 1년에 몇 차례씩이나 중국 등으로 외교사절이 파견되었다. 외교사절의 파견은 국가와 조정의 안위와 관련된 중요한 일이었기 때문에 외교사절의 선발에는 국왕이 친히 간여했고, 인품, 문장, 경륜 등 여러 가지 자질들을 종합적으로 고려해 이루어졌다. 때로는 사절단의 정치·외교적 중요성을 고려해 왕실의 종친, 왕자 등이 직접 외교단으로 파견되기도 했다. 그러나 이런 국가적 중요성에도 불구하고 외교사절단으로 중국이나 일본 등으로 가는 것은 위험이 많았기 때문에 많은 사람들이 외교사절로 선발되는 것을 꺼렸다. 때로는 병을 핑계로, 때로는 노부모의 봉양을 이유로 외교사절단으로 가는 것을 기피

했다.*

조선시대 외교사절단으로 선발될 경우 직면하게 되는 위험은 여러 가지였으나, 조선 초기 가장 중요한 요인은 정치적 위험이었다. 당시 새롭게 중원을 차지한 명나라와 쇠망기의 고려, 그리고 새롭게 건국한 조선과의 외교관계는 새로운 관계설정을 둘러싸고 많은 정치적 위험성을 안고 있었고, 이러한 정치적 위험성은 사행단의 안위와도 직결되었다. 특히, 고려 말기 명나라에서 고려와 새로운 관계설정을 위해 파견한 외교사절이었던 채빈蔡斌이 1374년공민왕 23년 친원파 김의金義 일당에 의해 사행로상개주참에서 피살되는 사건이 일어나자** 명나라의 주원장朱元璋은 격분했고, 이 일로 인해 사행단으로 선발된 사람은 명의 보복에 따른 생명의 위협을 감수해야 했다.

조선 초기에 강대국 명나라와 새로 건국한 신생국인 조선과의 외교관계가 원만하지 못했던 시기에 조선의 외교사절이 명나라에 의해 죽임을 당하는 불행한 일들이 계속되었다. 태조 즉위 직후인 1393년태조 2년 명에 사은사로 갔던 이념李恬이 명 태조 주원장에게 심하게 매질을 당해 초주검이 되어 돌아왔다. 1395년태조 4년 조선 왕실은 태조 이성계의 고명誥命(왕위를 승인하는 문서)과 인신印信(도장)을 요청하기 위해 정총鄭摠을 명나라에 특사로 파견했는데,

---

* 서인범, 『연행사의 길을 가다: 압록강 넘은 조선 사신, 역사의 풍경을 그리다』, 한길사, 2014, p.55.

** 우리 민족의 역사에서 중국의 외교사절을 비정상적으로 대우한 사례는 이따금씩 나타난다. 고구려시대에 연개소문은 수나라에 이어 호시탐탐 고구려 정복을 시도하던 당 태종 이세민이 정관 18년(644년, 고구려 영류왕시대)에 보낸 특사 장엄(蔣儼)을 토굴에 가두어 버렸고, 이 사건으로 인해 당 태종은 곧바로 고구려 원정조서를 내렸다. 오긍 저·신동준 역, 『정관정요: 창업과 수성의 리더십』, 을유문화사, 2013, p.729. 또한 고려 태조 왕건은 942년 거란이 사신 30명과 낙타 50필을 보내 화친을 제의했을 때 사신들을 귀양 보내고 낙타는 개성 만부교 아래서 굶겨 죽인 적이 있다. 1225년(고려 고종 12년) 11월에는 몽골 사신 저고여가 고려에 공물을 요구하러 왔다가 돌아가던 중 함신진(지금의 평북 의주)에서 여진족에 의해 피살되는 사건이 있었는데 이 사건은 몽골의 고려 침략을 위한 구실을 제공하게 되었다. 1636년 2월에는 후금의 사신 용골대와 마부대 일행이 입경했으나 조선 왕실이 접수 자체를 거부함으로써 양국관계가 극도로 악화되어 결국 병자호란을 초래했다. 이처럼 외교사절단에 대한 비정상적인 대우나 사고는 양국관계를 커다란 긴장관계로 몰고 갔다.

명나라는 정총이 가지고 간 표문의 표현이 불손하다는 이유로 트집을 잡아 그를 억류했다. 이듬해 조선에서 유구柳拘와 정신의鄭臣義를 파견했는데 이때에도 예부에 올린 표전문이 '경박희모輕薄戱侮'하다는 억지 이유를 들어 두 사신을 억류했다. 중국은 당시 요동정벌을 추진하던 정도전을 표적으로 삼아 표전문의 기안자를 압송할 것을 요구했는데 이때 김약항金若恒이 중국에 갔다가 또 억류되었다. 중국은 이렇게 억류된 조선 사신 정총, 김약항, 노인도盧仁度를 처형했다. 정총은 명에 억류되어 있던 중 태조 이성계의 부인 현비 강씨가 승하했다는 소식을 듣고 상복을 입었는데, 이것이 명 태조를 격노케 해 죽임을 당했다. 이와 같이 양국 간 외교관계가 불안정한 시기에 사행단으로 파견되는 것은 목숨을 내놓는 큰 모험이었다.

양국 간 정치·외교 관계가 안정된 후에도 외교문서를 둘러싼 갈등은 외교사절들에게 큰 모험이 되었다. 조선 사행단이 중국 방문 시 휴대하던 외교문서였던 '표전문表箋文'을 둘러싼 갈등은 조선의 외교관들에게 큰 근심거리였다. 명나라는 태조 5년1396년에 조선에서 보낸 표전문이 마음에 들지 않는다면서 작성자인 정도전을 중국으로 압송할 것을 요구한 바 있는데* 이후에도 조선과 명나라, 그리고 청나라 사이에서는 종종 표전문의 문체나 문구 등을 둘러싼 갈등이 계속 이어졌다.**

사행단 여정상 직면하게 되는 지리적·자연적인 위험도 큰 고난이었다. 중국으로 가는 정기 사행단 여정은 약 5~6개월 동안 왕복 3,000㎞에 달하는 길을 풍찬노숙風餐露宿하면서 걷는 고난의 연속이었다.*** 서울에서 의주까지

---

* 이덕일, "시대에 도전한 사람들", 《한겨레21》, 2007.06.28. 참고.

** 〈네이버 한국민족문화대백과〉, "표전문제(表箋問題)" 참고.

*** 조선시대 이상봉(李商鳳)이 1760~1761년에 걸친 동지사행을 기록한 『북원록(北轅錄)』에 따르면 당시 정사 홍계희(洪啓禧)를 수석대표로 한 사행단은 서울에서 출발해 의주를 거쳐 중국의 진강성, 봉황성, 성경, 산해관, 통주, 북경에 이르는 노정으로 서울에서 의주까지 1,040리와 의주에서

약 1,000리, 의주에서 북경까지 약 2,100리, 베이징에서의 체류노정 약 460리 등 장장 6,700여 리에 달하는 장거리 노정이었다.* 명이 베이징으로 천도하기 전에는 남경南京까지 육로와 해로를 통해 7,500여 리의 먼 거리를 주파해야 했다. 이러한 장거리 노정에서 때로는 홍수로 불어난 강을 건너면서, 또는 도적들을 만나 생명의 위협을 겪기도 했으며, 고된 여정 속에 병을 얻어 죽기도 했다.

바다로 가는 사행길은 더욱 큰 위험이 도사리고 있었다. 당시의 항해기술과 선박기술로는 해로사행은 거의 황천행이나 마찬가지로 위험했다. 국가간 대치로, 또는 중원대륙의 정치적 격변으로 인해 한반도-요동-중원을 연결하는 육로 사행길이 닫힐 경우에는 외교관들이 바다길로 가야했는데 도중에 풍랑을 만나 조난을 당하고 생명을 잃는 경우가 허다했다. 삼국시대의 경우에는 오직 고구려만이 육로를 통해 중원으로 가는 길을 장악하고 있었기 때문에 신라와 백제의 사신들은 모두 바닷길을 이용해야 했다. 고려시대에는 대륙의 강자로 등장한 요와 금이 요동지역을 점령하고 있었기 때문에 송나라로 가는 고려 사신들은 예성강에서 해로를 이용하여 남송의 항구인 명주明州까지 가야 했다. 원나라 때 육로 사행길이 개통되었으나, 명의 등장과 함께 여말선초에 명은 요동 육로사행을 한동안 막았기 때문에 사행단은 해로로 남경까지 가야했다. 조선 중기 청의 요동점령으로 또다시 육로사행길이

북경까지 2,071리를 왕복한 노정 6,222리와 북경체재 노정 460리를 포함해 총 6,682리(약 2,673㎞)를 소화했다. 동지사 일행은 1760년 11월 2일에 한양을 출발해 11월 19일 의주, 11월 29일 중국의 책문, 12월 7일 심양, 12월 19일 산해관을 거쳐 12월 27일 북경에 이르러 40일간 체류한 후 1761년 2월 9일 귀국길에 올라 4월 6일 한양에 입경해 총 154일에 걸친 공식일정을 마쳤다. 당시 대표단은 정사, 부사, 서장관, 자제군관, 사자관, 화원, 통사 등 정관 40명을 비롯해 수행인 등 총 301명으로 구성되었다. 정은주, 『조선시대 사행기록화: 옛 그림으로 읽는 한중관계사』, 사회평론, 2012, pp.190-191.

* 이 거리는 1409년(영락 7년) 이래 정해진 사행단 노선에 따른 것이다. 정은주, "1760년 경신 동지연행과 심양관도첩", 명청사연구 제25집, p.102.

항해조천도(航海朝天圖). 선사포에서 뱃길로 중국으로 떠나는 조선 사신단의 모습을 그린 그림

막히자 조선 사신들은 파도가 넘실대는 바다를 건너야 했다. 곽산 선사포에서 출발하여 여순 앞바다를 지나 산동성의 덩조우登州를 건너 다시 베이징으로 올라가거나 발해만을 건너 각화도를 통해 베이징으로 들어가는 해로여정은 멀고도 험했다. 5,700여 리에 달하는 이 여정에서 해로여정이 약 3,800여 리로 육로여정인 1,900여 리보다 훨씬 길고 험했다. 험난한 여정에 사고도 많았다. 기록에 남아 있는 해로사행의 사고들을 좀 보자.

고려 말 공민왕 21년1372년 정몽주는 명나라의 촉 지방 평정을 축하하는 사절단으로 정사 홍사범洪師範을 모시고 서장관으로서 명나라 수도였던 남경까지 갔다가 해로로 돌아오는 길에 절강성 태창太倉 앞바다에서 풍랑을 만나 바위섬에 표착했다. 이 사고로 일행 152명 중 홍사범을 포함한 39명이 익사했고 정몽주 등 113명은 명군에 의해 구조되었다. 정몽주는 구조되기 전까지 가흥嘉興의 해상암초에서 13일 동안 말다래를 베어 먹으며 간신히 살아남았다.* 이 사고로 정몽주는 명에서 받은 외교문서를 바다에 빠뜨려 문서를 다시

---

* 張士遵, 『紐帶: 明淸 兩代 中朝交通考』, 黑龍江人民出版社, 2012, p. 54 ; "국역 고려사 열전:

받아와야 했다.

1374년홍무 7년 10월에 밀직부사 주영찬周英贊이 명에 하정사로 파견되어 그해 11월 5일까지 제주산 말을 가지고 명의 남경까지 가기로 되어 있었는데 자은도慈恩島(오늘날 전라남도 해상) 앞 해상에서 풍랑을 만나 배가 부서지고 함께 갔던 판선공시사 우인열禹仁烈, 서장관 조신, 압마관 김천찬, 통사 윤방길, 강사덕, 거인 김참 등 38명이 익사하였다. 당시 싣고 가던 말 24필도 역시 수장되었다.*

조선후기에 들어서도 해상을 통한 사행단은 많은 고초를 겪었다. 1622년 3월 진위사로 명에 가던 강욱康昱과 서장관 정응두鄭應斗가 해상에서 익사하였다. 1627년 9월에는 서장관 일행이 탄 제2선과 제3선이 표류하여 79명이 실종되었고, 1630년 2월에는 동지사 윤안국尹安國이 익사하였으며, 1634년 7월에는 명에 가던 홍명형洪命亨, 원해일 등 30명이 탄 배가 표류하여 4명이 익사하고 통사관 김득성 등이 표류하였다. 이외에 조선시대 유명 정치가였던 신숙주도 일본에 사신으로 갔다가 풍랑을 만나 겨우 살아났는데,** 이러한 사례는 사행길이 얼마나 험난한 여정이었는지를 잘 보여주고 있다.

바닷길의 위험은 중국에서 조선으로 파견된 사행단에게도 마찬가지였다. 명나라 사신으로 조선에 왔던 유홍훈劉鴻訓은 육로로 조선에 입국했으나 후금의 요동정벌로 육로가 막히자 조선이 제공한 선박 22척을 이용해 해로로 돌아가던 중 풍랑을 만나 배가 난파되었지만 간신히 목숨만을 부지했다(송나라 시대에는 북송 건원 원년963년에 조광윤이 고려에 최초로 파견한 사

정몽주 편".

* 위의 책, p. 51.

** 〈네이버 지식백과〉, "국역 국조인물고: 신숙주 편".

신단이 서해에서 풍랑을 만나 90명이 익사한 적이 있다).*

당시 해로 사행 시에는 총 6척의 배로 사행단을 구성하였다. 선조 대에 이민성李民宬이 사행단을 갔던 경우를 예로 들면, 제1선에는 정사를 포함한 약 69명이, 제2선에는 부사를 포함하여 74명이, 제3선에는 서장관을 포함하여 47인이, 제4선에는 50인, 제5선에는 54인이, 제6선에는 49인이 승선하였다. 제4, 5, 6선은 후방보급을 담당했는데 6개의 선박에 총 345명이 승선하였다.** 그러나 이러한 배들은 오늘날의 기준에서 보면 조각배들에 불과한 것들이어서 선조 외교관들은 하늘에 운명을 맡기고 해신에게 무사히 임무를 마칠 수 있기를 빌었다.

사행단이 길에서 병을 얻어 죽는 경우도 많았다. 중종 34년1539년에는 명에 파견된 진하사의 부사 원계채元繼蔡와 서장관 유공권柳公權이 한꺼번에 죽는 일이 있었다. 한 사람이 아니고 부사와 서장관이 동시에 죽자 중종은 충격을 받았다. 길에서 죽은 것은 사신만이 아니었다. 역관, 군관, 그리고 하인들도 고된 사행길에서 병을 얻어 쓰러진 경우가 많았다.***

그러나 사행길이 반드시 고난만을 의미하지는 않았다. 때로는 사행길이 출세의 직행코스가 되는 경우도 있었다. 조선시대 명재상으로 "공은 한 세상을 뒤덮고 지위는 백관의 으뜸"****이었다는 평가를 받은 신숙주는 1452년문종 2년 수양대군이 사은사로 명나라에 갈 때 서장관으로 추천되어 수양대군과 특별한 유대를 맺었다. 이후 신숙주는 승정원 동부승지에 오른 뒤 우부승지,

---

* 張士遵, 위의 책, p. 10.

** 홍호, 조천일기, 임기중 편, 연행록전집, 제17책 제419항; 張士遵, 위의 책, p. 97.

*** 서인범, 『연행사의 길을 가다: 압록강 넘은 조선 사신, 역사의 풍경을 그리다』, 한길사, 2014, p.510.

**** 〈네이버 지식백과〉, "국역 국조인물고: 신숙주 편".

좌부승지 등 출세코스를 달렸다. 1455년 수양대군이 즉위한 뒤에는 주문사로 명에 가서 새 왕의 고명을 청해 인준을 받아온 공으로 직위가 더욱 높아졌다. 그는 두 번에 걸친 중요한 외교적 경험을 바탕으로 성공적인 공직생활을 이어가 예문관 대제학, 병조판서, 예조판서, 판중추원사, 우찬성, 대사성, 좌찬성, 우의정, 좌의정, 도체찰사, 두 번의 영의정, 열세 번에 걸친 과거시험의 시관 등을 역임했다. 그는 또한 조정에서 중요 직위를 역임한 세조, 예종, 성종 연간에 걸쳐 명과의 거의 모든 외교문서를 직접 감수할 만큼 외교분야에서 많은 족적을 남겼다.*****

오늘날 사람들은 비행기를 타고 편하게 해외를 다닌다. 그러나 그 당시 사람들 중에서 유일하게 해외출장 기회를 가졌던 외교관들은 길도 변변치 않고, 차도 없는 여정을 힘겹게 걸었다. 길도 없는 황무지를, 진흙길로 뒤덮힌 벌판을, 칼바람이 불고 눈날리며 꽁꽁 얼어붙은 만주벌판을, 인마가 지나기도 힘든 천길 낭떠러지를, 도적과 적군들로 우글거리는 전장을 뚫고 지나갔다. 때로는 모기에 시달리고 때로는 맹수의 위협에 시달리며 노상에서 별을 벗삼아 노숙하면서 긴 여정에 피곤한 몸을 달랬다. 긴 세월 동안 폭서에도 엄동설한 속에서도 그치지 않고 피곤한 발걸음을 이끌며 수천, 수만 리에 이르는 길을 잡아 갔다. 중원지방의 정치적 격변으로, 때로는 요동지방의 전란으로 육로 사행길이 막힌 경우에는 바다로 갔다. 바다를 건너 일본으로 가는 통신사의 발길도 그치지 않고 이어졌다. 바다에서 거센 파도와 싸우며, 칡흑 같은 어둠 속에서 황천과 이승의 경계선을 넘나들면서 임무를 수행했다.

그러면서 우리 선조들은 주변국들과 정치적 이견을 해소하고, 무역을 진행하고, 문화인문 교류를 진행하면서 주변국들과 유대관계를 강화하고

***** 위의 자료.

우정을 다지면서 국제관계를 단단하게 결속시켜 왔다.* 선조 외교관들의 목숨을 건 피나는 여정으로 나라와 종묘사직이 보존되고, 동북아의 평화가 이루어지면서 세계로 뻗어가는 찬란한 민족문화가 집적과 응집을 통해 발전해 온 것이다.

그리고 이 사행단에는 정사, 부사, 서장관 등 사대부들만 참여한 것이 아니었다. 여기에는 역관, 군관, 화원, 의관 등 중인계급, 마부와 뱃사공, 말먹이꾼, 짐꾼, 심부름꾼 등 당시 사회의 다양한 계층들이 함께 참여했다. 이들도 길거리에서, 시내에서 또는 주점에서 중국, 일본 등 주변국의 다양한 계층 사람들과 다종다양한 교류를 하면서 인연을 쌓고 우정을 새기면서 수천 년에 걸친 외교 교류의 역사를 만들어 왔다.

---

* 張士遵, 위의 책, 自序, pp.4-5.

요양의 조선사신관(朝鮮館) 회원관(懷遠館)과 조선 외교관의 기억

우리 민족사의 요람, 요동

/

요양遼陽은 중국 동북의 요녕성 태자하太子河 남쪽 연안에 위치한 도시이다. 과거 고구려 시대 우리 민족이 요동遼東이라고 불렀던 요양은 우리 민족 역사와 오랜 인연을 가진 도시이다. 고구려 고국양왕이 재위 이듬해인 385년 6월 군사 4만을 내어 정복하였던 이 도시는 고구려 최대의 평지성이었던 요동성遼東城이 있었던 곳으로, 요동성은 645년 당 태종의 고구려 원정으로 함락될 때까지 우리 민족의 요동방어선 역할을 하였다.

요양은 또한 중국 역사와도 불가분의 관계를 갖고 있다.

요양(구 요동성) 시내 모습

요양은 과거 중국사에서 쌍핑襄平으로 불렸는데, 진한 시대에는 한 왕조가 이 지역에 설치한 요동군遼東郡이 위치하고 있었다. 이후 요나라, 금나라, 원나라 시기에는 요양, 남경南京 또는 동경東京이라고 불리기도 했는데, 요양은 중원 및 요동의 왕조 교체와 관계없이 계속 요동과 만주의 정치·경제·군사의 중심지가 되었다. 명이 건국 직후 요동을 차지한 이후 요동은 요동도사遼東都司의 관할하에 들어가게 되었고, 요양遼陽에 군사조직인 6위를 설치하였다. 명은 또 홍무 5년1372년에 도독 마윈, 예왕의 주관하에 舊요동성의 기초 위에다 새로 성을 구축하였는데, 요동성은 주위가 16리 295보, 높이 3장 3척, 수심 1장 5척이 되었다. 홍무 12년1379년에는 북성을 쌓아 성을 보강하였는데, 이로 인해 요동성의 주위는 24리 285보로 확장되었다. 남성에는 남문, 동문, 서문, 북문 등 6개의 문이 있었고, 북성에는 3개의 문을 두었다. 청나라 들어 요양성은 거의 무너지기 직전이었으나 강희 20년1681년에 보수를 하였다. 당시 요양성에는 남문 2, 서문 1, 동문 2, 동북문 1, 외동문, 서문, 북문 등 9개의 문을 두었는데, 외성에는 고려문이 있었다. 여기서 주목할 것은 고려문인데, 이 문은 곧 외성의 동문인 영지문永智門이었다.*

명대 요동의 전략적 요충지였던 요양

/

중국 명대까지만 해도 요양은 동북의 정치, 경제 및 문화의 중심지였다. 요양은 그 지리적 위치로 인해 한반도와 중국을 잇는 교통의 중심지이자 전략적 요충지였다. 베이징을 방문하는 조선 사신들은 반드시 요양을 경유하여 도성인 베이징으로 들어갔다. 당시 요양을 관장하던 요동도사遼東都司는 조선 사신단이 베이징으로 가는 길에 거쳐야 하는 역참에서 식량, 말먹이 등을 제공받을 수 있는 증명서를 발급하였다. 당시 조선 사신단이 방문할 경우, 중국 조정은 사신단을 위한 경호뿐만 아니라 가는 길에 있는 각 역참에서는 말교통편을 제공했는데, 이 또한 요동도사의 공문이 있어야 가능했던 일이다.**

조선 사신단의 숙소로 이용된 조선관

/

조선관 또는 조선사신관朝鮮使館은 명 정부가 중국으로 들어오는 조선 사신들을 위한 접대와 휴식, 그리고 숙식을 위한 용도로 설립한 관사였다.*** 조선관에서는 사신단을 위한 도착 환영 연회인 하마연下馬宴과 길을 떠나는

---

* 張士遵, 『紐帶: 明清 兩代 中朝交通考』, 黑龍江人民出版社, 2012, pp. 204-210.

** 서인범, 연행사의 길을 가다, 한길사, p. 154.

*** 張士遵, 위의 책, pp. 210-215.

사신단을 위한 이임 연회인 상마연上馬宴이 개최되었다. 조선관은 또한 사신단을 수행하는 조선 상인들과 중국인들 간의 공식적인 무역이 열리는 국제무역 장소이기도 하였다. 명 조정은 조선관 입구에 경비를 배치하여 일반인들의 무단 출입을 금하는 한편, 심지어 사신단 일행의 입출입도 엄격하게 통제하기도 했다. 오늘날 기준으로 본다면, 조선관은 베이징을 방문하는 외국 대표단의 체류 편의를 위해 중국 정부가 제공하는 국립 접대소인 조어대釣魚臺라고 볼 수 있다. 명나라 시대 조선 사신관은 요양, 광녕, 그리고 베이징 3곳에 있었는데, 요양에 있던 것은 회원관懷遠館, 베이징에 있던 것은 회동관會同館(회동관은 오늘날 베이징 최고인민법원 자리에 있었다)이라고 불렸다. 청나라 시기에는 병자호란1636년 이후 심양瀋陽에 볼모로 잡혀있던 소현세자와 조선 사신의 체류를 위한 조선관이 추가로 설치되었다(조선관을 중국에서는 고려관高麗館이라고 부르기도 하였다). 요양의 회원관懷遠館은 명나라 초기 설립된 조선관 중 하나였다.

회원관懷遠館은 요동성의 소남문小南門이었던 안정문安定門 밖 동남쪽으로 2-3리0.8-1.2㎞ 떨어진 곳에 위치하고 있었다. 당시 조선관의 위치는 1537년가정 16년에 발간된 "요동지遼東志"에 첨부되어 있는 "요동도사치위산천지리도遼東都司治衛山川地理圖", 1565년가정 44년 간행된 "전요지全遼志"에 첨부된 "요양진경도遼陽鎮境圖" 등에 나타나고 있다. 또한 중국을 방문한 조선사신이었던 정환丁煥의 "조천록"1537년, 황세우黃世祐의 "조천록"만력 38년 등에도 구체적으로 기록되어 있다. 특히, 조선 성종 대인 1488년 부친상을 당하여 서울로 올라오던 중 해난사고를 당하여 중국 절강성 지역에 표류하였다가, 중국 내지를 통해 베이징을 경유하여 사신단이 이용하는 요동 육로로 한양에 복귀한 바 있는 최부崔溥는 "표해록漂海錄"에서 요동관에 대해 비교적 상세한 기록을 남기고 있다. 그는 "역참 성 동문으로 나가면 1리도 채 되지 않은 곳에 요동

요양소재 동경성의 모습(상단)과 요양성 남문밖에 위치한 명대 요양 소재 조선관 위치도(하단)(자료 : 명대(明代) 요양진경도)

성이 있고, 두 성 사이에 관제묘가 있는데, 올량합 관과 태화문, 안정문을 지나면 우리 조선관이 나온다. 조선관에는 "외천보국畏天保國"이라고 4자가 쓰여져 있는 현판이 걸려 있다"고 기록하고 있다.

조선관이 있던 오늘날의 위치는 요양시 청년대가青年大街 이남, 남교가南郊街 이북으로, 문성로文聖路 이동에서 찾을 수 있다. 또한 "요동도사치위산천지리도遼東都司治衛山川地理圖"에 따르면 조선관 서쪽에 탑올산塔兀山이 있다고 기록하고 있는데, 오늘날 청년대가 남쪽과 남교가 북쪽에 고지가 있다. 이것은 명나라 시대 탑올산의 소재지이므로 조선관의 위치는 이곳의 동쪽이라고 할 수 있다.

조선관이 언제 설립되었는지에 대해서는 정확한 역사적 기록이 없다. 다만, 1439년 조선 사신들이 요동도사의 포고문 내용을 기록으로 남기고 있는데, 여기에는 "홍무 영락 연간에 조선국의 사신들이 베이징으로 진공을 하기 위해 들어가는 길에 요동도사를 경유하였고, 요양의 재성역참에는 달자, 야인, 여진족들이 조공을 위해 왕래하였다. 이들의 왕래가 끊이지 않았으며, 이들이 서로 섞일 것을 우려하여 과거로부터 성 밖에다 건물을 한 채 짓고 주변에 담을 빽빽하게 두르고 관리감독을 담당하는 관리를 배치하고 군인들이 경비를 서게 하였다. 조선 사신들만 따로 쉬어 갈 수 있도록 하고, 말을 위한 양초와 사신들 접대를 위해 이를 설립한지 오래 되었다"고 기록하고 있다. 이 기록을 볼 때 요동도사는 조선사신단을 접대하기 위해 별도의 조선관을 세웠고, 조공을 오는 오랑캐들을 위해서도 별도로 이인관夷人館을 설립하였다. 이를 통해 볼 때 재성역참在城驛은 서문인 숙청문 밖에 있었고, 이인관은 대남문인 태화문泰和門 밖에 있었다. 명 정부는 이인관과 조선관을 서로 떨어진 곳에 설치하여 조선 사신들과 오랑캐 사신들이 서로 부딪히지 않게 하였고, 서로 다른 문을 통해 요동성을 출입하도록 조치하였다. 이를 통해 볼 때 조선관과 이인관은 같은 시기에 구축되었고, 그 구체적인 시기는 영락 초년으로 짐작할 수 있다.*

조선관의 운영과 유지 관리

/

명 정부는 조선관을 구축한 이후 조선에서 온 사신들이 편안하게 쉴 수 있도록 조선관의 운영과 관리에 많은 신경을 썼다. 요동도사는 조선관의 운영과 관리를 전담하는 공무원을 배치하였고, 조선관 주변에 있는 토지 80무를 조선관에 할당하여 동 토지 임대로부터 나오는 식량과 돈 등의 수익을 관사를 유지하고 보수하는 데 쓰도록 하였다. 조선시대 조선관에서 유숙한 조선 사신들의 기록을 보면, 조선관의 구조는 대문을 기준으로 3개 동으로 구성되어 있었다. 문을 들어서면 북쪽으로 중방이 있고, 오른쪽으로 동방, 왼쪽으로 서방이 있었다. 또 서쪽에는 회원관에 소속된 일꾼들의 숙소가 있었다. 그러나 조선관의 공간이 비좁아 심지어 삼사(정사, 부사, 서장관)의 숙소로 쓰기에도 충분하지 않았기 때문에 조선관에서는 주로 사신단이 묵었고, 수행인원들은 조선관 주변에 있는 민가나 절인 영수사迎水寺에서 묵었다.

명의 요동도사가 조선관의 유지·보수에 관심을 기울였음에도 불구하고 시간이 지나면서 조선관의 상태는 점점 열악해져 갔다. 이는 조선관에 소속된 토지로부터 나오는 수익이 변변치 않았거나, 관리 책임을 진 관헌들이 제대로 관리하지 않았거나, 문제가 생기더라도 방치하였기 때문으로 보인다. 조선관에서 묵었던 많은 조선 사신들은 조선관의 불량한 시설 유지 및 관리에 대해

---

* 張士遵, 위의 책, p. 210.

기록을 남겼다. 1569년선조 2년, 융경 3년 조선관에 묵었던 허진동許震同은 「조천록」에서 "회원관을 수리하였다"는 기록을 남겼으나, 5년 뒤에 여기를 방문한 조헌의 「조천일기」에 따르면 "낮에 요동성에 들어갔는데 요동성 남문 밖에 회원관이 있었다. 그러나 회원관의 동헌은 이미 기울어져 있었다. 정사는 중당에 머물렀고, 허봉과 나는 회원관의 일꾼 숙소에 따로따로 거처했다"고 기록하고 있다.* 동년인 1574년 회원관에 묵었던 허봉의 기록에 따르면, "회원관은 융경제 기간에 수리를 하였으나 동쪽 방은 헐거워졌다"고 기록하고 있다. 1599년 회원관에서 묵었던 조익은 「황화일기」에서 "성 동쪽에 있는 회원관에 도착하였으나, 오랫동안 수리를 하지 않아 퇴폐해진 지 이미 오래 되었다"고 기술하고 있다. 이외에도 배삼익, 황여일, 조익, 이민성, 이홍주 등 많은 사신들이 허물어지고 쇠락해 가는 회원관의 열악한 상태에 대해 기술하고 있다.

회원관의 위생상태도 불량했다. 제대로 관리가 되지 않고, 청소도 되지 않았기 때문에 여기에서 묵었던 사신들이 병에 걸린 경우도 종종 나타났다. 선조 10년1577년 사은사로 중국을 방문한 김성일의 호송군인들 중에서 회원관에 도착한 후 질병에 걸린 자가 10명, 식량이 부족해 영양이 결핍된 자가 44명이나 되었다고 기록하고 있다. 선조 37년1604년 주청사로 명을 방문한 이정구李廷龜는 「류요양기사留遼陽記事」에서 회원관이 비좁고 답답한 데다 풍비, 즉 근육통, 수족 경련으로 지쳐 고향으로 얼른 돌아가고 싶다는 심정을 내비쳤다.**

이마저도 오래가지 못하였다. 마침내 1589년에는 여진족의 요양 침략과

---

* 趙憲, 朝天日記(第5冊); 조헌(동아시아비교문화연구회 역), 조천일기, 서해문집, p. 75.

** 서인범, 연행사의 길을 가다, pp. 152-153.

약탈로 인해 회원관도 피해를 면하지 못하였다. 이때 사신들을 베이징까지 호송하던 군마도 이미 약탈 당했고, 주변의 건물들도 불타서 훼손되어 버렸다.* 중국을 방문하던 조선 외교관들의 숙소와 접견장소로 활용되던 조선관이 완전히 사라지게 된 것이다.

대명외교의 지역거점 요양

/

명나라 시대 요양은 요동의 핵심 거점이었기 때문에 조선이 대명외교 관계를 관리하는 데도 중요한 외교거점이었다. 명대에 요동도사는 조선의 정보탐지의 최전선 기지의 역할을 했으며, 조선 조정, 명조와 더불어 삼각 축의 한 꼭지점을 형성하고 있었다.** 베이징이 조선의 왕과 왕비 책봉, 왕세자 승인, 정례적 사신의 방문 접수 및 파견, 황제의 칙서와 칙명의 하달 등을 위한 중요한 정치, 외교, 의례 등을 위한 국가, 정부차원의 외교 장소였다면, 요양은 여진족 문제, 말 무역, 불법밀입국자의 처리, 불법 월경문제, 변경지역 도서의 국경분쟁 처리 등 조선과 명 조정, 또는 조선 조정과 요동도사 간의 실무적인 조율이나 처리가 필요한 현안사안 협의 및 처리를 위한 외교채널의 역할을 하였다. 특히, 명 중기 이후 압록강을 경계로 양국 간에 발생하는 다양한 분쟁, 예를 들면 압록강 하구 도서의 경작, 서해 북단 해역의 경계획정, 범월 등의 분쟁이 발생하였을 경우 이를 중재하거나 해결해 주는 전선기지

---

* 張士遵, 위의 책, p. 214.

** 서인범, "명대 조선통사의 요동 회원관에서의 외교활동", 제1회 한중 사행단 국제학술제 발표자료, 2014.08.22.

역할을 수행하였다.*

그렇기 때문에 절행과 별행 등으로 사신의 파견 시기, 사유 및 절차가 규범화되었던 조천사 또는 연행사와는 달리 요동으로 가는 사행은 실무적인 필요에 따라 수시로 이루어졌다. 사절을 접수하는 기관도 황제가 아니라 요동지역을 관할하는 요동도사遼東都司였다. 파견자의 직급도 정사, 부사급이 아닌 뇌자관, 압해관, 관압사 등 대개 실무급의 통사가 사명을 받들어 파견되었다. 그러다 보니 요동사행은 조선초기부터 빈번하게 파견되었다. 기록을 보면 조선 초기 요동에 파견된 요동사행은 316회였는데, 이를 보면 조선의 명에 대한 외교통로로서 요동도사가 중요한 역할을 하였음을 알 수 있다.**

국제무역에 이용된 조선관

/

한편, 조선관은 조선과 중국 양국간의 활발한 국제무역 장소 역할을 하였다. 매번 조선 사신들이 요양에 도착할 때마다 조선관은 양국 상인, 군인, 민간인들로 붐볐고 왁자지껄했다. 여기서는 인삼, 비단, 면포, 담비 가죽 등이 활발하게 거래되었다. 원래 조선사신 일행은 말을 먹이기 위한 양식과 양초, 진상을 위한 방물 등 사신단의 여정과 활동에 필요한 물건들만을 소지토록 되어 있었으나, 많은 사람들이 알게 모르게 여러 가지 물품을 가지고 다녔다. 그러다 보니 정식무역으로 거래될 수 없는 여러 가지 금수품 거래도 이루어졌고, 국제무역에 참여할 수 없는 사람들도 수행원의 친척이나 친구라는

---

* 위의 자료.

** 정은주, 『조선시대 사행기록화: 옛 그림으로 읽는 한중관계사』, 사회평론, 2012, p. 33.

핑계를 대면서 교역장에 참가하였다. 무역이 활발하게 이루어지면서 이른바 가격 후려치기 내지는 바가지, 밀무역 내지는 사무역 등도 활발하게 이루어졌다. 요동도사는 밀무역을 방지하고, 거래상의 사기나 폭리 등을 막기 위해 여러번 금지령도 내리고, 포고령도 붙였으나 이러한 행위들을 완전히 금지시키지는 못하였다. 강력한 금지에도 불구하고 사무역, 밀무역은 오히려 활기를 띠고 이루어져다.

조선관에 대한 기억과 추억

/

당시 조선 사신으로 회원관에서 묵었던 외교관들은 시를 통해 많은 기억과 회상을 남겼다. 성허백成虛白은 "요동관에 도착하여到遼東館"이라는 시를 써서, 최립崔立은 "회원관에 도착하여抵懷遠館"라는 시로, 최연崔演은 "요양 회원관遼陽懷遠館"이라는 시를 통해 외국을 여행하는 외교관의 외로움과 고향에 대한 짙은 그리움을 토로하였다.

회원관에서 묵고 갔던 조선 사신들은 회원관이 있는 요양의 풍경에 대해서도 풍부한 기록을 남겼다. 우리의 선조 외교관들은 중국인 자신들도 모르고 있던 그들의 모습에 대해 기록한 관찰자요, 평가자요, 기록자였다. 사신들은 사행 경로상에 있는 요양을 통과하면서 눈으로 직접 보면서, 몸으로 직접 느끼면서 요동에서 일어나는 변화들을 기록하였는데, 이러한 기록들은 중국에는 없는 귀중한 자료들이다.*

조선 사신들은 요양이 요동의 정치, 경제, 문화의 중심지로서 최고의 전성

---

* *Ibid.*, p. 207.

기를 누리던 시절부터 1644년부터 시작된 총롱루관從龍入關, chonglongruguan, 종용입관(청나라의 베이징 입경으로 만주족이 청 황제를 따라 베이징으로 대거 이주한 현상을 말함)으로 인해 요동지역이 텅 비어 적막해진 시기, 그리고 강희 24년1686년 "요동이민초간령遼東移民招墾令" 발령으로 다시 요동지역 이주가 시작될 때까지, 그리고 19세기 중반 청 말기 함풍제 1853년 시기 인마로 북적되던 요양에 이르기까지 요동 지역의 우여곡절과 역사적 변천 과정을 기록하였다.

명 만력 황제 시기 요양을 방문한 조익趙翊은 당시 번영하던 요양의 모습을 아래와 같이 묘사하고 있다.

> "성중에는 인가가 즐비하고 빈공간이 거의 없다. 코고 작은 관아가 숫자를 헤아릴 수 없이 많고, 노변의 수많은 패루가 서로 붙어 있다."*

그러나 청의 입관入關(산해관 입관) 이후인 청 순치제 13년1656년 요양을 방문한 이선李渲은 요양을 지나가면서 아래와 같이 퇴락한 요양의 모습을 기술하고 있다.

> "과거 인가가 빽빽하던 곳은 이제 터만 남아서 이를 바라보는 사람을 탄식케 한다. 태자하의 나무다리를 건너면 한때 인가가 빽빽했던 요동성의 소북문을 들어가면, 주위를 돌아봐도 수십 리가 텅 비어 있다. 새로 설치한 요양지현에는 관내의 유민 600호를 이주시켜 살게 했다. 그러나 곳곳이 황량하고 마을은 적막하고 스산하다."

---

* 조익, 皇華日記, 임기중 "연행록전집" 제9책, 제145항

한편, 명말청초, 명이 망하는 시기에 명나라 사신으로 갔던 이정구李廷龜는 1620년 요양을 통과하면서 전란의 공포에 휩쌓인 요양의 분위기를 다음과 같이 기록하고 있다.

> "17일 저녁에 포성이 더욱 커지고 포성이 천지를 뒤흔들었다. 불로 인한 연기는 하늘을 반이나 가리고 있었다. 역관 한후신에게 말을 몰아 성에 들어가 무슨 일인지 탐문토록 하였다. 알아보니 성 서문 내에 있는 이성량 사당에는 큰 빈집이 있었고 관리를 두어 관리를 하였는데 여기서 화약을 제조하였다. 지금 이 집 반이 화약으로 쌓여 있고 쌓여 있는 화약은 6-7만 근이나 된다. 화약을 제조하는 군 장정들은 화약 폭발법을 연구하고 있는데 묘당에 빈집들이 모여 있고, 화약 연기와 함께 빈집이 늘어났다. 인접한 사방의 집들이 불에 타서 주변을 오염시키고, 백수십 채의 인가들이 서문을 반 정도 둘러싸고 있다."*

이밖에도 홍명하, 이곤, 박사호, 강시영 등 많은 조선 외교관들이 요양을 지나면서 요양과 요동, 만주에 대한 기록을 남겼다.

위에서 본 바와 같이 조선과 명간의 중요한 외교채널로, 먼길을 오면서 피로에 지친 조선 사신을 위한 접견과 숙소로 이용되었던 요양의 회원관은 후금의 등장과 함께 역사의 무대에서 사라지게 되었다. 명 만력 말년에 누르하치가 건국한 후금이 요동을 점령하면서 요동 사행로가 단절되었고 이로 인해 회원관은 조선 사신들의 기억에서 사라져 갔다. 청의 등장과 함께 다시 육로사행이 재개되고, 요동이 사행노정에 포함되었으나, 1678년청 강희 17년에

---

* 이정구, 庚申燕行錄, 林基中 편, 燕行錄全集 제11책, 제125항

조선 사신단의 여정에서 요양이 빠짐에 따라 조선 사신단의 왕래로 시끌벅적하던 요양 조선관은 300여 년에 걸친 임무를 다하고 역사의 무대 뒤로 사라졌다.

이제 요양의 회원관懷遠館은 더 이상 역사적 실재가 아닌, 단지 역사의 기억 속에만, 조선 사신단의 방중 외교기록인 연행록 속에만 존재하는 과거의 추억이 되었다.

종계변무:
200년이 걸린 조선 왕조의 최대 외교현안

문제의 배경

/

조선은 이성계가 세운 왕조국가였다. 종묘와 사직은 왕조의 상징이었고, 왕은 국정의 중심이었다. 국조 이성계 가문의 족보인 종계宗系는 종묘와 사직의 근본이었고, 최고의 존엄과 예의로써 모셔야 할 사안이었다. 또한 태조의 종계 문제는 조선왕조의 정통성과 국가의 정체성 문제와 관련된 중요사항이었다.*

---

* 金暻綠,「朝鮮初期 宗系辨誣의 展開樣相과 對明關係」,『국사관논총』 제108집, p.23.

한편, 조선 건국 전부터 중원을 평정한 동아시아 맹주였던 명은 조선이 가장 중요시해야 할 외교 상대국이었다. 명이 조선을 어떻게 인식하고 어떤 태도를 취하는가는 조선의 외교수행에 있어 관건이었다. 그런데 명의 건국 직후 명의 창시자 주원장이 백성의 교화와 국가통치에 필요한 전범으로 삼기 위해 반포한 『황명조훈皇命祖訓』홍무 28년, 1395년에 조선을 부정적으로 기술하고, 이성계가 고려 말의 역신이었던 이인임의 아들이라고 잘못 기술하고 있었다. 이러한 내용의 조훈은 이후 아무런 변경 없이 명의 공식법전인 『대명회전大明會典』, 『무비지武備誌』 등에 그대로 인용되어 명의 대조선 인식과 정책에 큰 영향을 미쳤다.

조선의 건국자 이성계의 종계가 명백히 잘못 기록된 것은 조선왕조로서도 큰 치욕이었다. 특히, 건국 직후 태조 시기에 명으로부터 국왕 임명장인 고명과 도장인 인신을 받지 못한 조선으로서는 종계 오류 시정문제는 단순히 왕가의 체면뿐만 아니라 왕권의 정통성과 왕권확립에 매우 중요한 문제였다.* 명분을 중요하게 생각한 조선의 신분사회에서 임금이 역적의 후손이라는 기록은 수용할 수 없는 일이었다.** 이처럼 명의 공식기록에 잘못 기재된 태조 이성계의 종계를 바로잡기 위한 조·명 간의 일련의 외교교섭을 종계변무宗系辨誣***라고 한다. 그러나 명의 문서에 한 번 잘못 실린 기록을 바로잡는다는 것은 쉬운 일이 아니었다. 조선의 문헌도 아닌 명 태조 주원장의 선유성지宣諭聖旨로 남겨진 조훈과 국가의 공식법전인 『대명회전』을 모두 바꿔야 했기 때문이다.**** 기록을 고치려면 틀린 부분만 고치는 게 아니라 아예 책을 새로 찍어내야 했다.

---

* 〈네이버 지식백과〉, "종계변무", 한국고전용어사전, 참고.

** 정명림 저·이우창 그림, 『대륙을 움직인 역관 홍순언』, 푸른숲, 2007, p.51.

*** 종계는 왕실의 가계를, 변무는 억울함에 대해 변명한다는 의미다.

**** 김경록, 「宣祖代 洪純彦의 외교활동과 朝·明관계」, 『명청사연구』 제41집, pp.5-6.

이를 위해서는 황제의 윤허가 필요했다. 또한 명에서도 요동정벌을 꿈꾸는 조선을 견제하고, 새로운 조명관계의 정립 시까지 조선을 견제할 필요가 있었기 때문에 쉽게 고쳐주지 않았다.*

종계변무를 위한 조선의 끈질긴 외교교섭은 태조 원년 이 문제를 파악한 이후부터 선조 25년1592년 양국 간 외교교섭을 통해 최종적으로 해결될 때까지 약 200여 년간 계속 이루어졌다. 종계변무는 국체로서의 왕실과 관련된 절대적 의미를 가졌기 때문에 조선은 건국 초기에 발생한 이 문제에 절대적인 관심을 표명하며 변무에 국력을 총동원하고, 조선 후기까지 이 문제를 중시했다.** 종계변무는 단일 외교사안으로서는 가장 중요한 문제였고, 가장 해결이 어려운 난제였다. 이 문제는 또한 우리 민족의 외교 역사상 최장기간에 걸쳐 가장 많은 국력을 투입해 마침내 해결을 본 사안이다.

종계변무의 기원

/

정치적 배경

조선 초기에 조선과 명 사이에 종계변무라는 외교적 사변이 생기게 된 기본적인 배경은 명 태조 주원장의 한반도에 대한 인식이 왜곡되어 있었던 데 직접적인 원인이 있다고 볼 수 있다. 탁발승에서 출발해 홍건적의 지도자가 되어 원 말의 혼란을 수습하고 1368년고려 공민왕 17년 명을 건국한 주원장은 고려 말 양국 간의 대결과 대치로 인해 고려에 대해 부정적인 인식을 갖고

---

* 정명림 저·이우창 그림, 『대륙을 움직인 역관 홍순언』, 푸른숲, 2007, p.51.

** 김경록, 「朝鮮初期 宗系辨誣의 展開樣相과 對明關係」, 『국사관논총』 제108집, p.3.

있었다. 주원장이 고려에 대해 부정적인 인식을 형성하는 데는 공민왕 대의 요동정벌, 고려에 왔던 명의 사신 채빈이 귀국하던 도중 피살된 사건, 고려 말 이인임 정권의 친원정책 등 고려의 반명적인 정책이 영향을 미쳤다. 특히, 명의 철령위 설치와 쌍성총관부 설치 문제로 고려와 명은 초기부터 대치하게 되었다.

주원장의 부정적인 인식은 이성계가 조선을 건국한 이후에도 계속되었다. 이성계는 최영崔瑩의 요동정벌에 반대하여 위화도 회군1388년 이후 실권을 장악한 이후부터 친명정책을 표방하였으나 실제 명과의 관계는 나아지지 않았다. 특히, 태조 5년에 발생한 표전문 사건, 이성계와 정도전이 추진하던 요동정벌 정책 등으로 인해 명과 조선 간의 관계는 최악의 상태로 갔다. 이러한 대치상태는 조선에서 정도전이 제거되고 이방원이 집권함과 동시에 명에서 주원장이 죽고 건문제와 영락제가 즉위하면서 해소되었다. 이처럼 조선 초기 명과의 관계가 좋지 않았기 때문에 명은 조선을 견제하기 위한 외교적인 수단이자 빌미로 종계문제를 조작하여 이용했다.*

윤이·이초 사건의 발생

위화도 회군 이후 이성계와 정도전을 주축으로 한 신진사대부 세력들이 조정 실권을 장악함에 따라 권력을 잃은 조정 내 훈구 세력들은 이성계를 조정에서 축출해 다시 권력을 장악하고자 했다. 고려 말 하급 무장이었던 윤이尹彝와 이초李初는 이런 일당의 한 무리였는데, 이들은 고려에서 이성계 정권 전복에 실패하자 명으로 도망가 명의 세력을 등에 업고 이성계 정권을 전복하고자 했다. 이들은 공양왕 2년1390년에 명 홍무제洪武帝에게 이성계가 왕의

---

* 김경록, 위의 책, pp.1-2.

종실이 아니라 인척인 왕요王堯를 공양왕으로 세우고, 병마를 동원해 명을 침범하고자 한다고 거짓으로 호소하면서 고려를 공격하기를 청했다. 홍무제는 윤이와 이초가 고변한 내용을 마침 명에 와 있던 고려 사신 왕방王昉과 조반趙胖에게 주면서 윤이가 언급한 인물을 잡아 힐문하라는 명을 내렸다. 홍무제는 또한 이들의 언급이 거짓이라는 판단하에 이를 고려에 알려 그 진상을 조사하도록 했고 고려 사신들과 현장에서 대질신문까지 벌였다. 조사 결과 윤이와 이초의 무고가 거짓임으로 밝혀지자, 홍무제는 이들을 강소성 율수현溧水縣으로 귀양 보냈다. 이 사건은 실제 종계문제가 아니라 고변사건으로, 명의 세력을 끌어들여 이성계 세력을 제거하고자 했던 정치적 사건이었다.*

마침 윤이·이초 사건의 발생시점이 홍무제가 『조훈록祖訓錄』을 확대 개정해 『황명조훈皇明祖訓』으로 만들던 때였으며, 윤이·이초 사건을 기화로 종계문제가 등장하는 시점에는 이미 조명관계가 악화되어 있었다. 이러한 상황에서 홍무제는 조선에 대한 강압적인 외교공세를 취할 필요성이 있었으며, 신생국 조선의 종계를 윤이·이초 사건을 빌미로 활용하는 방안을 선택하게 된 것이다.** 따라서 흔히 알려진 바와 같이 윤이와 이초가 홍무제에게 이성계가 이인임의 자식이라고 무고하고, 홍무제가 이를 『황명조훈』에 기록했다는 것은 사실과 다르다. 이는 『명태조실록明太祖實錄』 등 어떤 중국 측 사료에서도 윤이와 이초가 이성계가 이인임의 자식이라고 진술했다는 내용이 보이질 않고, 홍무제 또한 윤이와 이초의 진술을 믿지 않았다는 데서 잘 드러난다.*** 다만, 윤이·이초 사건에 의해 단순한 고변사건이 조명관계의 악화와 홍무제에

---

* 위의 책, p.9.

** 위의 책.

*** 위의 책, p.8.

의해 인위적으로 조작되어 보다 복잡한 종계문제로 변질된 것이었다.*

결국 종계변무 문제가 발생하게 된 것은 홍무제가 고려 말부터 갖고 있었던 이성계에 대한 부정적인 인식, 윤이·이초 사건에서 이성계가 공양왕의 인친이라는 공술, 고려 말 집정대신으로 명의 지목을 받았던 이인임의 요소가 결합되어 『황명조훈』에 "이성계가 이인임의 아들"이라는 언급으로 정리된 것이다. 즉, 이성계의 가계는 홍무제에 의해 인위적으로 조작되어 외교적 수단으로 활용되었다고 볼 수 있다.**

종계 오기의 내용

홍무제는 자신의 치국방책이자 후세 황제들에 대한 가훈이라고 볼 수 있는 『조훈록』을 보다 체계적인 법전체제로 바꾸기 위해 1395년홍무 28년 9월 『조훈조장』으로 바꿔 이를 내외문무제사에 반포했다. 홍무제는 『조훈조장』을 반포하면서 조법을 변경하면 국가가 어지러워질 것이며, 천하에 해가 될 것이라고 언급하면서 조훈의 수호를 강조했다. 또한 조훈의 변경을 요구하는 신하는 간신으로 취급해 처벌하고 사면하지 말도록 칙유했다. 한 달 뒤 윤 9월 홍무제는 『조훈록』을 보완해 『황명조훈』으로 개칭했으며, 이후 변경 없이 그대로 『대명회전大明會典』 등 명의 각종 공식문서에 수록되었다.*** 『황명조훈』은 홍무제의 개국정신과 창업의 기본방침, 국가운영의 원칙 등을 밝힌 것으로 이후 '조종성헌祖宗成憲'으로 수정이 불가했으며, 여하한 이견도 있을 수 없는 절대성을 갖게 되었다.****

---

* 위의 책.

** 위의 책.

*** 위의 책, p.5.

**** 위의 책, p.6.

『황명조훈』은 조선과 이성계에 대해 아래와 같이 부정적으로 기술하고 있다.

> "조선국은 이전의 고려를 지칭하는 것으로 이인임李仁人(李仁任의 오기)과 그의 아들 이성계가 홍무 6년부터 홍무 28년에 걸쳐 고려의 왕씨 4명을 죽였다. 그러므로 (조선 사신의 입조를 허락하지 않고) 대기시켰다".*
> 『皇命祖訓』 祖訓首章: "朝鮮國 卽高麗其李仁人乃子李成桂今名旦者 自洪武六年至洪武二十八年 首尾凡弑王氏四王 姑待之".

『황명조훈』은 또한 조선을 포함해 군사를 일으켜 정벌하지 말아야 할 나라들을 열거하면서 그 이유를 아래와 같이 언급하고 있다.

> "사방의 제이는 모두 산으로 막히고 바다로 떨어져 한 모퉁이에 치우쳐 있어 그 땅을 얻어도 산물을 가져올 수가 없고 그 백성을 얻어도 부릴 수가 없다. 만약 그들 스스로가 살피지 못하고 우리 변경을 소란하게 한다면 즉 그들에게 좋지 못할 것이다. 그들이 중국의 걱정이 되지 않는 데도 우리가 가벼이 군사를 일으켜 침범한다면 역시 좋지 못할 것이다. 나는 후세의 자손이 중국의 부강함을 믿고 한때의 전공을 탐하여 이유 없이 군사를 일으켜 인명을 살상할까 두려우니 그래서는 안 된다는 것을 깊이 명심하라. 다만, 호융과 중국은 변경이 붙어 있어 오랫동안 전쟁을 해 왔으니 반드시 장수를 가려 뽑고 병사를 훈련시켜 조심스럽게 대비하여야 한다. 이제 정벌하지 않아야 할 여러 나라의

---

* 위의 책.

> 이름을 다음에 열거한다. 동북 : 조선국, 정동편북 : 일본국, 정남편동 : 대유구국, 서남 : 안남국…(생략)*

『황명조훈』은 이성계의 가계를 잘못 기술하고 있을 뿐만 아니라 이성계와 조선에 대해 부정적으로 기술하고 있다. 이성계가 고려의 왕 네 명을 죽였다는 내용은 이성계가 강상의 도를 넘어 시역을 했다는 것으로 유교적 통치 이념하에서는 최악의 패륜을 저지른 것이 된다. 조선은 이러한 종계의 오기와 오류를 1394년태조 3년 4월 25일 흠차내사 황영기黃永奇가 오면서 인식하게 되었다. 당시 황영기는 자문과 축문을 가져왔는데, 축문은 해악산천 등의 신령에게 제사를 지내는 글이었다. 중국이 조선의 산천에 제사하는 전례는 1369년홍무 2년부터 시작되었는데, 당시 공민왕이 명 태조의 즉위를 하례하자 중국은 고려를 조공국으로 인정하고 월남과 함께 중국의 산천에 제사하는 것과 동일하게 치제하도록 예관이 건의하면서 시작되었다.** 축문의 내용은 다음과 같다.

> "옛날 고려 배신 이인임의 후사 이성계, 지금 이름 이단이 혹은 공공연하게 사람을 보내서 정탐하기도 하고, 혹은 비밀히 사람을 보내서 우리들의 변방 장수를 유인하기도 하고, 바닷가의 백성을 죽이고 약탈하기도 하며, 또 유인하여 나쁜 일을 하게 한다. … 고려는 3면이 바다로 둘러싸이고 한쪽만 산을 지고 있어 지방이 수천 리나 되고 주위가 험하고 막혀서 하늘과 땅이 만들어 낸 요새이다. … 내가 상제에게

---

* 위의 책, p.6.

** 위의 책, p.21.

밝혀 고하고자 하나 쓸데없이 상제의 들음만 번거롭게 할 것 같아서 이제 사람을 보내서 먼저 신에게 고하노니, 오직 신령은 그 까닭을 살피고 상제에게 고하라…"*

위의 축문에서 명은 이성계의 종계를 처음으로 언급했다.**

해결 노력

/

초기

종계변무를 위한 외교교섭은 종계오기를 인식한 직후부터 바로 시작했다. 조선 정부에서는 종계가 왕위의 정통성과 국가 정체성 문제와 관련된 중요사항으로 다루었지만, 홍무제의 외교적 악용이라는 점을 어느 정도 인지했기 때문에 국력을 총동원한 대응을 하지는 않았다.*** 그해 6월 조선을 방문 후 귀국하던 명의 사신 황영기 편에 주본 한 통을 부쳐 태조 이성계의 가계를 설명하고, 태조 즉위의 정당성을 설명함과 동시에 이인임의 불법행위를 기재했다. 또한 윤이·이초의 죄상을 거론해 이들의 무고가 사실이 아님을 주장했다. 조선은 또한 1394년태조 3년에 정안군(후일 태종) 이방원李芳遠을 성절사로 파견했는데, 이때 이방원은 윤이·이초 사건에 대한 명의 오해에 대해 해명하는 한편, 조선이 명에 표문을 계속 올릴 수 있도록 요청했다. 홍무제는 이방원의 요청을 받아들였고, 이방원의 남경 방문을 계기로 대명관계는 호전되었다.

---

* 위의 책, p.21.; 『太祖實錄』 卷6, 태조 3년 6월 갑신.

** 위의 책, p.21.

*** 위의 책, p.23.

이후 태조대에 이성계의 종계문제와 관련된 언급은 외교문서에서 더 이상 나오지 않게 되었다.*

그러다가 1402년태종 2년에 종계문제가 다시 대두되었다. 1월 성절사로 중국에 다녀 온 조온趙溫이 귀국해 『조훈조장』에 태조의 종계가 이인임의 후손이라고 되어 있음을 보고하면서 종계문제가 다시 불거졌다. 조선에서는 조온의 보고를 받고 나서 2년 뒤인 1403년태종 3년 11월에 이빈李彬과 민무휼閔無恤을 사은사 겸 종계변무사로 파견해 종계를 변무하는 주본을 전달했다. 이때는 태조 대보다 상세하게 이성계의 가계와 이인임의 가계를 나열하면서 『조훈조장』에 기재된 내용이 사실이 아님을 밝히고 이를 고쳐줄 것을 요청했다.**

조선의 개정 요구에 대해 명나라는 영락제永樂帝가 태종의 요구를 받아들이고 이를 개정하도록 지시했다는 사실을 알려 왔다. 명나라 입장에서는 건문제를 대신해 제위에 오른 영락제가 내정에 치중하던 시기였기에 조선의 요구를 관대하게 수용한 것이다. 그러나 이는 단순한 구두지시에 불과한 것이었다. 명으로서는 홍무제가 이미 정한 『조훈조장』을 고치지는 못하지만 조선 국왕의 종계가 이인임의 가계가 아님을 영락제가 개인적으로 인정해 준다는 의미를 가지는 것으로, 이후에 『조훈조장』을 근거로 편찬되는 제반 법전에 대한 확답은 아니라는 한계를 갖고 있었다.***

결국, 태조 대부터 태종 대에 이르기까지 대두한 종계문제는 상호 간의 큰 마찰 없이 외교적으로 마무리되는 모양새를 가졌으며, 조선의 입장에서는 매번 자신들의 요구에 대해 명에서 개정을 약속했다는 사실 자체가 큰 외

---

* 위의 책.

** 위의 책, p.29.

*** 위의 책, p.32.

교적 성과로 평가되었다. 조선은 이후 명이 종계의 개정을 약속한 것에 대해 사은사를 파견했다.*

조선 중기

종계변무 문제는 일시적으로 봉합되었으나 별 진전이 없다가 반정으로 연산군을 몰아내고 왕이 된 중종 대에 반정의 합법성을 강조할 때 다시 심각한 외교문제로 부각되었다. 중종 13년1518년 주청사로 명나라에 간 이계맹李繼孟이 귀국한 뒤 『대명회전』에 조선국조 관련 부분에 이인임과 그의 아들 단(이성계)이 홍무 6년부터 28년까지 네 명의 왕을 시해했다는 기록이 그대로 있다고 보고했다. 중종은 명에 특사를 파견해 "태조의 세계가 이인임과 아무런 관련이 없고 선세에 시역을 한 일이 없다"고 밝히고 개정을 요구했다. 명에서는 이 사실을 수긍하면서도 어떤 개정조치도 하지 않았다. 이후 중종 대에 세 번의 특사가 파견되었으나 진전이 없었고, 명종 12년에도 특사를 파견해 종계 오류 수정을 요청했지만 별 소용이 없었다.

선조의 외교와 종계변무의 최종 해결

/

선조의 문제 인식

선조는 중종의 아들이었던 덕흥대원군 이초李岹의 아들(하성군)로, 1567년 명종이 후사가 없이 죽음에 따라 그해 6월 16세의 나이에 조선 건국 이래 왕실의 방계자손으로는 처음으로 왕으로 등극하게 되었다. 어린 나이로 왕위에

---

* 위의 책.

올라 즉위 초 명종비 인순왕후 심씨가 수렴청정을 했으나 선조가 정사처리에 능숙하고 친정할 능력이 있다는 판단에 따라 17세가 되던 이듬해에 친정을 하게 되었다. 선조는 초년에 학문에 정진하고, 매일 경연에 나가 정치와 경사를 토론했으며 『제자백가서諸子百家書』 대부분을 섭렵했다. 그는 성리학적 왕도정치의 신봉자로 정계에서 훈구·척신 세력을 모두 밀어내고 사림의 신진 명사들을 대거 등용했다.* 하지만 직계자손이 아니라는 점은 선조 스스로 절대적인 통치권 행사에 많은 제약이 되었다. 이러한 약점을 극복하기 위해 선조는 즉위 직후부터 종계변무 문제에 대해 적극적인 관심을 갖고 시정을 추진했다. 그는 종계변무라는 조선 최대의 외교적 난제의 해결을 통해 방계자손이지만 조선 태조의 건국에 버금가는 업적을 남기고자 했다.**

종계변무를 둘러싼 상황의 변화

선조의 즉위와 함께 마침 종계변무 문제의 해결을 위한 외부적인 환경이 마련되고 있었다. 우선 조선과 중국의 최고 리더십에 변화가 생기게 되었다. 조선에서는 선조의 즉위가 이루어졌고, 명에서는 선조의 즉위와 동시에 가정제嘉靖帝에서 융경제隆慶帝로 황제가 바뀌었다. 이에 따라 명 황제의 등극조서를 반포하는 사행이 조선에 사행하는 동안 조선에서 명종이 승하하고 새로운 국왕이 들어섰다. 선조는 만력제의 등극조서를 반포하기 위해 조선을 방문한 명 사신들에게 근정전에서 잔치를 베풀고 종계변무를 위해 주청사를 파견하겠다는 뜻을 전달했고, 중국 사신들은 만력제万历帝가 주청사안에 대해 허락할 것이라는 반응을 보였다.***

---

* 박영규, 『한 권으로 읽는 조선왕조실록』, 들녘, 1996, p.225.

** 김경록, 「宣祖代 洪純彦의 외교활동과 朝·明관계」, 『명청사연구』 제41집, p.8.

*** 위의 책, p.12.; 『조선왕조실록』 권6, 선조 5년 11월 병술.

중국에서는 1509년 편찬되어 1511년에 간행된 『대명회전』이 만력제가 황통의 정통성을 재확립하기 위해 통치체제의 근간인 법전을 대대적으로 정리하는 개혁작업을 추진함에 따라 『대명회전』상의 종계오기를 수정할 수 있는 호기를 맞게 되었다. 『대명회전』은 이전 홍치 연간에 편수를 시작하고, 가정 연간에 속수작업을 거쳤으나 가정제의 윤허를 얻지 못해 아직 간행되지 못했다. 그러다가 1576년만력 4년 6월부터 『대명회전』 중수重修가 본격적으로 시작되었다.* 『대명회전』의 내용에 오기된 종계변무의 내용을 통째로 바꿀 수 있는 절호의 기회가 오고 있었다.

종계변무 전담 대사 임명

선조는 종계변무의 중요성을 가장 절실하게 인식하고 있던 군주답게 이 문제를 담당할 외교관의 선발에서부터 신중을 기했다. 마침 선조 연간에 대사간으로 있던 이이는 국조가 치욕을 당한 지 200여 년이 지났는 데도 불구하고 이번에도 이를 고치지 못해서는 안 된다며 인재를 주청사로 보내 명과 강력한 교섭을 할 것을 건의했다.** 그는 종계의 개정이 황제의 성지를 받아 회전에 기입되어 쉽게 고쳐지지 않는 외교적 난제라는 점을 인정하면서도 왕실의 무고에 관련된 사안이므로 적당한 인물을 선발해 이를 해결할 것을 강조했다. 그는 "임금이 욕을 보면 신하가 죽는다는 마음가짐으로 성공하면 돌아오고 실패하면 명나라에서 뼈를 묻을 각오로 임할 것"을 요구하고 일의 기미에 따라 능수능란하게 응대할 수 있는 인물을 사신으로 선발할 것을 주장했다.***

---

* 위의 책, p.11.

** 〈네이버 지식백과사전〉 참조.

*** 김경록, 「宣祖代 洪純彦의 외교활동과 朝·明관계」, 『명청사연구』 제41집, p.16.; 『石潭日記』

조선은 이이의 건의를 받아들여 1573년선조 6년 정사 이후백李後白, 부사 윤근수尹根壽, 서장관 이해수李海壽 등으로 구성된 대표단을 명에 파견해 종계변무를 위한 본격적인 교섭을 시작했다. 이후 이양원李陽元, 윤두수尹斗壽, 김계휘金繼輝, 황정욱黃廷彧, 유홍兪泓,한응인韓應寅 등 당대의 최고 명사들을 종계변무 외교에 투입했다. 선조 6년부터 1589년 윤근수가 완전히 수정된 『대명회전』의 전질을 명에서 받아올 때까지 선조는 총 47회에 달하는 사행단을 명에 파견했다.

이와 같이 많은 대표단 중에서 종계변무 문제를 협상을 통해 실질적으로 해결한 사람은 황정욱이다. 선조 17년 주청사로 파견된 황정욱은 이미 선조 즉위년인 1567년에 서장관으로 선발되어 중국에 다녀온 경력이 있어 중국 사정을 잘 알고 있었다. 또한 그는 시문, 문장 등에 뛰어난 재능을 갖고 있는 당대의 대표적인 인재였다. 그는 선조 연간에 유신들이 선조에게 당대에 가장 뛰어난 문장가를 엄밀하게 골라서 종계변무 문제만을 전적으로 맡기고, 명에 이 일을 빠짐없이 설명하여 진주케 하자는 진언이 있었을 때 이 일을 할 수 있는 최적임자로 선발되었다.* 정조 대 편찬된 조선시대 대표적 인물들의 전기인 『국조인물고國朝人物考』에는 황정욱을 다음과 같이 기술하고 있다.

> "율곡이율곡은 평소에 공황정욱의 문학을 중시하여 국조 이래의 시가들을 평론하기를 '황정욱의 시는 경학에서 발로하고 거듭 의리를 자득한 글이어서 일찍이 점필재(김종직)와 더불어 나란히 견줄 만하고 다른 사람들은 그를 따를 수 없다'고 하였다. … 계미년1583년, 선조 16년

卷之下, 萬曆九年 辛巳.

* 〈네이버 지식백과〉, "국역 국조인물고" 참조.

봄에 임금께서 춘당대에 납시어 통정대부 이하 문무관원들을 시험하여 장편의 율시를 짓도록 명하여 시간을 정해주었는데, 공이 응제한 시작이 단연 돋보였으므로 온 세상 사람들이 다투어 서로 전송傳誦하였다."*

사서는 황정욱이 주청사로 명을 방문했을 때 예부에서 종계변무 문제를 주청했으나 별다른 진전이 없자 직접 예부에 찾아가 장서를 갖추어 올렸는데, 예부상서 우신행于愼行이 펼쳐 읽어 보고는 말하기를 "잘 지은 글이로다. 정말 잘 지은 글이야"라고 하고서 황정욱이 올린 글을 주본 안에 모조리 기재하고 조금도 보태거나 깎아내지 않았다고 기록하고 있다.**

주청사행의 대표단 일원으로 참여했던 중국어 역관 홍순언洪純彦 또한 당대 통역관 중 최고의 실력을 가진 사람이었다.*** 그는 시문에 능하고 언어에 유창했다. 그는 이를 바탕으로 종계변무와 이후 임진왜란의 청병 등 조선 선조 대 중요 외교현안 처리를 위한 협상에 모두 참여한 실무외교관이자, 조선시대 최대 국난을 극복한 외교관으로 역사에 뚜렷한 족적을 남겼다. 중인 역관 출신이었던 홍순언은 종계변무를 해결한 공로로 1590년 선조의 공신책봉 시 전례 없이 공신光國功臣 嘉善大夫에 책봉되었다. 홍순언은 공신에 책봉된 이후 용호영에 속한 금군 200명을 거느린 정3품 서반 무관직인 금군 우림위장에 임명되었다. 선조는 역관 출신으로 사역원에 정3품에 해당하는 적당한

---

* 위의 자료.

** 위의 자료.

*** 조선시대 실학자인 이익의 『성호사설』에 따르면, 홍순언은 중국을 방문한 사행단의 통역으로 북경을 방문한 계기로 한 중국 여성과 인연을 맺게 되었다. 이후 이 여성이 명의 예부상서인 석성의 배우자가 되게 되는데, 이 인연으로 인해 홍순언이 주청사행단의 일원으로 명을 방문했을 때 종계변무 문제를 해결하는 계기가 되었다고 전하고 있다. 정명림 저·이우창 그림, 『대륙을 움직인 역관 홍순언』, 푸른숲, 2007 참조.

현직이 없자 무반직을 주어 우대한 것이다.*

선조의 협상 전략

종계변무 문제의 해결을 위해 선조와 조정 중신들은 치밀한 협상전략을 마련했다. 선조는 우선 당시 조선의 대중외교 협상 채널이었던 부경사행 파견과 조선에 오는 중국 사신들을 최대한 활용하고자 했다. 조선에 오는 사신 접대는 중요한 외교소통의 채널이었기 때문에 선조는 사신접대 과정에서 조선의 입장을 충실히 전달하고자 했다. 이를 위해 사신접대의 과정에서 종계변무 문제를 누가, 언제, 어떻게 전달하고 무엇을 요구할 것인지에 대해 예조와 승정원을 중심으로 치밀하게 협의해 결정하고 시행토록 했다. 또한 사신접대 관원들이 담당해야 할 임무를 사목의 형태로 각 관원에게 전달했다. 선조에게도 접견일자, 안건 등 많은 사항들에 대해 사전에 서면으로 보고하고 시행했다.**

마침내 만력제 등극조서를 반포하는 사신이 조선에 오자 조선은 사신접대의 기회를 활용해 이를 사신에게 조선의 입장을 적극적으로 알려 명에 전달하고자 했다. 예조는 사신출래에 앞서 선조에게 서계를 올려 종계에 대해 사신접대 시 간곡하게 언급할 것을 건의했다. 이에 대해 선조는 자신이 판단하기에 사신을 접대할 때 종계문제를 언급하는 것은 사리에 맞지 않아 불가하다는 의견을 제시했다. 선조는 사신을 접대할 때마다 조선의 입장을

---

* 김경록, 「宣祖代 洪純彦의 외교활동과 朝·明관계」, 『명청사연구』 제41집, p.21. 이러한 파격적인 인사조치에 대해 사간원은 중인 역관 출신을 우림위장에 임명하는 것은 적절하지 않다면서 체차시킬 것을 주장했다. 이에 대해 선조는 홍순언이 공신으로 가선대부이므로 직책에 적합하다는 입장을 보였으나 사간원의 반대가 지속되자 임명 2개월 만에 체차시켰다. 『조선왕조실록』 권25, 선조 24년 2월 정축; 4월 정미; 무신.

** 김경록, 위의 책, p.6.

명의 사신에게 전달할 경우, 명사가 인정상 거절하지 못하지만 조선의 사정 때문에 명나라의 국사문제에 참견할 리 없다는 현실적인 판단을 했다. 그러고는 선조는 황제가 새로 등극한 시기에 조선에서 종계변무 사신을 별도로 파견하여 만력제에게 보고할 것이니 명사가 조선의 노력을 만력제에게 전달만 해 달라는 수준으로 언급할 것을 지시했다.*

아울러 선조는 1572년선조 5년 명사의 출래에 대비해 대신들로 하여금 자신이 명사를 접견할 때 종계의 변정에 대해 대략 말로 하고, 구체적인 내용을 단자單子로 작성해 전달하도록 했다. 이때 단자는 예조판서 박영준朴永俊이 기초해 좌의정이 다듬고, 김계金啓가 다시 정리해 통사 홍순언이 중국어로 번역 후 예조가 전달했다.** 만력제의 등극조서를 반포하기 위해 출래한 명사들은 근정전 잔치에서 선조가 종계변무를 위해 주청사를 파견하겠다는 뜻을 전달하자 만력제가 주청사안에 대해 허락할 것이라는 반응을 보였다.*** 특히, 중국 조정 한림원 검토로 봉직하면서 조선 사정에 밝고 조선에 우호적이었던 허국許國은 조선에 많은 관심을 나타내면서 정승 이준경李浚慶으로부터 종계변무에 관한 조선의 상세한 입장을 설명 받고는 귀국 시 조선의 종계변무 주청에 대해 적극적으로 도와주겠다는 약속을 하기도 했다. 이에 따라 이준경은 종계변무 사행단에게 각종 절목을 만들어 조선의 요구사항을 조리 있게 정리해 주었다.****

---

* 위의 책.

** 『조선왕조실록』, 권6, 선조 5년 9월 갑오.; 김경록, 위의 책, pp.6-7.

*** 『조선왕조실록』, 권6, 선조 5년 11월 병술.; 김경록, 위의 책, p.12.

**** 김경록, 위의 책, p.15.

종계변무의 해결

선조의 수차례에 걸친 체계적인 외교적 노력 끝에 마침내 해결의 서광이 비치기 시작했다. 명에서는 국내적으로 대명회전의 편수가 지연되고 있었으나, 조선의 변무 요구가 계속되자 새로 편찬되는 명 실록에 우선 개정사실을 기재하겠다는 반응을 보인 것이다. 1573년선조 6년에 이후백이 주청사로 명에 갔다가 돌아올 때 종계의 변무된 내용을 새로 편찬되는 명 실록에 수록했다는 내용을 알려주는 명 예부상서 육수성陸樹聲의 제사題詞를 가져왔다. 1575년선조 8년에 홍성민洪聖民을 주청사로 보내 변무를 요구했을 때 예부상서 만사화萬士和는 명 실록에 편찬해 넣고 『대명회전』의 편수 시 기재하도록 만력제에게 건의했다. 1578년선조 11년 김계휘金繼輝가 갔다 왔을 때는 책이 완성되어 반포되면 다시는 누락되는 걱정이 없게 하겠다는 명 황제의 성지를 받아 왔다. 이때 예부시랑 임사장林士章은 책이 완성되어 반포되기 전이나 종계변무의 내용이 빠질 염려가 없음을 구체적으로 알려 왔다.* 이어 새로 편찬되는 실록에 수정된 종계 내용을 명나라가 수록하는 등 가시적인 성과가 나타나자 조선은 종계변무 문제의 해결을 조금씩 낙관하게 되었다.

이어 1581년선조 14년 명 예부상서 서학모徐學謨는 조선 사신 김계휘에게 회전이 완성되면 곧 나누어 주도록 아뢸 것이니 칙서를 내릴 필요는 없다고 말했다. 이후 조선은 『대명회전』의 반포를 주목해 1584년선조 17년 사신 황정욱, 서장관 한응인, 질정관 송상현宋象賢, 상통사 홍순언을 보내 『대명회전』을 반부해 주도록 요구했다. 이에 예부는 조선에 등초해 보내줄 것을 건의했고, 만력제는 조선의 요구대로 개정되었음을 알리는 칙서를 등초해 보내주도록 했다. 사신 일행은 마침내 『대명회전』 가운데 개정한 전문을 기록한 칙서를

---

* 위의 책, pp.17-18.

가지고 11월에 귀국했다. 1588년선조 21년, 만력 16년에 조선이 정사 유홍을 보내 『대명회전』의 배부를 요청하자 만력제는 『대명회전』 해당 부분에서 종계 관련 내용이 기재된 책 한 권을 먼저 반강하도록 지시했다. 이에 따라 마침내 『대명회전』의 완전한 버전이 조선에 정식으로 전달되었다. 이어 1589년 하절사로 북경에 갔던 정사 윤근수와 서장관 윤형尹炯이 귀국하면서 『대명회전』의 전질을 가지고 돌아왔다. 『대명회전』 전질을 전달하면서 만력제는 조종의 구장이자 국가의 성헌으로, 유사에게도 부본만 두어 결코 외번에 보이지 않았던 『대명회전』을 내복과 같은 조선에 보낸다면서 『대명회전』 전달의 의의를 밝혔다. 대외적으로 유출되지 않았던 『대명회전』의 전달이라는 결과는 칙서에서도 밝혀져 있듯이 여러 대에 걸친 조선의 종계변무 외교 노력 덕분이었다.*

종계변무의 결과

선조와 조선 조정이 기울인 각고의 노력 끝에 마침내 종계변무 문제가 해결되었다. 선대에 해결하지 못한 조선시대 최고의 외교적 난제였던 종계변무 문제를 방계자손이던 선조가 마무리한 것이다. 이를 통해 선조는 왕위 계승의 정통성을 확보함과 동시에 정여립 모반사건으로 인한 혼란을 안정시켜 절대군주권을 갖고자 했다. 선조의 입장에서 종계변무의 해결은 조선의 정통성을 확보하고, 조명관계 최대의 외교현안을 해결했다는 점에서 조선의 건국군주인 태조 이성계에 버금가는 조선을 빛낸 군주로 인정받는 계기가 됐다.**

---

* 위의 책, pp.20-21.

** 위의 책, p.21.

선조는 자신의 재임 중 가장 큰 난제를 해결한 기쁨을 기록으로 남기고자 했고, 이 과정에서 기여한 외교관들에 대한 포상을 크게 실시했다. 우선 종계변무의 전말을 담은 『서윤전서敍倫全書』를 펴내 종계문제 해결에 따른 기쁨과 흥분을 표현했다. 또한 조정의 일급 대신들이 모두 찬술에 참여한 가운데 극진한 감사를 표시하는 사은표문을 작성했다. 사은표문 작성 시 대제학 이산해李山海가 지은 초안에 대해 선조는 문구 하나까지 거듭 수정하고 문명 있는 신하들을 중추부에 집합시켜 구절별로 나누어 짓도록 할 정도였다.*

선조는 또한 개정된 자료의 귀환 시 각별한 예를 표시하는 한편, 종계변무를 성공시킨 유공자에 대한 대규모 포상을 실시했다. 1584년 11월에 황정욱을 정사로 한 사행단이 『대명회전』 가운데 만력제가 개정한 전문을 기록한 칙서를 가지고 왔을 때 종묘에 고유제를 올리는 한편, 황정욱을 비롯한 사행원들에게 가자와 함께 노비, 전택, 잡물을 상으로 하사했다. 1588년 유홍 일행이 『대명회전』 1권을 가져오자 선조는 종묘, 사직, 문묘에 고유하고, 사신일행과 승문원 제조 등 관련자들을 위해 태평관에서 잔치를 베풀었다. 당시 선조는 『대명회전』의 개정과 하사를 이끌어낸 이들의 공을 한 나라의 공신들이었던 숙하肅何, 조참曹參, 위청衛青, 곽거병霍去病에 견주며 치하했다.** 1589년 윤근수가 『대명회전』 전질을 가지고 올 때는 홍화문 밖에 나가 사행단을 맞이하고 명정전에서 백관의 하례를 받았다. 이어 전후 봉사한 사람 중에 공로가 있는 자를 녹훈할 것을 전교해 황정욱, 유홍, 윤근수를 광국공신光國功臣으로 포상하고, 전후에 갔던 사신들도 아울러 책훈했다.*** 이러한 공신

---

* 위의 책.

** 위의 책, p.19.

*** 광국공신은 정공신 19명(1등 3명, 2등 7명, 3등 9명), 원종공신 872명(1등 137명, 2등 136명, 3등 599명) 등 전체 891명에 달하는 대규모였다. 김경록, 위의 책.

책훈에 대해 신하들이 존호를 올릴 것을 청함에 따라 선조는 '정윤입극성덕홍열正倫立極盛德弘烈'이라는 존호를 올렸다. 또한 공신책봉 이후 선조가 신료들과 화답한 시를 모아 『광국지경록光國志慶錄』이라는 책을 편찬했다. 이 책에 수록된 시문의 저자들은 당시 경연청, 홍문관, 예문관, 춘추관, 승문원, 성균관 등에 종사했던 주요 문신들이 망라됐다.*

종계변무의 해결 원인
/

조선의 오랜 외교적 노력 끝에 선조 대에 종계변무 문제가 해결된 것은 다음과 같은 몇 가지 이유가 있었다.

첫째, 종계변무 문제해결을 위한 선조의 강력한 의지가 있었다. 선조는 국조인 이성계의 종계가 잘못돼 있었음에도 불구하고 이 문제가 시정되지 않고 있는 데 대해 많은 불만을 갖고 있었고 본인의 임기 중에 반드시 이 문제의 해결을 희망했다. 선조는 이 문제를 효도 차원에서 접근했다. 그는 이 문제를 해결하지 못할 경우 선조에 씻지 못할 불효를 하는 것으로 생각하고, 그러한 불효를 저지르지 않기 위해서 반드시 종계변무를 마무리 짓고자 했다. 선조는 '니탕개의 난1583년'**, '정여립의 난1589년'*** 등 여러 국내외적인 우환 속에서도 종계변무의 해결을 위해 온 노력을 쏟았다.

---

* 위의 책, p.21.

** 1583년 1월에서 8월간 약 3만여 명에 달하는 여진족들이 함경도 북부지역을 대거 침입해 조선 민가 등을 침탈한 사건으로, 조선은 난 평정을 위해 함경도 북부지역에 계엄령을 실시하는 한편, 하삼도(전라도, 경상도, 충청도) 지역의 병력을 파견해 난을 진압했다. '니탕개의 난'은 조선 전기의 가장 큰 난으로 평가되고 있다.

*** 선조 22년에 일어난 정여립의 모반 사건으로, 이 사건으로 기축옥사가 발생해 1,000여 명에 달하는 동인계 인사들이 처형되었다.

둘째, 문제해결을 위한 시한의 경과로 이 문제는 해결을 위한 마지막 단계에 접어들고 있었다. 이미 태조 대부터 선조에 이르기까지 많은 선대 왕들이 이 문제에 대해 많은 관심을 갖고 있다는 것을 명은 분명히 알고 있었고, 이 문제가 조명관계에 긴장을 가져오고 있다는 것도 알고 있었다. 그렇기 때문에 명나라도 선조 대에 이르러서는 이 문제의 해결이 필요했던 것이다. 마침 명 만력제 때 이루어진 『대명회전』의 수정도 놓치기 힘든 호기였다.

셋째, 조·명 간의 긴밀한 관계, 특히 만력제 당시 긴밀한 조명관계를 들 수 있다. 만력제는 태자 시절부터 조선 사신을 접견한 바 있으며, 이때 이미 조선 사신들에 대해 좋은 이미지를 형성하고 있었다. 조선에 대해 우호적인 인사가 나중에 황제가 되어 조선에 관한 외교문제가 전면에 부상했을 때 만력제는 조선에 최대한 우호적인 입장에서 문제해결을 위해 협조했던 것이다.

종계변무의 교훈

/

종계변무 사건은 조선시대 외교의 집요함과 끈기를 잘 보여주는 사례다. 조선의 역대 왕들은 종계변무 문제의 해결을 위한 명확한 목표를 갖고 있었고 중국에 가는 대표단에 이 문제의 해결을 위한 정확한 임무를 부여했다. 종계변무는 또한 왕실의 위신과 체면에도 관련된 사안이었기 때문에 왕조의 존엄을 위해서도 꼭 해결해야 할 사안이었다. 그렇기 때문에 194년이라는 긴 시간에 걸쳐 최종적인 해결에 이르기까지 조선 국왕들이 배턴을 바꿔가면서 할아버지 왕에서 손자 왕에 이르기까지 대대손손 해결을 위한 노력을 계속했던 것이다. 종계변무는 실로 200여 년간 조선 국왕들의 인계인수서상 장기 미해결 현안과제로 남아 있었던 것이다.

종계변무 사건은 현대 한국 외교에도 많은 교훈을 던져주고 있다. 오늘날 우리는 통일 문제, 위안부 문제, 동해표기 문제, 주변국과의 배타적 경제수역 EEZ, Exclusive Economic Zone 경계획정 문제 등 민족적·국가적인 차원의 난제들을 많이 갖고 있다. 종계변무 사례는 이런 어려운 외교현안들은 아무리 시간이 걸리더라도 끈질기게 해결을 위해 노력하고, 당대에 해결되지 못하더라도 세대를 이어가며 외교를 통해 해결해야 한다는 교훈을 던져준다. 이 사건은 또한 어떤 어려운 과제라도 국가지도자의 의지, 직업 외교관들의 끈질긴 집념과 노력, 좋은 전략과 국민적 지지가 있다면 결국은 해결할 수 있다는 낙관적인 교훈을 제시하고 있다.

이 사례는 또한 강대국의 전략이나 정책이 약소국을 통제·관리하는 데 이용될 수 있다는 것을 잘 보여주고 있다. 아울러 사소한 표기 오류 또는 사실의 오류라도 오류를 행한 자가 강대국이고, 당한 쪽이 약소국일 경우 정당한 요구가 반복되면 약소국의 자주성을 위협하는 협상의 레버리지로 전락할 수 있음을 보여주고 있다. 중국은 조선이 종계문제를 왕실의 정통성에 관한 중대 문제로 접근하려 하자 자신의 국내 상황과 관련해 대조선 관계를 전개하고, 외교적 빌미로 종계문제를 이용했다.* 이 문제는 또한 본질적으로 원인제공자(명) 측의 잘못으로 발생한 문제였으나, 무고라는 문제의 특징으로 인해 원인제공자가 해결의 열쇠를 갖고 있었고, 피해자와 원인제공자 양자 간에 힘의 우열이 있었다. 무고를 당하는 피해자는 힘의 열세에 있었으며, 무고를 접수하는 측은 힘의 우위를 바탕으로 무고를 활용할 수 있었다. 동아시아의 전통적 국제질서하에서 국가 간의 무고 사건에 있어 무고는 국내와 국외의 양면성을 갖고, 무고자는 국내적인 목적에서 국외적으로 무고를

---

* 김경록, 「宣祖代 洪純彦의 외교활동과 朝·明관계」, 『명청사연구』 제41집, p.2.

하며, 무고를 당한 측은 국외적으로 변무를 행하는 과정에서 국내적인 정치·사회적인 상황을 조절해야 했다. 때에 따라선 이런 조절이 원활히 이루어지지 않으면 국외적인 무고로 인해 국내적인 손실을 입기도 했다.*

종계변무의 역사를 보면서 이 문제의 해결에 200여 년이라는 장시간이 소요된 것은 이 문제를 대하는 전략이나 협상전술 측면에서 보다 나은 대안은 없었는지를 고민케 한다. 어찌 되었던 당시는 왕조시대였고, 명도 조종성헌으로 건드릴 수 없는 태조의 유훈이 포함된 문서를 고쳐야 한다는 내부적 제약과 부담이 컸다고 보인다.

안타깝게도 선조의 최대 외교적 성과는 임진왜란이라는 또 다른 국난을 맞아 퇴색해 버리고 말았다. 임진왜란1592년이 없었다면 선조는 조선시대 최고의 외교적 성과를 거양한 성군이 되었을 것이다. 하지만 선조는 종계변무 해결이라는 안도감과 성취감 때문에 불과 3년 앞으로 다가온 임진왜란이라는 국난의 전조를 인식하지 못하고 이에 대비하지도 못했다. 중국과의 관계에서 최대의 난제를 해결하고도 대일외교에서 전쟁을 대비하지 못한 것은 당대 역사의 큰 아픔이라고 할 수 있다.

---

* 위의 책, p.13.

영구보존된 조선의 외교기록과 인류 외교 기록사의 금자탑 연행록(燕行錄)

인류사에서 우리 민족만큼 철저하게 기록을 남긴 민족은 드물다. 고대 이집트의 파피루스나 중국의 사마천司馬遷이 기술한 『사기史記』 같은 역사적인 기록물들이 많지만, 국정을 하루도 빼놓지 않고 체계적으로 기록한 나라는 우리가 유일하다. 우리 민족은 외교 분야에서도 많은 기록유산을 남겼고, 이러한 기록은 왕조나 국가의 자산으로 특수한 방법으로 영구보존되었다. 외교에 관한 주요 기록으로는 『조선왕조실록朝鮮王朝實錄』, 『비변사등록備邊司謄錄』, 『동문휘고同文彙考』, 『통문관지通文館志』 등이 있다.

유네스코가 지정한 세계기록문화유산인 『조선왕조실록』은 국가적 재난이 발생한 예외적인 상황을 제외하고는

500여 년 왕조기간의 국정을 매일매일 기록한 종합국정보고서이자 외교기록이다. 실록의 상당 부분은 명, 청, 일본 등과의 대외관계를 다루고 있다. 여기에는 조선 건국 초기 명과의 외교관계 정립을 위한 정책과 토론, 국난을 당한 시기의 대외정책 추진 방향, 외교특사의 파견 및 접대 등에 관한 내용이 철저하게 담겨 있다. 실록은 또한 사신을 파견할 경우 가지고 가야 할 선물 목록이나 우수한 외교문서 기안자에 대한 포상 등 외교에 관한 세세한 내용까지 포함하고 있다.*

우리 민족은 왕조실록이라는 종합적인 기록 외에도 외교 분야에 관한 전문적이고 체계적인 기록을 유지했다. 이미 고려시대부터 중국과 주고받은 외교문서를 체계적으로 수집, 정리해 외교업무에 참고할 수 있도록 『이문吏文』이라는 외교문서집을 간행했다. 고려시대 공양왕 때는 사역원에서 외교문서 작성에 필요한 『이문』을 가르쳤고, 이러한 국가적인 업무는 왕조의 교체에도 불구하고 계속 이어져 조선시대에도 사역원과 승문원에서 이문교육을 실시했다.**

조선은 또한 명나라, 청나라 그리고 일본 등 주변 국가들과 주고받은 각종 외교문서를 집대성한 『동문휘고』정조 12년, 1788년라는 외교문서집을 간행했다. 총 60책으로 구성되어 조선 후기 대외관계 외교문서를 집대성한 이 자료는 명, 청, 일과의 외교관계에 관한 각종 사례 및 기록을 포함하고 있다. 1720년 숙종 때의 역관 김지남金指南이 그의 아들 김경문金慶門과 함께 편찬한 『통문관지通文館志』는 조선시대 사역원의 내력, 중국 및 일본 등과의 사대

---

* 선조 22년 대제학 이산해가 종계변무에 관한 사은표문을 고쳤는데, 임금이 이에 대해 "참으로 훌륭하다. 필법이 매우 기이하여 구구한 속자의 미칠 바가 아니니 마땅히 이를 개간해 후세에 전하도록 해야겠다"며 호피 1령을 사급했다. 국사편찬위원회 번역, 『조선왕조실록』, 선조 22권, 21년 7월 4일 기사.

** 〈네이버 한국민족문화대백과〉 참조.

교린 외교, 각종 외교의전 및 절차, 실제사례 등을 체계적으로 수록하고 있는 외교문서다.

조선 중기 이후 외교 및 안보 분야에서 최고의 평의기관이던 비변사의 회의 내용과 결정사항을 기록한 『비변사등록』은 현존하는 최고의 외교안보 전문기록이다. 비변사는 1510년중종 5년 설치 이후 국방, 외교 및 국정 전반에 관한 문제를 결정하는 최고의 국정의결기관으로서 기능을 수행했는데, 회의가 있을 때마다 낭관이 입회해 매일매일 회의상황과 그 의결상황을 기록했다.*

병자호란1636년 이후 소현세자가 청에 끌려가 중국 심양에서 볼모생활을 하면서 보낸 8년1637년 2월~1645년 2월간의 시기에는 소현세자의 동정을 중심으로 심양관과 심양에서 일어난 일을 매일 기록한 『심양일기瀋陽日記』를 남겼다. 또한 소현세자와 함께 심양에서 체류하던 재신들은 심양에서 일어난 각종 상황을 보고했는데 이러한 보고를 모은 『심양장계瀋陽狀啓』를 남겼다. 이처럼 『동문휘고』, 『심양장계』 등과 같은 외교문서는 한 명의 임금만을 위한 외교문서가 아니라 국가의 외교문서로 영구보존되었다.

이와 같은 공식기록 외에 문학적인 미를 보여주는 여러 가지 외교 관련 기록들도 남아 있다. 대표적인 것이 바로 중국에 파견된 조선의 외교사절들이 중국을 내왕하는 과정에서 보고 듣고 느낀 것을 기록한 각종 연행록燕行錄이다.** 세계적인 기행문으로 익히 알려진 박지원朴趾源의 『열하일기熱河日記』는 이러한 연행록 중 하나다. 이외에도 김창업金昌業이 숙종대에 자제군관으로

---

* 다만 비변사 기록 중 많은 부분이 임진왜란 중 소실되어 현재 남아 있는 기록은 임진왜란 후인 1617년(광해군 9년)부터 1892년(고종 29년)까지 276년간의 등록 273책만 남아 있다. 〈네이버 한국문화민족대백과〉, "비변사등록" 참조.

** 임기중, 『연행록의 발굴현황과 세계기록유산 등재신청 문제』, 제2회 한중사행단 국제학술포럼 발표자료(주선양총영사관), 2015, pp. 7-12.

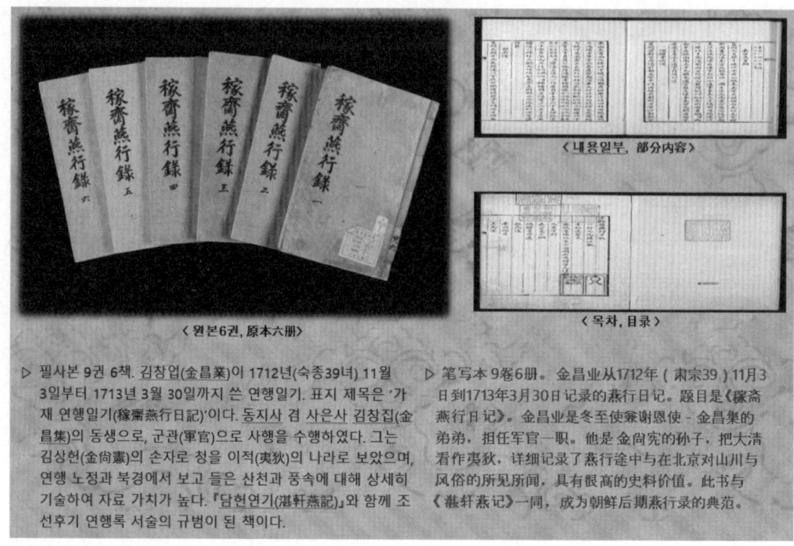

연행록(노가재연행일기)(출처 : 서울대 규장각)

사행을 수행하면서 남긴 『노가재연행일기老稼齋燕行日記』, 조선 후기 실학자였던 홍대용洪大容의 『담헌연기湛軒燕記』, 이기지李器之의 『일암연기一庵燕記』 등은 연행록의 대표적인 저서들이다.*

연행록은 단순한 기행문이 아니라 우리 선조 외교관들이 외교활동을 통해 남긴 정치, 외교, 역사, 문화, 지리, 인문, 풍속 등에 관한 종합적이고 체계적인 기록이다. 고려시대 이승휴의 『빈왕록賓王錄』1273년이 나온 13세기 말부터 1894년 김동호金東浩의 갑신연행록을 마지막으로 연행이 중단될 때까지 약 625년 동안에 우리 선조 외교관들은 1,795회에 걸쳐 모두 53,850여 명이

---

* 우리 역사상 아직까지 기록으로 남아 있는 최고의 연행록은 고려시대 이승휴가 원나라에 서장관으로 다녀온 후 남긴 『빈왕록(賓王錄)』이다. 이승휴는 1273년 원나라의 수도 대도에 서장관으로 다녀온 후 사행길에서 겪은 일과 원나라 황제를 만나 예를 표시하는 예식까지 112일에 이르는 이야기를 편집해 1290년 10월에 『빈왕록』이라는 책으로 남겼다. 위키백과, 빈왕록 참조.; 이승휴 저·진성규 역, 『빈왕록』, 지식을만드는지식, 2009 참조.

중국을 왕래하면서 많은 기록을 남겼다.* 선조 외교관들은 서울에서 베이징까지 왕복 3,000㎞에 달하는 험난한 여정을 폭우와 혹한, 전쟁의 와중에도 아랑곳하지 않고, 풍찬노숙하면서 수백 개에 달하는 역참과 마을, 고개를 거치면서 험난한 여정을 오갔다. 육로 여정이 위험하기는 했으나, 해로 여정은 더 큰 위험을 동반한 생명을 건 모험이었다. 1년에 평균 6~7 차례, 5~6개월이 걸리는 긴 사행길을 우리 선조들은 마다하지 않고 다녔다. 이는 한국과 중국을 중심으로 동아시아인들과 세계인들의 소통과 교류, 평화와 공영을 위한 외교활동이었다.

우리 선조들은 이러한 사행단 교류 계기에 중국 등 주변 국가들의 정치, 외교, 문화, 역사, 지리, 풍속 등 당대 생활사를 지속적으로 기록하여 총 15만여 면, 6천1백만여 자로 추정되는 방대한 기록유산인 연행록을 남겼다. 동국대 임기중 교수는 "연행록은 평화와 공영을 위한 소통의 기록이며, 동아시아인들이 전쟁을 하지 않고 평화롭게 살아갈 수 있는 방법을 모색하면서 그것을 실천에 옮긴 것이 연행이고, 그 결과물이 연행록이다"라고 말하면서 "연행록은 평화를 위한 기록"이라고 평가하고 있다.** 연행록은 우리 선조 외교관들이 온고지신의 자세로 대대손손 수 세기에 걸쳐 세대를 이어가면서 남긴 위대한 외교기록이요, 지혜의 보고이며, 세계사에 길이 남을 기록문화의 금자탑이라고 할 수 있다.

연행록 외에도 조선시대 사행단 교류와 관련된 중요 기록이 바로 사행단에 동행했던 화원이 기록한 각종 기록화들이다. 화원들은 외교사절단의 일원

---

* 임기중, 『연행록의 발굴현황과 세계기록유산 등재신청 문제』, 제2회 한중사행단 국제학술포럼 발표자료(주선양총영사관), 2015, pp. 7-12.

** 임기중, 「조선연행사 붓끝의 청대 심양 백성 생활상 점묘」, 〈주선양총영사관 주최 제1회 한중사행단 국제학술제〉 발표자료(2014.08.22.), p.174.

으로 사행단을 수행하면서 사행 노정에서 견문한 사적을 그린 기록적 성격의 실경산수화, 사신에 대한 영접절차를 그린 행사기록화, 사신의 모습을 그린 인물초상화 등 다양한 기록화들을 남겼다. 1421년 명이 북경으로 천도하기 이전에 남경을 방문한 조선 사신의 모습을 그린 「송조천객귀국시장도送朝天客歸國詩章圖」, 16세기경 육로 사행을 묘사한 「조천행도朝天行圖」, 1760년 동지사행 계기에 영조의 특별명령에 따라 소현세자가 인질로 기거하던 심양관의 옛 모습과 북경의 일부 사적 모습을 그린 「심양관도첩瀋陽館圖帖」 등 많은 기록이 있다.*

---

* 중국의 사신들 또한 한반도를 방문하고 많은 기록을 남겼다. 대표적인 것이 18세기 네 차례나 사신으로 조선을 방문한 아극돈(阿克敦)의 조선사행을 배경으로 중국 화가 정여(鄭璵)가 제작한 「봉사도(奉使圖)」가 있다. 「봉사도」는 청에서 제작된 조선사행과 관련한 기록화로 현존하는 유일한 예다. 한편, 청에서 제작된 「만국래조도(萬國來朝圖)」는 1761년 11월 숭경황태후 칠순 만수성절을 기념하기 위해 모인 외국과 번국 사신들의 조회 장면을 묘사하고 있는데 여기에는 관복을 갖춰 입고 모자를 쓴 조선사신의 모습도 컬러로 생생하게 잘 묘사되어 있다. 정은주, 정은주, 『조선시대 사행기록화: 옛 그림으로 읽는 한중관계사』, 사회평론, 2012, p.16; 417.

소현세자의
대중(對中) 외교와 대중(大衆) 외교

소현세자는 한민족의 외교사에서 독특한 역할을 수행했다. 그는 1636년 병자호란으로 조선이 청나라에 항복한 이후 1637년 2월 인질로 청나라에 끌려갔다가 1645년 2월 17일 다시 한양으로 돌아올 때까지 8년간이나 중국 심양에서 체류하게 된다.

그는 심양에서 체류하는 동안 중국을 방문하는 조선사신단의 관소였던 심양관조선관에서 머물렀다. 심양관은 청이 조선 왕세자에게 제공했던 인질억류 장소였지만, 조선을 대표해 최일선에서 대중외교를 수행한 외교공관의 역할을 수행하기도 했다. 오늘날로 보면, 소현세자는 중국에 파견된 특명전권대사의 역할을 했고 심양관은 주중대사관의 역할을 했다. 소현세자가 청나라에 인질로 잡혀가자 조선은 소현세자를 보좌할 문관, 무관, 시강원왕세자 비서실 관원, 선전관, 의관 등 총 182명을 파견했고, 이들을 보좌하는 종인들까지 합하면 약 500명에 달하는 대규모 인원을 파견했다. 심양관에서 경륜과 실무능력을 갖춘 인물들이 근무하면서 심양관은 대청관계에서 중요한 역할을 수행했다.* 소현세자는 심양에서 외교사절의 장으로서 청과의 관계를 관리하고, 대청외교의 최전선에서 약소국인 조선의 이익을 옹호하기 위해 청의 강압적인 요구를 무마시키거나 본국에 전달하는 역할을 수행했다.

당시 소현세자가 수행하던 역할은 오늘날 현대적인 외교공관이 수행하고 있는 업무와 거의 흡사하다고 할 수 있다. 우선, 소현세자는 당시 청의 정세뿐만 아니라 국제정세 동향을 실시간으로 파악해 이를 본국에 보고하고, 조선의 대청외교업무를 지원했다. 당시 심양관에서 근무하던 직원들은 청나라 황제의 사냥 등 외유나 군사훈련 동향, 황실의 혼례나 잔치, 명과의 전쟁준비 상황 등 청나라 내부 정세동향을 파악해 이를 비밀리에 장계로 작성한 뒤 조선 왕실에 보고했다. 소현세자는 특히 당시 명이 망하고, 청이 흥기하는 국제정세의 격변내용을 조선 왕실에 정확히 보고하고자 했다. 청이 산해관을 넘어 북경에 입성함으로써 명나라를 무너뜨릴 때 현장에 동행하면서 보고 느낀 국제정세의 격변과 심리적 충격을 조선에 충실히 전달하고자 했다. 당시 소현세자의 교육과 비서업무를 담당하던 시강원에서 작성한 『심양장계瀋陽狀啓』는 이러한 보고서를 등록한 것이다. 『심양장계』는 『인조실록』에 나오지 않는 당시의 조청관계를 잘 보여주고 있다.** 또한 소현세자가 심양에서

---

* 김남윤, 「소현세자와 심양관」, 〈주선양총영사관 주최 제1회 한중사행단 학술제〉 발표자료(2014,08.22.).

** 소현세자가 중국 심양에서 체류하던 1637~1645년간 심양관의 재신들이 보고한 장계를 모아

체류하던 기간 중 작성되었던 『심양일기瀋陽日記』는 당시 심양관과 심양에서 일어난 일들을 잘 기록하고 있다.*

둘째, 소현세자는 대청외교의 최전선에서 청과의 대외교섭업무를 수행했다. 소현세자는 당시 조선과 청나라 간의 주요 현안이었던 명나라 정벌을 위한 조선 군병의 파견문제, 군량미 제공문제, 공물 및 공녀 제공문제, 조선인 포로 속환문제, 양국 신하 간 혼사문제 등 어려운 현안들에 대한 교섭을 최일선에서 진행했다. 소현세자는 무리하고 강압적인 청의 요구를 때로는 무마시키면서, 때로는 적극적인 대응논리로 포기시키면서, 때로는 청의 요구사항에 대한 본국 정부의 협조와 대응방안을 전달하면서 어려운 대외교섭업무를 수행했다. 소현세자는 청나라가 일방적으로 조선 신하들과 혼인관계를 맺자고 요청할 때 "혼사란 양쪽 집안들 간에 서로 논의가 있어야 한다"고 거절시키고, 공녀 진상을 요구했을 때는 "과거 전례가 이미 없어졌다"는 논리로 적극 대응함으로써 조선 민초들의 어려움을 덜기 위해 적극 노력했다.

셋째, 소현세자는 재외국민 보호업무를 적극 수행했다. 당시 조선과 청 간의 가장 큰 현안문제는 전쟁으로 끌려온 조선인 포로들을 다시 본국으로 송환하는 것이었다. 병자호란으로 조선이 전쟁에 패하면서 많은 조선인들이 포로로 청에 끌려와 노예가 되었다. 이와 함께 많은 조선 여성들이 청으로 끌려와 모진 고초를 겪었다.** 또한 청과의 주화정책에 반대하던 삼학사 김상헌을

등록한 책으로 10책으로 되어 있다. 장계는 주로 재신(2품 이상 관리)이 보고할 일이 있을 때마다 수시로 작성해 승정원에 보냈다. 그 장계를 후일 시강원에서 베껴 써서 열 권으로 엮었는데, 등록 원본과 정서본 두 건이 전하고 있다. 서울대학교 규장각 제공자료(2014.08.22.).; 소현세자 시강원 저·정하영 외 역주), 『심양장계: 심양에서 온 편지』, 창비, 2013 참조.

* 『심양일기』는 1637년(인조 15년) 1월 30일부터 1644년 8월 18일까지 소현세자 시강원에서 기록한 일기로, 소현세자가 청의 볼모로 심양에 머물렀던 8년간 일어났던 일을 소현세자의 동정을 중심으로 날마다 기록한 기록이다. 서울대학교 규장각 제공자료.

** 병자호란 이후 청에 끌려간 민간인들을 '피로인'이라고 한다. 한명기 교수에 따르면 병자호란 당시 청군에 붙잡혀 끌려간 피로인의 숫자를 전쟁이 끝난 뒤 최명길이 명나라에 보낸 자문에서 50만

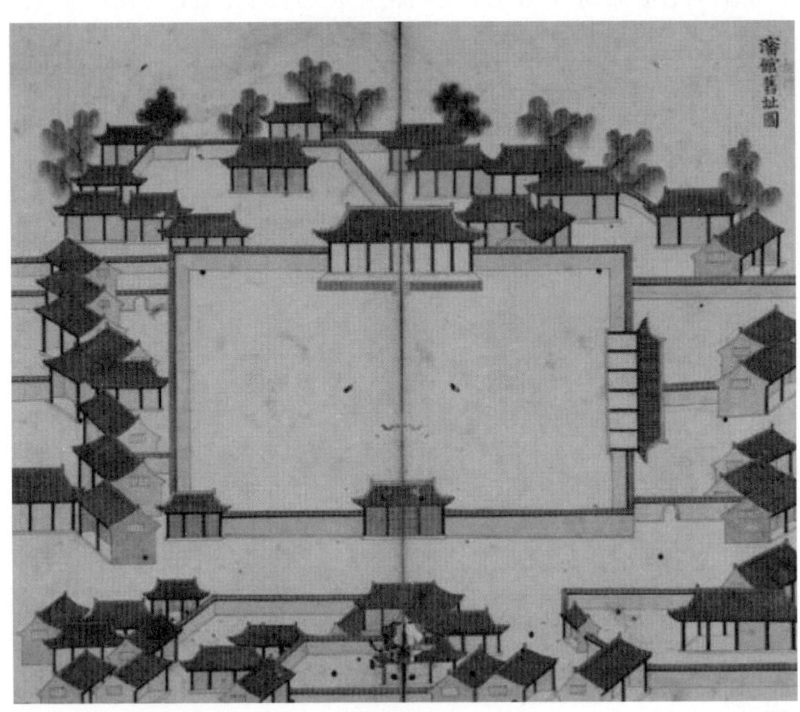

심양관의 모습(심양관도첩 中)(소장: 명지대학교 LG연암문고)

비롯한 많은 신하들이 인질로 끌려왔다. 대규모 조선인 전쟁포로들은 많은 애환과 고초를 겪었고 이들의 처리문제는 양국 간 긴장을 유발했다. 많은 포로들이 자유를 찾아, 고향으로 가기 위해 포로상태에서 탈출하다가 잡혀갔고, 때로는 국경에서 처벌을 받기도 했다. 이로 인해 당시 조선과 청 간에는 조선인 탈주포로 처리문제를 둘러싼 많은 갈등이 발생했다. 그 와중에서 소현세자는 조선인들을 속환시키기 위해 청나라와 교섭을 진행했고 문제발생 시 그는 전면에 나서 조선인 포로 보호를 위한 조치를 취했다. 소현세자는 조선인이 현지에서 사망하는 일이 발생하면 그의 장례를 위해 신경을 썼고, 속환인의 자유를 위해 속금을 빌려주거나 식비를 제공하기도 했다. 가령 1642년 소현세자의 심양관은 600여 명의 속환비용을 제공하기도 했다. 소현세자는 또한 청에 강경책을 주장하다가 청에 끌려와 심양에서 처형당한 삼학사들을 보살피기도 했다.

넷째, 소현세자는 다양한 형태의 공공외교를 수행했다. 소현세자는 청에서 머무르는 동안 다양한 지식인들과 교류하면서 조선을 알리는 역할을 했다. 특히 그는 당시 명나라에 와 있던 서양인 신부 아담 샬Adam Schall 신부와 교류하면서 서양의 근대적인 천문학을 접하고 새로운 세계관을 접했다.

이러한 다방면의 활동과 역할을 수행하면서 소현세자는 대중외교에서 조선의 국익을 수호하고, 백성을 보호하는 역할도 맡았다. 비록 소현세자가 왕위를 잇지 못하면서 그가 보고 느낀 국제정세의 현실에 대응하기 위한 정책을 국정에 반영할 기회는 사라졌지만, 소현세자는 조선사에서 가장 불운한

명으로 추정했다. 나만갑이 『병자록』에서 "청군이 철수하는 동안 매번 수백 명의 조선인들을 열을 지어 끌고 가는 것이 하루 종일 지속되었다"면서 "뒤 시기 심양인구 60만 가운데 상당수가 조선 사람"이라고 서술했던 내용 등을 감안할 때 수십만 명에 이르렀을 개연성이 커 보인다고 평가하고 있다. 한명기, 『역사평설: 병자호란 2』, 푸른역사, 2013, p.284.

시기에 국제정치 격변현장에서 가장 현실적인 감각을 갖고 이에 대응하기 위한 고민과 노력을 했던 외교관이라고 할 수 있다.

한민족의 외교 전통

우리 민족은 수천 년의 역사를 이어오면서 국가생활에서 외교를 중시했고, 역대 왕조를 거치는 동안 수많은 외교관들을 배출했다. 그동안 우리 민족이 수행한 외교는 몇 가지 분명한 특징을 갖고 있다. 이러한 특징은 주변 국가 및 민족들과의 대외관계에서 분명하게 드러난다. 아래에서는 우리 민족의 외교적 전통을 간단히 기술한다.

문치·인문 외교

역대로 우리 민족은 일부 시기를 제외하고는 항시 무武보다는 문文을 중시했고, 문은 크게 유교적 통치이념에 기초한 문치주의로 나타났다. 문치주의 통치체제하에서는 유교에 기초한 인문적 소양을 갖춘 학자형 관료literati bureaucrat들이 민본주의와 왕도정치 사상에 기초해 국가를 이끌어 갔다. 외교도 국가통치의 핵심 분야로 유교적 소양을 갖추고 경사와 문학에 밝으며 동양 철학적인 배경을 가진 엘리트들이 수행했고, 문치인문외교는 우리 외교의 중요한 특징이었다.

문치인문외교는 몇 가지 특징을 갖고 있다. 첫째, 문치에 기초한 외교의 수행이다. 외교를 수행함에 있어서 유교적 소양을 갖춘 관리가 외교관으로 선발되었다. 조선왕조를 예로 들면, 대중외교는 유교적 소양과 한문 실력 등 문재를 갖춘 인물들을 외교관으로 선발하여 외교를 수행하였다. 이는 대중외교에 있어 상호 간에 사신의 품계를 엄격하게 따지고, 제출되는 각종 문서나 글에 나타난 유학의 높은 학식을 살펴 상대방의 의견과 요구를 판단했기 때문에* 깊이 있는 유교적 소양을 갖추고, 경서에 밝을 뿐만 아니라 문장에 능한 외교관들이 필요했기 때문이다. 대중외교에서는 외교관들이 중국의 관리들과 중국어를 사용해 직접 협상하기보다는 필담을 통한 소통능력, 중국 사신접대 시 필요한 시문창화 능력 등 문재를 우선시했기 때문에 무엇보다도 유교적 소양, 고전에 대한 이해, 시문창화에서 중국에 뒤지지 않는 실력을 갖춘 외교관들이 필요했다. 특히, 중국 사신의 방문 시 원접사로 이들을 접대하는 일은 국가의 중요한 외교행사였고 이들을 맞아 조선의 국정 수준, 인재의 질, 문화와 문학적 품격과 수준을 보여주는 것은 국가적 자존심과 외교의 품격을 보여주는 중요한 계기였다. 이를 위해 사신의 영접과정에서부터 국가를 대표하는 최고의 문장가, 인재들이 총동원되었다. 이들은 중국 사신과의 첫 대면에서 문장 실력, 시문창작에서 상대에게 깊은 인상을 남겨야만 중국으로

---

* 김경록, 「宣祖代 洪純彦의 외교활동과 朝·明관계」, 『명청사연구』, 제41집, p.5.

부터 정신적인 탄복과 존경을 받을 수 있었다. 이러한 배경하에서 신숙주申叔舟, 성삼문成三問, 서거정徐居正, 강희맹姜希孟, 정인지鄭麟趾, 박순朴淳, 이정구李廷龜, 최명길崔鳴吉 등 조선의 유명한 문신·문재들이 뛰어난 문재를 바탕으로 외교의 최전선에서 활동했다.

또한 중국과의 교섭을 통한 외교 현안의 처리, 의전사항의 처리에 있어 표전문 등 외교문서의 완벽하고 실수 없는 기안, 문제발생이나 교섭 필요 시 즉각적인 한문 문장의 작성 등이 핵심적인 업무처리 능력이었기 때문에 외교관들의 문장 능력, 시문 작성 능력, 유교적 경전에 대한 이해, 중국의 고대 고사 또는 인물들에 대한 이해가 필요했다. 이에 대한 기초적인 배경지식을 갖추기 위해서는 사서는 물론, 경서에 대한 깊이 있는 공부가 필요했고, 이러한 지적인 능력을 바탕으로 한 문치인문외교가 외교의 중요한 특징이 되었다.

사대와 교린의 조화

/

조선의 외교에서는 중화와 오랑캐, 중국과 주변국, 한민족과 여타 민족, 유교국가와 비유교국가들 간의 경계와 구별은 명확한 의미를 갖고 있었다. 화이의 구별, 대국과 소국의 구별, 제국과 왕국의 구별, 황제와 제후의 구별 등은 중요했다. 조선은 이러한 구별된 세계관에 기초해 대주변국 외교를 수행했다. 당시 공자의 나라로 중화주의 문명세계의 중심이던 중국에 대해서는 사대주의 외교를 통해 무력침략이나 선제공격의사를 포기하고 정기적인 외교사절의 파견, 조공과 무역, 책봉과 존중을 통해 외교를 수행했다. 사대외교는 때로는 약소국의 공물 헌납, 무리한 군병 및 물자의 징발, 사신의 횡포 등 여러 부작용이 있었으나 대부분의 시기를 거쳐 관련 국가들 간의 평화공

존과 상호이익의 추구로 나타났다. 사대외교는 오늘날 현실주의 국제정치 이론에 의한 강대국 외교라기보다는 의리와 도덕적 명분에 기초한 위신외교의 한 전형이었다.

조선은 중국이 아닌 여타 주변국이나 이민족에 대해서는 이들을 유교적 질서와 자신의 세계관 내에 포용하면서 이익과 필요를 충족시켜 주는 한편, 존경과 위신을 얻는 교린외교정책을 구사하였다. 교린외교를 통해 이민족이나 주변의 약소국을 유교적 세계관으로 감화시키는 한편, 제한적인 물물교환 무역을 통해 이들의 생활상의 수요를 충족시켜 주었다. 이러한 과정에서 한민족의 우수하고 고상한 유교적 정신가치, 문명세계를 전파해 나갔다. 백제시대에는 일본에 불경을 전달하고 오경박사를 파견했으며, 조선시대에는 동래 등 일부 지역에 왜관을 설치했다. 이를 통한 일본인의 제한적 거주 및 교역 허용 등은 이러한 교린정책의 대표적인 사례들이다.

교린정책은 우리 민족의 평화 지향적이고 호혜적인 외교정책이었다. 유교적 이상국가를 꿈꾸는 조선은 예와 도의명분에 기초한 정치와 외교를 추구했고, 문명과 지적수준이 낮고 예의수준이 낮은 주변의 이민족이나 오랑캐는 교화의 대상이었다. 이는 철학적, 윤리적, 지적 우월성의 표시였고 관용의 표시였다. 그러나 교린정책에 문제가 생기는 경우 때로는 군사력을 이용해 제재를 가함으로써 유교적 대의명분과 예에 기초한 외교가 단순히 무한한 관용과 인내만을 의미하지는 않는다는 것을 보여주었다. 세종 대 4군 6진의 개척, 대마도 정벌 등은 이러한 사례다.

대의명분의 추구

/

우리 민족은 외교에서 구체적 국익보다는 유교적 대의명분과 도리를 추구했다. 대의명분이란 눈앞의 즉각적인 이익이 아닌 유교적 세계관에 따른 예의와 명분, 즉 군자지도君子之道를 추구하는 것이었다. 조선시대 종계변무 문제를 해결하는 과정에서 조선이 200년간 추구하던 변무의 과정은 국가의 근본인 군주의 종계에 대한 오기를 바로잡아야 한다는 신하로서의 대의명분에 기초한 것이었다. 또한 조선이 중국에 인신과 고명의 문제를 위해 주기적으로 외교사절을 파견한 것도 군왕으로서 정의로운 통치의 정당성을 확인받기 위한 대의명분에 기초한 것이었다.

외교의 우위 원칙과 총력외교

/

조선은 외교가 국정의 중심을 차지한 나라였다. 조선에서 외교문제는 6조의 판서들, 3정승뿐만 아니라 국왕이 가장 관심을 갖고 있는 국정 분야였다. 외교적 현안이 발생한 경우 대소신료들 뿐만이 아니라 국왕이 직접 문제해결을 위해 고민했다. 관혼상제 등 여러 가지 유교적 사회질서에 따른 의식이 이루어졌으나, 외교와 관련된 국가적 행사는 제일 중요한 의식이었다. 중국의 사신이 도착했을 때 국왕의 참석하에 베풀어진 연회였던 청연請宴, 하마연下馬宴(사신의 도착 시 베푼 연회)이나 상마연上馬宴(사신이 출발 전 베풀던 송별연회) 등은 조선이 많은 국가 의전행사 중에서 외교행사에 얼마나 큰 중요성을 부여했는지를 잘 보여주는 사례다.

또한 조선은 국가 재원의 많은 부분을 외교에 투입했다. 해마다 수차례씩 이루어지는 외교사절의 파견에는 많은 비용이 들어갔지만 조선은 막대한 재정비용에도 불구하고 건국 초부터 말기까지 지속적으로 외교사절을 중국 등 주변국에 파견했다.*

조선 조정은 또한 외교문제에 대해 범정부적 차원에서 총력적으로 대응했다. 중요한 외교사안이 발생한 경우 조정의 중신, 왕실 종친 등은 물론이고 국왕이 직접 참여한 가운데 대처방안을 논의했다. 사신을 파견함에 있어서도 외교사안의 종류에 따라 그에 맞는 최고의 인재를 선발했다. 이에 따라 좌의정, 이조판서, 병조판서, 대제학, 한성부윤 등 다양한 직책의 중신들이 외교사절로 선발되어 대중외교를 수행했다. 왕실의 종친은 원칙상 정치의 관여가 금지되었으나 외교문제에 있어서만큼은 예외적으로 종친들도 참여했다. 정안대군(후일 태종), 수양대군(후일 세조), 인평대군(선조 대), 양평대군(영조 대) 등 수많은 왕자, 대군 등이 외교사절로 중국에 파견되었던 사실은 이를 잘 보여주고 있다.

공적인 국가외교의 수행
/

조선은 왕조국가로 왕이 국정의 중심이었다. 국가와 동일시되는 종묘와 사직은 모두 왕가의 전유물이었다. 그럼에도 불구하고 조선에서 국정은 백성

---

* 조선시대 대일 통신사 파견 시 중앙정부인 호조에서의 재정조달 비용도 컸지만, 사행단이 지방을 경유하는 경우 각 지방 군현의 물적 부담 또한 적지 않았다. 통신사 파견 시 일본 국왕 이하 관료에게 보내는 선물은 예단이 가장 중요했는데 제공된 물품은 인삼, 백면주, 백저포, 백옥면, 황모필, 진묵, 호피 등이었다. 또한 통신사 파견 과정에서 인마와 격군 등 인적 노동력 동원도 상당했다. 가령 18세기 초 신묘년 통신사행에서 소요된 비용은 대략 2만 냥을 상회하는 수준이었다고 한다. 변광석, 『18세기 초 통신사의 파견과 경상도의 재정부담』, 부산대학교, 2011 참조.

들의 행복과 복리를 위한 민본정치를 표방했고 도의명분을 추구하는 통치에서 가장 핵심은 왕실보다는 민본이 우선이었다. 외교 또한 마찬가지다. 외교는 왕실의 안녕 문제를 초월한 국가의 공적인 업무영역으로 간주되었고, 나라와 백성의 안정을 위한 것이었다. 왕실에서도 초당파적인 외교 수행을 적극 지지했다.

당시 조정에서는 다양한 사람들이 외교관으로 중국에 파견되었다. 예조판서나 이조판서뿐만 아니라 병조판서나 한성부윤이 파견되기도 했다. 이처럼 대소신료, 부처 출신에 관계없이 계기마다 적합한 다양한 사람들이 파견되었다. 왕실에서도 외교업무 수행을 적극 지지했다. 즉 정안대군, 수양대군, 양녕대군, 인평대군 등 많은 왕실인사들이 외교사절로 중국에 파견된 데서 알 수 있듯이 외교는 왕실과 조정, 왕가와 신하를 초월하는 초당적·범정부적 형태로 수행되었다. 국가의 안위를 위한 외교업무에 조정이 따로 없었고, 대소신료가 따로 없었으며, 왕실도 예외가 아니었다. 이러한 초당적·범정부적 외교업무 수행은 외교가 왕실의 업무가 아닌 국가 전체, 조정 전체의 업무였다는 것을 잘 보여준다.

체계적 외교시스템의 구축과 전문가 경륜 외교
/

오늘날 국가 간 외교교섭과 소통에 있어 핵심적인 역할을 수행하는 상주외교사절 파견제도는 이탈리아에서 르네상스 문화가 활발히 전개되던 15세기 후반으로 거슬러 올라간다. 당시 이탈리아 반도의 도시국가들이었던 베니스Venice, 밀라노Milan, 플로렌스Florence, 나폴리Naples 등에서는 도시 간에 서로 상주대사를 파견했으며 16세기 초기에는 이런 제도가 다른 유럽 국가들로 확대되어 오늘날 근대적인 외교제도의 근간을 형성하게 되었다.* 그러나 우리 민족은 이보다 훨씬 전에 체계적이고 선진적인 외교시스템을 구축했고, 이러한 시스템에 따라 외교를 수행했다.

우리 민족은 서양에서 상주사절 제도가 정착되기 전에 이미 체계적인 외교사절 파견제도를 갖고 있었다. 각종 기록을 보면 이미 삼국시대 때부터 고구려, 백제, 신라 모두 중국의 남조와 당나라에 사신들을 파견했고, 고구려는 멀리 오늘날의 우즈베키스탄 사마르칸트에까지 사신을 파견했다. 고려시대에 들어서는 송과 정기적인 사신교류를 진행했고** 이러한 정기적인 사신파견제도는 조선시대에 들어와 더욱 체계화되고 규범화되었다.

외교시스템 중 가장 중요한 것이 외교수행을 위한 전문적인 국가통역기구 설립이다. 우리 민족은 이미 삼국시대 때부터 전문적인 외교수행을 위한 국가통역기구를 설립해 전문적인 통역관을 양성했을 것으로 보이나, 기록의 불비不備로 이를 확인할 수는 없다. 그러나 고려시대에는 충렬왕 2년인 1276년 통문관通文官이라는 외국어 전문 교육 및 통역관 양성을 위한 국가기구를 설치했다. 조선은 건국과 함께 외국어 통번역 및 통역양성 기관인 사역원을 설립하여 중국어는 물론, 일본어, 여진어, 몽골어, 만주어 등 외국어를 교육하고 이러한 외국어를 담당하는 통역관을 배출했다. 정광 고려대학교 명예교수의 저술에 따르면, 당시 사역원은 조기 언어교육, 반복교육, 실용회화교육 등에 초점을 두고 외국어 전문인력을 양성했다.***

조선시대 체계적인 외국어 교육 덕분에 많은 일류 통역관들이 배출되었

---

* 김영주, 『외교의 이론과 실제: 정보, 대화, 교섭』, 외무부 외교안보연구원, 1992, p.199.

** 정은주, 『조선시대 사행기록화: 옛 그림으로 읽는 한중관계사』, 사회평론, 2012, pp.26-27 참조.

*** 정광, 『조선시대의 외국어교육』, 김영사, 2014.; 《조선일보》, "[북리뷰] 조선시대의 외국어교육"(2014.12.27.) 참조.

다.* 조선 중종 대의 역관인 최세진崔世珍, 영조 대의 일본어 역관이었던 현계근玄啓根, 선조 대 조선의 최대 외교현안이었던 종계변무 문제를 해결하는 데 기여해 국가공신에 책봉되고 임진왜란이 일어나자 명나라 군사파병을 이끌어 낸 홍순언洪純彦, 조선 후기 최고의 외교문서 『동문휘고同文彙考』의 편찬에 참여한 김계환金啓桓, 김윤서金倫瑞, 최기령崔麒齡, 조선 숙종 대의 역관으로 역대 우리 민족의 외교실무사례집인 『통문관지通文館志』를 저술한 김지남金指南, 조선의 중국어 교과서 편찬자로 동아시아에 널리 알려졌던 서종맹徐宗孟 등은 당시 대중외교 수행에 중요한 역할을 했다. 조선 후기의 역관이었던 오경석吳慶錫 등은 근대적인 개화사상의 도입에 큰 역할을 했다. 조선시대 박지원朴趾源의 『허생전許生傳』에 조선 제일의 부자로 나오는 변승업卞承業이 왜학 역관 출신이었다는 것은 매우 흥미로운 점이다.**

특히, 조선시대의 역관들은 당시 기록을 후세에 전해 우리 민족문화의 창달에도 큰 족적을 남겼다. 이들이 저술한 외교문서 내지는 실무서인 『통문관지』, 『동문휘고』, 외국어 학습서인 『노걸대老乞大』(회화체형 중국어 학습서), 『노걸대언해老乞大諺解』(중국어 학습서인 노걸대를 언해한 책), 『삼역총해三譯總解』(만주어 학습서), 『몽어노걸대蒙語老乞大』(몽골어 학습서), 『소아론小兒論』(만주어 학습서) 등은 우리 민족의 치열한 외교 역사를 보여주는 걸작들이다.

역대 우리 왕조들은 또한 전문실무 외교관 양성을 위한 국가시험을 완비했다. 사역원司譯院 입학을 위한 역관시험을 정기적으로 실시함으로써, 조선은

---

* 엄밀한 의미에서 역관 출신은 아니지만 조선 전기 세종 대에 중인인 아전 출신으로 대일외교에서 뛰어난 활약을 해 종2품인 동지중추원사에 오른 인물인 이예(李藝)가 있다. 이예는 세종 대에 40여 회에 걸쳐 일본에 통신사로 파견되어 667명의 조선 포로를 송환하고 일본과 계해조약 체결에 주도적인 역할을 하는 등 일본 전문 외교관으로 활약했다. 외교통상부, 「우리 외교를 빛낸 인물」 참고자료(2010.05.19.) 참조.

** 정광, 앞의 신문보도 참조.

체계적인 통역관 선발을 위한 국가고시를 실시한 유례없는 나라가 되었다.

조선은 또한 외교를 담당하는 부서로 예조를 설치했다. 예조판서는 예조의 장으로서 국가의 의례와 외교를 관장했다. 외교문서의 수발, 조공과 사행단의 파견, 외교사절의 접수와 접대, 외교교섭과 외교현안의 처리 등과 같은 것은 전형적인 외교사무였다. 그러나 예조판서가 외교에 관한 사항을 전적으로 관장한 것은 아니었다. 외교문서 작성은 예조가 아닌 승문원承文院이 담당했다. 승문원에서는 외교문서 작성을 관할했고, 승문원에 소속된 제조提調들이 외교문서 작성의 제반 과정에 참여하고 이를 감독했다.*

한편, 외교는 국가적인 사안이었기 때문에 외교에 관한 중요사항은 3정승 6판서가 모인 조정회의에서 왕의 입회하에 결정되는 경우도 많았다. 『조선왕조실록』에 따르면 중국에 사신파견 문제, 예단 및 선물 문제, 외교문서 작성 문제 등 많은 사안들이 왕의 재가를 거쳐 이루어졌고, 중요한 외교문서는 조정의 중신이 직접 기안하고 왕이 결재했다.** 가령, 선조는 명나라와 종계변무 문제가 해결된 뒤 이에 감사하는 사은표문을 작성하는 과정에서 대제학 이산해李山海가 지은 초안에 대해 문구 하나까지 거듭 수정하고 문명 있는 신하들을 중추부에 집합시켜 구절별로 나누어 짓도록 할 정도였다.***

조선은 또한 오늘날 현대 외교교섭에서 널리 이용되고 있는 체계적인 훈령 시스템을 갖고 있었다. 조선시대 사행단 파견 시 사신(삼사)뿐만 아니라 통사를 비롯한 정관들은 사행 출발에 앞서 승정원으로부터 구체적인 사행절차, 중국에서의 행동절차, 중국 관헌 응대 시의 유의사항 등을 세세한 절목으로

---

* 김경록, 「宣祖代 洪純彦의 외교활동과 朝·明관계」, 『명청사연구』, 제41집, p.24.

** 『국역 조선왕조실록』, 중종 92권, 35년 1월 6일, "중국 사신에게 보낼 선물로 삼공과 논의하다"; 『국역 조선왕조실록』, 선조 22권, 21년 7월 4일, "종계변무에 대한 사은표문을 이산해가 고치다".

*** 김경록, 「宣祖代 洪純彦의 외교활동과 朝·明관계」, 『명청사연구』, 제41집, p.21.

부여받고 이를 준수했다. 사행 도중에 돌발상황이 발생하면 우선적으로 사신이 결정하고, 결정하기 어려운 문제에 대해서는 통사를 본국에 파견해 훈령을 별도로 받기도 했다.* 이러한 선진적인 훈령 시스템은 오늘날의 외교교섭에서 이용되는 훈령 시스템과 별 차이가 없다고 할 수 있다.

---

* 위의 책, p.4.

현대 외교관의 직급과 조선의 외교제도

일반인들에게 생소한 것이 전문직의 직급체계나 호칭이다. 특히, 공무원의 직급은 복잡하기 짝이 없다. 주사, 사무관, 서기관, 부이사관, 고위공무원단 등의 명칭은 대리, 과장, 이사 등 일반기업에서 쓰는 명칭과 다르고, 들어도 무슨 직급인지 이해하기 힘든 경우가 대부분이다. 외교관의 호칭과 직급체계는 더욱 그렇다. 오늘날 3등 서기관, 2등 서기관, 1등 서기관, 참사관, 공사참사관, 공사, 대사특명전권대사로 불리고 있는 대사관 근무직원의 명칭은 아무리 들어도 뭔지 알기 힘들다. 총영사관도 마찬가지다. 부영사, 영사, 부총영사, 총영사 등도 익숙하지 않다.

그러다 보니 일반인들에게 외교관 직급을 물어보면 아는

1863년(철종 15년) 중국 베이징(北京)에 간 조선 연행사의 모습을 러시아대사관에서 찍은 사진으로 조선 외교사절의 모습을 찍은 가장 오래된 사진(출처 : 古道今韻)

사람이 거의 없다. 어떤 사람은 외교관의 직급을 사무실과 혼동하기도 한다. 대표적인 예가 총영사관의 장인 '총영사'를 '총영사관'이라고 부르기도 한다. 영어를 모국어로 하는 사람들도 외교관 직급을 모르는 경우가 많다. 참사관을 가리키는 "counsellor"를 "council"이라고 하고, 총영사인 "Consul General"을 혼동해 "General Consul"이라고 하기도 한다.

원래 외교관의 등급과 서열은 국제적으로 정해져 있다. 1815년 나폴레옹의 전쟁 패배 이후 전후 유럽의 질서를 재편하기 위해 비엔나 체제에서 체결된 '엑실라 샤펠 조약'을 바탕으로 외교관의 직급이 정해졌고 국제적으로 통용되기 시작했다.* 이를 통해 국력이나 정치제도가 서로 다른 나라에서 파견된

* 김용구, 『세계외교사』, 서울대학교출판문화원, 1997, p.30.

외교관들의 등급과 서열이 근무기간, 경력 등을 반영한 직급에 따라 맞춰졌고, 20세기에 들어와서는 외교 및 영사관계에 관한 비엔나 조약 등 일련의 국제조약을 통해 더욱 정비되었다.

사실, 외교관의 직급은 우리 역사에서 훨씬 좋은 명칭이 있다. 우리 역사에는 오늘날과 같은 상주사절은 아니지만 서양의 외교제도에 비해 훨씬 발달된 사행단 파견제도가 있었다. 고려시대, 조선시대에 중국 또는 일본에 왕명을 받은 특사들이 정기적으로 또는 특별한 계기마다 파견되었는데, 이런 특별사절을 사행단(사신단)이라고 불렀다. 이런 사절의 우두머리를 정사라고 하고, 정사 밑에는 부사가 있었다. 부사는 정사를 보좌해 사행단 인솔 및 외교교섭의 임무를 수행했다. 부사 아래에는 오늘날 실무자에 해당하는 서장관이 수행했다. 서장관은 사행단 일정 중 매일매일 발생하는 중요사안을 기록하고 임금에게 보고하는 장계를 작성하는 등 기록 및 보고서 작성업무를 담당했다. 오늘날로 보면 서기관이 하는 역할을 수행했다. 오늘날 남아 있는 『동문휘고』 등과 같은 조선시대 외교사료집은 서장관들의 노력이 있었기에 가능했다. 과거 역사상의 정사, 부사, 그리고 서장관은 오늘날의 외교관들과 거의 동일한 업무를 수행했다.

또한 중국에 파견되는 외교사절 및 사행단을 수행하는 각종 실무수행원들이 있었다. 통역을 담당하는 역관, 호위를 담당하는 교리, 교통을 담당하는 마역 등 여러 다양한 지원요원들이 있었다. 이러한 직급은 오늘날 외교단을 지원하는 행정기술직원이라고 할 수 있다.* 특히, 통역이 담당했던 통사通事는 사행단으로 파견되었으나 말이 통하지 않은 삼사를 대신해 외교의 실무를

---

* 정은주, 『조선시대 사행기록화: 옛 그림으로 읽는 한중관계사』, 사회평론, 2012, pp.34-35.

맡아 왕명을 수행했다.*

조선시대에는 또한 조선관(고려관)이 중국 북경, 선양, 요양 등에 설치되어 사행단이 중국을 방문하는 과정에서 체류하는 숙소 및 초대소로 이용되는 한편, 각종 외교행사에 활용되었다.** 이처럼 한국은 근대적인 외교제도가 성립되기 훨씬 이전부터 선진적인 외교사절 교환제도와 직급체계, 그리고 외교업무 지원체계를 갖고 있었다.

---

* 서인범, 「명대 조선통사의 요동 회원관에서의 외교활동」, 〈제1회 한중 사행단 국제학술제〉 발표자료(2014.08.22.).

** 張士遵, 『紐帶: 明淸 兩代 中朝交通考』, 黑龍江人民出版社, 2012, p.211.

현대 외교의
세팅과 제도

외교무대는 지구촌 협력의 장

언론에서는 흔히 대통령이나 외교부장관이 취임 이후 처음으로 외국을 방문해 외국 정상이나 외교장관과 회담을 하게 되는 경우 "외교무대에 공식 데뷔를 했다"는 표현을 많이 쓴다. 공연과는 무관한 외교무대도 연극처럼 무대라는 표현을 많이 쓴다. 외교도 연극처럼 주인공을 비롯한 여러 배우들이 올라와서 공연을 펼치는 무대가 있고, 배우나 주인공을 비춰 주는 스포트라이트가 있으며, 이를 지켜보는 관객도 있다. 연극을 올리기 위해서는 배우들뿐만 아니라 감독, 분장사, 무대시설 담당자 등 많은 보조지원 인력이 있듯이 외교 또한 마찬가지다. 공연이 예술art의 한 분야이듯 외교 또한 예술의 경지를 필요로 한다. 공연의 최종

UN 안전보장이사회의 회의 모습(출처 : United Nations Photo)

평가는 관객이 하고, 관객은 카타르시스감동를 얻듯이 외교도 국민이 성공 여부를 평가하고 국민의 만족을 추구한다. 이런 측면에서 보면 외교무대도 공연무대와 유사한 측면이 많다.

외교가 이루어지는 무대는 국내일 수도 있고, 외국일 수도 있다. 또는 국제기구일 수도 있다. 무대에는 다양한 주인공들이 올라온다. 때로는 한 국가의 대통령이나 총리 등 수반일 수도 있고, 외교장관이나 차관, 국장급 외교관, 또는 실무를 담당하는 서기관이 될 수도 있다. 다양한 행위자들이 다양한 의제를 가지고 다양한 역할을 수행한다. 감동을 선사하는 연극에 주인공이 있듯이 외교무대에도 국가이익을 상대국에게 투영시키기 위해 활동하는 외교장관 또는 정상이 있고, 그의 상대방이 있다. 외교무대에서 다루어지는 국익은 한 나라의 국제기구 가입 같은 국제공동체의 멤버십을 다루는 문제일 수 있고, 과거 독일 통일문제를 다룬 '2+4 회의'와 같은 한 국가의 통일문제가 될 수도 있다. 때로는 북한 핵문제와 같이 우리의 안보와 평화를 다루는 중대한 문제가 되는 경우도 있다.

과거 제국주의 시대나 침략전쟁의 시대에는 외교무대가 주로 강대국 간의 세력균형 유지를 위한 동맹관계의 조정이나 영토처리 문제 등 주로 파이의 분배를 둘러싼 경쟁의 무대였다. 하나의 강대국이 큰 것을 얻으면 약소국은 독립을 잃거나 영토를 잃는 등 큰 손해를 보는 '제로섬게임Zero Sum Game'의 무대였다. "국제사회에는 영원한 우방도, 영원한 적도 없다. 오직 변하지 않는 국익만이 있을 뿐이며, 그것을 따르는 것은 우리의 의무다We have no eternal allies, and we have no perpetual enemies. Our interests are eternal and perpetual, and those interests it is our duty to follow"라고 말한 영국의 재상 팔머스톤 경Henry John Temple Palmerston*의 경구와 같은 무정부주의적anarchial이면서 극단적인 현실주의 외교가 지배했다. 나폴레옹 전쟁 이후 유럽 전후질서 복구문제 논의를 위한 비엔나 회의1815년, 제1차 세계대전 종전 이후 전후 세계질서를 논의한 베르사유 강화회의1914년 등이 대표적이다. 제로섬이기 때문에 승자와 패자가 나뉘고, 패자는 언제나 잃은 것을, 또는 자기의 이익이라고 생각하는 것을 얻기 위해 기존 질서의 변경, 또는 현상status quo의 전복을 기도했다. 결과는 끊임없는 전쟁과 갈등이었다. 1차 세계대전, 2차 세계대전이 모두 이러한 사례들이다.

그러나 오늘날 국제사회는 모든 나라의 주권이 평등하다. 또한 큰 나라와 작은 나라, 선진국과 후진국, 아시아국가와 유럽국가 등 국가와 지역에 관계없이 모두 상호의존적인 상태에 놓여 있다. 상호의존적 국제사회에서 외교무대는 전 세계 인류의 보편적인 발전과 공동의 번영을 추구하기 위한 협력의

---

* 영국의 재상, 정치가로 대영제국의 최전성기에 영국 외교정책의 기틀을 확립했다. 총리와 외무상을 각각 두 번씩 역임했다.

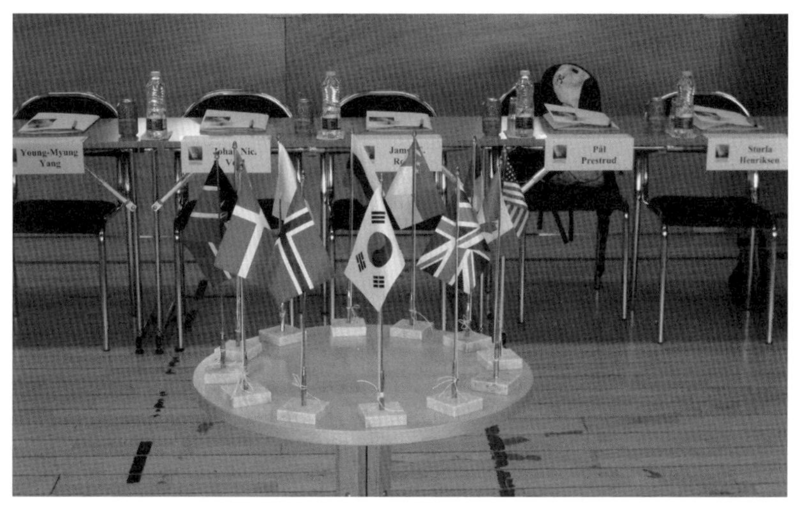

무대로 바뀌고 있다. 전 세계 차원의 기후변화가 초래할 재앙에 공동으로 대응하기 위한 세계기후변화회의, 2008년 6월 미국에서 발생한 리만 브라더스 사태로 인한 전 세계적인 금융위기 대응을 위한 G20 정상회의, 전 세계 핵테러 방지를 위한 핵안보정상회의 등이 그 예다.

그렇기 때문에 오늘날의 외교무대는 국가 간 경쟁과 갈등, 제로섬의 무대라기보다는 국제공동체의 공동번영을 위한 협력방안을 제고하기 위한 협력과 조화의 장이라고 할 수 있다. 이제는 과거와 달리 상대국보다 어떻게 하나를 더 가져가는 것이 중요한 것이 아니라 어떻게 국제사회에서 자국 입장, 정책 및 가치 등에 대한 이해와 지지, 그리고 공감을 더 획득할 수 있는지가 외교수행의 관건이 되어 가고 있다. 이에 따라 외교계 역시 국내에서뿐만 아니라 국제사회에서도 상대나 청중의 공감을 더 얻을 수 있는 공감형, 설득형, 소통형 외교관의 역할이 더 중요해지고 있다.

물론, 오늘날 불완전한 국제사회에서 여전히 국가 간 갈등과 무력충돌이 존재하고 있다. 제2차 세계대전의 참화를 딛고 국제사회의 평화와 안전을 유지하기 위해 생겨난 조직인 국제연합UN, United Nations은 자위권의 행사 및 UN안보리의 제재조치를 제외하고는 일체의 무력사용을 금지하고 있으나, 세계 도처에서는 여전히 무력충돌이 발생하고 있다. 또한 에너지·자원문제, 영토문제, 종교문제, 민족자결권의 행사를 둘러싼 갈등과 경쟁도 존재한다.

그러나 이러한 갈등과 경쟁, 때로는 무력의 행사에도 불구하고 분쟁과 갈등의 해결방법으로서의 외교의 중요성은 더욱 커지고 있다. 외교는 주권국가들로 구성된 국제사회에서 분쟁과 갈등을 평화적으로 해결하는 가장 중요한 수단이자, 최후의 이성적 수단이기 때문이다. 외교는 실로 인류가 만들어 낸 최고의 소통수단이자, 인류문명 진화의 정화라고 할 수 있다.

지구상의 유일한 분단국으로 남아 있는 한국도 분단의 극복을 위해서는 통일외교가 필요하다. 또한 북한의 끊임없는 안보위협·핵위협으로부터 한반도의 평화와 안정을 확보하고 북한 핵문제의 항구적 해결을 위해서도 외교가 필요하다. 우리의 지속적인 경제적 성장과 번영을 위해서도 적극적인 외교가 필요하다는 것은 두말할 필요도 없다.

외교의 다양한 분야: Setting the Agenda

외교가 다루는 분야는 실로 다양하다. 오늘날 국제사회의 거의 모든 문제들이 국가 간 협력을 필요로 하고, 국제교류 또한 정치, 경제, 사회, 문화, 인문, 여행, 과학기술 등 제분야諸分野에서 급증하고 있기 때문에 외교의 업무 분야도 늘어나고 있다. 외교가 커버하는 분야는 전통적인 업무 분야와 새로운 분야로 나눌 수 있으나, 외교가 다루게 될 업무는 앞으로 더욱 더 확대될 것이다.

전통적인 외교관계는 양자관계와 다자관계로 나뉜다. 양자관계는 양국 간의 외교관계를 다루는 분야이며, 다자관계는 둘 이상의 국가들 간 외교관계, 지역 국제기구 및 보편적 국제기구 관련 업무를 다룬다. 오늘날 외교관계에서 전통적인 양자관계의 비중 못지않게 다자외교업무가 늘어나고 있다. 상호의존적 국제관계에서 발생하는 각종 외교적 현안을 해결하기 위해서는 소수의 국가들보다는 여러 나라가 힘을 합쳐서 함께 대처하는 것이 효율적이기 때문이다. 무역과 통상문제, 국제테러문제, 핵안보문제, 기후변화문제, 세계경제위기 대응 등을 위한 다자간회의가 그 예다. 또한 군축, 인권, 환경, 해적대응, 사막화방지, 남극과 북극의 보존 및 과학협력, 해양법 문제(배타적 경제수역 경계획정 및 국제해저기구 업무), 국가 간 어업협력, 과학기술협력, 국제형사사법 공조, 영사협력, 문화교류와 홍보 등 거의 모든 국제적인 협력 이슈가 다자외교의 범위에 포함된다.

외교가 다루는 업무 분야는 기능별로 크게 정무관계, 경제통상관계, 문화·공공외교, 재외동포영사업무 등으로 나뉜다. 정무관계에는 양자 간 정치, 외교, 안보협력 등을 다룬다. 한미 간의 한미동맹문제, 한중 간의 전략적 협력동반자관계 발전문제 등이 대표적인 사례다. 경제통상관계에서는 양자 간 경제통상 분야 교류 증진, FTA, 금융협력 등을 다룬다.

최근에 미국 등 선진국들은 자국 외교에 대한 해외의 이해와 지지기반 확대를 위해 문화교류 및 공공외교public diplomacy를 강화하고 있다. 군사력과 경제력 같은 경성국력hard power 못지않게 자국의 문화, 가치에 대한 해외의 호감도와 매력증진을 위한 연성국력soft power이 중요시되고 있기 때문이다. 우리의 경우에도 전 세계에 광범위하게 유행하고 있는 한국 문화(한류)를 바탕으로 국제사회에서 우리의 문화를 적극 알리고 이를 통해 양자관계를 강화하고 있다. 또한 우리의 외교적 지평을 넓히기 위해 문화 및 공공외교를 적극 전개하고 있다.

재외국민 보호를 위한 영사업무와 재외동포 사회의 육성·발전을 지원하고 모국과의 유대관계 강화를 위한 재외동포업무 또한 더욱 중요해지고 있다.

매년 1,000만 명에 달하는 우리 국민이 해외로 여행하고 있고, 750만 명에 달하는 재외동포를 가진 우리로서는 해외에서 위난을 당한 국민을 보호하고, 재외동포 사회의 육성과 발전을 지원하는 것이 외교의 중요한 임무가 되었다. 재외동포는 거주지나 국적은 다르지만 한민족공동체의 귀중한 구성원으로 우리의 큰 외교적 자산이다. 재외동포 사회는 국적에 관계없이 모국과 긴밀한 경제적·문화적·정서적 유대관계를 갖고 있고, 모국과의 활발한 교류를 바탕으로 현지 사회의 주류로 발전하고 있다. 재외동포사회는 특히 한국과 재외동포 거주지국 간의 양자관계를 깊이 있게 발전시키는 데 많은 기여를 하고 있다.

외교에서 다루는 업무가 이처럼 복잡·다양하기 때문에 외교부에서는 다양한 분야에서 전문성과 경험을 갖춘 전문가와 폭넓은 시각을 갖춘 인재들이 필요하다. 외교가 다양한 분야를 다루는 만큼 특정 분야에서 전문성과 열정을 가진 인재들에게도 향후 진로개발과 자기계발을 위해 필요한 다양한 기회를 제공할 수 있다. 또한 매년 새로운 이슈들이 외교무대의 의제로 등장하고 있기 때문에 외교관으로서 활동하기 위해서는 끊임없는 자기계발 노력과 공부가 필요하다. 외교관으로서 필요한 공부는 외교부에 입부한 이후부터 다시 새롭게 시작된다고 볼 수 있다.

외교부의 업무

외교부는 대한민국과 전 세계 약 200개에 달하는 국가 및 지역들과의 외교업무를 다룬다. 뿐만 아니라, 국가가 아닌 지역에 대한 국제협력업무도 다룬다. 남극과 북극 같은 극지, 바다와 인간의 기술력이 아직 미치지 못하는 바다 밑의 깊은 심해저는 물론, 달나라, 별나라와 같은 우주권 문제와 같이 일반인들의 상상을 뛰어넘는 지역을 다룬다. 외교부에서 외교의제로 다루는 지역은 우리가 사는 한국과 한반도를 뛰어 넘어 전 세계와 지구촌 차원의 문제, 그리고 더 나아가 외기권 우주까지 넓어진다.

외교부가 다루는 의제들은 또한 양자 간 수교문제에서부터 안보문제, 동맹문제, 경제·통상문제, 인적교류, 문화

외교부 청사의 모습

교류, 인권문제, 역사문제, 영토문제, 군비축소와 원자력문제, 종교문제, 국제테러문제, 코로나19와 같은 전염병 대응문제 등 인류의 백과사전에 수록된 거의 모든 항목에 걸쳐 있다. 오늘날 국가 간 교류가 더욱 늘어나고 국제사회의 협력을 필요로 하는 분야가 점점 늘어나기 때문에 외교의 영역은 더욱 넓어지고 있다. 특히, 우리의 국제적 위상이 높아지고, 국력이 커짐에 따라 국제사회에서 대한민국의 적극적인 역할을 요구하는 목소리도 커지고 있다. 대한민국은 이제 세계 10대 교역국이자 세계 최대 경제권으로 발전한 중국의 제1위 수입대상국이며, UN 사무총장을 배출한 나라다. 또한 UN의 가장 중요한 3대 이사회안전보장이사회, 경제사회이사회, 인권이사회의 멤버로*, UN 주요기구의 이사국을 모두 역임한 국제사회의 프리미어 회원이다.

---

* 윤병세 외교부장관, "외교관 후보자 1기 임용 환영식 격려사"(2014.12.17.) 참조.

대한민국의 외교업무를 수행하는 외교부는 본부와 재외공관, 그리고 2,500여 명에 달하는 외교인력주재관 포함으로 구성되어 있다.* 외교의 중앙지휘탑인 본부는 5대양 6대주 각 나라를 담당하는 지역국과 경제, 문화, 영사 등 다양한 기능별 업무를 담당하는 기능국으로 이루어져 있다. 아래에서는 외교부의 업무를 간단히 살펴본다.

지역별 정무업무
/

외교의 전통적인 영역은 해외 각 지역국가들을 담당하는 양자 간 정무업무라고 할 수 있다. 현재 외교부에는 각 지역을 담당하는 여섯 개의 지역국이 있다. 동북아국, 북미국, 남아시아태평양국, 아프리카중동국, 유럽국, 중남미국이다.

동북아국은 중국, 일본, 몽골과의 양자 간 정무 및 경제업무를 담당한다. 북미국은 미국과 캐나다, 남아시아태평양국은 동남아 국가들과 호주, 뉴질랜드 등 서남아대양주권 국가들을 담당한다. 아프리카중동국은 중동과 아프리카를 담당하고, 유럽국은 러시아와 유럽 국가들을 담당한다. 중남미국은 중남미를 담당한다. 외교부 지역국에서는 전 세계 모든 국가들을 커버하면서 정상회담, 외교장관회담 등 양자 간 정무관계, 국회의장, 대법원장, 총리, 장관, 국회의원 등 고위인사 교류를 담당한다. 우리 외교의 핵심 상대국인 미국,

---

* 공로명 전 외무부장관에 따르면, 한국의 외교 인프라는 외교인력의 숫자 측면에서 주요 선진국인 일본(5,763명), 미국(24,574명), 영국(4,482명), 프랑스(10,898명)는 물론, 유사국인 네덜란드(3,166명), 호주(2,479명), 캐나다(7,200명), 이탈리아(5,383명)에 떨어진다. 이외에 외교공관 수, 인구대비(10만 명당) 외교인력, 정부예산 대비 외교예산 비율 등의 측면에서도 주요 선진국 및 유사국과의 비교에서 상당히 떨어지는 부분이 많다. 공로명, 『나의 외교노트』, 기파랑, 2014, p.172.

중국, 러시아, 일본 4개국과의 관계도 모두 지역국에서 담당한다. 특히, 우리 외교의 중심축인 한미관계와 한미동맹의 관리·발전을 위한 북미국의 업무와 우리의 최대 교역대상국이자 전략적 협력동반자인 중국과의 외교를 담당하는 동북아국의 업무는 단순한 외교관계를 넘어 국가의 안보와 미래의 생존에 관련된 핵심적인 업무다.

한편, 북한의 핵무기 개발프로그램을 제거하고, 핵무기를 제거함으로써 북한의 비핵화를 달성하는 것은 한반도 안정뿐만 아니라 동북아 전체의 평화와 안정에도 중요하다. 북한 핵무기의 전면적인 철폐와 이를 통한 한반도 비핵화를 달성하고, 이러한 바탕 위에서 한반도에 항구적인 평화체제를 구축하며 한반도의 평화통일을 달성하는 것은 우리 외교의 궁극적인 목표다. 한반도평화교섭본부는 이러한 외교목적 달성을 위해 한반도의 평화와 안정문제, 6자회담 등 북한 핵문제 해결을 위한 관련국과의 교섭업무 등을 담당한다.

다양한 기능 분야

/

기능국은 양자 간 지역업무 외에 기능별로 분화된 특정 분야의 업무를 담당한다. 여기에는 경제통상 관련 업무를 담당하는 지역경제외교국 및 다자경제외교국과 국제경제국, 해외공적개발원조ODA, Official Development Assistance를 담당하는 개발협력국, 국제법 관련 업무를 담당하는 국제법률국, UN 등 국제기구를 담당하는 국제기구국, 문화교류와 공공외교를 담당하는 공공문화외교국, 재외국민 보호업무를 수행하는 재외동포영사실, 언론 및 정책홍보 업무를 담당하는 대변인실, 중장기적 외교정책의 입안 및 집행을 담당하는 정책기획관실, 외교의전을 담당하는 의전장실 등 다양한 부서들이 있다.

이러한 부서들에서는 전 세계의 평화와 안정을 주된 목표로 하는 UN을 담당하는 UN과, 군비축소업무를 담당하는 군축원자력과, 저개발국가를 대상으로 공적개발원조를 담당하는 개발정책과 등 다양한 과들이 있다. 외교부의 기능국들에서 담당하는 업무는 군축, 인권, 해양문제, 영토문제, 북극과 남극을 포함하는 극지문제, 양자 간 조약의 체결문제, 우리 국민이 해외여행 중 위난을 당했을 때 이를 보호하는 재외국민 보호문제, 해외국가들과 문화교류 및 공공외교 등 다양한 업무를 수행한다.

한국의 국력과 외교력 신장으로 인해 오늘날 국제외교무대에서 한국의 적극적 역할과 참여를 요청하는 분야는 너무나 다양하다. 전 세계를 관할하는 보편적인 국제기구인 UN의 개혁문제에서부터 후진저개발 국가들에 대한 원조를 논의하는 회의, 핵문제, 인권문제, 국제사회에서 법치질서의 확립을 위한 국제법 회의 등 오늘날 제반 의제영역에서 한국의 참여를 기다리고 주도적 역할을 기대하는 국제사회의 요구는 높다. 과거 우리의 국력이 현재보다 미진했을 때는 우리의 외교가 주변 4대국가를 대상으로 하는 안보 및 경제통상외교에 집중되었으나, 이제는 우리 외교의 영역이 국제공동체의 발전과 전 인류의 보편적 복지 증진을 위한 기여분야로 확대되고 있다. 우리가 추구하는 국익도 안보, 경제·통상 등 전통적 외교영역을 넘어 보편적 인권, 인간개발, 민주주의 확산, 여성의 역할확대 등 다양한 가치values의 영역으로 확대되고 있다.

이처럼 다양한 이슈가 발생하는 분야에서 우리의 국익을 증진하고, 국가이미지를 제고하며 국제사회의 선도국으로서 역할을 하기 위해서는 다양한 분야에서 전문지식을 갖고 역량을 갖춘 외교관들이 필요하다. 특히, 국제공동체의 공동관심사에 대해 선도적으로 국제적 협력을 촉진하고 목표를 달성해 가기 위해서는 의제를 주도하는 것이 중요하다.

조직 운영 및 관리

/

외교부는 본부와 재외공관이라는 큰 조직을 거느리고 있다. 그렇기 때문에 본부와 재외공관이 유기적으로 결합되어 효율적으로 운영될 수 있도록 지원하고 관리하는 업무가 필요하다. 기획조정실은 바로 이러한 외교부 조직의 인사, 운영, 관리 및 예산을 담당하는 부서이다. 기획조정실에는 직원의 인사를 담당하는 인사기획관실, 조직운영 및 예산을 담당하는 조정기획관실, 외교정보통신을 담당하는 외교정보보안담당관실, 재외공관을 담당하는 재외공관담당관실 등 다양한 지원부서가 있다.

교육 및 연구 분야

/

외교부는 외교안보정책에 대한 연구 및 조사를 담당하는 싱크탱크think tank 기관인 국립외교원을 두고 있다. 국립외교원은 국가의 싱크탱크로서 중·장기적인 외교안보정책의 연구, 해외 외교안보 연구기관 및 학술기관과의 학술교류 등을 수행한다. 국립외교원은 특히 국가의 외교관 후보자 선발시험에 합격한 신임 외교관 후보자의 교육 및 훈련이라는 중요한 기능을 수행한다. 신임 외교관 후보자는 우리 외교의 핵심인력이자 장차 국가를 이끌어갈 미래의 핵심 엘리트들이다. 국립외교원은 이들이 외교업무 일선에 투입되어 경쟁력 있는 외교관으로 일하는 데 필요한 공직소양교육, 외교역량 및 직무교육, 어학교육 등을 실시하고 있다.

외교조직과 제도의 이해

전 세계 모든 국가들은 대외관계에서 국가이익을 수호하고, '대외적으로 하나의 목소리speak with one voice in foreign affairs'를 통해 효율적인 외교업무를 수행하기 위해 외교업무를 전담하는 정부조직을 갖고 있다.* 우리 정부조직에서는 외

---

* 오늘날 외교교섭과 외교행정업무를 담당하는 정부부서인 '외교부(MFA, Ministry of Foreign Affairs)'는 1626년 프랑스의 루이 13세 시기에 국정을 담당했던 리셜리외 추기경(Cardinal Richelieu)이 정부 내에 외무성을 설치한 데서 기원을 찾을 수 있다. 이후 유럽 국가들 간에 외교업무 수요가 증가함에 따라 18세기부터 많은 국가들에서 외무상이 이끄는 외교부가 일반적으로 설치되기 시작했다. 영국은 비교적 늦은 시기인 1782년에 외무성(Foreign Office)을 설치했고, 미국은 1789년에 국무부(US State Department)를 설치했다. 국무부는 설립 당시 외교문제뿐만 아니라 화폐주조 관리, 미국의 인장(국새) 관리, 인구센서스 업무 등 일정한 국내문제도 담당했기 때문에 "외무부"가 아닌 "국무부"로 불렸다. 국무부는 19세기부터 더 이상 국내문제를 담당하지 않게 되었지만 현재에도 여전히 국무부로 불리고

교부가 이를 담당한다. 외교부는 본부를 중심으로 전 재외공관이 유기적으로 연결되어 있다. 서울 세종로에 위치한 외교부 본부는 전 재외공관을 지휘·감독하는 중앙사령탑으로 160여 개에 달하는 전 세계 재외공관과 유기적 신경망으로 연결되어 1년 365일 하루 24시간 작동하고 있다. 외교부 본부와 재외공관에서 근무하는 직원들은 약 2,500여 명주재관 포함에 달한다.

외교부 본부

/

본부는 외교정책의 수립·집행과 대외교섭을 총지휘하는 컨트롤 타워로서의 역할을 수행한다. 외교부는 본부나 재외공관을 통해 보고 또는 입수된 정보를 토대로 국가의 외교안보정책을 입안, 결정 및 실행하고, 이를 통해 대외적으로 국가의 안전을 보장하며, 국익을 실현하는 역할을 수행한다.

본부는 국가의 대외교섭과 협상을 지휘·감독하기 위해 특정 외교사안에 대한 협상입장을 수립하고, 이의 관철을 위한 대책과 협상방안을 작성하며, 대표단의 파견 또는 외국 대표단의 접수를 통해 협상을 진행한다. 아울러 본부는 외국으로부터 외교사절을 접수하거나, 우리 사절단의 파견을 통해 특정 상대국과 정상 차원, 총리 차원, 외교장관 차원 등 다양한 정부레벨의 교류나 협상을 진행한다.

외교부에는 행정기관장으로서 외교업무를 통할 관장하는 외교부장관을 정점으로, 차관, 본부장, 차관보, 실·국장, 심의관, 과장, 팀장 등 다양한 직위를 가진 간부들이 각자의 책임과 업무분장에 따라 외교업무를 수행하고 조직을

있다. See G.R. Berridge, *Diplomacy: Theory and Practice*, Palgrave, 2002, pp.5-6.

이끌어 간다. 외교조직의 근간인 국의 업무를 총괄·책임지는 직위는 국장이며, 과를 책임지는 책임자를 과장이라고 한다. 과에서 실제 업무를 담당하는 직원을 실무직원이라고 한다. 과에는 보통 재외공관 근무경험을 갖춘 서기관급 직원이 차석을 맡고, 사무관, 행정관, 주무관 등의 직급을 갖고 있는 실무자들이 과 내의 업무분장에 따라 본인이 맡고 있는 소관업무를 처리한다.

외교부 본부는 어느 부처보다도 업무 강도가 세고, 야근도 잦다. 우리의 국제적인 이미지와 국력 상승, 국제사회에서의 역할 확대, 외교업무에 대한 국민의 수요증대와 기대수준 향상 등으로 인해 하는 일이 많다. 지역국의 경우에는 양자 간 각종 레벨의 대표단 파견 및 접수, 수시로 발생하는 현안의 처리 등으로 인해 업무가 많다. 한국을 찾는 외국 정상들이나 외교장관들의 방문이 잦고, 우리의 경우에도 대통령, 총리, 외교장관 등 고위급 인사들의 해외출장이 빈번하기 때문이다. 기능국 또한 마찬가지다. 국제기구, 기후변화, 국제경제, 국제안보, 국제법, 인권, 개발협력 등 다양한 분야에서 우리의 국익이 부각되고 있기 때문에 각종 이슈영역에서 우리의 입장을 대변하고, 중요한 국제회의에서 국익을 수호하기 위해서는 일이 많다. 다자무대에서는 국제회의 의제를 선점해야 하고, 의제 설정, 논의와 정책결정과정에서 주도적인 기여와 역할을 해야 한다. 특히, 북한 핵문제, 인권문제, UN 개혁문제, 기후변화 대응, 동해표기문제, FTA 등 핵심의제 영역에서 우리의 주권을 수호하고 국익을 제고하기 위해서는 양자적인 차원에서뿐만 아니라 국제기구 등 다자 차원에서도 사활적인 노력이 필요하기도 하다.

본부 근무는 업무부담이 크지만 외교업무를 익히는 한편, 향후 본인의 경력관리를 위한 전문 분야를 개발, 심화할 수 있는 기회이기도 하다. 지역국에서건 기능국에서건 본인의 관심 분야와 전공 분야를 개척하고, 상대국과 협상진행 또는 주요 국제회의 참석 등을 통해 실무경험을 쌓고, 꾸준한 공부와 노력을 하다 보면 그 방면에 정통한 전문가가 될 수 있다.

초임 외교관의 경우 본부에서 근무할 때 보통은 1년 반이나 2년마다 근무 부서를 바꿀 수 있다. 지역국 근무를 선호할 경우 지역국에서, 기능국을 선호할 경우 기능국에서 본인의 업무 관련 관심 분야를 개발해 전문성을 발휘하거나 새롭고 다양한 업무를 배울 수 있다.

재외공관

/

외교부에 소속된 전 세계 재외공관은 약 160개가 있다(분관, 사무소 등을 포함 시 약 180개가 된다). 재외공관은 보통 대사관, 총영사관, 국제기구 대표부 등 세 가지로 분류된다.

대사관은 주재국에서 대한민국을 대표하는 정무적 대표기능을 수행하는 기구로, 1개국에 한 개를 설치한다. 대사관에는 국가원수로부터 주재국 내에서 외교사무의 처리를 위임받은 특명전권대사가 파견된다. 대사관은 주로 주재국의 외교부 등 중앙정부 관계부처 관계자들을 만나 현안에 대해 교섭을 하거나, 주재국의 정세동향, 특정 이슈와 관련된 주재국의 입장을 파악해 보고하는 업무를 한다. 대사의 지휘 아래 공사, 공사참사관, 참사관, 1등 서기관, 2등 서기관, 3등 서기관 등의 직원들이 배치되어 있으며, 경우에 따라서는 영사업무를 담당하는 영사부가 별도로 설치되어 총영사, 영사 등 영사업무를 담당하는 직원이 배치되어 있다. 규모가 큰 대사관의 경우, 정무부, 경제부, 영사부 등 해당 업무별로 이를 관장하는 부서를 별도로 두기도 한다. 대사관은 규모에 따라 전체 직원(행정직원 포함)이 250명에 달하는 대형 공관에서부터 5명 내외의 소규모 공관에 이르기까지 다양하다. 우리의 외교

재외공관의 모습

현실상 대부분의 재외공관은 정규 외교직원이 5명 이내의 소규모 공관으로 운영되고 있다.

총영사관은 영사업무를 처리하기 위해 재외국민이나 동포들이 다수 거주하는 지역에 설치되어 있다. 총영사관이 담당하는 업무는 양자 간 인적교류를 포함한 각종 정무업무, 현지에 진출한 우리 기업지원 및 외국인 투자유치, 해외에서 위난에 처한 우리 국민의 사건·사고 처리 등 재외국민 보호업무, 비자 및 여권발급, 공증 등 각종 영사민원업무, 재외국민 교육, 재외국민활동지원, 문화홍보활동, 재외국민선거 등 다종·다양하다.

접촉대상은 주로 재외동포들이나, 주재국의 지방정부당국을 대상으로 협의나 협상을 진행해 각종 업무를 처리한다. 공관의 규모에 따라 대형 규모의 총영사관은 정무, 경제 등 대사관에서 수행하는 업무와 거의 비슷한 업무를 처리하기도 한다. 다만, 대사관이 주로 주재국의 외교부 등 중앙정부와 접촉해 업무를 처리하는 반면, 총영사관은 관할지역의 지방정부와 접촉해 업무를 처리한다. 총영사관은 총영사의 지휘 아래 부총영사, 영사, 부영사 등의 직원들이 배치되어 업무 분야에 따라 기능별로 나누어 업무를 처리한다. 총영사관의 경우에도 규모에 따라 교육부, 산업통상자원부, 법무부, 경찰청 등 다양한 정부부처에서 직원들이 파견되어 교육, 경제·통상, 비자, 사건·사고 업무 등 소관업무를 처리한다.

대표부는 중요한 국제기구 관련 업무를 처리하기 위해 설치되어 있다. 가령 뉴욕에 있는 UN 관련 업무를 처리하기 위해 UN대표부가 설치되어 있으며, 프랑스 파리에는 UNESCO국제연합교육과학문화기구 업무를 담당하는 UNESCO 대표부가 설치되어 있고, 제네바에는 WTO세계무역기구 등 국제통상기구 업무를 담당하는 제네바 대표부가 설치되어 있으며, 캐나다 몬트리올에는 ICAO국제민간항공기구를 담당하는 대표부(총영사관 겸임)가 설치되어 있다.

외교관의 직급

/

외교관은 국가와 정부를 대표하여 외국 정부나 국제기구와 외교교섭을 진행하는 특정직 공무원에 속한다. 외교관은 업무 특성상 대외적인 교섭을 담당하고, 다양한 지역을 옮겨 다니며 해외근무를 해야 하기 때문에 일반 공무원과 별도로 신분, 조직, 업무, 정원, 명칭 등을 규율할 필요가 있어 국가공무원법 뿐만 아니라 외무공무원법이라는 별도의 단행법률을 만들어서 인사 및 복무 등과 관련된 제도를 정하고 있다. 외교관의 명칭과 서열은 국내 일반 행정부처와는 달리 국제적으로 통용되는 명칭과 위계구조를 갖고 있다.

대사관의 경우, 대사, 공사, 공사참사관, 참사관, 1등 서기관, 2등 서기관, 3등 서기관, 무관, 주재관 및 행정·기술 직원 등으로 구별된다. 대사는 주재국에서 대한민국을 대표하며, 국가원수의 특별한 신임과 위임을 받아 업무를 수행하기 때문에 특명전권대사ambassador plenipotentiary라고 부르기도 한다. 대사는 공관의 전체적인 업무를 총괄·지휘하면서 공관 운영과 관리, 공관원의 지휘감독을 담당한다. 대사는 보통 일반 부처의 국장급부터 차관급인 정무직 대사까지 다양한 직급을 갖고 있다. 주중국, 미국 대사처럼 공식적인 직위는 14등급 차관급 대사이지만 정치·외교적 비중은 이보다 훨씬 높은 경우가 많다. 가령, 국무총리를 지낸 사람이 주미국대사로 가기도 하고, 국회에서 중진의원을 지낸 사람이 대사로 가기도 하기 때문에 정무직 대사의 중요도나 위상은 단순히 직급으로만 말하기는 힘들다.

총영사관의 경우에는 총영사 직위를 갖는 고위외무공무원이 공관장을 맡는다. 총영사의 경우에도 국장급 직위의 공무원부터 이보다 훨씬 높은 직급의 공무원이 보임되기도 한다. 공관장의 직급은 공관의 중요도에 따라 조금씩 달라진다.

총영사관의 경우에는 총영사, 부총영사, 영사, 부영사 직급을 갖는 직원들이 배치되어 있다. 영사의 직급은 3~4급 고위공무원 직급에 해당되는 경우도 있고, 5급이나 6급 공무원에 해당하는 공무원이 영사를 맡기도 한다. 따라서 영사의 직급도 일률적으로 말하기는 곤란하며 해당 공관의 중요도, 공관 내부의 직원 배치현황 등에 따라 달라진다.

주재관
/

재외공관의 인적 구성상의 특징 중의 하나는 주재관제도다. 주재관Attache이란 외교부가 아닌 일반 행정부처에서 재외공관에 파견되어 외교업무를 수행하는 공무원을 가리킨다. 주미국대사관이나 주중국대사관처럼 대형 공관의 경우 거의 전 부처에서 나온 주재관이 근무하고 있다. 기획재정부, 산업통상자원부, 공정거래위원회 같은 경제부처는 물론이고, 법무부, 노동부, 행정자치부, 환경부, 국토교통부, 해양수산부, 경찰청 등 다양한 부처 공무원들이 나와 있다. 주재관들은 재외공관에 파견 당시 원 소속부처에서 보유하던 직급에 따라 적절한 대외직명을 갖는다. 대사관에 파견되는 경우, 국장급 공무원은 공사참사관 등의 대외직명을 갖는다. 총영사관의 경우에도 재외국민 보호업무를 위해 경찰청에서 파견된 경찰주재관, 비자업무를 위해 법무부에서 파견된 주재관 등 재외공관의 업무상 필요에 따라 다양한 부처의 공무원이 주재관으로 파견되어 있다.

한편, 규모가 큰 대사관의 경우 주재국내 군사정보의 수집, 군사 분야 교류 등을 위해 현역군인들로 구성된 별도의 무관부를 설치하고 있다. 무관부는 재외공관의 한 부서로서 군사외교업무를 별도로 수행한다는 특성을 갖는다.

행정원

/

재외공관의 인적 구성상 또 다른 특징의 하나가 행정원제도이다. 재외공관업무를 수행하기 위해서는 다양한 전문가 또는 지원요원이 필요하다. 외교업무 보조를 위해 현지 정세나 사정에 밝은 현지인 직원, 문서수발, 통역, 운전사, 요리사, 시설기사, 경비원 등 다양한 직종의 행정 및 기술직원이 필요하다. 이러한 업무를 담당하는 직원들을 행정직원administrative and technical staff이라고 한다. 외교직원은 대한민국의 국적을 갖는 사람만이 할 수 있으나, 행정직원의 경우 현지의 문화, 관행 등을 잘 알고 있어야 하기 때문에 현지인들이 많다. 경우에 따라서는 정무, 경제 등 각 방면의 깊이 있는 조사와 연구, 현지 주요인사와 인적 네트워크 구축, 정세보고서 작성업무를 담당하는 전문직 행정원이나 선임연구원이 배치되어 있는 곳도 있다.

인사제도

/

모든 공조직은 인사로 움직인다. 인사는 인적자원의 배분, 업무에 대한 조직의 보상, 직원의 사기진작 및 경력관리 등을 위해 중요하다. 외교부 인사도 외교부 조직 전체의 필요에 따라 이루어지고 일정한 룰에 따라 움직인다.

외교관 인사의 제일 중요한 원칙 중의 하나는 본부와 재외공관 간의 순환근무제도다. 외교직렬의 직원으로서 재외공관 근무가 가능한 직원은 원칙적으로 2~3년을 주기로 본부와 재외공관 간에 순환근무를 하게 된다. 외교직렬의 공무원은 본부 근무를 마치면 재외공관 근무를 하게 되고, 일정 기간 재외공관 근무를 마친 후 다시 본부로 돌아오게 된다. 이와 같이 본부와 재외공관 간 순환근무를 하다보면 대부분의 외교관들이 재임기간의 반 정도는 해외에서 보내고, 반 정도는 본부 근무를 하면서 보내게 된다. 외교관의 가족들도 마찬가지다.

두 번째 원칙은 선-후진국 순환근무다. 주로 선진국에 위치한 선호공관과 근무여건이 열악한 후진국의 비선호공관·험지공관을 번갈아 가면서 근무하는 것이 순환근무제도다. 이는 외교관으로 하여금 선진국뿐만 아니라 후진국에서도 근무토록 하여 다양한 경험을 쌓고 균형적이고 종합적인 시각을 갖도록 하기 위한 제도이다. 이 원칙은 또한 조직 운영을 위한 인사의 형평원칙 실현을 위한 제도라고 볼 수 있다. 선진국에 위치한 선호공관에서 근무한 직원은 다음 번 인사 때에는 원칙적으로 후진국에 위치한 비선호공관으로 발령을 받게 되며, 반대로 비선호공관에서 근무한 직원은 다음 번 인사에서는 선진국의 선호공관으로 배치를 받게 된다. 한반도 주변 4개국(미국, 중국, 일본, 러시아)과 선진국에 위치한 선호공관과 후진국·험지에 위치한 비선호공관은 외교부에서 분류하고 있는 자체의 공관별 등급기준에 따라 정해진다. 이러한 기준에 따라 미국, 중국, 일본, 영국, 독일, 호주, 캐나다, 프랑스 등 선진국의 선호공관과 아시아, 아프리카, 중남미, 중동지역 등 근무여건이 상대적으로 열악한 공관(이 중에서 특히 근무여건이 열악한 공관을 특수지 공관이라고 한다) 간의 순환근무가 이루어진다.

초임 직원의 경우에는 첫 근무가 최선호 공관일 경우, 여기서 2년 정도를 근무한 후에 다음번에는 반드시 험지공관으로 배치를 받게 된다. 예를 들어 주미대사관에서 첫 근무를 한 직원은 다음번 인사에서는 반드시 아프리카나 중동 등 험지에 위치한 특수지 공관에서 근무를 하게 된다. 외교부 차원의 '노블리스 오블리주noblesse oblige'이자 인사상의 형평을 위한 제도라고 할 수 있다.

세 번째의 인사원칙은 전문성의 원칙이라고 할 수 있다. 직원들의 장래 경력개발과 업무 관련 전문성 함양을 위해 소관업무 분야에서 계속 근무토록 배려를 하는 것이다. 가령, 국제기구 분야에서 전문성을 쌓은 직원은 UN이나 국제기구 등 관련 전문성을 쌓을 수 있도록 관련 부서 및 공관에서 근무토록 배려하는 것이다. 지역(정무 분야)에서도 마찬가지다. 예를 들어, 러시아나 중국 관련 전문성을 갖고 있는 직원은 해당 지역 공관에서 계속 근무하고 본부 복귀 후에도 해당 지역을 담당하는 부서에 배치해 계속 전문성을 쌓도록 배려하는 것이다.

외교부의 인사는 이러한 순환근무원칙과 전문성 배려원칙을 유지하는 가운데 구체적 형평이 실현될 수 있도록 융통성 있게 운용되고 있다.

외교정보 통신체계

/

외교관의 하루 업무는 아침에 출근해 전문cable을 체크하는 것에서 시작해서 퇴근 전 전문을 확인하는 것으로 끝난다. 이는 장관이든 국장이든 사무관이든 마찬가지다.

전문은 외교업무 수행과정에서 본부나 재외공관에서 생산되는 각종 문서나 보고서로, 외교정보통신망을 통해 유통된다. 전문은 외교업무 수행을 위한 본부와 재외공관 간의 정보유통 및 소통수단으로, 본부 및 재외공관을 통해 생산·입수·보고되는 자료가 모이는 외교정보망이라고 할 수 있다. 전문은 외교실무자는 물론, 외교안보정책 결정자들이 일상적인 외교정보의 획득, 정세판단, 외교안보정책 수립 및 결정, 외국과의 교섭을 위한 상대국의 입장 파악 및 대책수립 등 외교업무 수행을 위한 가장 중요한 1차적 자료이다. 또한 본부와 재외공관 간에 외교정책 또는 일반 외교행정업무의 처리를 위한 지시와 명령을 하달하고 관련 보고가 이루어지는 가장 일반적인 문서 유통체계다. 전문을 통해 외교부 본부와 전 재외공관이 하루 24시간 1년 365일 유기적인 커뮤니케이션을 하고 본부와 재외공관에서 벌어지는 일상적인 외교활동을 상호 실시간으로 파악하는 한편, 필요한 정보를 공유할 수 있다. 전문체계는 정부부처 중 외교부만의 독특한 문서 커뮤니케이션 체계이며 업무처리 방식이다. 전문을 통해 본부와 전 재외공관이 유기적으로 연결되어 본부를 중심으로 하는 효율적이고 중앙집중적인 외교centralized diplomacy를 수행할 수 있다.

본부에서 재외공관에 하달하는 각종 지시나 명령, 각종 교섭회담 및 회의에 대한 훈령 및 지침하달, 국내외에서 이루어지는 중요회의의 결과 및 주요 인사 면담·접견 결과 등이 모두 전문을 통해 전파된다. 또한 재외공관에서 파악하고 있는 주재국의 각종 정세, 인사동향, 특정 현안에 대한 입장, 국제회의 내용, 양자 간 교섭결과, 주요인사 면담 등 재외공관의 활동 내용이 전문이라는 매개체로 작성되어 본부로 보고된다.

전문은 일정한 문서형식하에 작성되어 암호화되어 전달된다. 전문은 보통 외무서기관·사무관, 외무행정관 등 실무자들이 기안을 해 상급자 보고 등 일정한 내부 결재시스템을 거쳐 문서의 내용이 확정된 다음 외교정보시스템을 통해 발송된다. 전문시스템이 일반 인터넷이나 이메일과 다른 점은 공식적인 결재시스템을 거쳐 내용이 확정된 다음 암호화된 특수 보안시스템을 통해 전달되는 공문서라는 점이다.

전문의 특징은 정확성, 신속성, 권위성, 객관성이라고 할 수 있다. 전문은 공식적인 문서보고이기 때문에 내용이 정확하면서도 시의성을 잃지 않기 위해 신속해야 한다. 또한 내용이나 사실이 믿을 만하고, 국가의 공식적인 정책결정을 뒷받침할 수 있는 권위와 객관성을 갖고 있어야 한다.

재외공관이나 외교부 본부에서 발송되는 전문은 청와대를 비롯하여 모든 정부부처에 배포될 수 있기 때문에 국가의 컨트롤 타워를 움직일 수도 있다. 전문이 국가 최고지도부의 중요 정책결정이나 국가전략 수립에 결정적인 영향을 미치는 경우도 많다. 가령, 과거 냉전시기에 소련주재 미국대사관의 외교관으로 근무하던 케넌George F. Kennan은 소련 공산주의의 공격적인 대외팽창의 본질을 지적하면서 이에 대응하기 위해서는 미국이 봉쇄정책containment policy을 써야 한다고 건의한 전문을 보냈는데, 이 전문은 미소 냉전시대 미국의 중요한 국가전략이자 대 소련 외교정책의 지침이 되었다.*

---

* George F. Kennan, "Excerpts from Telegraphic Message from Moscow of February 22, 1946", *Memoirs 1925-1950*, 1967, p.547.

반면에 잘못된 정세판단이나 사실관계 오류에 기초한 전문은 국가의 외교 정책을 오도하고 국제관계에 심각한 위기를 불러올 수 있다. 과거 시카고대학 역사학 교수로 재직 중 미국 루스벨트Franklin Roosevelt 대통령과의 개인적 인연으로 주독대사로 부임한 윌리엄 도드William E. Dodd는 잘못된 대독관으로 외교관의 사명을 다하지 못한 사람으로 꼽힌다. 그는 젊은 시절 독일에서 공부하면서 루터Martin Luther에 심취해 "독일은 종교적 자유의 왕국"이라고 믿었다. 때문에 독일인이 어느 민족보다도 민주적 소질을 갖고 있다고 확신한 나머지 히틀러Adolf Hitler가 득세한 독일이 온건노선을 걸을 것이라고 잘못 예측한 전문을 보고했다.* 그의 잘못된 전문 보고는 미국의 대 유럽정세에 대한 초기 판단을 오도했다. 그만큼 전문은 국가의 외교안보정책 수립과 정세 판단에 큰 영향력을 발휘한다.

---

* 김영주, 『외교의 이론과 실제: 정보, 대화, 교섭』, 외무부 외교안보연구원, 1992, p.76.

외교관의 직급

군대와 마찬가지로 외교관 사회도 위계질서를 갖춘 조직으로, 다양한 직급의 구성원들로 이루어진다. 외교부에서는 입부 당시의 채용직급, 근무 연수, 본부와 공관 조직 내의 위치 등에 따라 호칭 또는 직급이 다 다르다. 외교관이 일을 하는 곳은 크게 본부와 재외공관으로 나뉘고, 재외공관은 다시 대사관과 총영사관으로 구별된다. 이 중 현재 어디에 근무하느냐에 따라 직급이나 호칭이 달라진다.

본부에서는 장관, 차관, 차관보, 실장, 국장, 심의관, 과장(팀장), 외무서기관, 외무사무관, 외무행정관 등으로 불린다. 외교부 본부의 경우 조직의 가장 기본 단위는 과이며(북미1과, 동북아1과, 영토해양과, 경제기구과 등), 과 내에는 과장을 중심으로 실무직원들이 근무한다. 직원들은 직급에 따라 서기관4급, 사무관5급 등으로 불린다. 5급 공채과정을 통해 입부 이후 본부 배치를 받을 경우 보통 외무사무관 직급을 갖게 되며 사무관으로 약 8~10년 정도 지나면 서기관으로 승진한다. 5급 외교관 후보자 선발시험이 아닌 7급 공채시험을 통해 입부한 직원의 경우 외무행정관 직급을 받게 되며 7~8년 정도 후에는 외무사무관으로 승진을 한다. 서기관 직급으로 재외공관 또는 본부 근무를 거친 후에 일정한 승진연한이 지나면 드래프트 제도를 거쳐 중간관리자인 과장 또는 팀장으로 승진하게 된다. 과장을 거친 후 본부 또는 재외공관 근무를 거쳐 국의 심의관으로 올라가게 되고 이어 '국장-실장-차관-장관' 등의 단계를 거쳐 올라가게 된다.

재외공관의 경우, 대사관인 경우 '대사-공사-공사참사관-참사관-서기관(1등 서기관, 2등 서기관, 3등 서기관)'의 직급체계를 갖고 있다. 대사는 공관의 장으로 통상 공관장이라고 불린다. 공사는 공관의 외교업무 수행과 관련해 공관장을 보좌하며, 규모가 큰 공관의 경우에는 정무와 경제를 담당하는 정무공사와 경제공사가 별도로 있다. 규모가 작은 공관의 경우 정무, 경제 업무의 구별 없이 1명의 공사가 있기도 하고, 아예 공사가 없는 경우도 있다. 공사참사관은 공사의 아래 직급으로 공관 내에서 외교업무를 관장하는 일을 한다. 참사관은 외교업무 일선에서 실무직원을 지휘하고 감독해 외교업무를 수행한다. 서기관은 공관 외교업무를 수행하는 일선 실무자로서, 근무경력·직급에 따라 1등 서기관, 2등 서기관 또는 3등 서기관의 대외직명을 갖고 활동한다.

1~3등 서기관은 공관업무의 실무자로서, 전문 및 보고서의 기안, 각종 일정 주선 및 협의, 주재국과의 세부적인 행정사항 협의, 업무연락, 본부의 전문지시 수행, 자료조사, 공관 운영을 위한 각종 총무업무, 예산집행 및 보고

등의 업무를 수행한다. 재외공관의 실무업무는 주로 서기관들을 통해 이루어지는 바, 서기관은 공관 업무의 최일선 실무자라고 할 수 있다. 미국이나 중국 주재 대사관 등 규모가 큰 대사관의 경우에는 동포 및 영사 업무를 담당하는 총영사 또는 영사가 별도로 있다. 총영사 또는 영사는 대사관의 대외직명(공사참사관 또는 참사관)을 함께 갖고 영사업무를 수행한다.

총영사관의 경우는, 최고책임자인 총영사, 부총영사, 영사, 부영사 등의 대외직명을 갖고 근무한다. 총영사는 총영사관의 영사 및 동포 업무를 총괄하며, 비교적 규모가 큰 총영사관의 경우 총영사를 보좌하는 부총영사가 근무하고 있다. 영사는 총영사관의 실무자라고 할 수 있으며 정무 및 경제 업무, 사건·사고 처리, 여권 및 비자 발급, 민원처리, 공관 운영 및 관리 업무 등을 맡고 있다. 부영사는 영사관원 중 실무직원으로 공관의 예산 및 회계 업무, 총무, 비자 또는 외교정보통신 업무 등을 담당한다.

대사관 또는 총영사관에는 외교업무를 지원하는 현지 직원들이 있는데, 이들을 가리켜 행정원이라고 한다. 행정원들은 공관의 각종 업무지원, 행정 및 민원처리, 정보, 통신, 운전, 가정부, 요리사 등의 업무를 담당하는 공관의 실무직원들이다. 행정원들 중에는 현지에서 채용한 현지인도 있고, 우리 국민들 중에서 채용한 아국인 행정원들도 있다. 공관 규모에 따라 1~2명의 행정원이 근무하는 곳도 있고, 주중대사관처럼 100명이 넘는 행정원이 근무하는 곳도 있다.

소명으로서의
외교관

외교관의 자격과 자질

외교직은 국가와 국민에게 봉사하는 공직의 하나고, 공직 중에서도 가장 전문적인 업무영역이다. 외교직이 고도의 전문직인 이유는 업무의 특성, 업무수행에 필요한 자질과 업무 방식, 그리고 업무의 국가/국민적인 영향력 등이 일반 공직과 다른 특수성을 띄기 때문이다. 업무의 특성상 외교직은 일반 국민이나 민원인들의 특정한 행정수요를 다루지 않고, 국제사회에서 주권국가들 간의 관계를 관리하는 업무를 수행한다. 또한 이러한 업무를 처리하기 위해서는 외국과의 의사소통에 필요한 높은 수준의 외국어 구사능력, 외국의 문화에 대한 이해와 함께 국제법과 국제사회에서 통용되는 행동방식을 익혀야 하기 때문이다. 이와 함께 외교업무는 국가와 국민 전체에 영향을 미치는 이슈를 다루기 때문에 때로는 고도의 보안이 필요하다. 외교관은 특히 국내문제가 아닌 국제관계를 관리하고, 국가 간의 외교관계를 처리하고 국제무대에서 활동하는 전문가이기 때문에 전문직업인으로서 필요한 자격과 자질, 그리고 투철한 직업의식을 갖추어야 한다. 이러한 직업적인 특성 때문에 세계 대부분의 국가들이 외교관에 대해서는 일반 공무원들과 다른 별도의 제도나 법령을 통해 인사나 복무관계를 다룬다.

국제관계 전문직인 외교관의 자격은 외교관이 되기 위해 필요한 객관적인 자격요건이라고 할 수 있다. 자질은 자격뿐만 아니라 어떤 소질을 갖춘 사람이 외교관이라는 직업을 수행하기에 적절하고, 외교관이라는 직업에 어울리는지에 대한 유·무형의 종합적이고 전인적인 소질이라고 할 수 있다. 외교에 관해 논한 많은 전문가들은 외교관의 자질을 다소 이론적으로 논하는 경향이 있으나, 자질은 타고나는 것도 있지만 엄격한 실무적인 교육과 훈련, 그리고 경험을 통해서 획득할 수 있는 것들도 있어 선천적인 또는 천부적인 자질이나 본성에 대해 논하는 것은 별로 의미가 없어 보인다. 여기서는 외교관이라는 전문직업의 세계에서 필요한 직업적인 자질이나 소질professional qualifications은 어떤 것들인지를 경험적으로 다룬다.

니콜슨의 외교관 자질

/

영국의 유명 외교관이던 해롤드 니콜슨Harold Nicolson은 그의 저서 『외교론Diplomacy』에서 이상적인 외교관이 갖추어야 할 자질로 정직성truth, 정확성accuracy, 냉정함calm, 인내patience, 좋은 성격good temper, 겸손modesty, 충성심

loyalty을 들었다. 니콜슨은 이러한 자질은 외교관의 자질일 뿐만 아니라 이상적인 외교가 갖추어야 할 속성들이라고 했다. 그러면서 니콜슨은 지적 능력intelligence, 지식knowledge, 분별력discernment, 신중함prudence, 호의hospitality, 매력charm, 근면industry, 용기courage, 그리고 심지어 책략tact은 말할 필요도 없이 당연히 갖추어야 하는 소질로 제시했다.* 이를 외교관이 갖추어야 할 '니콜슨 기준Nicolson test'이라 하기도 한다. 미국의 유명한 외교관이었던 케넌George F. Kennan은 외교관의 자질로 전문가 정신principle of professionalism을 들기도 한다.**

서양에서는 외교에서 특히 외교관의 정직을 강조한다. 과거에 한때 영국의 시인이자 외교관인 헨리 워턴 경Sir Henry Wotton이 했다는 "대사(외교관)는 자기 나라의 이익을 위해 거짓말을 하도록 파견된 정직한 사람An ambassador is an honest man sent to lie abroad for the good of his country"이라는 말이 외교관의 인격을 나타내는 경구로 많이 사용되었으나 오늘날은 이러한 말이 통용되기 어렵다. 외교관이 정직하다고 인정받지 않고서는 주재국 정부와의 대화에서 성공할 수 없기 때문이다.***

외교에서 일국의 고위인사나 정책결정자들이 진실을 이야기하지 않고

---

* H. Nicolson, *Diplomacy*, Oxford, 1939, p.126.

** 케넌은 전문가주의 원칙에 대해 다음과 같이 이야기하고 있다. "나는 25년간 외교업무에 종사했던 사람으로서 외교정책을 수행함에 있어 전문가주의 원칙을 더욱더 효과적으로 활용할 수 있다고 확신한다. 나는 우리가 원한다면 이 분야에서 현재 존재하고 있거나 과거에 존재했던 것보다 훨씬 더 우수한 전문외교관 집단을 발전시킬 수 있다고 생각한다. 또 전문외교관들을 존중하고 그들의 통찰력과 경험을 이끌어 냄으로써 크게 도움을 받을 수 있다고 생각한다. 그러나 이런 주장이 일반 대중들의 마음에, 특히 국회와 언론인들의 마음속에 있는(외교관에 대한) 강한 편견 및 선입견과 배치된다는 점을 인정할 용의가 있다. 그리고 이런 이유에서 우리가 "선무당 외교(diplomacy by dilettantism)"라고 부르는 것에 계속 거의 전적으로 의존한다는 비판을 받을 수 있다. George F. Kennan, *American Diplomacy(Expanded Edition)*, University of Chicago Press, p.94.

*** 김영주, 『외교의 이론과 실제: 정보, 대화, 교섭』, 외무부 외교안보연구원, 1992. p.183.

거짓을 말할 경우, 향후 외교적인 차원에서 뿐만 아니라 최고위 인사의 모든 언행이나 결정에 대해 의심을 불러일으키게 된다고 보고 있다. 이는 결국 국익을 해치게 된다. 그리스 철학자 아리스토텔레스Aristotle가 말한 바와 같이, 거짓말을 통해 일시적인 이익을 얻을 수 있지만, 결국은 나중에 "그가 진실을 말하더라도 신뢰를 받을 수 없게 된다Not to be credited when he shall speak the truth"는 것이다.* 가령 1962년 소련 외상은 소련이 이미 쿠바에 미사일 발사대를 설치한 사실을 알고 있는 미국의 케네디John F. Kennedy 대통령에게 쿠바에 미사일 발사대가 없다고 거짓말을 했다. 그러자 케네디 대통령은 즉각 서랍에서 미사일 발사대가 설치된 사진을 꺼내 보여주면서 이를 반박했다. 과거 이라크의 통치자였던 사담 후세인Saddam Hussein도 2002년에 쿠웨이트 침공시 국제사회를 대상으로 거짓말을 해 결국 2003년 연합국들에 의한 이라크 침공으로 이어졌다. **

기본적인 정신자세 : Professionalism
/

외교관은 대한민국을 대표해 해외에서 대한민국의 국익을 수호하고, 대한민국의 존엄과 주권을 수호하며, 정부를 대표해 공식적인 협상과 교섭을 진행하는 국가의 공직자다. 외교관이 이러한 임무와 목적을 달성하는 데 우선 갖추어야 하는 것은 국가의 대표로서, 그리고 공직자로서 기본적인 정신자세를 갖추는 것이다. 이는 공직자로서, 그리고 고도의 전문직업인인 외교

---

* Ivor Roberts, *Satow's Diplomatic Practice(6th ed.)*, Oxford Univ. Press, 2009, p.624.

** 위의 책, p.624.

관으로서 갖추어야 할 '전문 직업가 정신 professionalism'이라고 할 수 있다.

외교관으로서 갖추어야 할 기본적인 정신자세 중 가장 중요한 것은 투철한 국가관과 국가에 대한 충성심loyalty이다. 외교관은 대한민국의 자유민주주의 정체와 헌법을 수호하고, 국가의 존엄과 주권을 지키며, 국가와 국민에게 봉사하려는 투철한 국가관과 충성심을 가져야 한다. 투철한 국가관이란, 선호지이든 험지이든, 심지어 생명의 위협을 받는 지역 등 근무지에 관계없이 국가를 위해 헌신하고 봉사하겠다는 굳은 의지이며, 국가와 국민을 위해 일하겠다는 마음의 자세다. 충성심은 국가와 국민의 안전과 이익을 지키기 위해 최선의 능력, 지식과 성실성을 갖고 봉사하겠다는 마음가짐이다. 외교관의 임지는 말라리아가 창궐하는 아프리카 오지일 수도 있고, 내란과 전쟁의 소용돌이에 휩싸인 후진국이 될 수도 있으며, 많은 사람들이 희생된 재난의 현장이 될 수 있다. 어떤 극한적인 상황에서도 외교관은 자신만의 안전과 편리가 아닌 국가와 국민을 위해 봉사할 준비가 되어 있어야 한다.

외교관은 또한 국가의 핵심 엘리트로서 고도의 윤리의식과 책임의식, 성실·정직한 태도integrity로 처신해야 한다. 외교관의 생활은 국내에서뿐만 아니라 해외의 동포사회, 동료들로 구성된 외교계 등 어디에서나 노출되어 있고 수시로 평가를 받기 때문에 처신과 몸가짐에 각별히 유의해야 한다. 외교관 개인의 일탈은 국가 전체의 명예나 이미지 실추로 이어질 수 있기 때문에 사생활에도 유의해야 한다. 외교관은 언제 어디서든 '최고의 인격자'로 행동해야 한다.

아울러 외교관은 국가의 공직자이자 행정가로서 법과 규정을 성실히 준수해야 한다. 다산 정약용丁若鏞도 "무릇 국법이 금하는 것과 법률에 실려 있는 것은 몹시 두려워 떨며 감히 위반해서는 안 된다"고 엄히 경고하고 있다.* 외교관은 본부에서든 재외공관에서든 업무를 수행함에 있어 법과 규정을 철저히 준수하여 직권을 남용하거나, 부하 직원에게 법적 의무 없는 일을 하게 해서는 안 되며, 특히 예산·회계 관련 규정을 위반해서는 안 된다.

외교관에게 보안의식 또한 중요하다. 외교관계에서 보안은 종종 업무 그 자체보다 중요하다고 평가를 한다. 미국의 올브라이트Madeline Albright 국무장관은 과거 한 모임에서 보안을 지키지 못하는 외교관은 더 이상 외교관이 아니라고 평가한 바 있다. 외교관계에서 대부분의 협상은 엄격한 보안을 요하며, 보안이 깨질 경우 국가 간 신뢰관계가 깨지고, 국익에 치명적 손상을 입게 된다. 심지어 국가 간 전쟁이 나기도 한다. 2011년 발생한 미군 브래들리 매닝Bradley Manning 일병에 의한 국무부의 대규모 전문유출 사건, 2010년 발생한 폭로전문 사이트 위키리크스Wikileaks에 의한 전문유출 사건 등은 이를 잘 보여주고 있다.

지적인 능력
/

외교관은 여러 전문직업 중에서도 특히 고도의 지적인 능력을 필요로 하는 직업이다. 외교관은 영어 등 업무상 필요로 하는 외국어 구사능력뿐만 아니라, 정무담당관으로서, 경제담당관으로서, 재외국민보호 담당관으로서 적절한 업무수행을 위해 필요로 하는 상황 판단 및 분석 능력, 각종 자료, 타인의

---

* 정약용 저·이지영 역, 『하룻밤에 읽는 목민심서』, 사군자, 2002, p.105.

발언 및 회의석상에서의 정확한 맥락 및 핵심파악 능력, 올바른 국가정책 수립과 집행을 위한 보고서 작성능력, 정부의 입장을 대외적으로 설득력 있게 개진할 수 있는 연설 및 표현 능력 등과 같은 지적인 능력을 갖추어야 한다. 특히, 외교관은 수시로 변하는 국내외 정세 속에서도 최적의 타이밍에 가장 효율적인 수단을 통해 효과적으로 국익을 수호하는 한편, 그가 수행하는 외교정책의 국내정치적 맥락과 결과consequences를 올바로 판단함으로써 외교정책에 대한 국내적·국민적 지지와 수용도를 높이는 정무적 판단능력political sense도 갖추어야 한다. 미국의 직업외교관 출신으로 대사를 지낸 찰스 테이어Charles Thayer도 그의 저서에서 외교관이 국제정세를 바로 인식하기 위해서는 "정치적 감각Fingerspitzengefühl"과 같은 자질을 가지고 있어야 한다고 말하고 있다.* 그에 의하면 정치적 감각이란 어떠한 문제에서 움직이고 있는 정치적 힘의 의미를 감지하고 그 결과 생기는 반응을 정확히 측정할 수 있는 능력이다.**

외교와 내치의 구별이 점점 엷어지고, 상호작용이 커지고 있는 현대 디지털 직접민주주의 시대에서 외교관의 정무적 판단능력은 현지 상황에 대한 정확한 대응과 함께 외교정책의 국내적 성공 여부와 국민적 지지 여부를 결정하는 관건이다.

이해 및 핵심파악 능력

외교관은 국내·외에서 벌어지는 각종 사안에 대한 지적인 파악능력을 갖추어야 하고, 각종 양자 및 다자 협상, 국제회의 참석, 주요인사 면담 등의 계기에 우리 입장 개진에 앞서 먼저 상대방의 의도나 핵심을 잘 파악해야 한다. 특히,

---

* 김영주, 『외교의 이론과 실제: 정보, 대화, 교섭』, 외무부 외교안보연구원, 1992, p.76.

** Charles W. Thayer, *The Diplomats*, Michael Joseph Ltd., London, 1960, p.235.; 김영주, 위의 책, pp.76-77에서 재인용.

상대방과의 면담, 국제회의 진행과정 등에서 핵심 요지와 맥락을 잘 파악해야 한다. 양자면담이나 주요 국제회의에서는 많은 일들이 벌어지고 많은 사안들이 논의되기 때문에 항시 긴장해야 한다. 이뿐만 아니라 무수히 많은 정보의 홍수 속에서 옥석을 가려 가면서 정세판단을 해야 하고 무엇이 중요한 것이고 본질인지를 파악해 내야 한다. 업무의 우선순위, 시간상의 우선순위, 중요도의 우선순위, 국익과의 연관성 등을 매순간 판단하면서 업무를 처리해야 한다. 이러한 업무를 수행하기 위해서는 제반상황, 정보 및 자료 등을 파악할 수 있는 지적인 이해능력과 핵심 파악능력을 갖추어야 한다.

정확한 분석·판단력

외교환경과 국제관계는 시시각각으로 변하며, 올바른 외교정책을 적기에 수립해 시행하기 위해서는 주재국의 정세, 협상에서 상대방의 의도와 목적, 국내정치적 함의, 특정한 외교적 사안의 정치, 경제, 사회, 문화적 함의 등을 분석하고, 향후 진행방향과 국익에 미칠 영향을 예측하며 선제적으로 행동해야 한다. 또한 시시각각으로 변하는 현지 정세가 어떠한 방향으로 전개되며 이에 어떻게 대응해야 하는지 치밀하게 분석하고 대응해야 한다. 이러한 분석력은 외교현장에서 매 순간 필요하다. 주재국과 양자회담에서 교섭을 한다든지, 다자무대에서 국제회의에 참가한다든지, 외국에서 일어나고 있는 일련의 상황 및 사태에 대응한다든지 하는 경우에 논리적이고 정확하며 종합적인 분석·판단력이 필요하다.

전략적 사고능력

외교는 국가 간에 이루어지는 전략적 게임의 연속이다. 각국은 양자 간 협상에서부터 다자 국제회의에 이르기까지 외교무대에서 자국의 이익을 극대화하기 위해 치밀한 전략하에 다양한 협상전술과 외교적 수단을 사용한다. 때로는 허장성세, 부풀리기 같은 블러핑 외교bluffing diplomacy도 구사한다. 이러한 국제외교무대에서 우리가 바라는 최대한의 결과를 얻고, 국가가 추구하는 전략적 목표를 달성하기 위해서는 외교관들이 전략적 사고방식을 갖는 것이 필요하다.

윤병세 외교부장관은 2013년 3월 11일 외교부장관 취임사에서 "급변하는 국제정세 속에서 그리고 엄중한 한반도 안보상황 및 분단의 시대를 살고 있는 우리에게, 전략적 사고를 가진 보다 많은 외교관이 탄생되어야 할 것"이라면서 전략적 사고의 중요성을 설파한 바 있다. 윤 장관은 더 나아가 "오늘날 무엇보다도 요청되는 것은 균형감각"이라면서 한국의 역사적, 지정학적 상황에 비추어 남북관계와 국제관계를 함께 보면서 균형감각을 갖고 한반도와 세계의 변화에 대응하고 주도해 나가야 한다고 언급한 바 있다.*

문서작성능력

/

판사는 판결로써 말한다는 말이 있다. 외교관은 말과 글로 일한다. 외교관이 작성하는 정세분석 및 정책 보고서, 전문(전문도 보고서의 일종이다), 서한, 연설문 등 각종 문서는 국가의 외교정책을 수립하고 시행하는 한편,

---

* 윤 장관은 동 취임사에서 국민과 괴리된 외교는 성공할 수 없으며, 국민행복시대를 열어가는데 있어 외교, 그리고 외교부가 더욱 능동적으로 기여와 역할을 해 나가야 한다고 밝혔다. 윤 장관은 특히, 국민과 적극 소통하는 외교를 추진해 나가야 한다면서 외교부가 이러한 과업을 수행하기 위해 첫째, 국익의 최전선에 있다는 외교관으로서의 소명의식과 열정, 둘째, 철저한 장인정신, 즉 프로정신, 셋째, 변화를 만들어가는 능동적 자세, 넷째, 전략적 사고와 균형감각을 요구하고 있다고 강조했다. 윤병세 외교부장관, "외교장관 취임사"(2013.03.11.).

우리의 외교정책을 국내외에 알려 이에 대한 지지와 수용성을 높이는 데 필요하다. 특히, 대한민국을 대표해 외국 정부나 국제기구에 우리의 입장을 설득력 있게 알림으로써 상대국의 동의나 협조, 또는 지지를 얻는 데 있어 문서의 힘은 강력하다. 외교문서는 또한 국가의 국격을 나타내기도 한다. 아무리 명석한 두뇌, 원어민 수준의 외국어 구사능력, 탁월한 예측력과 분석력, 우수한 전략을 갖추고 있다고 하더라도 이러한 지적 역량이 보고서나 문서로서 체현되지 않는다면 정책적 효과를 가질 수 없다. 특히, 긴박한 상황 속에서 신속·정확·깔끔하면서 설득력·통찰력 있는 정책보고서를 작성할 수 있는 능력은 외교관에게 가장 중요한 직업적 소질 중 하나다.

외교현장에서는 많은 보고서가 필요하다. 외교부 본부에서는 외교정책을 수립하고 시행하는 데 필요한 각종 정책보고서, 상황판단을 위한 정세보고서, 외교정책의 국제법적 정합성 유지를 위한 법률검토 보고서, 청와대 등 상급기관 보고서, 관계부처와 의견수렴 및 정책조율을 위한 보고서 등 많은 보고서가 생산된다. 국가안보에 관련된 주요사안은 분·초의 시간을 다투는 긴급한 보고서도 많아 외교관은 촌각을 다투는 상황 속에서도 신속하게 보고서를 작성할 수 있어야 한다.

또한 본부나 재외공관에서 주재국의 정세를 파악, 보고한다든지, 각종 지시에 대한 보고를 한다든지, 중요 협상이나 국제회의에 참석하여 회의결과를 보고하는 경우, 본부의 올바른 정책 수립, 협상대책 마련 또는 대응전략 수립을 돕는 전문보고서의 작성능력은 중요한 자질이다.

문서와 함께 정확한 메시지와 내용을 전달하면서 상대방을 설득할 수 있는 연설문을 작성하는 능력도 필요하다. 대통령이나 외교부장관의 정책연설문, 오·만찬사 등 계기마다 작성하는 중요 연설문은 국가의 대외정책을 전달할 뿐만 아니라, 때로는 시대의 흐름을 바꾸기도 한다. 시대정신을 담아내는 연설문은 두고두고 역사에 남는다.

외국어 구사능력과 소통능력

/

외교의 중요한 매개체 중 하나는 언어다. 외국인과 업무를 해야 하는 외교관에게 외국어는 다른 사람과 의사소통은 물론, 업무를 수행해 나가기 위한 기본적인 매개체다. 외교관은 외국어를 통해 상대와 소통하고, 쌍방향적인 소통을 통해 우리의 의사를 전달한다. 이로써 친구를 만들고, 우리의 입장이나 정책을 이해시켜 상대국의 협조와 공감을 얻어내야 한다. 외교관은 소통과 전달에 익숙한 '좋은 소통자good communicator'가 되어야 한다. 이를 위해 외교관에게 능숙한 외국어 구사능력은 기본 중의 기본이다. 능숙한 외국어 구사능력과 함께 어떤 외국어든 적극 배우려는 열의 또한 필요하다.

과거에는 훌륭한 영어 구사능력만으로도 외교가에서 인정을 받았으나, 요즘은 영어 외에도 또 다른 외국어 구사능력이 필수처럼 되어 가고 있다. 물론, 외교관계에서 영어가 가장 중요하다. 그러나 영어 외에도 구사할 수 있는 외국어가 많으면 많을수록 더욱 좋다. 업무의 외연도 넓어지고, 외교협상에서 융통성도 커지며, 교섭의 상대방과 정서적으로 공감할 수 있는 여지도 더욱 커진다. 특히, UN과 같은 다자무대에서 영어뿐만 아니라, 불어, 중국어, 스페인어, 러시아어, 아랍어 등 다른 공용어를 능숙하게 구사할 수 있다면 외교관으로서 금상첨화라고 할 수 있다.

그러나 여러 가지 언어를 능숙하게 구사하는 것이 쉽지는 않다. 외교가에서는 "언어는 외교관의 천형天刑이다"는 말이 있다. 외국어는 외교관이라는 특정 직업인들이 끊임없이 갈고 닦아야 하지만, 완성에 이르기까지는 쉽지 않을 뿐만 아니라 각고의 노력을 요한다는 의미이다. 외교관으로서 언어의 제약에 따르는 외교업무의 위축을 막고, 국제무대에서 상대방과 자유롭게 의사소통을 해 상대방을 설득시키면서 우리의 입장을 관철시키기 위해서는 능숙한 언어소통능력은 필수다. 특히, 자신이 주재하고 있는 국가의 현지 언어를 능숙하게 구사하는 것은 반드시 필요하다.

실제 외교관으로서 구사가 필요한 언어는 영어를 포함해 두세 개 정도라고 볼 수 있다. 하나는 본인의 전공외국어이며 나머지는 향후 본인의 커리어, 근무지역 등을 감안한 언어라고 할 수 있다. 가령, 지역전문가로서 아태지역에 근무하게 될 경우, 영어와 중국어, 일본어 정도를, 중남미 지역에 근무할 경우, 영어와 스페인어 정도를 구사할 수 있으면 훌륭한 외교관이라고 볼 수 있다.

외교관으로서 필요한 어학능력은 실무를 하면서 습득하기도 하지만, 언어습득을 위해 제일 중요한 시기는 외교관이 되기 전의 대학과정을 통해 이루어져야 한다. 외교관을 꿈꾸는 학생들은 대학시절에 영어와 기타 제2외국어의 기초실력을 배양해 놓을 필요가 있다. 특히, 국제기구에서 많이 쓰이는 언어인 영어, 불어와 스페인어, 오늘날 새롭게 떠오른 중국어를 공부해 놓으면 나중에 외교관으로서 진로를 밟아 나가는 데 큰 도움이 된다. 자신의 주전공이 특정 외국어가 아닌 학생들이 한정된 시간 내에 영어 외에 제2외국어 능력을 습득하기 위해서는 국제사회에서 널리 사용되고 있는 범용외국어를 공부하는 것이 바람직하다. 대학시절에 영어와 제2외국어를 하나 공부해 놓고, 나중에 외교관이 되었을 때 실무를 하면서 나머지 제2외국어를 하나 더 공부하게 되면 세 개 정도의 언어를 구사할 수 있는 능력이 생길 것이다.

개방적 태도와 문화적 감수성

/

서양에는 "로마에 가면 로마법을 따르라"는 격언이 있다. 중국에는 "입향수속入鄕隨俗, 지방에 가면 그 지방의 풍속을 따르라"이라는 말이 있다. 모든 나라나 지역마다 그 나라·지역 특유의 문화, 습관, 풍습이 있기 때문에 사람이 외국이나 다른 지역을 가면 그 나라나 지역의 현지 문화, 습관이나 풍속을 따라야 한다는 말이다. 부단히 외국을 오가야 하는 외교관도 마찬가지이다. 외교관은 열린 마음으로 서로 다른 문화와 국가를 이해하고 이를 수용하는 문화적 포용성과 개방적 태도를 가져야 한다. 외교관은 문화적·종교적 편견이나 우월감을 가지고 외국이나 주재국의 문화나 정치체제를 폄하해서는 안 되며 최대한 열린 자세로 개방적 태도를 갖고 현지 문화나 관행을 이해해야 한다.

외교관으로서 해외에 근무 시에는 그 나라의 현지 문화나 정서를 잘 이해하고, 이에 적응할 수 있어야 현지에서 업무에 필요한 인적 네트워크를 구축하는 등 제대로 된 외교업무를 할 수 있다. 현지 정서와 문화를 모르면 특정 사안에 대한 주재국의 정치, 경제, 사회, 문화적 맥락을 이해할 수 없기 때문에 제대로 된 정세보고서를 작성하거나 상대국 대표와 제대로 된 협상을 할 수 없다. 결국 국익을 위한 활동에 많은 차질이 생기고, 개인의 자질부족이 국가 전체의 이익 침해나 손해, 또는 기회의 상실로 이어질 수 있다.

외교관은 프랑스에서 만찬 시에는 적절한 현지 매너에 맞춰 포도주를 마셔야 하지만, 중국에서는 알코올 도수가 50도가 넘는 백주도 마실 수 있어야 한다. 후진국이라고 현지의 문화나 풍속을 무시하거나 경시한다든지, 선진국이라고 무조건 좋다고 생각한다든지 하는 문화적 우월주의나 열등주의는 외교관으로서 바람직하지 않다.

매너와 배려 정신

/

외교관만큼 세심한 매너와 의전이 중요한 직업은 없다. 외교관은 차를 타는 데도, 밥을 먹는 데도, 회의시 좌석 배치에서도 매너와 의전 감각이 필요하다. 의전이나 매너는 결코 형식적인 규범이나 겉치레가 아니라, 상대방에 대한 존중과 배려, 정성을 외부적으로 표현하는 방법의 일단이다. 사실, 외교 업무에서 가장 중요한 활동 중 하나인 정상회담이나 외교장관회담도 국제적인 수준의 매너와 예양의 존중이라는 의전적 요인으로 인해 더욱 빛이 나는 것이다. 국제무대에서 외교관이 만나거나 접촉하게 되는 인사들은 주로 상대국 정부나 국민을 대표하는 인사들로서, 그들은 상대인 한국 외교관이 자신에 대해 최선의 예의와 배려로 행동할 것을 기대하고 있기 때문에 외교관은 언제나 상대를 각별히 배려하는 마음가짐과 태도를 갖추고 있어야 한다.

리더십과 관리능력

/

외교관은 단순한 통역관이 아니다. 국가의 외교안보정책을 담당하고, 외교조직을 관리하며 국가재산을 관리하는 관리자다. 본부에서는 외교부장관이나 기타 다양한 직급의 관리자로서, 감독자로서 리더십을 발휘해 소속직원을 통솔하며, 국가의 시설과 예산을 관리해 "효율적인 정부의 운영efficient operation of government"이 이루어지도록 해야 한다. 재외공관에서는 대사관, 총영사관과 같은 국가의 중요 재산을 관리하는 한편, 소속된 직원들을 지휘·감독하면서 국익을 실현하는 외교라는 오케스트라를 만들어 내야 한다. 이러한 지휘, 감독에는 신임외교관에 대한 교육과 훈련이 포함된다. 본부에서든 재외공관에서든 초임외교관이 외교관으로서 필요한 기본적인 자질과 실무적인 업무처리능력을 습득해 성숙한 외교관으로 성장할 수 있도록 꾸준히 지도해야 한다.

외교관은 또한 국가안보상의 위기상황이 발생했을 때 국가의 안보와 국민의 안전이 위협받지 않도록 상황을 관리하면서 대처해 나갈 수 있는 위기관리능력을 갖추어야 한다. 국가의 외교적 위기상황은 곧 국가안보의 위기상황이므로 이러한 중대한 상황에 대처해 위기극복 방안을 모색하고, 상황을 관리consequence management하면서 최선의 결과를 도출해 내야 한다.

이뿐만 아니라 외교관은 국제사회에서 한국을 대표하는 협상가로서, 동료로서 존경과 지지를 받고 좋은 평판을 쌓을 수 있도록 노력해야 한다.

이러한 종합적인 자세와 능력의 복합체를 외교적 리더십이라고 부를 수 있을 것이다.

혁신능력

/

오늘날 혁신은 비단 기업이나 경영자들만의 관심사가 아니다. 혁신은 빠르게 변하고 있는 대내외 환경에 선제적으로 대응하고, 효율적이고 투명한 정부, 세계적인 경쟁력을 갖춘 정부를 구현하기 위한 주요 과제이다. 혁신은 국민주권의 시대에 국민의 요구에 부합하는 행정 서비스를 제공하기 위해서도 중요하다.

외교 분야도 예외는 아니다. 강경화 외교부장관이 취임사2017.06.19. 및 외교부 출입기자단 기자회견2018.10.04. 등에서 밝혔듯이 “국민에 책임을 지고, 국익을 당당히 구현하며, 글로벌 수준의 전문성과 역량을 갖춘 외교부”를 만들기 위해서는 외교관 개개인이 혁신역량을 갖추어야 한다. 외교부는 "한반도 평화시대의 개막, 동북아를 넘어 국제사회에 능동적으로 대처"해 나가기 위해 인사, 조직 및 업무방식의 과감한 혁신을 통해 국민중심, 국익중심의 외교부를 만들어가기 위해 많은 혁신과제를 추진하고 있다. 이러한 시대적 과제를 구현해 가기 위해서는 외교관 개개인이 외교 일선에서 혁신을 실현할 수 있는 적극적인 의지와 역량, 사고방식을 갖추는 것이 필요하다.

외교관의 직업적 특징

외교관은 원거리 회유 직업

/

외교관은 언제나 이사를 다녀야 하는 직업이다. 새로운 임지에 도착하자마자 다음 이사를 준비해야 하는 직업이다. 외교관 생활은 "금방 이사를 했거나, 현재 이사 준비를 하고 있거나, 방금 현지에 정착이 끝난 상태 중(I have jsut moved, I am preparing to move, or I am well settled in)"의 하나다.* 그러다 보니 외교관은 이른바 국제적인 '노매드

---

* Patricia Linderman & Melissa Brayer Hess, "The Perils of Packing", *Realities of Foreign Service Life*, Writers Club Press, 2002, p.37.

족nomad族' 같다. 외교관의 생활은 산란지에서 출발해 유년기와 성년기를 대양에서 보낸 후 다시 산란지(고국)로 돌아오는 연어와 닮았다. 설악산 기슭의 남대천에서 태어나 멀리 태평양까지 갔다가 돌아오는 고도회유성 어족인 연어처럼 외교관도 모국에서 외교관 생활을 시작한 후에 멀리 미주, 유럽, 아프리카, 남미 등 먼 대륙에서 활동을 하다가 퇴직 직전에 다시 고향으로 돌아온다. 국내 근무 중에도 해외출장을 가는 일이 많기 때문에 외교관들은 근무기간 중 태반을 해외에서 보낸다.

재외공관 근무 중에도 비교적 가까운 임지나 가까운 나라로 발령을 받아 근무하는 경우도 있지만, 멀리 떨어진 대륙을 번갈아가면서 재외공관 근무를 해야 하는 경우도 많다. 예로, 주미대사관으로 초임근무를 나간 외교관들은 그 다음 임지로 아프리카나 중동의 험지로 가는 경우가 많이 있는데, 이 경우 북미대륙에서 아프리카 대륙으로 옮겨 가는 대륙 간 이사를 하게 된다. 현지 생활환경이 열악해 가족을 동반하기 힘들기 때문에 혼자 가야 하는 경우가 많다.

외교관은 본격적인 외교관 생활을 하게 되는 경우 2~3년 단위로 국내와 해외를 옮겨 다니는 직업이다. 국내외 이사를 자주 다니는 과정에서 여러모로 힘든 일을 겪어야 한다. 외교관 초임근무 때는 단신근무이거나 동반 가족이 적기 때문에 해외이사에 따르는 기회비용이 비교적 적지만, 자녀가 성장해 학교에 다니고, 봉양해야 할 부모나 친지의 나이가 연로하거나, 배우자가 직장생활을 하는 경우 등에는 해외이사에 따르는 기회비용이 날로 커진다. 매번 이사를 할 때마다 개인적으로 치러야 하는 정신적·금전적 고통 또한 만만치 않다. 정부의 예산은 제약이 있어 이사비용이 전부 보존되지 않아 개인적으로 부담해야 하는 비용이 많다. 자녀의 해외학교 전학에 따른 학비부담도 만만치 않다. 재외공관에서 업무수행을 위해서는 부득이하게 자동차가 필요한데, 이사할 때마다 자동차 구입비용도 많이 들고, 임지를 떠날 때 자동차를 손해를 보고 처분하는 경우가 많기 때문에 길바닥에 뿌리는 돈도 많다.

잦은 해외이사로 인한 자녀의 현지 환경 부적응과 이로 인한 스트레스는 외교관들의 큰 고민거리이다. 자녀들이 잦은 해외이사와 국내 귀임 또는 해외발령 간에 느끼는 정서적, 언어적, 환경적 부적응이나 스트레스는 외교관이 개인적으로 짊어져야 하는 고뇌 중 하나다. 특히, 잦은 교육환경의 변화, 전임에 따른 친구들과의 이별, 새로운 학교에서 선생님 및 친구들과의 부적응 등으로 인한 스트레스는 심각한 문제로 비화하는 경우도 종종 있다. 이처럼 외교관은 가족 전체가 해외를 떠돌아다니는 노매드 부족처럼 고통스러운 직업이기도 하다.

외교관은 국제신사

/

외교관이란 직업은 국제적인 업무를 처리하고 해외의 다양한 임지를 다니기 때문에 일생 동안 다양하고 풍부한 경험을 쌓을 수 있다는 장점이 있다. 물론, 요즘은 외교관이 아닌 일반 행정부처의 공무원들도 국제회의 참석, 해외출장 등을 통해 해외생활을 익히고 해외에서 유학한 경우도 많다. 기업인 중에도 기업활동이 초국경적인 활동을 통해 이루어지기 때문에 해외출장의 빈도나 해외거주 경험이 외교관들보다 많은 경우가 종종 있다.

그럼에도 불구하고 외교관은 다른 행정부처의 공무원이나 비즈니스에 종사하는 기업인들보다도 여러 나라를 다니면서 오랜 시간을 해외에서 보내기 때문에 국제적인 사정에 정통하고 다양한 해외경험을 통해 폭넓은 식견과 시야를 가질 수 있다. 외교관은 순환근무를 통해 국내에서뿐만 아니라 해외에서도 객관적인 시각에서 국내 문제를 바라볼 수 있기 때문에 시야가 넓고 좀 더 객관적일 수 있다. 외교관들의 언어적 장점은 특히 더욱 그렇다. 외교관들은 대개 영어 외에 제2외국어 또는 제3외국어를 구사하는 장점이 있기 때문에 일반적인 직업군으로서의 성격을 보았을 때 국제사회에 더욱 잘 어울리는 신사라고 할 수 있다.

다양한 지적인 도전과 체험

/

외교관은 부단한 지적인 도전과 개발을 필요로 하는 직업이다. 업무 특성상 국제사회의 주요 관심사안을 모두 다루고, 정치, 경제, 금융, 사회, 문화, 과학기술, 인문 분야의 제반 이슈들을 일상적으로 접한다.

외교관이 다루는 업무의 주제나 분야는 제약이 없다. 다만, 국익에 미치는 중요도에 따라 집중도와 지속성에 있어 약간의 차이가 있을 뿐이다. 외교관은 국제사회에서 문제가 되는 거의 모든 의제들을 다룬다. 비단 외교부의 관심사안뿐만 아니라 다른 정부부처에서 다루는 이슈들의 국제적인 측면들도 함께 다루기 때문에 업무상 접하는 내용이 다양하고 다채롭다고 할 수 있다. 오늘날 국제사회의 주요 관심사안인 WTO의 통상문제, FTA, 핵문제, 기후변화문제, 자연재해, 테러대응, 인권문제, 에너지 및 환경보호문제, 국제해양법문제, 국제항공안전, 심해저 개발 등과 같은 다자적 국제이슈에서부터 북한핵문제, 한미동맹문제, 영토문제, 역사 및 과거사 문제 등 양자적 현안에 이르기까지 업무 영역은 다양하다. 외교관은 또한 달나라의 평화적 이용문제, 우주에서의 핵실험 규제문제, 남극과 북극의 평화적 이용문제 등 일반인들이 생활 속에서 상상하기 힘든 거시적이고 4차원적인 이슈에서부터 동네 슈퍼마켓의 쇠고기 수입문제, 중국산 배추 수입문제 등 일상생활에 관련된 마이

크로한 문제까지 다양한 문제를 다룬다.

이러한 업무를 다루기 위해서는 평소 다양한 이슈에 관심을 갖고 꾸준한 공부와 전문성 함양이 필요하다. 국제정세가 시시각각 변화하고, 국제사회와 협력해 대응해야 할 사안들이 다종·다양하기 때문에 주요 이슈들에서 우리의 입장을 효율적으로 개진해 우리가 달성하고자 하는 국익을 얻어내기 위해서는 다양한 이슈나 의제에 대해 해박한 지식을 갖고 각종 국제회의나 협상에 주도적으로 참여하는 것이 필요하다.

외교관이 지적인 도전을 필요로 하는 직업이라는 것은 외교관들이 소화해내야 하는 업무자료들에서도 잘 나타난다. 외교업무 수행을 위해서는 비단 국제사회에서 정평있는 신문, 잡지 등 시사이슈를 다루는 자료들뿐만 아니라, 외교안보 분야의 학술지, 전문학술 저널, 연설문, 주요 국제기구 발간물 등 다양하고 폭넓은 자료들을 흡수해야 한다. 이러한 자료들을 이해하고, 분석하고, 참고하면서 이를 외교정책 수립 및 집행에 어떻게 활용할 것인지를 고민해야 한다. 이러한 작업을 수행하기 위해서는 지적인 이해, 분석, 판단 능력이 필요하다.

부처 간 의견 조율

/

외교관이 외국 정부와 대외적인 교섭과 협상을 위해서는 먼저 현안과 관련된 국내부처 간의 협업이 필요하다. 교섭이나 협상의 대상인 이슈에 대한 국내 관계부처, 관련 산업·이익집단의 다른 입장이나 이익에 대한 의견 조율이 먼저 이루어져야 대외협상이 가능하기 때문이다. 외교부는 국가 및 국민 전체의 입장에서 국익을 실현해야 하기 때문에 특정 정부부처 입장이나 산업 또는 국내집단의 부분적이고 단편적인 이익이나 시각에 구애받지 않고, 국가 이익 전체적 차원에서 입장·정책의 차이를 조율해 외국과의 협상에서 최적의 결과를 도출해야 한다. 관계부처 간 또는 관련 집단 간 의견이 대립되는 현안이나 사안에 대해서는 외국 정부와의 협상보다 오히려 국내부처와의 협상이나 의견조율이 더욱 힘든 경우가 많다. 어떤 경우든 외교부는 특정 정부부처의 입장뿐만 아니라 특정 이익집단이나 관심그룹들의 이익이나 입장을 조정 또는 조율해 대외협상에서는 한목소리를 내도록 해야 한다.

외국 정부와의 협상 시 국내적 갈등상황에 있는 의제들일 경우 더욱 그러하다. 예를 들면, 과거 스크린 쿼터screen quarter 협상에서와 같이, 국내 영화산업의 자생력과 경쟁력 확보를 위해 스크린 쿼터의 유지를 희망하는 국내 이익집단의 이익을 보호하는 문제와 국가 전체적인 차원의 시장개방 또는 국내산업 경쟁력 강화라는 정부의 목표 간에 대립하는 입장을 조율하는 것은 극히 어려운 일이었다. 그렇다고 개방과 경쟁이라는 국제사회의 일반적인 흐름에 맞서 특정 국내산업만을 계속 보호할 수도 없는 입장일 경우, 국가 전체적 차원에서 국익의 극대화를 추구하는 외교부로서는 대내협상과 대외협상의 조화라는 어려운 입장에 빠진다. 특히, 경제통상 분야에서는 이러한 경우가 종종 발생하기 때문에 외교부는 국가 전체 국익의 차원에서 대립하는 국내 관계부처, 이익집단 간의 입장, 이익, 정책을 조율하는 과제를 수행한다.

From Grass-root to the Top

/

필자는 과거 국내에 근무할 때 각계의 다양한 인사들을 많이 만났으나, 국제올림픽위원회IOC, International Olympic Committee 위원을 만난다는 것은 꿈도 꾸지 못하는 일이었다. 국제올림픽위원회 위원은 엄청난 권위를 가지고 있고, 국제사회의 상층에서 활동하는 분들이기 때문에 접촉할 기회도 없었고, 만날 수 있다는 생각을 하지도 못했다. 그러다가 미국 시애틀에서 근무 중 2018 평창 동계올림픽 유치를 위한 업무를 담당하게 되었다. 필자가 근무하던 재외공관의 관할구역인 오레곤Oregon 주에 미국의 올림픽위원회 위원인 레베카 스콧Rebecca Scott 위원이 살고 있었다. 어려운 과정을 거쳐 그녀와 면담 약속을 잡을 수 있었고, 시애틀에서 수백 킬로미터 떨어진 오레곤 주 내륙까지 차를 달려 그녀를 만났다. 스콧 위원을 만나 평창 동계올림픽 유치 필요성을 설명하고, 평창이 어떤 점에서 다른 유치경쟁도시들보다 유리한 조건을 갖추고 있는지를 설명했다. 스콧 위원의 아늑한 산속 자택 정원에서 이루어진 면담에서 나는 우리 입장을 충분히 설명할 수 있었고, 면담이 끝난 후에는 그녀가 키우는 개와 함께 즐거운 시간도 보낼 수 있었다. 개인적으로 국제올림픽위원회 위원을 만난 것은 큰 영광이었고, 더군다나 위원의 개인 자택에서 이루어진 이날 면담은 각별히 기억에 남았다.

또한 외교관 생활을 하면서 대통령을 수행해 참여한 해외 국빈방문행사 중에는 상대국 정부의 대통령궁에서 대통령을 직접 볼 수 있는 기회도 많았다. 청와대 외교비서관실에서 근무할 때는 청와대에서 열린 많은 정상회담에서 외국 대통령, 총리 등 정상들을 가까이서 볼 수 있는 기회도 많이 누렸다. 해외뉴스의 헤드라인을 장식하면서 역사를 만들어 가고 있는 많은 외국 정상들을 눈앞에서 직접 보고 그들이 가진 인간적인 매력과 리더십의 원천을 목격할 수 있었다. 정치지도자들뿐만이 아니다. 빌 게이츠Bill Gates와 같은 유명인사, 기 소르망Guy Sorman 같은 세계적 석학 등 국내외 언론의 헤드라인을 장식하거나 그 자신이 이미 '역사'가 된 많은 사람들을 만났다.

이처럼 외교관은 업무와 관련해 다양한 체험을 하고 다양한 사람을 만난다.

국내 직업 중에는 이처럼 다양한 사람을 접촉할 수 있는 직업은 많지 않다. 물론, 다양한 사람을 접촉하는 직업군은 많이 있다. 의사의 경우, 많은 종류의 환자를 접하고, 판사도 다양한 입장을 가진 사람들을 만나며, 세일즈맨도 다양한 사람을 접촉한다. 그러나 국제무대에서 만나는 사람들은 외교관만큼 다양하지 않다.

외교관 생활은 다양한 상황에서 다양한 종류의 사람들을 만나 다양한 삶에 대한 체험기회를 부여한다. 때로는 고통과 애환을 함께 경험하기도 한다. 가령, 재외국민 보호를 위해 해외에서 수형생활을 하는 사람을 만날 수도 있고, 사건·사고를 당한 아국민의 시신인수를 위해 현지 검시당국의 시체검시관을 만날 수도 있다. 문화교류를 위해 주재국의 문화계 인사들이나 배우를 만날 수도 있다. 특정 현안에 대한 전문가 의견을 듣기 위해 현지의 대학교수나 연구소에 있는 전문가를 만날 수도 있다.

이러한 다양한 내국인 및 외국 인사들과의 접촉을 통해 외교관은 다양하고 다채로운 종류의 삶에 대한 간접체험을 할 수 있다. 또한 이처럼 다양한 국내외 인사들을 친구로 사귈 수 있는 것이 외교관 직업의 신비이자 매력이다.

고도의 자율적 업무

/

외교관이 본부에서 근무할 경우, 심의관급 이상의 고위간부가 되기 전까지는 대개 과 단위의 사무실 공간에서 다른 동료들과 함께 근무한다. 그러나 재외공관에 발령을 받을 경우, 대개 직원 1인당 독립된 사무실이 제공된다. 대학 교수처럼 독립된 사무실이 제공되는 이유는 업무상의 보안을 위해서이기도 하지만, 각 외교관별로 고도의 자율적이고 독립적인 업무수행을 보장하기 위한 측면도 크다. 재외공관에 배치되어 업무를 하게 될 경우, 대개는 직원 개인의 자율적인 판단에 따라 업무를 수행한다. 물론, 공관장이나 차석, 또는 업무상 상급자의 지휘에 따라 업무를 수행하지만, 외교관은 기본적으로 본인 스스로 자율적인 판단에 따라 외교업무를 수행해야 한다. 일상적인 행정업무 처리, 주재국 정부와의 교섭, 국제회의 의제조율, 본부 대표단의 주재국 인사 면담 및 일정 주선 등 모든 사안에 이르기까지 상사가 일일이 개입해 지시를 내릴 수는 없다.

업무상의 자율이란 본부의 훈령이나 지침에 따른 업무를 수행하되, 그 과정에서 최대한 창의적으로 스스로의 판단과 역량에 따라 외교활동을 수행하는 것이다.

외교관의 대우

2013년 12월 미국의 뉴욕 검찰은 한 인도 외교관을 체포하였다. 체포된 외교관은 뉴욕주재 인도 부총영사였던 코브라가데Devyani Khobragade였는데, 인도인 가사 도우미를 미국으로 데려오면서 입국비자 서류를 조작하고, 도우미 임금을 미국 국내법보다 훨씬 적게 지급했다는 혐의였다. 뉴욕 검찰당국은 체포과정에서 전혀 부당한 점이 없었다고 주장했으나, 이 여성 부총영사가 체포된 후 경찰서에서 수갑이 채워지고 알몸수색까지 당했다는 주장이 나오면서 미국과 인도 간에 큰 외교적 파장이 일어났다.*

---

* Annie Gowen, "Arrest of Indian Diplomat in New York Sparks

이 사건이 일어나자 인도 정부는 인도를 방문 중이던 미국 의원들의 면담 일정을 전격 취소했고, 미국 대사관 앞에 설치된 보호 바리케이드를 철거했으며, 인도주재 미국 외교관들의 신분증을 반납토록 하는 한편, 모든 미국대사관용 물품의 통관절차를 전면 중단하겠다고 밝혔다. 또한 인도 정부는 미국정부에 공식적인 사과를 요구했고, 미국 국무부는 물론, 백악관까지 사고수습에 나섰다. 미국 지방 경찰관에 의해 발생한 비우호적인 처사에 대해 인도정부는 거의 전쟁 중인 적대국을 대하는 것만큼 강경하게 대응했다.

또 다른 사례가 있다. 네덜란드 주재 러시아대사관의 드미트리 보로딘Dmitry Borodin 참사관이 2013년 10월 술에 취한 상태에서 어린 자녀에게 매질을 했다가 이웃주민의 신고로 현지 경찰에 체포되었다. 그는 자신의 집에서 수갑이 채워진 채 경찰서로 연행되었다. 이 사건이 일어나자 푸틴Vladimir Putin 러시아 대통령까지 직접 나서서 네덜란드가 외교관 면책특권을 무시했다면서 네덜란드 정부의 즉각적인 사과를 요구했다. 네덜란드 외교장관은 자국 경찰의 업무수행에 대해 러시아에 공식사과까지 해야 했다.*

이처럼 한 명의 외교관에 대한 신체적인 위해나 비우호적인 대우는 즉각 상대국 정부의 보복retaliation을 부르고, 국제관계에도 많은 파장을 일으킨다. 그러면 인도나 러시아 정부는 왜 이렇게 외교관 한 명이 외국 정부의 경찰관으로부터 부당한 대우를 받은 것에 대해 분노하고, 즉각적인 보복조치에 들어간 것일까? 어떤 근거에서 이와 같은 조치를 취한 것일까?

외교관은 타국 정부에 파견된 공식적인 대표사절로, 해외에서 국가의 주권과

U.S.-India Tensions", 《The Washington Post》, December 17, 2013.; 〈KBS 뉴스〉, "인도외교관 공개체포 논란…미국, 외교적 해법 모색", 2013.12.20.

* Nick Thomson, "Netherlands: 'Sorry' for the Arrest of a Russian Diplomat", 〈CNN〉, October 9, 2013.

존엄을 대표하는 사람이라고 할 수 있다. 외교관들은 주재국에서 자국을 공식대표하기 때문에 그들의 상징성은 개인의 인격보다 중요하다. 외교관은 국가와도 같다. 외교관들을 무시하면 그들의 나라를 모욕하는 게 된다.*

그렇기 때문에 외국에 파견된 자국 외교관에 대한 접수국의 비우호적이거나 국제법에 반하는 처우는 단순히 일개 개인에 대한 비우호적인 처사가 아니라, 타국 정부의 위엄과 권위에 대한 모욕으로 간주된다. 또한 그 외교관이 대표하고 있는 국가주권에 대한 모욕이자 존엄의 훼손이라고 볼 수 있다.

국제공동체는 외교관의 신체, 명예, 존엄을 보호하기 위해 그간 많은 노력을 해 왔다. 이러한 노력은 최근에 이루어진 것은 아니고 이미 인류문명이 시작된 시기부터 있었다고 할 수 있다. 고대 그리스의 호머Homer가 쓴 『일리아드Iliad』를 보면 오늘날 외교사절이라고 할 수 있는 사자使者, messenger에 대해 전쟁기간 중이라도 신체의 불가침과 교통권을 보장함으로써 오늘날 국제법적으로 규정된 특권과 면제의 초보적인 형태가 나타나고 있음을 볼 수 있다. 이 당시에 이미 전쟁기간에 장례를 치르기 위해, 또는 화의를 교섭하기 위해 백기를 들고 나타난 상대국의 사신에 대해서는 공격을 멈추고 정중한 예를 갖추어 보호했다. 한중 간 사행단 교류가 활발했던 고려, 조선시대에도 중국은 조선 사행단의 안전을 위해 군대를 보내 호위하고 사신을 위한 숙소를 건립하는 한편, 주요 방문 시마다 사행단을 위한 하마연下馬宴과 상마연上馬宴을 베풀었다.**

---

* 이언 부루마, "나라 체면 상징이 된 외교관 특권", 《중앙일보》, 2014.01.21.

** 張士遵, 「명·청 시대 한중 사절단 교류와 한중관계」, 〈2014 한-동북3성 미디어 인문포럼〉 발표자료, 2014.08.23. 송나라 시대, 고려 사신에 대한 예우는 각별하였다. 송나라 휘종(徽宗) 황제는 1117년(정화 7년) 명주(明州)에 고려사(高麗司)라는 사신접대 관청을 설치하고, 고려사관(高麗使館)이라는 고려 사신을 위한 영빈관을 건립하였다. 또한 고려 사신의 왕래에 활용하도록 100여 척에 달하는 대형선박들을 건조하기도 하였다. 송 조정의 소식(蘇軾)은 송 정부의 과다한 고려 사신 접대가 공사의 병폐가 되고 있다고 지적할 정도였다. 張士遵, 『紐帶: 明淸 兩代 中朝交通考』, 黑龍江人民出版社, 2012, pp. 6-7 참조.

이와 같은 외교사절에 대한 특별한 보호는 오늘날 국제법적으로 확인되고 있다. "외교사절의 특권과 면제에 관한 비엔나 협약"은 오늘날 국제관계와 외교관계의 기초를 이루는 본질적인 내용으로 평시는 물론, 전시에도 적용된다. 동 협약은 정부를 대표하는 외교관이 접수국의 영토 내에서 직무수행의 편의를 위해 제반 특권과 면제를 향유한다고 규정하고 있다. 협약과 오랜 국제관행에 따르면, 외교관은 체포되거나 구금되는 등 신체의 자유에 있어 구속을 받아서는 안 된다. 외교관의 특권과 면제는 비단 외교관의 신체뿐만 아니라 그의 거소에도 적용되어 외교관의 주거는 불가침구역으로 보호된다. 이외에도 외교관은 접수국의 각종 민·형사 재판관할권으로부터 면제되며, 행정관할권으로부터도 면제된다. 행정관할권의 면제와 관련하여 가장 큰 혜택은 접수국의 과세권으로부터 면제되는 것이다. 외교관은 현지에서 과세관할권의 적용을 받지 않으며, 현지에서 소비하는 재화 및 용역에 부과되는 세금으로부터 면제되는 특권을 누린다.

이러한 제도적인 특권과 면제 외에도 외교관은 접수국에서 각종 의전 및 행동상의 편의를 제공받는다. 외교관은 여행 시 공항에서 주재국의 외교관 전용통로를 이용할 수 있으며, 주재국의 각종 행사, 차량 운용 등에 있어서도 유·무형의 혜택을 부여받는다. 가령, 각종 행사 참석 시 외교단의 일원으로서 의전상 정중한 예우와 대우를 받는다.

외교관의 처우와 관련해 특히 주목할 만한 점은 외교관은 국제공동체의 합의에 의해 국제적으로 보호받는 인물이라는 점이다. 국제공동체는 외교관의 신체, 명예, 재산, 존엄 등이 훼손되지 않도록 외교관을 보호할 의무를 가지며, 접수국의 당국은 특히 외교관의 신체 등에 위해가 가해지지 않도록 각별히 유의해야 한다. 외교공관도 마찬가지이다. 외교공관은 국가의 주권을 상징하는 시설이기 때문에 접수국은 있을지 모를 테러, 공격행위, 외부인의 무단침입 등을 방지하기 위해 적절한 보호조치를 취해야 한다. 외교공관에 설치된 경찰병력 등은 이러한 국제적 보호의무의 일환 중 하나라고 할 수 있다.

그러나 이러한 국제법상의 특권과 면제는 최근 그 범위가 크게 축소되고 있다. 가령, 대표적인 것이 음주운전이다. 음주운전 단속은 엄밀하게 말하면 경찰당국의 행정관할권 행사의 일종으로 외교관의 경우 이러한 관할권 행사로부터 신체의 자유 등을 근거로 면제를 향유할 수 있다. 그러나 미국을 비롯한 많은 국가들에서 음주운전에 대해서는 '무관용 정책zero tolerance'을 취하면서 외교관의 경우에도 예외를 두지 않고 음주단속을 하고 있다. 또한 외교관이 차량 운행 중 사고를 낼 경우, 외교특권의 행사로 인한 손해배상의 어려움을 미연에 방지하기 위해 외교관의 자동차 운행 시 보험한도를 일반인들보다 대폭 높임으로써 특권면제권 행사로 인한 손해배상 책임의 회피를 원천적으로 차단하기도 한다.

아울러 최근에는 외교관의 특권면제보다 더욱 앞선 국민 눈높이 기준이 적용되기도 한다. 해외에서 한 행동이 적법한 절차를 밟을 경우 법적으로 처벌되기 어려운 경미한 비위행위라고 할지라도 국가이미지 손상, 외교관으로서의 명예실추, 사회적 상규의 위반 등이 있을 경우 본부 소환이라는 행정 및 인사상의 징계 또는 처벌 절차로부터 면제되지 않는다. 이런 여러 가지 이유로 외교관의 특권 및 면제가 일부를 제외하고는 점차 축소되어 가는 시대에 접어들고 있다.

외교관이 만나는 사람들

외교는 주권국가들 간의 관계를 관리하는 것인데, 외교의 핵심은 결국 사람을 만나는 것이다. 외무부에서 발간된 외교관 편람은 "외교관은 주재국 외교부와 기타 정부기관의 고관, 동료 외교관, 사회 각계의 영향력 있는 저명인사들을 포함한 많은 사람들과 광범위한 사교적 접촉을 유지해야 한다. 외교의 기본적 매개는 결국은 인간이고, 인간관계human relations의 발전이 모든 외교활동의 기초가 되므로, 외교관의 사적인 인간관계가 공적인 외교활동에 미치는 영향은 매우 크다"면서 외교에서 사교관계의 중요성에 대해 지적하고 있다.*

---

* 外務部,『外交官 便覽』, 1992. p.6.

중국 외교부장을 지낸 첸지첸錢其琛의 외교회고록인 『외교십기外交十記』를 보면 책의 부록에 그가 만난 해외 각계인사 218명의 이름이 수록되어 있는데, 여기에 보면 김영삼·김대중 대통령 등 외국의 정치지도자들뿐만 아니라 언론인 등 다양한 각계 인사들의 명단이 적혀져 있다.*

오늘날 외교는 외교영역의 다변화·다기화와 고객층의 다변화를 특징으로 한다. 외교가 다루는 영역은 정무, 안보, 경제 등 전통적 영역뿐만 아니라 운전면허 상호인정, 재외국민 교육, 한류 홍보, 공공외교, 인문유대 등 헤아릴 수 없이 넓어지고 있다. 이러한 업무를 수행하는 과정에서 외교관이 만나는 사람들도 헤아릴 수 없이 다양하다.

우선, 정부의 훈령을 이행하고 특정 사안에 대한 정부 간 입장조율을 위해서는 상대국 정부 외교부의 대표들을 만나는 일이 가장 통상적인 일 중 하나다. 이 경우, 외교관이라고 아무나 다 만나는 것이 아니고 본인의 직급에 따라 만나는 상대방의 직급이나 지위가 정해진다. 가령, 1등 서기관은 상대국 외교부의 과장이나 서기관급 직원을 만나며, 공사급은 상대국 외교부나 여타 부처의 국장급 공무원을 만나 협상이나 협의를 한다. 아무리 똑똑하고 능력 있는 외교관이라도 상대국의 장·차관급을 만나는 것은 아니다.

물론, 나라별로 업무 상대방의 직급의 차이는 조금씩 존재한다. 후진국에서는 본인보다 직급이 높은 인사를 만날 수 있으며, 중국이나 미국 등 큰 나라에서는 반대의 경우도 있다. 중국의 경우 본인의 직급에 따라 만날 수 있는 외교부의 상대방이 거의 고정되어 있다. 직급이 정해져 있기 때문에 외교관마다 논의할 수 있는 의제의 내용, 범위, 수준 등이 다르다. 직급이 높은 대사의 경우, 본부의 훈령과 재량에 따라 상대방과의 협상에서 중요사항에 대해

---

* 錢其琛, 『外交十記』, 世界知識出版社』, 北京, 2003. pp.438-449.

교섭현장에서 결정할 수 있으나, 서기관급 직원들은 중요사항은 공관 상급자의 승인을 받아야 한다. 또 중요한 사항은 본부나 상부보고를 거쳐야 하며, 현장에서 바로 결정해서는 안 된다.

외교관들은 외교부 관계자 외에도 상대국 정부의 여타 부처 공무원들도 업무에 따라 다양하게 접촉할 수 있다. 재무부 관계자를 만나 경제 관련 문제에 대해 협의를 할 수 있고, 국방부 관계자를 만날 수도 있고, 지방정부 인사들을 접촉할 수도 있다. 경우에 따라서는 상대국의 주요 정치인들을 다양하게 접촉할 수 있다. 의회에서 한국 관련 업무를 다루는 위원회 소속 의원, 공관 소재지에 지역구를 둔 의원 등 다양하게 접촉해 양자관계나 외교현안을 논의할 수 있다. 이와 같이 상대국 정부부처는 물론, 정계인사 등 다양한 인사들을 두루 접촉해 교섭을 진행하고 상호 관심사에 대한 논의를 할 수 있는 것은 외교관 업무의 가장 큰 특색 중 하나다.

외교관은 정부인사 외에도 주재국의 정세를 파악하고, 본부의 외교정책 결정에 도움이 될 수 있는 전문가 등의 의견 청취를 위해 상대국의 다양한 여론지도층 인사들을 만날 수 있다. 대학교수, 연구소 연구원, 언론인, 기업관계자, 한인회 관계자 등 다양하다. 특히, 외교안보 분야 전문가, 언론인들과의 교류나 면담은 중요한 정보의 출처가 되거나 주재국의 정세를 판단하는 데 큰 도움이 된다. 이들과의 교류 및 면담을 위해서는 외교관 본인이 특정 이슈를 주도할 수 있는 정도로 훈련이 되어 있고, 해당 분야에 지식을 갖추고 있어야 한다.

외교관은 반드시 넥타이를 맨 사람들과만 만나는 것은 아니다. 때로는 시체검시관을 만나는 경우도 있고, 감정적으로 안정되지 않은 사망사고의 유족들을 만나는 경우도 있고, 사건·사고의 현장조사를 위해 경찰관을 만나는 경우도 많다. 감옥에 수감되어 있는 아국인 수감자 면회를 위해 감옥을 방문해야 하는 경우도 많다. 감옥을 방문할 경우 단기형을 받고 수감되어 있는 수감자일 수 있으나, 때로는 사형을 기다리는 사형수를 만나야 하는 경우도 있다. 이런 경우, 수형자의 애로사항을 청취하고, 수형상태의 개선을 위한 방안을 찾기도 하고, 본국에 있는 가족과 연락을 대신 해 주거나, 수형생활에 필요한 물품을 전달하기도 한다.

이처럼 사회각계 각층의 다양한 사람들을 만나는 것은 외교관의 업무와 관련된 필연이다. 이는 오늘날 외교의 동선이 사무실에서 현장으로 이동한 결과다.

외교관의 자기계발과 자기관리

외교관의 자기계발

/

외교관이 변하는 국제정세와 환경하에서 효과적으로 국익을 수호하고, 수시로 발생하는 외교현안에 선제적이고 능동적으로 대응하기 위해서는 프로페셔널리즘professionalism을 갖고 자신의 업무에 대한 전문성을 갖고 있어야 한다. 이를 위해서는 국내외 어디에 있건 끊임없는 자기계발이 필요하다.

외교현장에서는 끊임없이 새로운 의제가 등장하고, 문제의 대응과 처리를 위해서는 해당 이슈와 담당업무에 대한 부단한 연구와 팔로우업follow-up, 새롭고 창의적인 시각이 필요하다. 핵문제, 인권문제, 국제법, 국제경제, 에너지, 기후변화, 경제통상, 지식재산권 등 외교부에서 현안이 되고 있는 다양한 업무 분야에 대해 평소 자료를 보고, 책을 통해서 깊이 있게 공부해 놓지 않으면 해당 업무를 다루는 데 어려움을 겪게 된다. 외교관은 또한 자신이 담당하고 있는 국가의 국내 정세, 문화, 협상행태 등에 정통해야 하고, 그 나라의 다양한 인사들과 인적 네트워크를 갖고 있어야 한다. 외교관은 모든 현안에 대해 이야기할 수 있도록 준비되어야 하며, 어떤 의제에 대해서도 발언할 수 있을 정도로 훈련이 되어 있어야 한다.

더군다나 외교관은 인사이동에 따라 기존에 해 왔던 업무뿐만이 아니라 새로운 업무를 맡게 될 수도 있기 때문에 업무에서 최고의 전문성을 발휘하기 위해서는 부단한 자기계발과 공부가 필요하다. 가령, 외교부 본부에서 일할 경우 특정 지역을 담당하는 정무담당관desk officer을 하다가 지역경제 분야 업무를 하는 부서로 배치될 수 있고, 또는 국제법을 하는 부서로 배치될 수도 있다. 반대로 WTO 통상이슈, 기후변화나 환경 관련 업무를 하다가 정무담당 부서로 배치될 수도 있다.

재외공관 근무 시에도 마찬가지다. 본부에서 정무업무를 하더라도 재외공관에서는 경제·통상 관련 업무를 맡을 수도 있으며, 정무와 다소 무관한 문화업무를 맡을 수도 있다. 또한 대륙을 옮겨 배치될 수도 있기 때문에 특정한 지역에 대한 전문지식을 넘어 이전에 다뤄보지 않았던 새로운 지역이나 국가에 대한 전문지식이 필요한 경우도 있다. 이와 같이 외교관은 다양한 지역·국가 및 주제들을 다루기 때문에 평소 다양한 분야의 업무를 효율적으로 수행할 수 있는 자기계발과 부단한 전문성 함양 노력이 필요하다.

언어소통능력은 외교관으로서 활동하는 데 가장 기본적인 능력이기 때문에 재외공관 근무든 본부 근무든 어학실력 향상을 위해 부단히 노력해야 한다. 외교부는 직원의 자기계발을 위해 다양한 훈련프로그램을 제공하고 있다. 우선 가장 중요한 것은 외교관 기본연수로, 주니어 외교관들에게 일정한 시험과 자격조건 심사를 거쳐 2~3년간의 해외연수 기회를 부여하고 있다. 해외연수제도를 통해 업무에서 잠시 해방되어 해외 유명 대학, 연구기관 또는 어학연수기관 등에서 전문 분야 지식을 깊이 있게 쌓고, 해당 지역의 언어를 연마할 수 있도록 하고 있다. 중견·고위 외교관들을 위해서는 전문연수 및 정책연수 제도를 운영해 실무를 어느 정도 거친 중견 외교관들이 특정 업무 분야에 있어 이론과 전문지식을 깊이 있게 연마할 수 있는 재충전 기회를 제공하고 있다.

이외에도 외교부에서는 다양한 상시학습제도를 운영하고 있다. 대학원 진학, 어학연수, 특정 분야 독서 장려 등을 통해 본부에서도 변하는 국내외 환경에 맞춰 부단히 새로운 직무지식을 함양할 수 있도록 하고 있다.

외교관의 자기관리

/

외교관은 국민의 세금으로 봉급을 받는 공직자이며, 전문직업인으로서 해외에서 국가를 대표한다. 외교관은 봉사자이면서 대표자의 역할도 하기 때문에 직무수행의 내용뿐만 아니라 일상생활에서도 최고의 인격자로서 주변과 동료는 물론, 동포사회에서도 존경받는 공직자로 처신해야 할 책임을 갖고 있다. 오늘날 공직자의 생활은 가히 수족관 속의 물고기처럼 모든 생활이 주변에 드러나고, 주변의 평가를 받는다. 더군다나 고위공직자에 대한 인사검증제도로 인해 공직자는 직무수행에서의 능력, 공정한 업무처리 태도뿐만 아니라 공사의 생활과 처신에 있어 도덕적·윤리적으로 올바른 삶을 살도록 요구되고 있다. 특히, 외교관은 공직자 중에서도 국제사회에서 대한민국을 대표하는 특수한 업무를 수행하는 전문직종으로 일반 공직자들보다 더 높은 도덕·윤리적·업무적 기준을 충족시키는 것이 필요하다. 외교관에 대한 사회와 국민의 기대가 높기 때문에 사소한 개인생활의 일탈이나 업무상의 과오라도 중대한 사건으로 분류되어 언론의 제1면을 장식하는 일이 많다.

우리 사회에서 공직자에 대한 검증과 기대의 수준은 대개 세 가지 수준으로 나눌 수 있다. 우선 가장 엄격한 검증과 기대수준strictest scrutiny이다. 사생활, 윤리와 도덕적 측면, 업무상의 능력, 국가·사회적 의무의 이행 여부, 재산내역과 축적과정 등이 모두 일반에 공개되고, 사소한 일탈이 모두 국가의 공공생활과 결부되어 영향을 미치는 수준으로, 장관 등 국회 인사청문회의 대상자인 고위공직자들이다. 두 번째 수준은 중간 수준intermediate으로 모든 부분이 공개되지는 않지만, 일탈행위나 기대일탈 시 강력한 비판의 대상이 되고 사회적 파장을 일으키는 수준이다. 일반적인 고위공직자의 일탈이나 비위, 비행 등이 이러한 유형이다. 마지막 수준은 일반 실무직원의 업무상 일탈low로서 그 비위나 비리가 중대할 경우 사회적 파장을 불러오는 경우들이다. 이 중 공직자로서 외교관에게 요구되는 수준은 엄격한 수준으로, 사소한 비위나 일탈, 부적절한 업무처리는 중대한 사회적 비판과 반향을 불러일으킨다. 이러한 사건들은 외교계에서 종종 발생하고 있다. 성희롱, 갑질, 음주운전, 공금유용, 부적절한 남녀관계, 밀수 등이 그러한 것들이다.

외교관의 엄격한 자기관리가 요구되는 또 다른 특수한 환경은 동포사회와의 관계다. 외교관은 해외에 파견되는 경우, 주재국 내에 형성된 동포사회와 긴밀한 관계를 유지하면서 업무에 임하게 된다. 외교관은 동포사회에서도 모범적인 공직자상을 시현할 수 있는 생활을 해야 하고, 엄격한 자기관리를 해야 한다. 외교관은 또한 주재국 내에서 타국의 외교관들과 함께 '외교단

diplomatic corps', 혹은 '영사단'이라는 공동체를 이루고 있기 때문에 외교공동체 내에서도 최선의 역량integrity을 갖추어 신망을 받고, 존경을 받도록 행동해야 한다. 물론, 주재국 외교부에서도 신뢰할 수 있는 덕망을 쌓아야 한다.

사정이 이렇기 때문에 외교관으로서 공무를 수행하기 위해서는 가장 엄격하고 높은 윤리적 기준을 따르고, 국제법과 국내법 관련 규정을 준수하는 한편, 엄격한 자기관리와 절제가 필요하다.

외교관과
프로페셔널리즘

외교관의 업무와 역할

외교계diplomatic circle 또는 외교공동체diplomatic community는 외교관 및 그 가족, 외교 관련 기관과 관계자, 국제기구 구성원 등으로 이루어진다. 외교공동체의 구성원은 비단 한 국가의 외교관들로만 구성되는 것이 아니고 같은 직역에 있는 다른 나라의 외교관들도 포함된다. 외교관은 자신이 소속한 국가의 대표지만 보다 큰 국제 외교공동체의 구성원으로서 자신의 국가뿐만 아니라 국제공동체의 공동선의 증진을 위해 다양한 역할을 수행한다. 현대 외교계에서 외교관이 수행하는 역할은 대체적으로 다섯 가지 정도로 나누어 이해할 수 있다.*

---

* 참고로 "외교관계에 관한 비엔나협약(Vienna Convention on Diplo-

국제공동체의 공동선 추구

/

외교관은 주권국가를 대표하는 공무원이지만, 국제공동체의 평화와 안전 유지를 위한 관원officer of international peace and security으로서 국제사회의 평화와 안전이라는 공동선을 추구하는 평화의 전도사로 활동해야 하는 보다 높은 차원의 책무를 가진다. 외교관은 자국의 국익 증진활동과 함께 인류 전체, 국제공동체 전체의 가치인 평화와 안전, 복지, 그리고 번영을 위해 헌신해야 할 숭고한 의무를 가진다. 필자는 이를 국제평화를 위한 관원의 책무라고 말하고 싶다.

외교관은 평시에 접수국과 파견국 국민들 간의 상호이해 증진을 위해 다양한 활동에 종사한다. 양 국민 간 상호이해 증진은 국가 간 우호의 증진, 경제·통상관계의 증진, 정치·외교적 신뢰관계 증진 등 외교를 위한 기본 토대이기 때문이다. 이러한 토대 위에서 외교관은 자국을 대표하여 국가 간의 우호관계를 증진시키고, 국가이익을 수호하며, 자국 정부를 대표해 외국 정부와 교섭을 하는 등 본연의 역할을 수행한다. 국제공동체에서 분쟁, 갈등, 마찰 등이 있는 경우에는 이의 해결이나 상황의 악화를 방지하기 위해 이러한 갈등이나 분쟁의 접촉선에서 활동하고 적대적인 상대방과 교섭을 하기도 한다. 어떤 어려운 상황에서도 외교관은 평화의 전도사로서, 평화의 수호자로서 국제공동체에서 무력충돌을 막고 평화를 증진시켜야 할 책무가 있다. 외교관은 총이 아닌 펜을 통해, 무력이 아닌 국제법과 협상을 통해 국가 간의 갈등과

---

matic Relations)" 제3조(1)는 외교공관의 직무를 아래와 같이 기술하고 있다. "(a) 접수국에서의 파견국의 대표, (b) 접수국에 있어서 국제법이 허용하는 한도 내에서 파견국과 파견국 국민의 이익 보호, (c) 접수국 정부와의 교섭, (d) 모든 합법적인 방법에 의한 접수국의 사정과 발전의 확인 및 파견국 정부에 대한 상기 사항의 보고, (e) 접수국과 파견국 간의 우호관계 증진 및 양국 간의 경제, 문화 및 과학관계의 발전."

분쟁을 해결해야 한다. 이를 통해 UN헌장에서 규정하고 있는 국제평화와 안전의 유지, 사회적 진보와 생활수준의 향상, 기본적 인권과 평등이 보장될 수 있도록 해야 한다.

국가주권의 대표와 국익증진

/

외교관의 가장 본질적인 업무는 해외 주재국이나 국제기구에서 자국을 대표해 각종 외교업무를 처리하는 것이다. 대표라 함은 본국을 위해 외국에 자국의 입장을 전달하고, 본국의 주권을 대표하며, 법적인 자격을 갖춘 외국 정부의 대표와 협상을 하고, 해외에서 국가의 존엄을 유지하는 것이다. 외국에 대사관이나 총영사관 같은 대한민국의 재외공관을 설치하고, 재외공관에서 태극기를 게양하며, 공관장의 차량에 태극기를 다는 행위 등은 모두 해외에서 대한민국의 주권과 존엄을 대표하는 한 방식이다. 때로는 단순한 주재기능도 주권의 대표기능에 속한다.

외교관이 국가의 대표라는 것은 외국정부와의 협상이나 우리 정부의 공식적인 입장을 대표할 때 잘 나타난다. 오직 외교관이나 합당한 권한을 위임받은 국가의 대표만이 대한민국과 정부를 공식적으로 대표해 외국 정부를 대상으로 국가의 입장을 표시하고, 외국의 공식적인 입장을 받아 본국 정부에 전달할 수 있다. 이러한 공식적이고 법적이며, 유일한 국가의 대표기능은 조약체결 과정에서 잘 나타난다. 국가 간에 또는 정부 간에 체결되는 법적인 문서인 조약은 대한민국 정부를 대표하는 공식적인 전권대표나 외교부 장관 또는 국가원수에 의해서만 체결될 수 있다. 조약은 대한민국 전체 영토 또는 대한민국 정부에 대해 법적인 효력을 갖는다.

외교관의 또 다른 중요한 임무는 대한민국의 국익을 수호하는 것이다. 국익은 국가 또는 정부나 국민 전체의 차원에서 정의되는 이익이나 관심사안이다. 외교관은 해외에서 외국정부와 교섭 시에, 또는 일상적인 외교업무 처리과정에서 항시 국익의 수호, 향상, 또는 증진을 최우선순위에 두고 업무를 수행한다. 국익은 정치, 외교, 경제, 통상, 사회, 문화 등 다양한 방면에서 존재한다. 국익은 수출증가라든지, 우리 기업의 해외 사업수주와 같이 통계상의 수치로 나타날 수 있는 구체적인 경제적인 혜택이나 이익뿐만 아니라, 정신적·문화적·상징적·의식적 차원의 국익도 국익으로서의 가치를 가진다. 때로는 국가의 체면, 위신과 위엄을 지키는 것도 큰 국익이다.

외교관은 어느 특정 부처의 입장이나, 특정 이익단체나 기업, 개인의 입장이 아닌 국가나 정부, 국민 전체의 종합적인 입장이나 거시적인 시각에서 국익을 판단해야 한다(물론, 사안에 따라서는 특정 관계부처의 입장, 특정 집단의 입장이나 이익, 또는 가치가 전체 국가 차원의 이익이 될 수도 있다). 국가 전체 차원의 국익을 수호하는 것은 외교관의 중요한 책무이며, 이는 복지증진, 정부행정효율의 증진, 국민경제의 안정 등 다양한 가치·목표를 추구하는 다른 정부부처의 책무·목표와 구별되는 외교부만의 고유한 존재목적이라고 할 수 있다.

대외적인 교섭 및 협상
/

외교관의 일상적인 업무는 외국정부와 관련된 국제적인 현안을 처리하기 위한 교섭과 협상을 하는 것이다. 기업의 비즈니스 협상이나 개인 간의 거래를 위한 협상과는 달리 외교관들의 협상은 법적인 절차를 밟아 이루어지며, 국제사회에서 승인되는 일정한 규칙에 따라 이루어진다. 협상의 결과는 국가나 정부에만 미치기도 하지만, 쌀 개방협상, 농산물 수입협상, 항공시장 개방협상 등과 같이 국민의 일상생활에 영향을 미치는 경우도 많다.

협상은 자유무역협정FTA, Free Trade Agreement, 이중과세방지협정, 투자보장협정 등 구체적인 경제·통상 분야의 실익을 위한 조약문안 협상과 같이 공식문서로 표시되는 협상, 국제기구의 특정 조약채택을 위한 회의참가 및 협상 참여 등 공식적인 문서채택을 위한 협상도 있다. 또 한편, 정상회담이나 외교장관회담과 같은 고위급 회담, 중요 양자 현안의 해결을 위한 교섭 등과 같은 협상도 있다. UN 등과 같은 국제기구에서는 자국의 입장, 가치와 정책을 결의안에 반영하기 위한 다자 간 협상도 자주 열린다. 또한 우리의 주권이나 존엄훼손 등 비우호적 상황이 발생했을 때 상대국 정부에 우리 정부의 불편한 감정이나 입장을 전달하는 것도 협상에 속한다. 극단적인 경우, 해외 테러리스트에 붙잡힌 아국인 인질구조를 위한 협상도 있다.

협상은 다양한 레벨에서 이루어진다. 대통령이나 총리 등 국가원수·정상급에서 이루어지는 협상, 외교장관 간 협상, 공관장과 주재국 관계자와의 협상, 실무진 사이의 협상 등 다양한 종류의 협상이 늘 이루어진다. 이러한 협상은 본부의 훈령에 따른 경우도 있고, 재외공관의 주도에 의한 교섭이나 협상도 있다. 외교관은 이런 다종·다양한 국제협상이나 회의에 참석해 대한민국의 국익증진을 위해 업무를 수행한다.

국가 홍보 및 문화 홍보

/

오늘날 국제사회에서는 정치력, 군사력 및 경제력과 같은 하드파워hard power뿐만 아니라 자국이 갖고 있는 좋은 이미지, 독특한 문화 및 매력 등

소프트파워soft power를 결합한 스마트 파워smart power가 국력을 결정짓는 중요 요소로 부각되고 있다. 상호의존적인 국제사회에서 각국은 자국이 추구하는 정책, 가치, 또는 전통문화 등에 대한 외국 대중의 공감과 지지를 확보함으로써 외교정책의 지지기반을 확대함은 물론, 이러한 우호적 정서나 여론을 바탕으로 자국 기업이나 상품이 해외에 진출하는 데 보다 유리한 기반을 확보하고자 한다. 이를 위해 비단 자국민뿐만 아니라 외국의 일반 대중을 대상으로도 자국 정책에 대한 이해와 지지 확보를 위한 공공외교를 적극 추진하고 있다.*

우리의 경우도 외교관들이 해외에서 국가 이미지 제고를 위한 활동을 적극 수행하고 있다. 외국 교과서에서 한국에 관해 잘못되거나 부정적으로 기술된 내용을 바르게 개선하도록 유도한다든지, 한국 경제의 발전상을 알린다든지, 새마을운동 사례 등 우리의 발전경험을 전수한다든지, 전문가를 대상으로 우리의 통일정책을 제대로 알기기 위한 정책토론회를 개최한다든지 하는 활동을 적극 전개하고 있다. 또한 한국의 문화를 해외에 알리는 문화교류 및 문화공연행사도 적극 진행하고 있다. 이러한 문화교류행사를 통해 외국인들이 한국인의 정서와 가치관, 문화를 이해함으로써 한국인과 공감하고 소통할 수 있는 기회를 늘리고 있다.

또한 한국 상품의 해외판로 확대 및 해외수출시장 개척을 위한 세일즈 외교도 적극 수행하고 있다. 기업의 해외투자 진출을 위한 각종 시장정보 제공, 미개척 지역의 시장 개척을 위한 기업인 교류회 및 상담회 마련, 한국제품

---

* 장훈 중앙대 교수는 우리의 미래 외교는 "한국형 소프트웨어를 발신하는 외교"가 될 것이라면서 한국적 모델과 가치를 널리 전파하고, 발신하는 일이 외교의 또 다른 축이 될 것이라고 지적하고 있다. 장 교수는 이를 위해 미래의 우리 외교인력이 국제정치에 대한 이해 못지않게 우리 자신의 경제발전, 민주주의, 문화적 활력에 대한 자부심과 지식으로 무장해야 한다고 제언하고 있다. 장훈, "초대 국립외교원장께", 《경향신문》, 2012.04.27. 참조.

박람회 개최, 기업애로지원센터 운영, 주재국의 각종 입찰정보 제공, 우리 기업의 주재국 내 대형사업 수주를 위한 측면 지원 등이 그러한 사례다. 우리 기업의 해외시장 개척 및 기업의 수출장벽 해소를 위한 FTA 체결, 조세부담 경감을 위한 이중과세방지협정 체결, 투자의 위험 제거를 위한 투자보장협정 체결 등도 이러한 세일즈 외교의 일환이다.

재외국민 보호

/

우리 헌법 제2조 2항은 국가는 재외국민을 보호할 책무를 진다고 규정하고 있다. 비단 헌법규정이 아니더라도, 윤병세 외교부장관이 2014년 12월 17일 외교관 후보자 1기 임용환영식에서 언급한 바와 같이 "국민의 생명과 재산을 보호하는 것은 국가가 존재하는 이유, 외교부가 존재하는 이유, 또 외교관이 존재하는 이유"라고 할 수 있다.* 외교관은 해외에서 위난에 처한 재외국민을 보호할 책무를 갖는 해외목민관이라고 할 수 있다. 재외국민 보호업무는 오늘날 외교부 본부와 재외공관이 수행하는 가장 중요한 업무 중의 하나이다.

재외국민 보호업무는 해외여행 중에 여권을 분실한 국민에게 여권을 재발급해 여행에 불편이 없도록 지원하는 일과 같이 비교적 단순한 업무에서, 때로는 테러리스트에 붙잡혀 극한적 위험상황에서 생명의 위협을 받고 있는 재외국민을 구출하기 위한 업무에 이르기까지 다양한 성격을 갖는다. 재외국민 보호의 현장이 때로는 총탄과 포탄이 쏟아지는 전쟁터가 될 수 있고,

---

* 윤병세 외교부장관, "외교관 후보자 1기 임용환영식 격려사"(2014.12.17.).

지진과 쓰나미가 쓸고 간 참혹한 재난의 현장이 될 수도 있다. 이러한 상황에서 외교관은 그 자신의 안전과 생명을 보장받기 힘든 경우도 있다. 자신의 안전과 생명을 담보할 수 없는 극한 상황에서도 외교관들은 국민의 안전과 생명을 보호하기 위해 활동한다.* 과거 자이르 내전사태1997~1998년, 카다피Muammar Gaddafi 정부의 전복으로 극단적인 무력충돌 등 내전이 발생한 리비아에서 우리 국민을 안전하게 대피시킨 사례2011년, 아프간의 탈레반 테러리스트 집단에 의해 인질로 잡힌 우리 국민들을 구출한 샘물교회 인질 사건2007년 등은 외교관이 수행하는 재외국민 보호업무의 전형이라고 할 수 있다.

국가행정업무의 처리

/

외교관은 특정직 공무원이기 이전에 외교부라는 국가 행정기관의 일원으로서 국가의 행정업무를 처리한다. 국가의 행정업무란 국가가 필요한 정책상의 목표를 달성하기 위해 또는 국민이 필요로 하는 행정상의 수요에 부응하여 효율적으로 업무를 처리하는 것이다.

이러한 행정업무에는 민원인이 요청하는 민원증명서 발급, 여권 발급, 재외공관에서의 공증서류 발급 등 국민의 민원관련 각종 업무 처리에서부터 본부의 외교정책 수립 및 집행을 위한 자료조사 및 보고, 각종 법령 및 제도의 시행과 개선, 본부 및 재외공관 조직의 운영과 관리, 각종 감사의 수감 등에 이르기까지 다양하다. 또한 정부의 정책목표 달성을 위해 관계부처 간 협조,

---

* 외교통상부 외교안보연구원, 『외교관의 회고: 격동기의 외교관 수난기』, 외교통상부 외교안보연구원, 2002.; 외교통상부 편집부, 『외교의 현장에서: 그 보람, 애환, 그리고 사랑』, 어진소리, 2004 참고.

예산 획득을 위한 대국회 업무, 외교정책에 대한 국민적 이해증진을 위한 홍보활동 등도 수시로 이루어진다. 외교관의 경우, 행정업무 중에서도 외교행정업무를 수행한다.

국유재산의 관리와 운영

/

해외에 설치된 재외공관의 자산과 비품은 대한민국 정부의 자산이다. 재외공관의 운영을 위해 국가가 매입한 공관과 관저의 부지, 문화홍보업무를 수행하는 문화원의 부지 등 각종 토지나 건물 등 부동산은 모두 국유재산을 구성한다. 재외공관이 보유한 각종 비품이나 차량, 가구, 집기류 등도 국가의 자산이다. 외교관은 정부의 공직자로서 선량한 관리자로서의 주의를 가지고 이러한 국유자산을 본래의 목적에 맞게 합리적으로 이용하고 관리해야 한다.

외교관은 또한 국가의 예산을 집행하는 관리로서 국민의 세금인 예산을 절약하고 합리적 목적에 최적의 효과를 낼 수 있도록 집행해야 한다. 이러한 국가재산 관리인으로서의 책무는 국내 공무원과 동일하다.

외교관의 업무와 생활
- 외교부 본부

외교부 본부는 외교·안보 정책을 수립·결정하고 집행하는 핵심센터이며, 국가의 대외협상을 총괄하고 외빈의 접수나 국내인사의 파견 등을 통해 국가의 대외관계를 관리하고 국익을 수호하는 역할을 수행한다. 본부는 또한 전 세계 160여 개에 달하는 재외공관의 외교업무를 총괄지휘하는 컨트롤 타워다. 국가의 거의 모든 외교안보정책 관련 사안은 외교부를 거치기 때문에 외교부 본부는 24시간 언제나 바쁘게 돌아간다.

본부의 업무는 기본적으로 지역별, 기능별로 나뉜다. 지역이라 함은 해외 각 외교 상대국과의 양자관계 업무를 처리하는 것을 기본으로 한다. 통상 지역국을 외교부에서 정무국이라고 부르기도 한다.

지역국에서는 주로 해당국 정세동향 파악, 양자 간 우호관계 및 교류 증진, 양자 간 현안처리 등의 업무를 처리한다. 외교상대국과의 양자 차원의 고위인사 교류, 양자 간 정치, 외교, 안보, 경제 및 무역 관련 교류, 문화 및 예술교류 등 범위는 아주 넓고 다양하다. 양자 간 교류업무 중에는 국제기구에서의 협력이나 범세계적인 문제도 포함된다.

지역국에서 담당하는 외교업무 중 가장 중요한 것은 역시 고위인사 교류이다. 양자 간 정상회담은 양자외교의 가장 중요한 업무이자, 외교업무의 핵심이라고 할 수 있다. 정상회담을 통해 양국관계를 한 단계 발전시키고, 양자 간 정치, 외교, 경제, 문화 등 제반 주요 외교 이슈나 현안에 대한 해결을 도모할 수 있다. 양국 간 외교장관회담 또한 중요하다. 이외에 국장급 또는 과장급의 각종 회의나 협의체가 수시로 열린다. 이러한 회의나 교류를 통해 양국 간 우호관계를 증진시킬 수 있는 다양한 의제가 논의되고, 정부 차원의 정책조율이나 각종 현안들을 해결한다.

엄밀한 의미에서 지역국은 아니나 정무업무를 담당하는 곳으로 한반도 평화교섭본부가 있다. 평화교섭본부 내에는 북한 핵문제 해결, 북핵 관련 6자회담, 한반도 평화체제 구축 등을 담당하는 북핵외교기획단과 평화외교기획단이 있다.

기능국은 양자 차원에서 다루기에 곤란하거나 양자 차원의 접근을 넘어서는 다자적, 전 세계적 이슈, 각 분야별 전문성을 요하는 이슈들에 대한 업무를 담당한다. 기능국에서는 WTO를 비롯한 경제·통상문제, 양자 간 경제·통상문제(FTA 등), 전 세계적 기후변화 대응, 국제해양법 현안, UN 같은 국제기구, G20 등 전 세계적인 국제금융협력, 국제인권문제, 국제안보, 문화교류 등 다양한 기능 분야의 현안을 담당한다. 기능국에서 하는 업무들은 두 개 이상의 국가들과 관련된 국제사회 공통의 이슈, 국제기구나 많은 국가들이 관련된 이슈를 담당하기 때문에 국제회의 참석도 빈번하고, 다뤄야 하는 의제도 다양하다.

외교부 본부에는 또한 조직 전체의 효율적인 운영과 관리를 담당하는 기획조정실이 있다. 기획조정실에서는 인사, 조직, 예산, 정보통신, 재외공관 관리 등을 담당하는 다양한 부서가 있다.

외교부 본부의 업무는 각 국局별로 담당업무를 수행하는 과 단위 조직을 중심으로 이루어진다. 본부의 1개 과에는 과장을 중심으로 보통 10여 명 안팎의 직원들이 근무하며, 과원들 간 업무분장에 따라 업무를 처리한다. 외교부의 각 과는 외교정책 입안, 시행 및 현안 대응을 담당하는 가장 기본적인 단위이자 최종적인 단위다. 외교부 본부의 정책결정을 위한 모든 보고서의 초안 작성, 정책의 시행, 각종 전문의 발송 및 접수, 현안 대응, 주요 외교정보 및 자료의 생산, 상부보고를 위한 결재의 진행, 예산집행 등 일상적 외교·행정 업무가 모두 과 단위에서 이루어진다. 외교부의 과는 조직을 구성하는 기둥이요, 초석이라고 할 수 있다. 한편, 외교부의 각 과가 핵심적인 업무 단위이기는 하나, 외교정책의 결정이나 입안을 모두 과 단위에서 하는 것은 아니다. 상부의 지침이나 전략, 정부 정책의 방향에 따라 일을 하게 된다. 때로는 국가원수의 국가 차원의 방침과 전략, 장·차관, 실·국장 등 상부 정책결정자의 정책 우선순위나 선호, 지침을 반영해 이를 과 단위에서 집행하게 된다.

과장은 직원의 전문 기안 지도, 외교 전략 및 정책 수립, 정책결정을 위한 자료조사, 직원의 교육 및 훈련, 예산집행 등 제반 외교정책 시행 및 외교행정 업무처리를 위한 1차적 결정을 내린다. 직원들은 과장의 지시에 따라 재외공관에 대한 훈령, 각종 전문 작성, 현안 대응을 위한 조치들을 취하게 된다.

예를 들어, 외교상대국의 외교장관이 방한하게 되면, 방한행사를 성공적으로 추진하기 위한 각종 조치가 필요하다. 과거 양국 간 외교장관 교류 관련 자료를 확인하고, 외교장관 방문추진 여부의 타당성을 검토하고, 외교장관회담을 위한 의제를 조율하고, 방문 시 오·만찬, 주요인사 면담 등 각종 일정을 주선하며, 방한 시 대우 및 의전 등에 대한 세부사항을 챙겨야 하고, 회담에 참가하는 한편, 회담 결과 후속조치를 취해야 한다. 성공적인 회담 진행을 위한 회담자료 작성, 연설문 작성 등 자료준비도 해야 한다. 이러한 일련의 과정에서 상대국 정부와 끊임없는 교섭을 해야 한다. 상대국과 특정 이슈에 대해 이견이나 분쟁이 있을 경우, 사전에 실무적으로 조율해 마찰이나 이견이 해소되도록 해야 한다. 이러한 일련의 과정에서 수없이 많은 현안들을 처리하고, 모든 업무가 물 흐르듯이 막힘없이 자연스럽게 진행될 수 있도록 챙겨야 한다.

이와 같이 외교부 본부의 업무는 산더미 같은 일의 연속이다. 해변의 파도처럼 끊임없이 일이 밀려오고, 현안이 터진다. 이러한 일련의 과정 속에서 초임 외교관이 중견 서기관으로 숙성되고, 끊임없는 단련과 훈련, 경험축적을 거쳐 노련한 외교관seasoned diplomat으로 성장하게 된다.

외교관의 업무
- 재외공관

전 세계에는 약 160여 개의 우리 재외공관이 있다. 재외공관은 국가의 존엄과 주권을 대표하면서 주재국의 정세동향 파악, 주재국과의 일상적인 외교교섭, 본부의 각종 대표단 방문지원 및 주재국 내 회의 참가, 양자 간 우호교류 증진, 재외국민 보호 및 영사 업무 처리, 국유재산관리 등 외교·행정 업무를 수행한다.

재외공관은 대한민국의 태극기가 가장 멀리서 휘날리는 외교의 최전선 전방초소이자 제1선의 봉화소다. 재외공관은 국익수호를 위한 조기경보기지이기도 하다. 재외공관의 신속·정확한 보고와 초동대응은 국익을 수호하는 한편, 올바른 외교정책이 수립·집행되도록 하는 데 핵심적인 역할을 수행한다. 재외공관은 또한 우리의 외교안보정책을 집행하는 최일선 전진기지이다. 본부의 중요 외교안보정책이 모두 재외공관 조직을 통해 집행되고, 정책의 집행결과나 효과 또한 재외공관을 통해 본부로 전달된다. 상대국 정부와의 최일선 협상도 재외공관을 통해 이루어진다.

재외공관은 크게 대사관과 총영사관으로 나뉜다. 대사관은 대사를 정점으로 공사, 공사참사관, 참사관, 서기관(1등 서기관, 2등 서기관, 3등 서기관), 그리고 외교업무를 보조하는 다양한 역할의 행정직원들로 구성된다.* 총영사관의 경우, 대사관과는 달리 필요에 따라 하나의 국가에 여러 개를 둘 수 있다. 경제통상 이익수호, 비자 및 여권 발급, 공증과 같은 영사행정 업무, 재외국민 안전 및 사건사고 처리 등을 위해 필요에 따라 중요한 도시나 동포들이 다수 거주하는 지역에 설치된다. 과거에 총영사관은 주로 영사 관련 업무의 처리를 담당하였으나, 요즘은 정무, 경제, 공공외교, 홍보업무 수행 등 업무 처리 면에서도 대사관과 별 차이가 없다.

외교관으로 활동하기 위해서는 재외공관 근무가 필수적이다. 재외공관 근무 경험이 있어야 상대국의 정세, 경제상황, 협상문화나 기법, 문화 등 외교 업무 수행을 위한 지적 인프라와 경험을 쌓을 수 있기 때문이다. 또 재외공관에 근무를 해야 향후 외교업무를 수행하는 데 필요한 주재국 인사들과의 인적 네트워크를 쌓을 수 있다. 그렇기 때문에 재외공관 근무 경험 없이는 외교

---

* 재외공관의 서기관(secretary)은 국내 일반행정부처의 4급 공무원을 가리키는 서기관과 차이가 있다. 서기관은 국제외교관례에 따라 재외공관 근무 시 부여되는 외교관의 대외직명 중의 하나로, 국내 일반행정부처의 7급에서 4급 공무원에 상당하는 직급의 외무공무원들이다. 1등 서기관(1st Secretary)은 공관 규모에 따라 조금씩 다르기는 하지만, 보통 4~5급 공무원들에 해당하는 직급이며, 2등 서기관(2nd Secretary)은 대략 5급(사무관)에 해당하는 직급이며, 3등 서기관(3rd Secretary)은 대략 6~7급 공무원에 해당하는 직급이다. 외교부는 과거 본부 실무직원에게도 1~3등 서기관 직명을 부여했으나, 2014년 이를 폐지하고 국내에 근무하는 외교관에 대해서는 외무서기관, 외무사무관, 외무행정관 등으로 변경했다.

업무를 제대로 수행할 수 없다. 어려운 문제가 생기거나 현안이 발생할 경우, 답은 현장에 있는 경우가 많기 때문에 상대국 현지에서 생활하면서 외교업무를 수행해 봐야 현장감을 갖고 제대로 외교업무를 처리할 수 있다. 또한 해외에서 재외공관 근무 경험이 쌓여야 나중에 본부로 돌아가서도 재외공관과 유기적인 소통을 하면서 일을 할 수 있게 된다.

재외공관에서 수행하는 업무는 대략 다섯 가지 정도로 나눌 수 있다. 첫째는 주재국에서 국가를 대표하여 교섭을 하는 것이다. 주요 정부인사 방문, 현안 관련 업무의 처리, 재외국민 보호 등을 위해 국가를 대표해 외교부 등 해당 부서의 업무상대방과 교섭을 한다. 업무교섭을 위해 주재국 외교부 등 관계부처를 방문하거나 양자 접촉을 통해 우리 입장을 전달하고, 상대국의 입장을 파악하며, 본부의 지침이나 훈령, 국익에 따라 교섭을 한다. FTA 교섭과 같은 통상교섭이 요즘은 빈번히 이루어지기 때문에 현지에서 교섭을 담당하는 공관의 역할은 중요하다. 둘째는 주요정세 보고업무다. 주재국이나 상대국의 정치, 경제, 사회 동향 등 중요한 정세동향을 수시로 파악, 적기에 본부에 보고해야 한다. 셋째는 재외국민 보호업무 수행이다. 현지를 여행하는 아국인의 안전을 위한 조치를 취하고, 사건·사고 발생 시 아국인 보호를 위해 필요조치를 하는 것이다.* 또한 현지 재외동포사회의 육성·발전을 위한 지원역할을 수행해야 한다. 아울러 현지에 진출한 우리 기업의 활동을 지원하는 한편, 애로사항 발생 시 해결을 지원한다. 넷째는 대표단의 활동지원이다. 본부에서 간 대표단은 현지정세에 어두운 경우가 많기 때문에 대표단이

---

* 박수길 전 UN주재 대사는 해외 영사들의 첫 번째 임무는 국민보호이며, 영사들은 요청이 따로 없어도 선임되는 국선변호인처럼 주재국의 모든 교민과 현지 여행객들을 보살필 의무가 있다고 한다(외교관은 대한민국 국민의 국선변호인). 박수길, 『박수길 대사가 들려주는 그동안 우리가 몰랐던 대한민국 외교 이야기』, 비전코리아, 2014, p.230.

상대국을 방문해 소기의 성과를 거둘 수 있도록 공관에서 필요한 지원을 해야 한다. 대표단의 활동지원에는 출장이 원만한 성과를 거둘 수 있도록 필요한 의전 및 편의제공이 포함된다. 대표단 숙소 예약, 이동편의를 위한 차량 준비, 주재국과의 회의 참석, 주요 인사와의 오·만찬 일정 주선 등 해야 할 일이 많다. 다섯째, 재외공관은 우리나라가 입후보하는 모든 국제기구 선거의 일선 사무소 역할을 수행한다. 최근 우리나라 또는 우리 국민들의 국제기구 선거 입후보가 활발해짐에 따라 우리 후보에 대한 국제사회 및 주재국의 지지확보를 위해 현지에 위치한 재외공관의 선거사무소로서의 역할이 중요해지고 있다. UN 안보리 비상임 이사국 진출, 국제재판소에서 한국인 재판관 배출, 국제기구 사무총장 진출 등이 모두 선거와 관련이 있다.

재외공관 근무 시에도 본부 근무 못지않게 많은 일을 해야 한다. 우리의 국가적 위상이 높아지고, 해외여행객 1,000만 명 시대가 도래하면서 외교에 대한 국·내외적인 수요가 급증하고 있기 때문이다. 재외공관에 대한 본부의 평가제도 또한 어떤 공관이든 긴장감을 갖고 열심히 뛰는 분위기를 만들고 있다. 이러한 분위기 속에서 공관원들은 자신이 맡은 바 고유 업무뿐만 아니라, 공관 전체의 업무 수행을 위해 주재국 각계 인사들과의 인적 네트워크 구축을 위한 노력도 소홀히 해서는 안 된다. 인적 네트워크가 구축되어야 외교업무의 효율이 높아지고, 필요 시 적시에 필요한 정보를 얻어 본부와 공관의 올바른 정책결정 및 집행을 지원할 수 있다. 또한 공관 내 동료들과 유기적인 협조체제를 구축해야 한다. 공관 외교업무를 보조하는 행정원들과의 원만한 인간관계를 유지하고, 이들이 업무효율을 높일 수 있도록 지휘·감독하는 것도 필요하다.

재외공관업무 중 현지 동포사회와 원만한 관계를 유지하는 것도 중요하다. 재외공관 소재지에는 로스앤젤레스Los Angeles처럼 수십만 명에 달하는 동포사회가 형성되어 있는 곳에서부터 불과 수 명에 달하는 아프리카 오지에 이르기까지 다양한 종류의 현지 동포사회가 형성되어 있다. 공관은 동포사회가 주재국의 일원으로서 육성·발전하도록 지원하는 한편, 현지 동포사회의 목소리에 귀를 기울이고, 이들의 목소리를 재외동포정책에 반영하는 등 원만한 소통관계를 유지해야 한다. 요즘은 대부분의 지역에서 공관과 동포사회가 "물과 고기의 관계水魚之交"처럼 긴밀하게 유기적으로 협조하고 있다.

외교가
전문 영역인 이유

외교관이라는 직업은 국가의 공직 중의 하나이지만, 다른 공직과 구별되는 특별한 전문직이다. 외교가 전문직인 이유는 외교업무 수행을 위해 요구되는 직업적인 자질과 요건, 직무 수행을 위해 특별히 요구되는 신분관계에 있다. 외교관이라는 직무를 수행하기 위해서는 일반적인 상식, 행정에 관한 기본지식뿐만 아니라, 영어와 현지어 등 외국어 능력, 국제법과 국제의전에 대한 이해, 국제관계에 관한 전문 지식, 외국의 문화나 정세, 사정에 대한 이해 등과 같은 특별한 전문지식이나 기능이 필요하기 때문이다. 이런 측면에서 볼 때 외교관은 오랜 시간에 걸친 법적 전문지식에 대한 교육과 훈련, 경험을 필요로 하는 법조인들과 마찬가지로 고도의 전문직업이다. 판사나 검사, 의사 같은 전문직업인들이 고도의 전문지식과 경험을 필요로 한 사안에 대해 판단을 그르치거나 일을 잘못 처리할 경우 엄중한 결과에 처하듯이 외교관도 국제관계에 관한 사안이나 중요 외교사안을 잘못 처리할 경우 국가나 국민에게 엄중한 결과를 초래할 수 있다. 또한 외교관이라는 직업은 근무나 생활 여건이 국내와는 비교할 수 없을 정도로 열악한 해외에서도 임무를 수행해야 하기 때문에 많은 자기희생과 봉사, 인내를 필요로 한다. 외교관은 말라리아 위험이 도사리는 임지도, 포성이 울리는 전쟁터에서도, 재난의 현장에서도 자신의 안위를 돌보지 않고 임무를 수행해야 한다. 이러한 측면에서 볼 때 외교관이라는 직업은 군인, 경찰, 소방관들처럼 위험 속에서도 임무를 수행해야 하는 특별한 전문직이라고 할 수 있다.

그러나 외교관 생활을 하다 보면 외교를 특수한 전문 분야가 아닌 누구나 할 수 있는 범용 행정 분야의 하나로 생각하는 분들을 더러 만난다. 이런 분들은 외교란 영어나 외국어를 어느 정도 구사할 수 있고, 국제관계 분야에서 어느 정도 전문성을 갖고 있거나 해외생활 경험을 갖고 있으면 무난히 할 수 있다고 믿는다. 심지어 공관의 영사업무는 구청이나 동사무소의 민원처리업무와 같이 일반적인 대민업무의 연장이라고 생각한다. 이러한 생각은 정치인이나 대통령 선거 과정에 기여(주로 선거자금 모집 기여 등)한 사람을 주요국가의 공관장으로 임명해 선거에서의 기여를 관직으로 보상하는 엽관제spoils system를 채택하고 있는 미국식 사고의 영향을 받은 것으로 보인다.*

---

* 미국에서는 앤드루 잭슨 대통령 시대 이래로 선거에 기여한 기업인, 정치인, 학자 등을 관직으로 보상하는 소위 엽관제(American Spoils System)가 유행하였다. 잭슨 대통령은 심지어 뇌물을 받고 관직을 팔아 넘겼는데, 1828년에 그는 돈을 받고 공무원직을 팔기 위해 전체 연방공무원의 10%에 해당하는 919명의 공무원들을 해임하였다. 이를 두고 미국 뉴욕주의 한 상원의원은 "모든 관직이 부패하게 승자에게 넘어갔다(To the victor belongs the spoils!)"고 한탄하기도 하였다. 이후 엽

비교적 외교의 역사가 짧아 오랜 직업외교관제도의 전통이 약한 미국과는 달리 오랜 외교의 역사를 갖고 있는 영국, 프랑스, 독일 등과 같은 유럽 선진국들은 외교를 고유한 전문영역으로 보고, 체계적인 교육과 훈련을 받은 직업외교관에게 맡기고 있다. 우리의 이웃국가인 중국, 일본, 러시아 역시 국가의 가장 우수한 인재를 채용하여 철저한 직업외교관제도를 유지하고 있다.

물론, 외교는 국가경략statecraft의 한 분야이기 때문에 국제적 감각과 전략적 마인드, 조직운영능력, 리더십, 그리고 친화력을 갖고 있는 사람이면 누구나 가능하다. 한국 역사상 가장 출중한 외교관으로 평가받고 있는 고려시대의 서희徐熙도 체계적인 훈련을 받은 직업외교관은 아니었다. 근래에도 직업외교관이 아니었던 사람이 오히려 외무부장관, 주미대사, 주중대사 등 주요 임지의 외교관 역할을 훌륭히 수행한 전례들이 많다. 또한 국가의 핵심 국익, 국가의 안위와 직접 관련된 임지의 대사가 임명권자와 잘 알면서 깊은 인간적 신뢰를 갖고 외교안보 노선 및 국정철학을 공유할 경우 외교수행에 있어 큰 도움이 되고, 직업외교관career diplomat의 단점을 보완할 수 있다.

이런 몇 가지 사례를 제외하고는 외교는 여러 가지 이유에서 볼 때 일반적 또는 범용 행정 영역이 아니라 특수한 경험과 전문적인 훈련을 받은 인력이

관제는 미국 공직, 그리고 외교분야에서도 오랜 전통이 되었다. 미국 국무부의 경우, 1980년 제정된 「외교복무법(Foreign Service Act of 1980)」에서 "대사는 언어지식을 갖추고, 외국의 역사, 문화, 경제 및 정치제도 및 이익에 대한 이해를 갖춘 사람"을 임명하고, "대사직은 보통 전문 외교직원에게 부여되어야 한다"고 규정하고 있다. 그러나 실제로 Trump 행정부 시대를 예로 들면, 재외공관장의 42.9%가 정치적 임명직으로 구성되었고, 국무부 본부의 차관보 이상 직급 자리 23개 중 직업외교관은 단 한 명도 없는 상태이다. 이로 인해 초당파적으로 운영되어야 할 외교직이 지나치게 당파적으로 운영되어 외교의 경쟁력을 저해한다는 우려가 미국 내에서 제기되고 있다. Nicholas Burns 대사, Marc Grossman 대사 등은 이런한 문제를 시정하기 위해 △모든 대사직위의 90%를 직업외교관으로 임명하고, △모든 차관보급 직위의 75%를 직업외교관으로 임명하며, △정무담당 차관직과 다른 4명의 차관직 중 1명을 직업외교관으로 임명할 것을 제안하고 있다. Nicholas Burns, Marc Grossman, et al., A U.S. Diplomatic Service for the 21st Century, Harvard Belfer Center Report, November 2020, pp. 49-52; Samuel Driggers, 「A Swampy State Department: Donors to Diplomats and the American Spoils System」, GPR Spring 2017 Magazine 참조.

수행해야 하는 전문영역이라고 볼 수 있다. 우선, 외교는 다른 어떤 행정 분야보다도 오랜 기간을 거쳐 양성되는 전문인력에 대한 의존이 심한 분야이기 때문이다.* 이는 법조 분야, 국방 및 경찰 분야, 정보 및 첩보 분야가 나름의 전문성과 특수성을 갖고 있는 것과 마찬가지다. 법조직과 같은 전문직과 마찬가지로 외교직도 외교업무 수행을 위해서는 오랜 경험과 연륜, 전문적 지식과 훈련이 필요하다. 국제기준에 맞는 자연스러운 외교수행을 위해서는 단순한 언어구사능력뿐만 아니라 국제공동체에서 통용되는 외교만의 독특한 규정, 문화, 의전과 묵시적 관행, 행동양식을 익혀야 한다. 외교무대에서는 면담, 회의, 의전행사, 대표단 방문 및 파견, 오·만찬 및 리셉션, 본부-공관 간 소통, 외교관이라는 독특한 특성을 갖는 직원 통솔 등 일상적인 생활과 업무에서 비공식적이지만 동일한 직업집단 내부에서 깊이 공유되고 있는 많은 관행과 문화가 존재한다. 이는 정형화된 비규범적인 상호작용방식이자 거래방식이라고 할 수 있다.**

과거 미국에서 부유한 실업가로 명망가였지만, 외교 분야의 경험이 없었던 조셉 F. 케네디Joseph F. Kennedy(존 F. 케네디 대통령의 부친)가 영국대사로 근무하면서 외교의전과 관례에 무지해 주재국 인사들로부터 낮은 평가를 받은 것은 잘 알려진 사실이다. 그는 또 나치의 팽창에 대한 정세를 오판해 제2차 세계대전의 발발을 막지 못하고, 히틀러와 우스꽝스러운 면담을 추진해 국무부는 물론, 국제사회로부터 조소를 받은 바 있다. 영국의 한 비평가는 이런 케네디 대사를 다음과 같이 평가했다.

---

* 신각수, "외교부 조약국장의 외교인력 배증론", 《월간조선》, 2002년 8월호.

** 서양, 특히 미국에서는 비공식적인 사교자리에서는 서로 간에 처음 만났다고 하더라도 명함을 교환하지 않는다. 이런 자리에서 명함을 건네는 사람은 다소 무례하거나 교양이 없는 것으로 간주한다. 이러한 묵시적인 룰을 모르고 많은 한국 사람들이 비공식적인 사교장에서 무의식적으로, 또는 의례적으로 명함을 꺼내 상대를 곤혹스럽게 함으로써 일종의 'rule breaker'가 된다.

"그는 돈은 많지만 외교에 대해 전혀 훈련이 되어 있지 않고, 역사와 정치에도 무지하다. 그는 대중적인 인기를 잘 추구해 미국 최초로 가톨릭계 대통령이 되려고 하는 사람이다."*

케네디 대사의 사례는 사회적으로 성공한 명망가이지만 공직과 외교에 있어 문외한인 비전문가를 외교관에 임명할 경우 외교를 그르칠 수 있음을 보여준다.

물론, 직업외교관들의 실패 사례도 있다. 2001년 2월 한러정상회담 이후 불거진 탄도탄요격미사일조약ABM, Anti-Ballistic Missile Treaty 문제가 대표적이다. 당시 외교통상부는 김대중 대통령과 푸틴 대통령 간의 정상회담 공동성명에 미국과 러시아가 이견을 보이고 있던 국가미사일방어체제NMD, National Missile Defence와 ABM 문제에 대해 문언의 맥락에 대한 깊은 검토가 없이 ABM 관련 문구 삽입에 합의했다. 당시 7개항으로 된 한러공동성명에 "한국과 러시아는 ABM이 전략적 안정의 초석이며 핵무기 감축 및 비확산에 대한 국제적 노력의 중요한 기반이라는데 동의했다"는 내용이 포함되었다. 이 문구로 인해 미국 언론은 '한국 대통령이 NMD 관련 러시아 편을 들었다'고 보도했다. 이 사건은 한미관계에 오해를 불러왔다. 이러한 파장에 대해 당시 김대중 대통령은 다음과 같이 언급했다.

"국가의 중요한 문제를 다루는 외교부는 다른 어느 부서보다도 뛰어나야 함에도 불구하고 이렇게 수준이 낮아서 어떻게 하겠어요? 이번에 외교부는 너무나 어처구니없는 실수를 한 거예요. 외교부의 고위

---

* John H. Davis, *The Kennedys: Dynasty and Disaster*, S.P.I. Books, 1993, p.94.

간부들은 이번 사건이 실무자들의 실수라고 하지만 국가의 중요한 문제를 그렇게 실무자들이 마음대로 처리할 수 있는 우리 외교부를 보면 미국이 우리를 어떻게 평가하겠어요."*

또한 해외에서 전문외교관으로서 외교업무를 수행하기 위해서는 외교관으로서의 직업적인 감각professional sense을 갖춰야 한다. 이러한 감각은 국제정세에 대한 정확한 판단능력, 주재국 내의 역학관계, 동포사회와의 관계, 외교관으로서의 의전감각, 주재국 내에서 존경과 신뢰를 받을 수 있는 처신과 행동, 발언, 본부와의 의사소통 방식에 대한 이해, 해외에서 국가자산의 선량한 관리자로서의 역할, 공관 통솔과 인화 능력 등이라고 할 수 있다. 이를 외교적 감각diplomatic sense이라고 할 수도 있다. 법조인으로서 올바른 판단을 위해서는 법적인 사고와 논리를 갖춘 법적 사고력legal mind을 갖춰야 하고, 의사가 촌각을 다투는 위기의 순간에 환자의 생명을 살리기 위해 의사로서의 전문적 판단이 필요한 순간이 있듯이, 외교관도 결정적인 순간 국익을 제대로 수호하기 위해서는 외교 전문가로서의 외교적 감각이 있어야 한다.**

---

* 김하중, 『증언: 외교를 통해 본 김대중 대통령』, 비전과리더십, 2015, p.543.

** 지난 2008년 7월 25일 미국 지명위원회(BGN)는 웹사이트를 통해 한국령인 독도를 돌연 "주권미지정(Undesignated)" 지역으로 표기하기 시작했고, 이러한 조치는 즉각 국내에서 커다란 파문을 불러일으켰으며 이 과정에서 주미대사관의 역할을 놓고 책임론이 제기되었다. 7월 25일부터 며칠간 주미대사관은 미 백악관, 국무부 등을 대상으로 독도표기 원상회복을 요청했다. 당시 이태식 주미대사는 7월 29일 백악관에서 열린 한미FTA 재계연합회에 참석, 연설을 마치고 집무실로 돌아가던 부시 대통령을 뒤따라가 독도문제에 관한 한국의 입장을 설명했다. 이때 이 대사는 부시 대통령으로부터 국무장관에게 독도문제 대책을 마련하라는 지시를 내렸으니 국무부와 잘 협의하라는 말을 들었다. 이 일이 있은 후 얼마 후에 미국은 BGN의 독도표기를 원상으로 회복시켰다. 《노컷뉴스》, "이태식 대사, 독도 '공적'에서 '영웅'으로 부활?", 2008.08.01. 참고. 7월 29일 주미대사가 미국 대통령을 큰 소리로 부르고, 대통령을 쫓아가 멈춰 세운 다음에 직접 독도문제를 제기한 것은 의전과 일상적인 외교관례에 어긋나는 일이었으나, 중대한 국익이 걸린 결정적인 순간에 직업외교관이 할 수 있는 최선의 행동이었다고 평가할 수 있다. 만일, 이런 적극적이고 대담한 행동(action)이 없었다면 독도지명표기의 원상회복은 지연되었거나 어려움에 봉착했을 수도 있었다. 이때의 상황에 대해서는 이명박, 『대통령의 시간 2008-2013』, RHK, 2015, pp.200-203에 잘 설명되어 있다.

이러한 외교적 감각은 단기간의 연수나 교육으로 획득되는 게 아니라 본부와 재외공관을 거치는 순환적 업무경험, 다양한 위기상황 대처에 관한 위기대응 능력, 국제법 지식과 외교적 행동방식 등을 익혀야만 할 수 있는 것들이다.

이외에도 올바른 외교관 역할을 수행하기 위해서는 주재국 외교부와의 소통, 동포사회와 소통, 그리고 훈령과 지침을 내리는 본부와의 긴밀한 소통이 필요하다. 이러한 소통은 외교라는 특유의 공동체적 경험에 기초한 소통으로, 익숙해지기 위해서는 오랜 시간에 걸친 숙성이 필요하다. 이러한 소통이 잘못되면 잘못된 정세보고를 하거나 본부 또는 공관의 잘못된 판단으로 이어져 외교적인 실책을 범해 국익손실로 이어질 수 있다.

외교와 국가 안보:
"외교는 국가운영에서 가장 중요한 일"

외교는 때로는 절체절명의 국가적 위기상황에서 국가의 안위나 국민의 생명과 안전이 걸린 국가안보 문제를 다룬다. 어떤 때는 전 세계인의 생명이 걸린 일도 다루게 된다.

냉전 시대에 발생한 쿠바 미사일 위기 사태Cuban Missile Crisis를 보자.* 1962년 10월 소련이 미국의 코앞인 쿠바에서 핵탄두를 탑재할 수 있는 탄도미사일기지를 건설 중인 것이 미국 정보망에 입수되었다. 이후 소련의 미사일 철수

---

* 그래햄 T. 앨리슨 & 필립 D. 젤리코 저·김태현 역, 『결정의 엣센스: 쿠바 미사일 사태와 세계핵전쟁의 위기』, 모음북스, 2005, 역자서문 참조.; See also Graham Allison & Philip D. Zelikow, *Essence of Decision: Explaining the Cuban Missile Crisis(2nd ed.)*, Addison-Wesley Educational Publisher, 1999.

문제를 둘러싸고 미소 간에 전면적인 외교전쟁이 벌어졌다. 쿠바에 미사일기지가 완공될 경우, 미국은 바로 코앞에서 소련의 핵미사일 공격에 노출되게 된다. 미국은 즉각 행동에 들어가 쿠바 주위에 해상봉쇄선을 설정하고 쿠바에 대한 전면공격태세를 갖춘 다음 소련에 24~48시간 내에 미사일을 철수할 것을 요구하는 최후통첩을 보냈다. 당시 소련이 이를 거부했다면, 미국은 쿠바를 공격하고, 소련은 이에 대응하는 조치로 서베를린을 봉쇄하고, 터키의 미군기지에 공격을 퍼부을 수도 있었다. 이 위기가 소련의 미사일 철수라는 양보로 해결되지 않았다면 전 세계적 차원의 핵전쟁으로 비화될 수 있었다. 쿠바 내 소련 미사일기지 설치를 위요한 이 외교위기가 유명한 '쿠바 미사일 위기'이다. 김태현 중앙대 교수는 국가안보와 관련된 외교의 특성과 엄중함을 아래와 같이 잘 지적하고 있다.

> "외교는 국제정치적 환경 속에서 자국의 국가이익, 무엇보다 국민들의 생명과 재산을 지키는 것이다. (중략) 외교는 게임이고, 도박이되 장난이 아니다. 외교는 장난일 수가 없다. 판돈이 너무 크기 때문이다. 한두 사람의 재산이 아니다. 한두 사람의 생명도 아니다. 무수히 많은 사람들의 생명과 재산이 판돈이다. 향후 세대들의 복지도 함께 걸려 있다. 이와 같은 외교는 과학이라기보다는 예술에 가깝다. 논리는 중요하지만 전부는 아니다. (중략) 외교라는 게임은 정치라는 게임보다 어렵다. 관련된 사람들과 세력들의 숫자와 무게가 크게 다르다. 그들 간의 상호작용도 훨씬 복잡하고 경우의 수도 훨씬 많다. 그리고 무엇보다 걸린 판돈이 다르다. 정치게임에서 판돈은 자신과 자신의 세력이 경쟁세력에 대해 누리는 상대적 권력, 그리고 가장 크게는 정권이다. 외교에서 판돈은 온 나라 국민들의 생명과 재산 그리고 그

후세들의 복지다."*

이를 잘 보여주는 사례가 한반도에서도 일어나고 있다. 지난 1993년 핵 개발 의혹을 받고 국제원자력기구IAEA, International Atomic Energy Agency의 사찰을 받아오던 북한이 핵활동의 투명성 문제로 국제사회와 갈등을 겪다가 3월에 핵확산금지조약NPT, Nuclear non-Proliferation Treaty의 탈퇴를 전격 선언했다. 한국과 미국 등 국제사회는 북한과 협상에 나섰으나 협상은 교착상태에 빠졌다. 한미 양국은 북한이 IAEA와 협조하지 않을 경우 UN안보리를 통해 경제제재를 취하겠다고 밝혔다. 이에 대해 북한은 경제제재란 곧 전쟁이고 전쟁이 나면 서울이 '불바다'가 될 것이라고 응수했다. 전쟁이 언급됨으로써 북핵문제는 외교적 위기가 아닌 국제적 위기가 됐다.**

주한미군은 전략증강을 시작했고, 북한 영변핵시설에 대한 외과수술식 공중폭격surgical strike도 하나의 대안으로 떠올렸다. 한반도에서 전쟁이 터지면 60만이 넘는 한국군과 3만 7천여 명의 주한미군, 그리고 증원될 미군까지 포함한 한미연합군과 100만이 넘는 북한군 간의 전면전이 될 터였다. 백만 명의 인명피해와 최소한 1조 달러의 재산피해가 예상됐다. 지미 카터Jimmy Carter 전 미국 대통령이 중재에 나서지 않았더라면 또는 그 중재가 실패했더라면 전쟁이 일어났을지 모른다.***

하지만 위기는 계속되었다. 2005년 2월 북한은 핵보유를 선언했고, 이후 국제사회의 거센 반대에도 불구하고 2006년 10월 9일 제1차 핵실험, 2009년 5월 제2차 핵실험에 이어 2017년 9월 6차 핵실험까지 실시했다. UN 안보리

---

* 그래햄 T. 앨리슨 & 필립 D. 젤리코 저·김태현 역, 위의 책, pp.16-21.

** 위의 책, pp.12-13.

*** 위의 책

결의를 위반하는 북한의 잇따른 핵실험과 미사일 도발 등으로 인해 북한은 UN 안보리 제재 등 국제사회로부터 제재를 받고 있다. 북한 핵은 우리 모두의 안전과 번영, 현세대는 물론 미래세대의 안전까지 위협하고 있는 문제이기 때문에 북한 핵문제의 항구적이고 평화적인 해결은 우리 외교가 풀어야 할 엄중한 과제이다.

그간 우리 정부는 북핵문제 해결과 한반도의 평화체제, 남북 간 긴장완화와 남북관계 발전을 위해 많은 노력을 기울여 왔다. 문재인 정부 출범 이후 남북은 2018년 4월, 5월, 그리고 9월 세 차례에 걸친 정상회담을 개최하여 한반도 비핵화, 남북 간 군사적 긴장관계 해소, 남북관계 발전 등에 대한 심도 있는 논의를 진행하였다. 미국과 북한도 2018년 6월 싱가폴에서 트럼프 대통령과 김정은 위원장 간에 역사적인 첫 정상회담을 가졌으며 2019년 2월 베트남에서 두 번째 정상회담을 개최하였다. 6월 30일에는 판문점DMZ에서 역사상 최초의 남북미 정상회동이 이루어졌다. 이러한 전례 없는 남북미 정상 간 만남은 한반도에서 군사적 긴장과 대치상황을 해소하고, 북한 핵문제 해결을 위한 공동의 인식을 제고하는데 큰 기여를 하였다. 한반도에서 핵문제 해결은 한반도 평화정착과 남북의 공동번영, 그리고 동북아와 세계 평화 정착에도 많은 기여를 하게 될 것이다.

북핵문제, 한반도 평화체제 구축, 남북관계 등과 같은 이슈는 우리 국민 전체의 생명과 안위가 걸린 특수성을 갖고 있는 외교안보정책 사안들이다. 특히, 국가안보문제는 국가 전체의 생존이 걸린 문제, 정부의 연속성continuation of government과 관련된 문제로, 어느 특정 개인, 집단의 이익이나 안위가 아닌 국민 모두의 생존과 안전에 관한 문제다. 국가안보와 관련된 대외관계를 잘못 처리할 경우, 국가의 이익이 훼손되고, 심지어 국가의 존망이나 계속적인 정부기능의 유지조차 위협받게 된다. 그렇기 때문에 국가안보

문제를 다루는 방식, 과정, 전략, 목표 등이 특수할 수밖에 없다. 이러한 점을 감안하여 많은 국가들에서 외교안보정책은 일반 국내정책 이슈와 다른 별도의 접근법을 통해 다룬다. 미국의 경우 외교정책foreign policy과 국방national defense을 함께 묶어 국가안보national security라고 부른다. 미국에서는 외교를 포함한 국가안보문제는 "법적으로 판단할 수 없는 정치문제non-justiceable political question"로 분류해 연방법원의 사법적 심사와 판단의 대상에서 제외하고 있다.* 이 뿐만 아니라 국가안보상의 문제에 대해서는 여당, 야당 등 당파를 초월하여 '초당적bi-partisan'으로 협력해야 한다는 전통을 갖고 있다.

우리의 경우, 외교안보 분야의 중요 정책은 외교부, 국방부, 통일부, 국가정보원 같은 주무부처에서 소관업무를 수행하고 있으나, 청와대 내 별도 조직인 국가안보실을 통해 종합적인 콘트롤 타워의 역할을 수행하도록 하고 있다. 또한 주요 외교안보정책은 국무회의와 별도로 운영되는 국가안전보장회의NSC라는 특수한 별도의 협의체를 통해 조율하고 있다.

지정학적으로 세계의 주요 강대국들에 둘러 쌓여 있고 냉전으로 국가가 분단되어 있는 한편, 부존자원이 부족하고 시장이 협소하여 대외무역을 통해 경제발전과 국가 번영을 추구해야 하는 우리나라는 외교의 중요성에 대해 아무리 강조해도 지나침이 없다고 할 수 있다. 특히, 북한 핵문제를 평화적으로 해결하고 한반도에서 항구적 평화체제 구축, 남북관계 발전을 통해 궁극적으로 통일이라는 국가적 과제를 추진해 나가기 위해서는 주변국들의 이해와

---

* 미국에서 외교문제를 사법적 심사의 대상에서 제외하는 '정치문제이론(political question doctrine)'의 상세에 대해서는 2012년 12월 1일 국제법평론회와 서울대학교 법학연구소가 공동 주최한 동계학술대회에서 발표된 유복근, "외교행위에 대한 사법심사 문제: 미국의 정치문제 이론을 중심으로", 2012년도 국제법평론회 동계학술대회 발표자료를 참조할 것. 국내학계에서는 김성호 교수(연세대 정치외교학과)가 국내에서 정치와 외교의 사법화라는 악순환의 고리를 끊기 위해 미국 연방법원에서 채택하고 있는 '정치사안 독트린(political question doctrine)'을 연구해 볼 필요가 있다고 지적했다. 김성호, "법정에 선 대한민국의 외교와 정치", 《한국일보》(2013.11.26.) 참조.

지지, 그리고 협조를 얻기 위한 외교의 역할이 핵심적으로 중요하다. 문재인 대통령도 2017년 12월 18일 개최된 '2017년도 재외공관장 회의'에서 외교의 중요성을 강조한 바 있다. 문 대통령은 동 회의에 참석한 재외공관장 환영 만찬에서 "새 정부의 외교를 관통하는 최고 가치는 국익과 국민"이라면서 "새 정부 출범 후 지금까지 외교는 우리 국정 운영에서 가장 중요한 일이었다"고 밝혔다.*

의사는 환자 한 명의 생명을 다루지만, 외교관은 국가와 국민 전체의 안위와 관련된 국익을 다룬다. 외교관의 어깨에는 국가와 국민 전체의 생명과 안전이라는 막중한 책임이 놓여 있다.

---

* Newsis, "文대통령, 외교는 새 정부 국정운영에서 가장 중요한 일"(2017.12.18.) 보도 참조.

외교는 국가안보의 제1선

2011년 12월 17일, 한반도에서 다시 한 번 한반도는 물론, 동북아의 정세를 뒤흔들 중대한 사건이 발생했다. 이날 김정일 국방위원장이 지방방문행사 중 열차 안에서 심근경색으로 사망했다. 김정일 위원장의 사망은 과거 중국을 통치했던 진나라의 절대군주 진시황이 사망했을 때와 마찬가지로* 철저하게 비밀에 가려졌다가 이틀 후인 12월 19일

---

* 『사기』는 시황제를 수행하던 이사가 시황제의 죽음을 비밀로 하기 위한 뒤처리 내용을 다음과 같이 기술하고 있다. "시황제 35년 황제는 회계를 순행하고 바닷길로 북쪽 낭야에 이르렀다. 그해 7월 사구에 이르자 시황제의 병이 위중해졌고 50이라는 젊은 나이에 세상을 떠났다. 시황제가 죽었다는 것을 아는 사람은 아들 호해와 승상 이사, 조고와 시황제가 믿고 있던 환관 대여섯 명뿐으로, 다른 신하들은 아무도 알지 못했다. 이사는 황제가 외지에서 죽었고 미처 태자를 세우지 못한 것을 감안하여 그의 죽음을 공포하지 않

에야 북한 중앙통신 특별방송을 통해 발표되었다.

김 위원장의 사망 소식이 외부에 알려지자 정부당국은 모두 비상대비태세에 돌입했다. 이명박 대통령은 그날 오후 모든 일정을 취소하고 긴급 국가안전보장회의에 이어 비상국무회의를 소집했다.* 모든 행정기관에는 비상근무령이 발동되어 전공무원이 비상근무에 들어갔고 언론사들 또한 정규방송을 중단하고 김정일 사망에 따른 특집방송체제에 돌입했다.** 중국, 미국, 일본 등 주변국들도 향후 사태의 추이를 지켜보면서 비상대기태세에 들어갔다. 북한 최고지도자의 사망은 한반도의 명운을 가를 수 있는 중대한 외교안보상의 위기였다. 정부의 모든 부처는 한반도의 평화와 안정 유지를 최우선적인 목표로 하는 가운데 국론분열 방지, 지정학적 리스크로 인한 국가신용도 영향 방지 등을 위해 비상대응태세에 들어갔다.***

이와 같이 한반도에서 우리의 운명을 가르고 때로는 국민의 생명과 안전을 위협하는 예측치 못한 외교안보상의 위기는 계속 존재해 왔다. 1950년 한국전쟁, 1976년 판문점 경계초소에서 미군이 시야 확보를 위해 경계초소 주변의 미루나무 제거작업을 벌이던 중 북한군에 의해 살해 당해 한반도가 다시 전면적 위기상황으로 치달을 뻔했던 판문점 미루나무 사건, 1983년 10월 미얀마 수도 양곤에서 북한이 파견한 공작원의 테러로 인해 우리 정부의 요인들이 다수 순직한 아웅산묘소 폭파사건, 1987년 11월 북한 공작원이 미얀마

았다. 이사는 시황제의 유해를 온량거(수레)에 안치했다. 그러고는 백관이 보고하는 일이나 수라상 올리는 일을 모두 전과 다름없이 했으며, 환관이 온량거 안에서 일을 처리했다." 사마천 저·연변인민출판사 고전번역팀 역, 『사기열전: 사마천, 궁형의 치욕 속에서 역사를 성찰하다』, 서해문집, 2006, pp.317-318.

* 이명박, 『대통령의 시간 2008-2013』, RHK, 2015, p.361.

** 2011.12.19.자 각 언론사의 김정일 사망 관련 보도 참조.

*** 이명박, 위의 책, pp.361-362 참조.

안다만 상공에서 무고한 우리 근로자들이 탄 대한항공기를 폭파시킨 KAL기 폭파사건, 1996년 9월 강릉지역 무장공비 침투사건, 2010년 3월 26일 발생한 천안함 폭파사건, 2010년 11월 23일 발생한 연평도 포격사건, 그리고 6차례에 걸친 핵실험과 탄도 미사일 발사 등 북한의 도발에 의한 국가안보상의 위기가 그 예이다.

해외에서도 국민들의 생명과 일상생활에 영향을 미치는 국가안보상의 문제가 발생한다. 가령, 이라크에서 무장 테러리스트들에 의해 우리 국민이 사망한 김선일 씨 사건2004년 6월, 아프간 탈레반 테러세력에 의해 발생한 샘물교회신도 인질사건2007년 7월, 소말리아 해적에 의해 소말리아 인근 인도양 북부를 항해하던 우리 선박 삼호주얼리호 및 선원이 납치된 사건2011년 1월* 등 종류도 다양하다. 이외에도 중동의 위기나 무력충돌은 국제유가에 직접적인 영향을 미치고, 유가변동은 우리 경제에 직격탄을 날리기 때문에 이 또한 국가안보 위기상황이라고 할 수 있다. 우리의 고유영토인 독도에 대한 일본의 끊임없는 영유권 도발 또한 국가안보에 영향을 미치는 사안이다. 지난 2006년 4월에는 일본의 고이즈미小泉純一郎 정부가 우리의 영토인 독도 주변 수역에서 해양과학조사를 시도함에 따라 한일 간 물리적 대치 직전까지 위기가 고조된 바 있다.**

어떤 경우에는 아주 예기치 못한 곳에서 외교안보상의 중대사건이 발생하기도 한다. 지난 2004년 국내 한국원자력연구소에서 발생한 우라늄 분리 실험사건이 대표적이다. 당시 원자력연구소는 IAEA가 요청한 핵활동 관련

---

* 당시 납치된 삼호주얼리호의 석해균 선장을 비롯한 선장과 선원들은 2011년 1월 21일 새벽 우리 청해부대원들이 펼친 '아덴만의 여명작전'에 의해 성공적으로 구출되었고, 선박을 납치한 해적들은 국내로 이송되어 우리 법원에서 재판을 받았다. 우리 선박 납치 및 군의 구조작전 과정에 대해서는 이명박, 『대통령의 시간 2008-2013』, pp.535-546 참조.

** 정재훈, "정부, 심각한 상황…대응수위 높일 것", 〈YTN〉, 2006.04.17. 참조.

자료준비 과정에서 2000년도에 0.2그램의 우라늄 분리실험을 했는데 이 실험은 자칫 핵무기 개발로 의심을 사 한국외교안보를 중대한 위기에 빠뜨릴 수 있었다.*

우리의 안보, 국민의 생명과 재산을 위협하는 이러한 위기 내지 위기상황에 대한 대응의 제1차적인 책임은 외교안보당국에 있다. 외교는 평시 국가들 간의 우호선린관계를 구축하는 일뿐만 아니라 국가안보에 대한 중대한 위협이나 위기가 발생하는 경우 주권과 영토보전을 위해 적극적으로 대외관계를 관리하고 위기를 극복해야 한다. 미국, 중국, 일본, 러시아 등 세계 초강대국들에게 둘러싸인 한반도에서 주변 4개국들과의 안정적인 외교관계 관리는 우리의 번영, 그리고 한반도의 안정과 직결되는 문제이다. 특히, 한반도 비핵화 달성을 통해 한반도에서 공고한 평화체제를 구축하고, 국민경제의 지속적인 성장과 번영을 확보하기 위해 한미동맹의 안정적 관리와 발전은 우리 외교의 중요한 근간이다. 아울러 우리의 제1위 교역대상국이자 역사적으로 가장 오랜 관계를 맺어오고 있는 중국과의 전략적 협력관계 증진은 우리의 해외수출시장 확보, 북핵문제 해결, 남북통일 달성 등을 위해 중요하다. 이와 함께 동남아시아국가연합ASEAN, 인도 등 새롭게 부상하고 있는 신남방 국가들과의 새롭고 창의적인 외교관계 발전 등 외교지평의 확대와 다변화도 국익확대를 위해서는 아주 중요하다.

외교는 이와 같이 주권국가들과의 관계 형성, 관리 및 발전을 통해 국가의

---

* 이 사건은 NSC의 주도하에 외교부 등 관계부처의 적극적인 대응, 주오스트리아 대사관의 적극적인 IAEA 회원국 설득 노력 등으로 사건발생 3개월 만에 IAEA 의장결론으로 무혐의 종결되었다. 이종석 전 NSC 차장(전 통일부장관)은 "이 사건의 조기해결은 한국 외교의 커다란 승리로, 이 사건이 조기에 해결되지 않았다면 6자회담에서 북한이 지속적으로 이 문제를 제기하고, 한국의 국제적 신뢰도도 급격히 하락함은 물론, 우리의 평화적 핵 이용권도 위축될 뻔했다"고 언급하고 있다. 이종석, 『칼날 위의 평화: 노무현 시대 통일외교안보 비망록』, 개마고원, 2014, pp.370-376.

영토주권, 국민 전체의 생존과 번영, 그리고 한반도의 안정 등에 영향을 미치는 사안을 다룬다. 외교에 종사한다는 것은 국가안보를 다루는 직종에 종사한다는 것이며, 매 순간 책임은 무겁기 짝이 없다. 외교가 때로는 국민의 해외여행 편의제공을 위한 비자면제 협상, 위난에 처한 재외국민에 대한 영사보호 서비스 제공, 기업의 해외시장 개척 지원 등 국민 일반에 일정한 서비스 제공을 내용으로 하는 것도 있지만, 상당 부분은 국가의 중대한 안보문제를 다룬다는 점에서 외교업무는 내치나 다른 행정업무와 구별되는 뚜렷한 특징을 가진다.

정상회담은
외교행사의 정화(精華)

정상회담은 국가를 대표하는 정상들이 함께 만나 외교사안을 논의하는 최고위급 회담이다. 참석자는 국가의 원수나 행정부의 수반, 각료 등 일국을 대표하는 최고위급 인사들이다. 대통령, 총리 등 국가의 원수 또는 행정부 수반은 각국의 군 통수권자commander-in-chief이자, 외교의 최고 수장chief organ of diplomacy이다. 국가원수는 어느 국가를 막론하고 최고의 외교관이다. 언론에서는 UN 사무총장을 외교의 대통령, 또는 세계 제1의 외교관이라고 부르기도 하지만 국가를 대표하는 최고의 외교관, 제1의 외교관은 국가원수다.

미국 연방대법원의 위헌법률심사제를 확립한 마샬John Marshall 대법원장은 1799년 하원의원 시절 "대통령은 대외관계에 있어서 국가의 유일기관이며, 외국과의 관계에서 국가를 대표하는 유일한 대표자다The President is the sole organ of the nation in external relations, and its sole representative with foreign nations"라고 선언했다.* 이와 같은 취지에서 미국의 대통령을 지낸 토머스 제퍼슨Thomas Jefferson은 대통령의 외교상의 권한에 대해 다음과 같이 선언하고 있다.

> "대통령은 미국과 외국 간의 유일한 통신채널이기 때문에 외국이나 그 대리인은 미국의 의지가 무엇이고 어떠한 것인지에 대해서는 대통령을 통해 알아야 한다. 그리고 대통령이 의사소통하는 것은 어떤 것이든지 이러한 권리를 갖고 있고 이를 (미국의) 국가의사의 표현으로 간주하도록 하고, 어떤 외국 정부의 대리인도 이러한 내용을 의심케 해서는 안 된다." **

정상회담은 국가의 최고위급 수뇌부 간에 이루어지는 회담이기 때문에 외교에서 가장 중요한 행사이다. 정상회담은 국가원수나 정부의 수반이 국가의 모든 국력을 걸고, 국가와 국민 전체를 대표하여 참가하는 외교회담이라고 할 수 있다. 그만큼 정상회담은 외교에서 차지하는 비중이 크고, 최고의 의전절차에 따라 치러지며, 현안해결이나 실질협력관계 증진 측면에서도 중요하다. 때로는 정상회담 자체가 역사의 분수령이 되기도 한다. 제2차 세계대전 전후처리와 함께 냉전의 서막을 연 미국, 소련, 영국 간의 얄타정상회담

---

* See Edward S. Corwin, *The President: Office and Powers 1787-1948*, History and Analysis of Practice and Opinion, 1948, p.216.

** Jefferson to Genêt, November 22, 1793, Writings of Thomas Jefferson(Mem. ed.), IX, p.256.

한-인도 정상회담(2019.02.22.)의 모습(출처 : 청와대 서면 브리핑)

1945년 2월, 동서 냉전체제의 공식적인 해체를 선언한 미·소 간의 몰타정상회담1989년 12월, 독일통일문제를 논의한 나토정상회담1989년 5월, 소련과 수교를 맺고 동구 공산권 국가들을 대상으로 한 북방외교의 서막을 연 계기가 된 한소정상회담1990년 6월, 분단 이후 남북관계를 획기적으로 개선한 김대중 대통령 당시의 남북정상회담2000년 6월 15일 등이 그 예다. 정상회담은 규모 면에서도 가장 크기 때문에 여기에 직·간접적으로 참여하는 사람들의 수도 많고, 참여하는 인사들의 직급이나 범위도 광범위하다. 해외에서 양자 정상회담이 열릴 경우, 사전답사단, 공식수행원, 실무수행원, 수행경제인 및 투자사절단, 경호요원, 수행기자단, 환영인사, 경제인 오·만찬, 동포간담회 등 주요 행사에 대규모의 인원이 직·간접적으로 참여한다.

정상회담은 보통 단독회담과 확대회담으로 나뉜다. 단독회담은 양국 정상과 정상을 보좌하는 소수의 핵심 측근만이 참석하는 비공개회담 형태로 이루어진다. 양국 간 가장 민감한 이슈, 최우선적인 의제나 현안에 대해 정상간

솔직하고 격의 없이 현안을 논의하기 위해 갖는 회담이다. 정상 간 신뢰관계 및 친밀도에 따라 단독회담의 분위기, 대우, 시간, 장소, 의제, 논의의 질이 달라진다. 단독회담에는 핵심의제와 관련된 참모들만 배석한다. 보통 외교장관, 정상의 외교안보 보좌관, 그리고 통역이 배석한다. 단독회담이 길어질 경우, 단독회담에 이어지는 확대회담은 간단하게 하는 경우도 있다.

역사적으로 유명한 단독회담으로는 독일의 콜Helmut Kohl 총리가 소련의 고르바초프Mikhail Gorbachev 대통령과 독일통일문제를 논의한 독소정상회담1990년 2월 10일, 모스크바, 부시 대통령과 통일문제를 논의한 미독정상회담1990년 2월 24일, 워싱턴 등이 있다. 독소정상회담에서는 독일 측에서 콜 총리와 텔칙Horst Teltschik 외교보좌관, 소련 측에서 고르바초프 대통령과 아나톨리 체르나예프Anatolij Tschernajew 대통령 고문, 그리고 통역 5명만 참석했다.* 1990년 2월 24일 미국 워싱턴 근교의 대통령 전용 별장인 캠프데이비드Camp David에서 열린 미독정상회담에는 미국 측에서 부시 대통령, 브렌트 스코우크로프트Brent Scowcroft 외교안보보좌관, 로버트 블랙윌Robert Blackwill NSC 보좌관이, 독일 측에서는 콜 총리, 우베 케스트너Uwe Kästner, 발터 노이어Walter Neuer, 호르스트 텔칙 외교안보보좌관만이 참석했다.** 이 두 번의 단독회담에서 독일은 미국, 소련 등 통일과 관련된 최핵심 당사국 지도자들로부터 독일통일 추진을 위해 가장 중요한 외교적·국제적 협력을 확보하게 되었다.

확대회담에는 단독회담에 참석하는 수행원 외에 의제와 관련된 부서의 장관, 청와대 담당 수석 또는 보좌관, 외교부 및 관계부처 관계자들이 대표로

---

* 호르스트 텔칙 저·윤여덕 역, 『329일: 독일 통일의 기적을 만든 결정적 순간들』, 한독산학협동단지, 2007, p.171.; See also Horst M. Teltschik, *329 Tage: Innenansichten der Einigung*, 2006.; 필립 D. 젤리코 & 콘돌리자 라이스 저·김태현 외 역, 『독일통일과 유럽의 변환: 치국경세술 연구』, 모음북스, 2008, pp.268-270.

** 호르스트 텔칙 저·윤여덕 역, 위의 책, p.198.

참석한다. 확대회담은 참석자 규모가 크고, 논의되는 의제도 여러 정부부처의 업무와 관련되는 현안들을 다루기 때문에 사전에 외교부와 관련 부처 간에 협의를 거친다.

정상방문을 위해서는 사전에 외교교섭을 통해 방문의 격식, 일정, 의제, 경호문제 등 4대 핵심요소에 대해 깊이 있는 사전조율이 이루어진다. 우선, 방문의 격을 국빈으로 할지, 공식으로 할지 또는 실무방문(또는 공식실무방문)으로 할지 등을 정한다. 국빈, 공식, 실무방문은 의전의 격식, 접수국의 편의제공 범위, 행사의 내용 등에서 차이가 난다. 가장 격이 높은 국빈방문의 경우, 정상회담, 공항 도착 시 의장대 사열, 환영예포 발사, 수도의 거리에 상대국 국기게양, 일정 범위 수행원에 대한 무료 숙소지원, 국회의장 등 요인면담(접견), 국회연설, 경제단체 주관 오·만찬 행사 등이 세트메뉴처럼 포함된다. 실무방문의 경우 공항 도착 시 의장대 사열행사, 국회행사 등이 간소화되거나 생략된다.

일정 및 방문지 등도 양국 간 세심한 조율을 거쳐 확정된다. 일정은 정상회담의 의제와 함께 정상행사의 중요한 요소이기 때문에 많은 외교적 고려와 정무적 검토를 거쳐 결정하게 된다. 어떠한 일정으로 구성되느냐에 따라 정상행사가 갖는 의미와 성격, 메시지가 담기게 된다. 경호문제는 비단 정상 개인의 안전문제뿐만 아니라 국가의 안보와 관련된 사안이기 때문에 정상이동 동선에서부터 면담자 선정에 이르기까지 세심하게 경호상의 요소를 고려한다.

한 번의 정상회담을 성사시키기 위해서는 외교관들의 치밀한 준비가 필요하고 정상회담이 얼마나 성공적으로 진행되느냐에 따라 외교의 성공 여부를 평가받게 된다. 정상회담은 모든 외교적 자원과 역량, 당사국 간의 최우선순위 관심사안, 국익실현을 위한 외교 교섭 노력이 집대성되어 이루어지는 외교의 정화라고 할 수 있다.*

한편, 최근에는 정식회담보다는 시간과 장소에 구애되지 않고 격의 없이 편하게 현안을 논의할 수 있는 정상 간 전화통화phone talks가 늘어나고 있다. 전화통화는 양국이 외교경로를 통해 시간을 정하고, 맞춰진 시간에 전화를 걸면 되기 때문에 비용도 거의 들지 않고, 소수의 특정 현안에 대해 정상 간에 직접 밀도 있게 논의할 수 있다는 장점이 있다. 전화통화는 외교장관 차원에서도 빈번하게 이루어진다. 최근 들어 정상, 외교장관 차원에서 빈번하게 이루어지고 있는 우리의 전화외교phone diplomacy는 우리가 외교 상대방과 그만큼 가깝고 친밀하며, 어떤 현안이든 격의 없이 논의할 수 있는 우방이라는 것을 잘 보여주는 사례다.

---

* 근자에 청와대에서 대통령의 외교안보업무와 정상외교를 직접 보좌한 핵심 보좌관들의 정상외교 회고록이나 경험록 출간이 늘어나고 있다. 최근에는 이명박 대통령이 직접 재임기간 중의 회고록을 출간해 우리 외교가 어떻게 수행되고 있는지에 대해 일반인들도 비교적 상세히 알 수 있는 기회를 제공하고 있다. 대통령의 정상외교 등 외교안보 수행에 관한 상세한 내용은 다음 저서들을 참고할 것. 김대중 대통령 당시의 외교(햇볕정책 등)에 대해서는 임동원(외교안보수석, 통일부장관, 국정원장 역임), 『피스 메이커: 남북관계와 북핵문제 20년』, 중앙북스(2008)와 김하중(외교안보수석, 주중대사, 통일부장관 역임), 『증언: 외교를 통해 본 김대중 대통령』, 비전과리더십(2015)을 참조할 것. 노무현 대통령 당시의 균형외교에 대해서는 이종석(NSC사무차장, 통일부장관 역임), 『칼날 위의 평화: 노무현 시대 통일외교안보 비망록』, 개마고원(2014)을 참조할 것. 이명박 대통령 시대의 실용외교에 대해서는 이명박, 『대통령의 시간 2008-2013』, RHK(2015)을 참조할 것. 외국 정상들의 정상외교에 대해서는 호르스트 텔칙 저·윤여덕 역, 『329일: 독일 통일의 기적을 만든 결정적 순간들』, 한독산학협동단지(2007), 필립 D. 젤리코 & 콘돌리자 라이스 저·김태현 외 역, 『독일통일과 유럽의 변환: 치국경세술 연구』, 모음북스(2008) 등을 참조할 것.

대통령 해외순방 준비

대통령은 국가원수이고, 행정부의 수반인 동시에 대한민국을 대표하는 제1외교관이다. 대통령의 해외방문 등 정상행사는 외교부 본부와 재외공관에서 외교관이 하는 업무 중에서 가장 중요하고, 큰 행사 중 하나다. 우리 대통령이 외국을 방문해 외국정상과 정상회담을 갖게 되면, 정상방문이라는 정치·외교적 상징성이 커서 양자관계 증진에 많은 진전을 거둘 수 있고, 가장 중요한 현안에 대해 최고위급에서 논의를 할 수 있게 되어 오랜 현안이 잘 풀리는 경우가 많다. 또한 대통령이 방문하는 계기에 우리 기업의 대규모 국제 프로젝트 수주 지원 등 세일즈 외교의 성과를 기대할 수 있고, 동포간담회 시 해외동포들과의 소통을 통해 동포사회의 자부심을 높이는 한편, 본국과의 유대관계도 강화시킬 수 있다.

중요한 행사다 보니 대통령 외국방문 또는 순방을 준비하는 과정은 처음부터 끝까지 긴장과 격무의 연속이다. 대통령의 특정 외국방문행사는 길게는 1년 전, 짧아도 몇 개월 전부터 결정되는데 대통령의 방문이 결정되는 순간부터 이를 준비하는 외교부 본부와 해당 공관은 대통령 특별기가 떠날 때까지 비상근무체제에 들어간다. 대통령 방문 시에는 외교부장관뿐만 아니라 주요 경제부처 장관, 청와대 수석이나 보좌관, 경제인 등 다양한 종류의 공식수행원, 실무수행원, 수행경제인, 경호대, 그리고 기자단이 함께 움직이기 때문에 수많은 인원에 대한 숙소 및 교통편의 제공, 방문국 개황 및 정세정보 제공, 각종 계기별 회담자료 및 연설문 작성, 정상회담 및 주요인사 접견 준비, 동포간담회, 경제인 행사, 방문국 주요 기념지 방문, 행사장 경호 점검, 기자단 취재지원 및 홍보, 각종 의전지원 등 준비해야 할 것이 한둘이 아니다. 방문 준비를 위해서는 현지 호텔 관계자, 주재국 외교부 인사, 경찰, 경제단체, 동포 대표들, 주요 기관 및 시설 방문 시 관계자 등 많은 사람들을 만나 협의하고 세부사항을 조율해야 한다. 이러한 준비과정에서 우리 측 입장과 접수국 측의 입장이 서로 다를 경우 이를 조율하는 것도 중요 업무이다.

대통령을 맞는 재외공관으로서도 대통령 방문 접수를 위해 대통령이 묵을 수 있는 호텔 객실을 확보해야 하는데 때로는 적절한 호텔이 확보되지 않아 애를 태우는 경우도 있다. 특히, 성수기에는 주요 호텔들이 일찌감치 매진되기 때문에 대통령의 방문일정이 촉박하게 결정되는 경우 호텔 확보에 애를 태우는 경우도 간혹 발생한다. 이외에도 주재국의 독특한 업무문화 때문에 긴급히 조율할 사항이 있는데 관계자 면담이나 연락이 안 된다든지, 우리 측의 중요한 관심사안이나 우려를 상대국 측이 들어주지 않는다든지, 급히 협조해서 일을 처리해야 하는데 상대방이 느긋하기만 하고 움직이지 않는 경우도 발생한다. 이럴 때마다 행사를 준비하는 공관원의 속은 시커멓게 타기도 한다.

경호상의 문제도 빈틈이 없어야 한다. 대통령의 이동동선에 대한 경호 및 안전조치를 마련해야 한다. 대통령 행사는 안전이 무엇보다도 중요한 요소의 하나이기 때문에 경호상의 사소한 흠이나 실수도 없어야 한다. 행사를 준비하다 보면 대통령과 함께 움직여야 하기 때문에 대통령 일행의 차량 대형에 포함이 되어야 하는 인사가 있는데, 주재국의 경호실이 자국 내 규정을 이유로 핵심 필수 수행원 외에는 모터케이드motorcade에 넣어주지 않겠다고 버티는 경우도 있다.

온갖 만반의 준비를 갖추고 대통령의 방문을 준비하는 경우에도 막상 대통령이 현지 공항에 도착하면서부터 실무적으로 문제가 생기는 경우도 있다. 그렇기 때문에 대통령 방문기간 중에는 모든 것이 최종적으로 완벽하게 마무리될 때까지 안심할 수 없다. 대통령의 방문이 성공적으로 마무리되고, 대통령 일행을 태운 특별기가 주재국을 떠날 때까지 그야말로 긴장과 격무의 연속이라고 할 수 있다.

협상의 과정

외교관의 가장 기본적인 임무 중의 하나는 국가 간 현안을 처리하기 위해 외국과 협상negotiation을 하는 것이다. 서양에서는 외교관을 종종 '협상가negotiator'라고 부르고, 협상을 총책임지는 수석대표를 '수석협상가chief negotiator'라고 부르기도 한다. 외교실무에서는 협상 대신 교섭이라는 용어를 종종 사용한다.

협상이란 "주고 받기give and take"로 이루어지는 대화를 말한다Negotiation is a dialogue made up of give and take.* 협상은

---

* Ivor Roberts, *Satow's Diplomatic Practice(6th ed.)*, Oxford Univ. Press, 2009, p.623.

일방통행이 아니라 상호 간의 이익을 반영하기 위한 대화이며, 상대에게서 일방적으로 받아오기 위한 것이 아니라 내 것을 주는 것도 포함한 받기의 과정이다. 외교에서 협상은 협상을 통해 달성할 국익이나 목표를 정확하게 정하고 이를 달성할 방법이나 수단 등을 깊이 있게 검토한 후에 이루어진다. 외국과 협상을 위해서는 사전에 상부 보고 등 정부 내부의 정해진 절차를 밟아야 한다. 협상은 양국 간 협의를 위한 일정을 잡는 등 비교적 간단한 것에서부터 북한 핵문제와 같이 국가의 핵심 안보이익이 걸린 협상, 관련 당사국 간 첨예한 이익이 달려 있지만 이익의 균형점을 찾기 어려워 일방의 이익이 타방의 손실로 이어지거나 '승자가 모든 것을 갖는Winner takes all' 형태의 제로 섬 게임Zero Sum Game 협상도 있을 수 있다. 국제법에서는 주권평등이 원칙이지만, 현실의 국제관계에서는 모든 국가의 국력이 같지 않기 때문에 협상력에 있어 차이가 나는 경우도 있다. 어떤 경우든 외국과의 협상은 국익을 실현하기 위한 과정이기 때문에 달성할 협상 목표 설정, 내부 입장 정립과 관계부처 의견 수렴, 관련 업계의 이해관계 수렴과 조정, 국내 여론 수렴 등 치밀한 준비를 거쳐 이루어진다.

정부 간 협상의 시작은 우선 협상단 구성에서부터 시작된다. 협상단 구성을 위해서는 수석대표가 임명되어야 한다. 수석대표는 특정 협상 또는 회담 시의 수석대표 파견 전례, 협상의 중요도와 비중, 협상의 구체적 내용과 성격 등 제반요소를 고려해 결정한다. 순전히 외교적인 사안의 협상일 경우에는 외교부에서 수석대표를 맡지만, 이중과세방지협정 교섭과 같이 기술적인 성격을 띠고, 타 관계부처가 전문성을 갖고 있는 경우 해당 관계부처의 대표가 간혹 수석대표를 맡기도 한다. 대표단은 외교부만으로 구성하는 경우도 있지만, 여러 부처의 업무와 관련되고 합의사항 이행을 위해 관계부처의 협조가 필요한 경우에는 해당 관계부처의 실무자들이 협상단으로 참여한다. 가령,

FTA 협상의 경우 관세철폐 외에도 정부조달, 전자상거래, 지식재산권, 금융시장, 농산물 양허, 분쟁해결 등 광범위한 이슈를 다루기 때문에 사실상 거의 전 경제부처의 대표단이 협상에 참여한다.

협상단이 구성되면 구체적인 협상의 목표, 전략, 의제별 협상전략에 대한 훈령이 필요하다. 훈령은 협상단이 상대국과 협상 시 달성해야 할 협상 목표, 전략 내지는 국익에 대한 지침이라고 할 수 있다. 모든 협상은 훈령상의 지침에 따라 수행되어야 하고, 훈령과 위배되는 협상을 해서는 안 된다. 다만, 훈령에 명시되지 않은 경미한 내용의 협상이나 행정상의 내용에 대해서는 수석대표의 재량으로 결정할 수 있으나, 중대사안일 경우 반드시 본부에 보고를 하고 본부의 훈령을 받아 협상을 해야 한다.

협상 결과는 보통 양측이 합의하는 문서로 구현된다. 정상회담 이후 발표되는 공동성명이나 공동선언, 또는 공동언론발표문같이 정치적 선언문의 형식도 있고, FTA 협상과 같이 구체적인 조약문안에 대한 합의인 경우도 있다. 조약문안으로 합의된 협상은 나중에 법적 구속력을 갖는다. 또한 양측 간 회의의 주요결과나 합의사항을 정리한 MOUMemorandom of Understanding나 ROARecord of Agreement 형식을 취할 수도 있다. 협상의 결과를 정리한 문건은 다양한 형식으로 이루어질 수 있으며, 법적인 효과나 구속력도 다양하다. 어떠한 경우든 합의사항은 정부 간 약속이므로 신의성실하게 지켜야 한다.

협상 결과를 평가할 때 흔히 자국의 국익이 얼마나 관철되었는지를 기준으로 평가하려는 경향이 있다. 특히, 언론에서는 특정 협상에서 우리의 국익이 100% 반영되어야 제대로 된 협상으로 이해하려는 경향이 있다. 조세영 전 외교부 제1차관은 이러한 현상을 다음과 같이 설명하고 있다.

"'외교에서는 절반만이 가능하다'는 말이 있다. 상대방이 있기 때문이다. 내가 원하는 걸 100만큼 얻고 싶더라도 대등한 주권국가로서의 상대방이 있고 내가 어떻게 할 수 없는 측면도 반드시 있다. 그래서 외교에서는 '절반만의 성공'이라는 숙명이 있는데 오늘날 국민들은 '절반만의 성공'을 받아들이고 이해해주지 않는다. 오히려 '왜 100을 못 얻었어?'라고 이야기한다."*

국가의 정책목표나 국익상 타협이나 양보가 불가능한 사안이 아닌 통상적인 사안에 대한 협상은 상호이익의 조정결과이며, 대등한 주권당사자 간의 협상결과라는 것을 잊어서는 안 된다. 그래서 '위너winner'와 '루저loser'로 나뉘는 협상은 최악의 협상이다. 과거 그리스에서는 '아테네의 규칙Athenian rule'이라는 것이 있었는데, 이 규칙은 펠로폰네소스 전쟁에서 승리한 아테네가 멜로스Melos족에게 항복을 강요하면서 자신만의 규칙을 강조한 것이다. 규칙의 내용은 "강자는 자신이 할 수 있는 것을 하고, 약자는 그들이 감내해야 하는 것을 감당해야 한다The strong do what they can and the weak suffer what they must"는 것이다.** 이러한 룰은 오늘의 국제사회에서 수용될 수 없다. 협상에서는 상호이익을 추구해야 하며(이익의 균형), 모두 위너가 되도록 해야 한다. 때로는 하나를 얻기 위해서 그만큼 양보도 해야 한다.

36년간 외교관 생활을 하면서 청와대 의전비서관, 외교안보수석비서관, 최장수 주중대사6년 5개월를 역임하고, 통일부장관을 지낸 김하중 전 대사는

---

* 한림국제대학원대학교 정치경영연구소, "[정치경영연구소의 '自由人'] MB 독도 방문, 日 극우 아베 정권 탄생 도왔다", 조세영 전 외교부 동북아 국장 인터뷰, 《프레시안》, 2013.10.09.

** Thucydides, The Peloponnesian War, translated by Richard Crawley, The Landmark Thucydides, Robert Strassler(ed.), Simon and Shuster, 1998, p. 352.

외교와 국익, 그리고 협상에 대해 다음과 같이 말하고 있다.

> "(외교는) 국익을 위해서 하는 것이다. 상대도 국익을 위해 싸운다. 외교는 말로 승리하면 안 된다. 내가 승리했다. 이번에 외교를 잘 했다고 떠들면 안 된다. 상대방이 외교를 못했다는 얘기가 되지 않나. 외교는 승부가 50 대 50이 되어야 한다. 그리고 상대방이 51 대 49로 이겼다고 생각하게 해야 한다. 외교를 너무 과하게 선전하고 과장해 말하면 국익에 도움이 되지 않는다."*

---

* 장일현, "장관 퇴임식 다음날 수십 년간 알던 사람 전화번호 다 지웠다", 김하중 前 통일부장관 인터뷰, 《조선일보》 토일섹션, 2015.03.14~15.

카이에르(Francois de Callières)가 본 이상적인 교섭자

(프랑스의 유명 외교관이자 저술가였던) 카이에르(Francois de Callières)(1645-1717)의 저서 「군주와 교섭하는 일에 대하여」(On the Manner of Negotiating with Princes, trans. A. F, Whyte, Univ. of Notre Dame Press, 1983)는 1716년에 출판되었다. … 그는 모든 군주는 멀리 있는 나라든 가까이 있는 나라든, 또한 전시와 평시를 막론하고 모든 강대국에 상주하는 외교사절을 통해 지속적인 교섭을 해야 한다고 생각했다.

교섭은 지속적으로 광범위하게 이루어져야 할 뿐만 아니라 전문적이어야 한다고 카이에르는 생각했다. 싸움을 잘 하는 병사들은 많지만 외교에 유능한 자는 적고, 또한 외교직무를 수행하는 사람들을 위한 변변한 규칙도 없다고 카이에르는 지적했다.

그에 따르면 교섭자는 성직자 중에서 선발되어서는 안 된다. 충성심이 교회와 군주 두 곳으로 양분되어 있기 때문이다. 군인 중에서 선발해서도 안 된다. 교섭자는 평화적 수단으로 일하기 때문이다. 법률가 중에서 선발해서도 안 된다. 법률가들의 사고방식은 유연성과 융통성이 부족하기 때문이다. 교섭자에게는 별도의 전문적 능력이 요구된다. 교섭자는 인간이 지닐 수 있는 최고의 통찰력, 기민함과 유연성을 지니고 있어야 한다. 또한 폭넓은 지식도 있어야 하고, 무엇보다도 정확하고 날카로운 분별력이 있어야 한다.

카이에르는 이러한 전문적인 외교는 건설적이고 창조적인 역할을 한다고 보았다. 군주나 국가원수의 관점에서 보더라도 그러하고, 유럽의 모든 군주로 이루어지는 '하나의 공화국'이라는 관점에서 보더라도 그러하다는 것이다. 전문적인 외교가 하는 역할은 지배자가 이익보다 감정을 앞세우는 일이 없도록, 즉 지배자의 이익이 지배자의 감정을 지배하도록 하는 것이다.

로안은 "기독교 세계의 군주 및 국가의 이익에 관하여"(1638)에서 "군주가 인민을 지배하고 이익이 군주를 지배한다고 하였는데, 카이에르는 이에 반론을 제기하면서 "군주와 그 신하들은 이익보다 감정을 앞세울 때가 종종 있다"고 주장한다. 그러므로 교섭자의 임무는 군주가 이익에 대한 그릇된 판단을 하지 않도록 논리적 설득에 의해 진정한 이익이 무엇인지 깨닫게 하는 것이며, 공통의 이익이 존재할 경우 그 공통이익의 존재를 인식하도록 하는 것이다.

'이상적인 대사'는 감정이 아니라 이성의 지배를 받는 인물이며, 이성에 따라 외교정책을 수행하는 인물이라는 관념은 17세기 합리주의의 등장, 특히 국가의 명예나 신념보다도 국가의 이익을 추구하는 것이 더 중요하다는 관념과 밀접히 연관되어 있다.

Hedley Bull 저 · 진석용 옮김, 『무정부 사회』(The Anarchical Society: A Study of Order in World Politics), 나남, 2012, pp. 294-296.

연중무휴의 재외공관

"외교관들은 좋겠어요"라고 어떤 분이 나에게 말했다.

"왜요?"

"외교관들은 두 배로 쉬잖아요. 한국의 공휴일도 쉬고, 현지 주재국의 공휴일에도 쉬니까요."

많은 사람들이 재외공관에 근무하는 외교관들이 한국의 공휴일뿐만 아니라 현지 주재국의 공휴일 등 양쪽의 공휴일에 모두 쉰다고 생각한다. 외교관이 국내 일반 시민들이나 해외에 파견된 지상사원들보다 훨씬 더 많이 쉬고 근무 여건이 국내보다 훨씬 느슨한 것으로 알고 있다.

하지만 이는 사실이 아니다. 재외공관에 근무하는 공관

원들이 오히려 국내에 근무하는 직원들이나 일반 기업의 회사원들보다 휴일이 더 짧고, 주말에 일하는 경우도 많다. 민족의 대명절인 설이나 추석에도 오히려 더 바쁘게 지내는 경우 역시 더 많다.*

재외공관은 기본적으로 주재국의 공휴일에 맞추어 휴무일을 정한다. 다만, 이 경우에도 본국의 휴무일과 형평성, 민원인 편의 등을 고려하여 본국에 비해 휴일이 길지 않도록 공휴일을 세심하게 검토해 휴무일을 정한다. 주재국의 공휴일이 길더라도 이를 모두 쉬는 게 아니라 본국의 휴일 수, 민원인의 편의, 현지 사정, 국민정서 등을 종합적으로 고려하여 공휴일을 정한다. 가령, 미국의 추수감사절Thanksgiving Holidays 연휴에 현지인들은 거의 일주일씩 쉬지만 공관원들은 2~3일 쉬고 일한다. 10월 1일부터 시작되는 중국의 국경절 연휴도 거의 일주일 기간의 연휴지만 공관원들은 10월 1일 국경절 휴일과 10월 3일 개천절 공휴일 정도만 이어서 쉬는 정도다.

물론, 재외공관에서도 본국의 3대 국경일은 휴일로 정하고 있다. 3·1절, 광복절, 개천절이 3대 국경일이다. 2014년부터는 한글날이 추가되어 4일이 되었다. 그러나 3대 국경일도 재외공관의 경우 사실상 업무일인 경우가 많다. 광복절과 개천절은 본국의 공식적인 공휴일이지만, 재외공관의 경우 광복절은 재외동포사회에서도 기념하는 행사일로 공관 주관 기념식이 개최되는 경우가 많다. 개천절은 우리 민족 최초의 국가인 고조선의 건국을 기념하는 기념일로, 국경일 리셉션이 개최되는 날이다. 국경일 리셉션은 연중행사 중 가장 대규모로 치러지고, 행사 초청인원도 많기 때문에 보통 몇 달 전부터 치밀하게 준비한다. 리셉션 계기에 한국의 국가이미지, 문화 등을 주재국에 알리기 위한 다양한 문화축제, 음악회 등을 개최한다. 이 계기에 한국의 기업,

---

* 김승섭, "설에 더 바쁜 재외공관 직원… 설 기분 꿈 못꿔", 《뉴스1》, 2015.02.18. 참조.

상품을 홍보하기 위한 부대행사도 다양하게 개최된다. 그렇기 때문에 본국의 3대 국경일은 재외공관에서 휴일로서의 의미가 크지 않는 경우가 많다.

주말의 경우에도 재외공관에서 휴일로서의 의미를 찾기 힘든 경우가 많다. 재외국민이나 동포들이 많은 곳에서는 주중에 생업에 종사하는 사람들이 많기 때문에 동포 관련 행사는 주로 주말에 개최한다. 토요일에 행사를 개최할 경우 평소 출근하는 것과 별 차이가 없어진다. 일요일의 경우에도 각종 사건·사고, 여권분실자를 위한 여권 발급과 같은 민원업무 처리로 출근해야 하는 경우가 다반사다. 서울의 외교부 본부에서 근무하는 경우에는 국경일 때 별도의 기념식 행사가 없고, 행사가 있는 경우에도 직원들끼리 교대로 참석하기 때문에 대부분의 휴일을 보낼 수 있고, 사건·사고의 경우에도 전담부서에서 처리하고 있다. 그러나 재외공관에서 근무하는 경우, 직원이 몇 명 되지 않는 데 비해 주말과 주중, 공식 업무와 비공식 업무, 동포행사 등이 빈번하기 때문에 주말 연휴에 쉬는 게 쉽지가 않다.

결국, 재외공관에 근무하더라도 휴무일수는 본국보다 길지 않으며, 일반 지상사원이나 회사원들보다 절대 많지 않다. 오히려 주말 출근이나 특근으로 인해 본국보다 휴무일이 더 짧은 것이 현실이다.

외교관과 기록

"(콜 독일 수상과 고르바초프 소련 대통령 간의 정상회담 시) 평소와 같으면 역사적인 발언에 대해 이렇다 할 감정표시를 보이지 않던 콜 수상이 '독일 영토에서는 오직 평화만 있어야 한다'고 덧붙였다. 콜 수상과는 달리 나(호르스트 텔칙 총리 외교보좌관)의 손은 날아가듯 바쁘게 움직였다. 후일 있을지 모르는 오해를 막고자 한 마디도 놓치지 않고 모든 단어를 정확하게 받아 적으려고 했기 때문이다."*

"고르바초프는 이제 독일 통일의 가능성을 받아들일 용의가

---

* 호르스트 텔칙 저·윤여덕 역, 『329일: 독일 통일의 기적을 만든 결정적 순간들』, 한독산학협동단지, 2007. p.173.

있다고 말했다. ……(콜 총리는) 텔칙에게 눈짓으로 이 모든 발언들을 한 자도 빠뜨리지 말고 기록하라고 지시했다."*

외교현장에서 기록의 중요성은 아무리 강조해도 지나치지 않다. 한 장의 기록은 천재의 기억보다 정확하고 생생하며 오래간다. 훌륭한 외교관은 기록을 잘 하는 외교관이다. 조선시대 중국에 파견된 외교사절단의 일원인 서장관書狀官의 임무는 매일매일 발생한 일을 기록으로 정리해 왕에게 보고하는 것이었다. 이러한 외교기록은 영구적으로 보존되었다. 시대가 변한 지금에도 외교에서 기록은 중요하다. 정상회담을 하건, 외상회담을 하건, 오찬이나 만찬을 하든지 간에 주요 외교행사의 경우에는 반드시 기록이 따라다닌다. 외교관이 바로 그러한 일을 한다.

조선시대에 『조선왕조실록朝鮮王朝實錄』이나 『승정원일기承政院日記』를 만들었던 사관들은 왕의 말을 기록하는 사관(필기관)과 거동 또는 안색을 기록하는 사관이 별도로 있었다. 요즘에는 현장에 배석한 실무직원이 이러한 역할을 동시에 수행한다. 정상회담처럼 중요 회담이나 고위급 회담의 경우, 실무직원이 배석하기 어렵기 때문에 이 경우에는 과장이나 국장이 기록을 하기도 한다. 주요 인사와의 회담, 면담, 접견 시 오고간 대화의 내용은 전문으로 기록되어 후일 외교업무에 활용된다. 나라에 따라서는 별도의 통역실을 설치하여 통역이 남긴 기록을 체계적으로 관리하기도 한다.

---

*　필립 D. 젤리코 & 콘돌리자 라이스 저·김태현 외 역, 『독일통일과 유럽의 변환: 치국경세술 연구』, 모음북스, 2008, p.269.

면담기록 중 가장 힘든 것이 오찬, 또는 만찬 기록이다. 오찬이나 만찬은 식사 테이블에서 이루어지고, 식사 테이블 위에는 각종 음식이나 나이프, 포크 등과 같은 식기들이 놓여 있기 때문에 필기할 공간이 충분치 않다. 또 공식회담과 같이 의제와 참석자, 발언 내용이 잘 정리된 자리가 아니기 때문에 이야기의 주제도 다양하다. 오·만찬은 대개 친교나 접대를 위해 자유롭고 비공식적인 분위기에서 하기 때문에 발언을 기록한다는 인상을 주지 않고 주빈과 초청자 간에 자신의 발언에 대한 기록이 남는다는 부담을 주지 않아야 한다. 그러면서도 참석자들이 식사를 하는 동안 기록자도 함께 식사를 진행해야 한다. 식사장소에서 먹으면서, 들으면서, 말하면서 동시에 기록이 진행되어야 하기 때문에 어렵다.

오·만찬에 배석하게 될 경우 기록을 완벽하게 하면서 식사까지 거르지 않는 것은 쉽지 않다. 기록에 충분히 숙달되기까지는 시간이 걸리고, 중요 내용이 오갈 때는 토씨 하나까지 집중해서 기록해야 하기 때문에 눈앞의 식사를 한다는 것은 언감생심焉敢生心이다. 다만, 요령은 있다. 우리 측 인사가 발언하는 동안 최대한 빨리 먹고, 상대측이 발언할 때 기록에 집중하면서 식사를 한 템포 쉬는 것이다. 우리 측 인사들이 말하는 동안에는 우리 입장을 잘 이해하기 때문에 말하는 내용의 헤드라인을 잘 정리하면 된다. 상대측이 발언하는 동안에는 외국어를 이해하면서 요점을 놓쳐서는 안 되기 때문에 식사를 멈추고 긴장하면서 요지를 파악하고 기록해야 한다. 중국에서와 같이

오찬에 배석해 필기 중인 외교관

때로는 통역이 있는 경우, 중국어 원어와 통역의 말을 대조하면서 들어야 한다. 요컨대 식사를 하더라도 밥을 삼키기 전에 먼저 기록을 다 마치는 것이 필요하다. 이런 요령을 터득치 못하면 식사를 놓치기 일쑤다. 주변에서 보면 오·만찬 배석에 들어가 식사를 거의 못한 직원들을 많이 본다. 프로페셔널하게 일하는 모습이라고 할 수 있다. 그런 직원들에게 줄 수 있는 한 가지 팁은 "당신 앞에 차려진 밥은 가급적 버리지 말아라! 그러나 기록을 빠뜨려서는 안 안 된다!"이다. 상충되지만 어려운 요구다.

공관장의 검은 넥타이

미국 시애틀에서 사건·사고 담당 영사를 하던 시절 필자는 사무실과 집에 각각 검은 넥타이 한 세트를 항시 준비해 뒀었다. 우리 국민들이 각종 사고, 특히 인명의 손상을 가져오는 최악의 사고를 당하지 않는 것이 최선이고, 영사로서 이러한 사고를 막기 위해 각종 계도, 교육 및 안내를 하는 것이 본연의 업무였지만 인간세상이란 불가피하게 인명 손실을 동반하는 사고를 간혹 겪는 곳이기 때문이다. 사건·사고 담당 영사로서 인명사고가 발생하면 항시 현장으로 달려가서 영사가 아닌 유족의 심정으로 유족을 위로하고 위문코자 했다. 그러한 준비의 일환으로 나는 집과 사무실에 항시 조문용 넥타이를 준비해 두었다.

2007년 4월 16일은 미국지역 공관원들에게 최악의 날이었다. 이날 오전에 한 아시아계 남성이 미국 버지니아 공대Virginia Polytechnic Institute and State University에서 총기를 난사해 30여 명이 넘는 많은 학생들이 희생되었다는 보도가 CNN에서 나오기 시작했다. 용의자는 아직 확인되지 않았으나, 아시아계였다는 보도가 얼핏 나왔다. 보도를 접하면서 아시아계가 한국인이 아니기를 간절히 기원했지만 그 바람은 다음 날 바로 악몽 같은 현실로 바뀌었다. 평화로운 캠퍼스를 광란의 도가니로 만든 범인은 한국계 영주권자인 조승희로 밝혀졌고, 그는 사건 직후 자살했다. 조승희 사건으로 인해 미국 한인 동포사회는 완전히 얼어붙었다. 한인사회는 커다란 충격과 비탄에 빠져들었다. 학문과 진리의 전당이 되어야 할 평화로운 대학 캠퍼스에서 한 사회부적응자가 일으킨 광란의 학살극으로 인해 할 말을 잃었다.

미국 언론들도 조승희의 총기난사사건으로 인해 미국 내 전체 한인사회가 마치 공범인 것 마냥 집단적 죄의식에 빠져들었다고 전했다. 조승희 사건으로 인해 미국사회는 물론이고, 언론, 동포사회 모두 미국 내 우리 공관의 반응에 관심이 쏠렸다. 주미대사관, 한국 총영사관이 조승희 사건에 대해 어떤 입장을 표시할 것으로 생각했고, 우리는 최일선에서 그러한 시선을 의식했다. 조승희가 한국계로 보도되기 시작하자 바로 현지 언론들이 총영사관으로 몰려와 한국 정부의 입장에 대해 총영사와 인터뷰를 하려고 했다. 시애틀총영사관은 총영사가 미처 인터뷰 준비를 할 시간도 없이 언론을 맞았고, 갑작스레 우리 정부 관점에서 입장 발표를 해야 했다. 조승희 사건이 발생한 지 이틀 만에 이루어진 총영사의 첫 인터뷰였고, TV 화면에 나오는 우리 총영사의 인터뷰 내용과 이미지는 바로 이 사건에 대한 우리 정부의 인식을 노정하고, 희생자 가족은 물론 미국사회 전반에 많은 영향을 미칠 것이었다.

TV 카메라가 들이닥치기 직전 나는 총영사의 넥타이가 오늘의 사고를 예견하지 못한 평소 복장의 넥타이이기 때문에 이런 상황에서 멜 넥타이로는 부적절하다고 생각했다. 나는 바로 총영사에게 "총영사님, 넥타이를 통해 애도의 표시를 하는 것이 중요한데, 제 검은 넥타이를 매시는 게 좋을 것 같습니다"고 제안했다. 그리고 방송 카메라가 문을 열고 들어오기 직전에 총영사는 애도의 표시로 검은 넥타이를 매었다. 총영사는 한국총영사로서 조승희 사건에 대한 깊은 슬픔과 희생자에 대한 애도의 마음을 밝혔다. 물론 넥타이 한 장이 깊은 슬픔을 다 표현할 수는 없었지만, 이날 검은 넥타이는 우리 정부에 대한 미국 동포사회, 그리고 미국인들의 인식을 우호적으로 유지하는 데 큰 도움이 되었다.

나는 이날의 넥타이가 조승희 사건에 대해 우리 공관이 나타낸 가장 첫 번째 반응으로 결정적인 역할을 했다고 생각한다. 우리 총영사의 인터뷰가 끝난 이후 바로 이태식 주미대사의 애도성명이 나왔고, 이에 대해 미국 언론, 동포사회는 긍정적인 평가를 했다. 한 사회부적응자가 저지른 집단학살극에 대해 한국 정부가 직접 법적 책임을 져야 할 사안은 아니었으나, 이 사건에 대한 우리 정부의 위로와 애도표시는 사건의 충격을 빠르게 안정시키는 데 큰 도움이 되었다. 또한 이 사건을 미국 사회에 적응하지 못한 조승희라는 한 개인의 책임으로 보고, 우리 동포사회, 그리고 한국과 별개로 보는 미국인들의 이후 반응과 태도는 미국 시민과 언론의 성숙한 태도를 보여주는 좋은 사례가 되었다. 이 사건은 더 나아가 한국과 미국이 굳건한 동맹국이라는 것을 다시금 확인시켜 주었다.

오·만찬은 중요한 외교행사

외교현장에서 연회는 매우 중요한 외교행사다. 연회 중 치러지는 오·만찬 행사는 특히 중요하다. 외교관들은 점심식사를 오찬이라고 하고, 저녁식사를 만찬이라고 한다. 오찬이든 만찬이든 주로 상대국 정부인사 면담 등 외교와 관련되어 있다. 오·만찬 행사는 공식이든 비공식이든 관계없이 외교행사의 연장이지만 공식회담에서 하지 못했던 속 깊은 이야기를 나눌 수 있고, 참석자 간에 인간적인 교류와 교감을 할 수 있는 행사이기 때문에 외교적으로도 의미가 크다. 주UN대사를 역임한 박수길 대사는 “외교가에서 식사는 매우 중요한 로비수단이다. 특히 해외에 주재하는 외교관들은 조찬, 오찬, 만찬 등 하루 세 끼 밥 먹는 일에

스케줄이 걸려 있는 경우가 적지 않다"고 말한다.*

오·만찬 행사를 잘 치르는 것은 생각처럼 쉽지 않다. 일반 호텔이나 레스토랑에서 하는 경우, 공관장의 관저에서 이루어지는 경우, 한식당에서 하는 경우 등 상황에 따라 여러 가지 세팅이 바뀌기 때문이다. 정상행사일 경우 영빈관 같은 특별한 곳에서 열린다. 오찬이든 만찬이든 무조건 한식이라기보다는 상대방의 기호와 식성, 현지 문화, 회담의 주제 등을 고려해야 한다. 요즘은 한식 내지는 동양의 음식이 세계적으로 많이 보급되었기 때문에 외국 주요인사가 방한하는 경우 한식을 서빙하는 것이 큰 무리는 없지만, 중동지역에서는 돼지고기를 먹지 않고, 인도인들의 경우 소고기를 먹지 않는다. 또 서양인들 중에는 채식주의자들이 의외로 많기 때문에 메뉴와 식당 선정이 생

---

* 박수길, 『박수길 대사가 들려주는 그동안 우리가 몰랐던 대한민국 외교 이야기』, 비전코리아, 2014, p.40.

각처럼 쉬운 일이 아니다. 한식의 경우, 청와대 국빈만찬 등에서는 우리 전통 호박죽, 신선로, 전통 김치세트, 배를 우려낸 동치미 등 다양한 식재료를 사용하지만, 해외에서는 재료가 한정되어 있기 때문에 제대로 폼을 갖춘 한식을 내는 것이 어렵다. 재외공관의 경우, 관저에서 오·만찬 행사를 할 경우, 공관장 부인이 호스티스 역할을 해 음식의 질과 맛, 코스, 디저트까지 모두 챙겨야 하기 때문에 여간 힘든 일이 아니다. 모든 음식이 절절한 시간에 맞게 서브되는 것은 기본이고, 맛과 멋, 격식을 갖추어야 하며, 한국의 전통 미식문화도 함께 소개할 수 있어야 한다.

메뉴 선정과 함께 중요한 것이 주류다. 주류의 경우, 재외공관에서는 통상 포도주를 선호한다. 포도주를 사용할 경우, 워낙 종류가 다양하기 때문에 호스트의 선호가 많이 반영된다. 공관장이 선호하는 포도주를 고르고, 상대국의 선호도 고려해 선정한다. 현지에서 포도주가 아니라 우리의 전통주류를 사용할 경우에는 술의 순도, 양, 맛, 주재국 음식문화와의 조화 등 여러 가지를 고려한다. 희석식 소주를 사용할 경우, 일부 아시아권에서는 가능하나 서양에서는 어려운 경우도 있다.

메뉴 선정과 함께 참석자 선정도 중요하다. 주재국 정부인사를 초청한 오·만찬 행사일 경우, 어떤 사람이 참석하고, 참석하는 사람의 급과 업무 관계 등 제반사항을 고려해 우리 측 참석자를 선정한다. 상대방이 장관급 또는 차관급 등 고위인사일 경우, 우리 측에서도 그에 맞는 카운터파트를 선정한다.

참석자가 선정이 되면 각 참석자별로 착석 위치 지정을 위한 좌석배치도와 명패를 만들어야 한다. 서양에서는 다소 느슨하나, 중국 등 아시아 국가들에서는 좌석배치도상의 서열이 중요하기 때문에 각 참석자들의 직급 등을 철저히 파악해 서열에 맞게 좌석을 배치하고 이에 따라 행사를 진행해야 한다. 서열이 뒤바뀔 경우, 오·만찬 행사에 참석하는 귀빈의 기분을 상하게 할 수 있어 하나마나한 행사가 될 위험성도 있다.

경우에 따라서는 오·만찬 행사에서 연설을 해야 하는 경우도 있다. 호스트를 위한 연설문 준비, 오·만찬 시 나눌 이야기 소재 내지는 주제 등도 사전에 실무진 간에 충분한 준비를 해야 한다. 오·만찬 행사가 끝나고 선물교환이 있을 경우 선물도 준비해야 한다. 모든 행사는 사전의 시나리오에 따라 치밀하게 준비해야 하지만, 행사가 시나리오에 따라 흘러간다는 느낌이 들지 않도록 자연스럽고 세심하게 진행해야 한다. 오·만찬 행사는 중요한 외교행사인 만큼, 감동과 효과의 극대화를 위해 치밀하게 준비해야 한다.

의전과 외교: 동전의 양면

과거 전통사회의 사회생활에서 관혼상제冠婚喪祭는 중요한 의식이었고 생활의 양상과 템포가 바뀐 오늘날에도 이 분야의 의식과 의례는 중요한 사회적 기능을 한다. 주권국가 간의 외교활동에서도 이러한 의식이 중요하다. 국가 간에 적용되는 의식과 예양, 참석자들의 서열과 석차에 관한 것이 바로 의전Protocol이다. 외교활동에서의 의전은 외빈의 방문 또는 우리 요인의 외국 방문 시 공항에서의 영접과 환영, 국기 게양, 요인에 대한 최선의 예우와 지원, 외국대표단에 대한 편의와 특권의 제공, 조약·공동성명 등 각종 공식문서의 작성, 채택 및 서명 과정에서의 절도 있는 행사, 상대국의 방문지원에 대한 답례 및 감사 등 종합적인 것이다.

모하메드 UAE 아부다비 왕세제 방한(2019.02.17.) 시 의전행사 모습(출처 : 청와대)

외교에서 의전은 외교 본체와 불가분의 관계이다. 대상물과 그림자의 관계처럼 의전은 외교의 그림자라고 할 수 있다. 의전과 외교는 동전의 양면과 같다. 세심하고 절도 있는 의전 속에 내실 있는 콘텐츠가 녹아들어가 있는 외교야말로 이상적인 외교라고 할 수 있다. 의전 없는 콘텐츠는 포장 없는 크리스마스 선물이고, 콘텐츠 없는 의전은 선물 없는 포장지라고 할 수 있다. 이 두 가지는 어느 것이 먼저랄 것 없이 모두 중요하다. 다만, 유의할 점은 의전은 그 자체가 목적이 아니고 외교를 하기 위한 수단이라는 점이다. 과거 영국의 외교관이었던 템플 경Sir William Temple은 "(의전행사로 열리는) 의식이라는 것은 비즈니스가 원만하게 이루어지도록 촉진하기 위해 만들어진 것"이라고 적절히 지적한 바 있다.*

---

* Ivor Roberts, *Satow's Diplomatic Practice(6th ed.)*, Oxford Univ. Press, 2009, pp. 626-627.

의전의 기본은 상대국의 주권에 대한 존중이요, 국가존엄에 경의의 표시다. 상대국의 대표는 상대국의 정부, 주권과 국민 전체를 대표하고 있기 때문에 정중한 예의를 갖춰 세심하게 배려해야 한다. 그렇기 때문에 의전의 실례 또는 의전상의 결례는 상대국의 국가주권이나 상대국 정부에 대한 결례라고 할 수 있다. 의전에서 문제가 생길 경우 정성껏 준비한 외교행사가 자칫하면 빛을 잃을 수 있고, 양자 간 실질협력 관계 증진에도 영향을 미칠 수 있다.

의전은 특히 정상 간 교류에서 중요하다. 그러다 보니 과거 정상외교에서는 의전적 색채가 강한 국빈방문이나 공식방문 등이 주류였다. 국빈 또는 공식 행사에서는 절도 있고 세심한 의전행사가 핵심을 이루었다. 대통령의 외국 방문 시 상대국 의장대 사열, 예포발사, 상대국의 국기 게양, 주요 기념시설 참배와 방문, 공식환영식 및 국빈만찬, 국회연설 등이 국빈방문의 세트메뉴처럼 차려진 외교행사다. 다만, 최근에는 이러한 의전성 행사보다는 실무적인 현안을 집중협의하기 위한 실무방문이 많아지고 있다. 국제교류가 빈번해지고, 정상 간 교류도 잦아지면서 의전보다는 실질, 형식보다는 비즈니스를 우선하는 분위기가 생기고 있기 때문이다. 실무방문 시에는 의전성 행사가 생략되고 현안협의를 위한 정상회담, 면담 등이 주류를 이루고 의제도 전반적인 이슈보다는 현안을 위주로 다루게 된다.

공항과 외교관

외교관으로 재외공관 생활을 하다 보면 업무상 자주 가게 되는 곳이 바로 공항이다. 공항은 해외를 여행하는 우리 국민, 본부에서 오는 대표단 또는 외빈들이 반드시 거쳐 가는 곳이다. 외빈이 VIP일 수도 있고, 외교부장관일 수도 있고, 다른 부처 장관일 수도 있고, 국회의원일 수도 있고, 본부의 간부일 수도 있다. 때로는 공관의 보호를 필요로 하는 탈북자일 수도 있고, 수형자일 수도 있다. 또한 공항은 주재국에 막 도착한 방문객들의 주재국에 대한 첫 인상을 결정짓는 장소이기도 하고, 대표단이 주재국에 내리자마자 처음 마주치는 공관원들에 대한 인상을 결정하는 장소이기도 하다. 공항에서부터 업무가 물 흐르듯이 잘 진행될 경우 공관

업무에 신뢰감을 느끼게 된다.

과거 외무부장관을 지내고 부총리 겸 통일원장관을 지낸 최호중 전 장관은 "해외에서 근무하는 말단 외교관은 비행장 당번을 하는 것이 주된 임무의 하나이다. 청운의 꿈을 품고 어려운 관문을 뚫은 끝에 겨우 외교일선에 나서게 된 몸으로서는 지저분하기 이를 데 없는 잡무"라고 외교관의 공항업무를 규정하고 있다.* 최 전장관은 "그나마도 생전에 보지도 못한, 어쩌다 고위직에 오른, 세련미라고는 찾아볼 수 없는 고관을 이른 새벽이나 한밤중에 멀리 떨어진 공항에까지 나가서 맞이하게 될 때는 화가 머리끝까지 치밀어 저도 모르게 태도가 부드럽지 못하게 되는 것도 무리는 아니다"고 말하기도 했다. 그러나 그는 이런 과정을 거쳐 원숙한 외교관으로 성장한다고 말한다.** 최 전 장관의 말대로 공관원 생활은 공항과 밀접한 관계가 있기 때문에 신임 외교관이 부임하게 되면 OJTOn the Job Training로 반드시 가봐야 하는 곳이 공항이다.

그렇다고 외교관이 늘 외빈영송을 위해 공항에 나가는 것은 아니다. 정부가 추진하는 '비정상의 정상화' 차원에서 현지 방문 국회의원의 관광·쇼핑 수행 등 불필요한 공항영송을 최소화하고*** 공관원의 시간을 효율적으로 활용해 재외국민 보호 등 본업에 충실을 기하도록 하고 있다. 대표단 방문, 주요 인사 방문, 재외국민 보호 및 동포업무 지원 등으로 부득이 공항에 가는 경우에도 엄격한 규정과 절차에 따른다.

---

* 최호중, 『外交는 춤춘다』, 한국문원, 2004, p.257.

** 위의 책.

*** 국회의원들이 '의원외교' 차원에서 외국 방문 시 현지 공관원을 대상으로 관광과 쇼핑, 통역지원 요청 등 불필요한 업무 부담을 초래하고, 공관원들이 국회의원 수행에 시간과 노력을 쏟느라 정작 재외국민 보호 등 본연의 임무에 차질을 빚는 경우가 많았다. 박근혜 정부는 '비정상의 정상화' 차원에서 이러한 문제점을 개선하기 위해 현지 공관의 불필요한 외빈 의전지원 관행을 개선하고, 대신 재외국민 보호 강화 등 공관 본연의 업무에 내실을 기하도록 하였다. 유지혜·강태화, "외교관이 국회의원 관광가이드냐", 《중앙일보》, 2014.03.17. 참조.

공항이 공무상 중요한 기능을 수행하는 이유는 단순한 대표단 영송뿐만 아니라 중요한 외교행사가 이루어지기 때문이다. 가령, 우리 정상이나 총리, 외교장관 등 주요 인사가 주재국을 방문할 경우 주재국에 도착하자마자 제일 첫 번째 이루어지는 공식행사가 바로 공항행사라고 할 수 있다. 공항행사는 또한 주재국이 우리 정상 등 중요한 귀빈을 맞을 때 보여주는 환대의 기준이 되기도 한다. 실제로 2015년 3월 3일 우리 대통령이 사우디아라비아를 방문했을 당시 압둘 아지즈 알 사우드Salman bin Abdulaziz Al Saud 사우디 국왕을 비롯해 왕위계승 서열 2, 3위 인사가 모두 공항 환영식에 출영하는 등 우리 대통령에 대한 파격적 예우를 보여 외교가에 화제가 되기도 했다.* 공항에서 이루어지는 각종 행사 준비를 위해 외교관은 사전에 현지 공항의 구조를 잘 익혀야 한다. 각 항공사별 터미널 위치, 국적항공기 출발 및 도착시간, 비행기 탑승위치, 보딩패스를 발급 후부터 비행기 트랩으로 가는 데 걸리는 시간, 출입절차와 검역, 보안 등을 관장하는 관계기관의 사무실 위치, 관계자 연락처 등을 알고 있어야 한다. 그래야 해외여행 중인 우리 국민에게 문제가 생긴 경우 즉각 대응이 가능하다.

공항에서 간혹 외교상 또는 의전상 일이 발생하기도 한다. 2012년 3월에는 아비그도르 리버만Avigdor Lieberman 이스라엘 외무장관이 한국을 방문하고 돌아가는 길에 공항에서 정당한 보안검사 절차를 거부해 국내 언론에 문제가 된 적이 있다. 이외에도 신문에 보도되지는 않지만 해외 공항에서 간혹

---

* 남혁상, "[朴 대통령 리야드 도착] 사우디의 '파격적 예우'… 국왕, 왕위 서열 2·3위 공항 환영식에 참석", 《국민일보》, 2015.03.04. 과거 이명박 대통령의 우즈베키스탄 방문 시 카리모프 대통령이 직접 공항에 출영해 우리 정상 방문에 대한 환대의 의사를 표시했다. 이명박, 『대통령의 시간 2008-2013』, p.430. 김대중 대통령이 북한의 김정일 위원장과 최초의 남북정상회담을 위해 2000년 6월 13일 평양을 방문할 당시 김 위원장은 직접 평양 순안공항에 나와 김 대통령을 맞이했다. 임동원, 『피스 메이커: 남북관계와 북핵문제 20년』, 중앙북스, 2008, p.76-77 참조.

사고가 발생하기도 한다. 귀빈이 탑승한 항공기가 이미 도착했는데 공항에 나간 공관원이 교통혼잡에 걸려 공항에서 영접을 못해 사고가 난 사례, 공항 출입 전에 보안절차를 밟지 않아 귀빈이 공항 보안구역 통과를 거부당한 사고 등이 그 예다. 이런 경우 현장에서 대응해 문제를 해결하기도 한다. 2014년 10월 30일에는 마크 리퍼트Mark Lippert 신임 주한미대사가 한국으로 부임 중 미국 공항에서 애완견의 검역 및 탑승절차가 지연되어 부임이 하루 늦어지기도 했다.

외교관은 공항행사가 많기 때문에 일부 국가의 외교부 또는 공항당국에서는 외교관을 위한 특별출입증을 발급하여 주기도 한다. 특별출입증을 소지할 경우, 공항 보안구역 출입이 가능하다. 어떤 국가에서는 공관장에게만 공항출입증을 발급해 주기도 하고, 어떤 곳에서는 소수 간부에게만 공항출입증을 주기도 한다. 이러한 출입증이 있으면 공항에 비행기가 도착해 승객이 비행기에서 내리는 트랩까지 접근이 가능하다.

공항에서는 애환도 많다. 가족이나 친지의 상을 당해 급히 한국으로부터 입국해야 하나 밤이라 비자를 받을 수 없어 공항에서 애를 태우는 경우도 있다. 간혹 범죄자나 불법밀입국자들이 출국할 때 인계하는 장소도 공항이다. 때로는 공항에서 비자나 여권을 분실해 입·출국이 거부돼 연락이 오는 국민들도 있다. 어떤 공항에서는 한국으로 가는 비행기 시간표가 새벽 또는 심야이기 때문에 정상 근무 후 새벽 일찍 또는 자정이 넘는 시간까지 외빈을 영송하러 공항에 나가야 하는 경우도 있다. 이 밖에도 공관원이 다른 임지로 떠나는 경우 주재국과 가슴 아픈 작별을 해야 하는 이별의 장소이기도 하다. 어찌됐든 간에 외교관에게 있어 공항은 늘 새로운 만남의 기쁨과 작별의 아쉬움이 교차하는 정거장이다.

일사병 속에서 치른 바자회

필자는 주중대사관에서 총무과장으로 근무하면서 많은 행사를 치렀다. 그중 가장 기억나는 행사 중 하나가 대사관 직원들과 직원 부인들이 합심해 함께 치른 자선바자회다.

2010년 중국 양제츠楊潔篪 외교부장의 부인인 러아이메이樂愛美 여사가 회장을 맡은 외교단 국제자선바자회가 8월에 베이징에서 열렸다. 러아이메이 여사는 중국 외교부에서 근무하던 중 외교관이던 양제츠와 만나 결혼했고, 아직도 현역 외교관 신분을 유지하고 있었다. 그녀는 외교부 참사관이자 외교부장 부인 자격으로 각종 외교단 행사를 주관했다. 바자회는 중국 외교부뿐만 아니라, 중국의 주요 기업들이 후원했고, 중국에 주재하고 있는 각국의 외교단 및 국제기구 대표 등이 참석했다. 바자회에는 외교관 부인들이 소장하고 있는 각종 물품 등이 십시일반으로 출연했으며, 중국 내 우리 기업들도 적극 참여했다. 물품을 팔아 얻은 수익금은 중국 윈난성 지진 피해자 가족, 아동들을 위한 학교 건설, 교육기자재 보급 등에 쓰였다.

8월의 뜨거운 햇볕 아래 베이징 시내 한복판에 위치한 차오양朝陽 공원에서 열린 자선바자회에 한국대사관은 대대적으로 참여했다. 약 80여 개국의 외교단이 참가한 바자회에서 대부분의 국가들이 한 개의 부스만을 운영했으나, 우리 대사관은 세 개의 부스를 신청해 운영했다. 한국대사관은 바자회를 단순히 물품을 판매하는 행사가 아니라 우리 상품과 전통문화를 홍보하는 기회로 최대한 활용했다. 우선, 바자회 홍보 포스터를 만들었다. 중국의 자산 바자회 주제를 십분 활용하면서 이에 더해 우리의 전통문화와 한류를 함께 알릴 수 있는 홍보 포스터를 제작했다. 홍보 포스터에는 한국의 G20 정상회담 홍보를 위한 오색등도 그려 넣었다. 홍보부스도 우리의 전통문화를 알릴 수 있는 전통한옥 바탕에 태극기를 장식하고, 아름다운 한국의 사계절 풍경을 그려 넣었다.

바자회 행사에서 제일 인기가 있었던 것은 한국의 화장품이었다. 중국 여성들에게 한국의 화장품은 피부를 곱게 하고 자신을 한층 빛나게 해주는 명품이었다. 많은 중국 여성들이 한국 화장품을 선호했기 때문에 바자회를 통해 싼 가격에 판매되는 한국 화장품이 큰 인기를 끌었다. 김치 또한 인기가 높았다.

총무과장으로 바자회 부스를 설치하고, 바자회에 참여하는 인원들의 교통·음료 제공, 각종 물품 운반 및 설치, 바자회 행사 마무리 등으로 무척 바빴다. 바자회 당일 새벽 5시부터 행사장으로 물품을 나르고 바자회 부스를 설치하느라고 정신이 없었다. 바자회가 36~40도에 달하는 뜨거운 땡볕에서 진행되다 보니 햇볕을 오래 쬔 직원들은 행사가 끝날 때쯤 일사병에 걸려 시름시름 앓게 되었다. 그러나 무더위에도 불구하고 우리 대사관의 바자회는 성공적으로 마무리되었고, 바자회 기부금도 80여 개국 외교단 중에서 가장 많았다. 우리가 낸 바자회 기금은 중국 원난성 지진 피해 복구와 피해 아동의 학교 건립 비용으로 소중하게 활용되어 한중 간 우정을 심화시키는 데 많은 기여를 했다.

외교관 생활의
이면과 실제

외교관의 근무와 생활

국내외 순환근무

/

외교관의 근무지는 국내외에 모두 걸쳐 있다. 보통은 서울에 있는 외교부 본부와 재외공관으로 나뉜다. 본부에서 근무할 경우에도 외교부 본부뿐만 아니라 청와대, 총리실 등 다른 기관에 파견되어 근무할 수도 있다. 해외근무의 경우 선진국에서 후진국 등 다양한 환경의 임지를 경험하게 된다. 후진국일 경우 치안, 의료·위생, 교육 여건 등에서 국내에 비해 훨씬 좋지 않은 곳이 될 수 있다. 일반적인 후진국보다 여건이 한층 더 열악한 험지(외교부에서는 이를 특수지라고 부른다)의 경우, 내전이나 테러, 말라리아 같은 풍토병으로 생명의 위협을 받을 수 있다. 본인뿐만 아니라 가족 전체의 안전이 위협을 받는 경우도 많다.

국내외 순환근무는 외교관이 해외 주재국의 정세를 익히고, 주재국 내의 다양한 인사들과 인적 네트워크를 구축하고, 다양한 커리어를 쌓을 수 있는 계기가 된다. 또 본인이 맡고 있는 지역·국가에 대한 전문지식을 쌓을 수 있는 기회가 된다. 본부에서 담당하던 국가 근무를 통해 지역전문가로 성장할 수 있고, 특정 업무를 담당하는 국제기구가 소재한 공관에 파견될 경우 해당 분야에 정통한 전문외교관으로 성장할 수 있는 것이다.

이처럼 외교부는 외교관들이 선호 공관과 비선호 공관 간의 순환근무를 통해 선·후진국 모두에 대한 외교적 경험을 쌓고, 다양한 언어와 문화에 노출되어 원숙한 외교관으로 성장해 가도록 하는 한편, 가급적 많은 직원들에게 선호지 근무 기회를 부여해 인사의 형평을 기하고 있다.

외교관의 국제이사

/

재외공관 근무는 여러모로 부담이 많다. 치안이 불안정하고, 환경 및 위생 상태, 경제적 여건이 국내보다 뒤쳐진 지역이 많기 때문이다. 해외 이사지가 때로는 아프리카의 오지가 될 수 있고, 내전 상태에 있는 곳이 될 수도 있고, 말라리아·에볼라 바이러스 같은 생명의 위협을 수반하는 질병창궐지역이 될 수도 있고, 심지어 산소가 희박한 곳일 수도 있다. 또한 재외공관에 나가기 위해서는 국내생활을 정리해야 하고, 지리와 문화, 정치제도가 생소한 먼 나라까지 가족들을 데리고 가야 하기 때문에 외국생활에 대한 두려움도 크다. 해외 이사과정에서 자녀의 학교문제, 배우자의 직장문제, 해외정착을 위한 제반 준비 등에 많은 개인적 희생과 경제적 손실이 수반된다. 어떠한 경우에도 국익을 위해 온갖 희생을 무릅쓰고 가야하는 것이 외교관의 임무다.

외교관 국외연수제도

/

오늘날은 일반 행정부처의 공무원들도 누릴 수 있는 혜택이지만, 과거에는 해외연수제도가 외교관에 대한 큰 혜택이었다. 외교관 국외연수제도는 초임 외교관들을 해외 선진국이나 제2언어권 연수기관에 파견해 어학과 전문지식을 연마토록 하는 국비유학제도다. 특정 전문 분야 연수의 경우, 주로 미국, 영국 등 학문이 발달한 선진국의 유명 대학이나 연구소에 파견되어 공부할 수 있도록 하며, 제2외국어 연수과정의 경우에는 중국, 프랑스, 러시아, 스페인, 아랍국가 등에 파견해 제2외국어를 배울 기회를 제공한다. 연수기간은 보통 2년이나 특수외국어권인 경우 예외적으로 3년 동안 머물기도 한다.

외교관 국외연수는 보통 입부 후 2~3년 지난 시점부터 자격이 생기며, 국외연수 후보자는 영어 성적, 제2외국어 성적, 근무 성적 등 종합적인 평가 결과를 토대로 연수선발위원회의 심사를 거쳐 선발한다. 통상 매년 30여 명의 초임 외교관들이 영어권 및 제2외국어권으로 파견되며, 파견기간 동안 연수비가 지원된다. 연수기간에는 해외에서 학업이나 외국어 연마에 전념하면 되기 때문에 전문지식 함양, 외국어 습득 등 역량개발을 위한 좋은 기회가 된다.

외교관의 국외 출장

/

외교관 생활이 일반 국내 공무원들과 구별되는 특징 중의 하나는 해외출장의 빈도가 비교적 잦다는 것이다. 지역정무업무를 담당하는 경우, 해당 국가 인사들과 회의, 현안협의, 양자교류 등을 위해 해외출장을 가야 하는 경우가 종종 있다. 국제기구, 경제업무, 국제법, 기후변화, 국제안보, 인권 등 기능 분야 업무를 맡는 경우 해외에서 열리는 국제회의가 많아 해외출장이 잦다.

한국 외교관들의 경우, 해외출장 시 국내보다 업무강도가 더 센 경우가 많다. 해외출장을 위한 각종 자료 준비, 현안 협의를 위한 관계부처와의 입장 조율, 현지 회의 및 교섭참여, 회의 결과 보고 및 후속조치, 회의 참석 중 각종 양자회담 등 준비해야 하는 것들이 많기 때문에 해외출장은 긴장과 과로의 연속이다. 특히, 고위급 인사를 대동한 국외출장이나, 안보·경제 등 우리의 핵심국익과 관련된 해외출장의 경우, 결과보고가 시급히 이루어져야 하는 경우가 많아 업무강도가 셀 수밖에 없다. 가령, UN에서 열리는 주요 회의에 참석한다고 하면, 회의 전날 대책회의, 회의 중 전략회의, 회의 종료 이후 결과 정리 및 보고, 유사 입장국과의 조정회의, 발언 준비 등으로 일정이 바쁘게 지나간다. 특히 미국, 유럽 등 장거리 출장의 경우, 비좁은 비행기 이코노미 좌석에서의 오랜 비행피로와 함께 회의 전날 현장에 도착해 회의를 마치자마자 바로 국내로 복귀하는 데 따르는 시차 피로 등 고단한 생활의 연속이라고 할 수 있다.

외교관 생활의 이면

"고귀한 사람들의 생활이라는 것은 멀리서 바라보는 사람에게는 마치 햇볕에 싸여 있는 것처럼 찬란하게 보일 뿐입니다. 그러나 실제로는 수없이 많고, 번거롭고, 때로는 저속한 일들의 산더미이옵니다"

_ 빌헬름 마이어 푀르스터Wilhelm Meyer-Förster 저,
『황태자의 첫사랑』 중
폰 하우크 국무장관이 황태자에게 하는 말에서 인용

일반인들은 외교관의 생활을 화려하고 보통 사람들의 생활과 동떨어진 일부 직업군의 생활로 생각하기 십상이다. 그래서 외교관, 하면 외국생활, 우아한 파티와 리셉션,

고급 승용차와 고급 저택을 떠올리는 사람이 많다.* 서울에 와 있는 외국 대사들을 보면 벤츠나 BMW와 같은 고급 승용차를 타고, 상당수가 성북동의 고급 관저에서 생활한다. 그러다 보니 외교관 생활의 일반에 대해 간혹 오해하는 사람들이 종종 있다. 미국 상류층 집안에서 태어나 부족함 없는 삶을 살았던 케네디 대통령은 외교관을 불신한 나머지 "직업외교관들은 주재국 사정을 잘 알고 있지도 못하고 미국을 대표할 능력도 없이 테니스나 칵테일파티에 너무 시간을 낭비한다"고 비판했다.**

하지만 외교관 생활의 현실은 일반인이 생각하는 화려함과는 거리가 멀다. 폰 하우크 국무장관의 말처럼, 외교관들도 외교관 생활을 하면서 힘든 일을 수없이 겪고, 번거롭고 때로는 험한 일을 하기도 한다. 각종 정세보고, 주요인사 면담, 외교협상과 같은 본연의 업무 외에도 대표단 방문 시 출영, 숙소 예약, 오·만찬 일정 주선, 공항 파우치(외교행낭) 수발, 공관이나 관저 수리 및 보수, 재소자 면담을 위한 감옥·교도소 방문, 재판 방청, 때로는 사망자 시신처리를 위한 현장 입회, 영안실 방문, 시신화장 처리 절차 지원 등 많은 일을 한다. 어떤 곳에서는 화려한 저택은 고사하고 막사 같은 곳에서 공관장을 포함한 전 공관원이 함께 생활하기도 하고, 총·포탄이 빗발치는 전쟁이나 내전의 한복판에서 생명의 위협을 감수하며 생활하기도 한다.*** 또한 치솟는 현지 물가에 비해 턱없이 낮은 주택임차비로 인해 거주지가 도심 외곽으로 점점 밀려나기도 한다. 외교의 현장은 도심 한가운데 있는데, 시내에 거주

---

* 박형수, "[진로 찾아가기] 외교관: 특혜 많은 화려한 고위직? 밤늦도록 격무 시달리는 '국제공무원'", 《중앙일보》, 2014.03.05. 참조.

** Arthur M. Schlesinger, Jr., *A Thousand Days-John F. Kennedy in the White House*, Houghton Muffin Company, 1965, pp.406-407.; 김영주, 『외교의 이론과 실제: 정보, 대화, 교섭』, 외무부 외교안보연구원, 1992, p.203에서 재인용.

*** 외교통상부 편집부, 「이라크 비망록」, 『외교의 현장에서 그 보람, 애환, 그리고 사랑』, 어진소리, 2004, p.109 참조.

할 수 없어 지방도시까지 거주지를 옮겨 몇 시간씩 기차를 타고 출퇴근하기도 한다.

외교관의 일상적인 업무와 관련해 빼놓을 수 없는 것이 각종 대표단 방문 지원이다. 본부, 관계부처 또는 국회대표단 등 다양한 종류의 대표단 활동을 원활하게 지원하기 위해서는 현지 공관, 공항, 호텔 등과 유기적인 업무망이 구축되어야 한다. 또한 각종 계기와 참석자에 맞는 오·만찬 행사도 잘 지원해야 한다. 이를 위해 공관원으로 주재국에 부임하면 가장 먼저 해야 할 일이 공관 소재지 공항의 길과 구조를 익히고, 공항·항공사 관계자들과 인적 네트워크와 업무협조체계를 구축하는 한편, 본국과 주재국을 오가는 항공기의 항공일정을 파악해야 한다. 귀빈행사가 있을 때 어떻게 공항행사를 할 것인지, 귀빈실을 오가는 인사들의 동선을 어떻게 구성할 것인지를 파악해야 한다.

공항은 주재국을 방문하는 주요 인사들의 주재국과 공관원 등에 대한 첫인상을 결정하는 곳이다. 또한 간혹 정상이 주재국을 방문하는 경우 가장 중요한 첫 일정이 공항에서 이루어지기 때문에 공항행사가 어떻게 진행되느냐에 따라 전체 방문일정의 성패가 갈린다. 그렇기 때문에 외교관으로서 지녀야 할 가장 중요한 현장지식 중 하나는 바로 현지 공항에 대한 지식이다. 또한 이민·세관, 공안, 항공사 직원 등 공항 관계자와의 긴밀한 연락창구 구축은 재외국민 보호업무 수행을 위해서도 필요하다. 일각에서는 외교관들의 이러한 공항 의전 및 대표단 지원활동을 본연의 업무와 무관한 것으로 보기도 하지만, 외교관에게 있어 공항은 외교적 기초를 발휘할 수 있는 훈련장이라고 할 수 있다.

공항행사 못지않게 종종 이루어지는 것이 각종 오·만찬 행사다. 오·만찬 행사는 현지 한식당, 호텔이나 관저 등 다양한 장소에서 이루어진다. 본부나 재외공관 업무에서 공식회담 못지않게 중요한 것이 각종 오·만찬 행사이다.

공식회의에서는 이루어지기 힘든 중요한 논의나 친밀한 인간관계의 구축이 오·만찬 행사를 통해 이루어지는 경우가 많다. 계기별로 최적의 장소에서 최적의 메뉴를 통해 절도 있게 이루어지는 오·만찬은 외교 수행의 윤활유라고 할 수 있다. 특히, 국빈방문을 계기로 이루어지는 주재국 정상과의 국빈 오·만찬, 주요 인사 초청 오·만찬, 경제인 초청 오·만찬 등은 외교행사의 성과 거양을 위해 매우 중요한 역할을 한다.

한편, 외교관의 업무가 반드시 근사한 곳에서만 이루어지는 것은 아니다. 종종 수감자 면회를 위해 교도소를 방문하기도 하고, 재판정을 방문하기도 한다. 아국인이 해외에서 범죄를 저지르고 수감되어 있거나 체포된 경우, 이들의 인권을 보호하고 애로사항을 청취하는 한편, 필요한 물품이나 약 등을 전달하기 위해 교도소를 방문하는 경우도 늘 있다. 해외에서 아국인이 생명을 잃은 경우에는 가족의 입출국 절차 지원과 위로, 시신처리를 위한 검시관 면담과 영안실 방문, 시신 화장장 방문, 유해 통관을 위한 세관 및 항공사 협의 등 헤아릴 수 없이 많은 종류의 업무를 수행한다.

이처럼 외교관은 스포트라이트가 쏟아지는 무대 위와 관객에게 보이지 않는 무대 뒤편에서 동시에 일하는 직업이라고 할 수 있다. 한 언론의 표현처럼 외교관은 특혜가 많은 화려한 고위직이라기보다는, 밤늦도록 국익수호를 위해 격무에 시달리는 '국제공무원'이라고 할 수 있다.*

---

* 박형수, "[진로 찾아가기] 외교관: 특혜 많은 화려한 고위직? 밤늦도록 격무 시달리는 '국제공무원'", 《중앙일보》, 2014.03.05. 참조.

외교관의 직업적 장점

필자가 간혹 대학이나 청소년 대상 강연에서 학생들을 만나 보면 외교관이 되기를 희망하는 학생들이 많다. 또 많은 학생들이 외교관의 장점이나 좋은 점이 어떤 것인지 묻는 질문을 종종 한다. 짧은 외교관 경력이지만, 외교관 생활을 하면서 느끼는 장점은 상당히 많다고 생각한다.

가장 큰 장점이라면 외교관은 사회과학의 연구대상 중 가장 다이내믹하고 흥미진진한 국가 간의 관계를 다룬다는 것이다. 주권국가들로 구성된 국제사회에서 한국과 다른 국가 간의 외교관계를 관리·발전시키는 외교업무는 오직 외교부라는 정부조직을 통해서만 할 수 있다. 외교업무를 하면서 외교관은 국제무대에서 국가를 대표해 국익을 위해 봉사할 기회를 가진다. 회사를 위해 일하는 회사원이나 특정한 부처의 정책을 위해 일하는 다른 정부부처 공무원과는 달리 외교관은 대한민국 전체의 국익을 위해 일할 수 있는 것이다. 국익이라는 것은 쉽게 말해 국가나 국민 전체에게 돌아가는 이익이나 혜택, 또는 가치를 말한다. 전쟁을 막고 평화를 지키며, 나라를 번영하게 만들고 국민의 생명과 재산을 지키는 것은 이러한 국익의 대표적인 사례들이다. 특정 집단이나 기업, 부처의 관점이나 이익이 아닌 국가 전체의 관점에서 정의되는 국익을 수호하는 것은 외교의 가장 중요한 가치다.

둘째로 외교관은 많은 나라를 다니기 때문에 서로 다른 지역, 문화, 국가들에서 다양한 경험을 통해 다채로운 삶을 살 수 있다. 외교관으로서 재외공관 근무를 하거나, 국제회의 참석을 위해 출장을 가는 경우에도 그 나라 또는 문화권의 특이한 문화적 체험을 할 수 있다. 또한 해외에서 여러 다양한 배경을 가진 친구를 사귈 수도 있다. 외교관의 친구는 인종, 종교, 지역, 직급에 관계없이 전 세계 어디에서든 편재한다.

셋째, 외교관을 하게 되면 매번 새로운 긴장감과 기대감을 가질 수 있다. 외교관은 국내에서만 생활할 수 없고 2~3년 단위로 국내와 해외를 옮겨 다니기 때문에 그때마다 전혀 색다른 체험을 하게 된다. 새로운 임지, 새로운 업무, 새로운 만남, 새롭게 접하는 문화는 언제나 사람을 설레게 한다.

넷째, 외교관은 해외에서 보다 넓은 시각으로 국내문제를 들여다볼 수 있다. 우리가 국내적으로 안고 있는 통일문제를 포함한 다양한 정치문제, 경제문제, 사회문제 등을 국내적 시각에 매몰되지 않고 국제사회의 시각으로 바라봄으로써 넓고 객관적인 시야를 형성할 수 있다. 객관적이고 국제적인 시각에서 국제문제와 국내문제를 함께 바라볼 수 있는 외교관의 독특한 시각은 정부정책의 형성과정에서 가치 있는 기여를 할 수 있다.

재외공관에서의 외교관의 하루

재외공관에서의 근무는 본부의 분망한 업무에서 조금이나마 벗어날 수 있는 기회를 제공한다. 유년시절 꿈에 그리던 동화속의 나라와 같은 곳에서 생활하거나 타임머신을 타고 우리가 살았던 옛 과거로 돌아간 듯한 느낌을 주는 곳에서 생활할 수 있는 기회도 있다. 유럽이나 미국 같은 곳에서 근무하다 보면 다양한 지역과 국가를 여행할 수 있는 기회도 많다. 남들이 수 백, 수 천 만원의 여행비용을 지불해야 올 수 있는 곳이나, 사진이나 그림으로만 봐 온 세계적 명승지를 일상생활의 한 부분으로 가진 채 즐길 수도 있다. 특히, 본부에서보다 가족과 함께 보낼 수 있는 시간이 많아지면서 가족의 가치를 새롭게 발견할 수 있는 기회가 된다.

일과 가정의 조화를 통해 자기개발에 집중할 수도 있다.

그러나 재외공관에 가더라도 이러한 여유가 많지는 않다. 오늘날 재외공관 근무도 여러모로 본부 근무의 연장선상에 있다고 할 수 있다. 재외공관 근무도 본부 못지않게 바쁘다. 우선, 본부에서 쉴새 없이 쏟아져 내려오는 전문 지시에 대한 조치를 해야 한다. 본부에서 오는 전문은 주재국의 정세 파악 지시, 본부 주요 인사의 방문을 위한 각종 일정 및 면담주선, 주재국과의 각종 회의 참석, 주요 현안에 대한 주재국의 입장 및 진행상황 파악, 주재국의 각종 제도조사, 각종 사건사고 처리 및 민원인 지원, 국회대표단, 관계부처 대표단 방문 지원, 국정감사, 국회질의 및 감사원 감사 수감을 위한 각종 자료 보고 및 제출, 공관 운영 관련 각종 예산·결산 보고서 제출, 공관의 홈페이지 업데이트, 행정직원 채용 및 관리 등 그 수와 종류를 헤아릴 수 없다.

공관원은 출근을 하면 우선 컴퓨터를 켜고 전문단말기에 접속하여 본부에서 온 지시 전문, 여타국 공관에서 보낸 전문, 그리고 국내외 언론보도 등을 체크한다. 전문과 언론보도 확인을 통해 그날그날 해야 할 일 및 업무의 우선순위, 주재국 인사 접촉, 각종 보고서 작성 필요성 등을 점검하고, 상부 또는 상관에게 보고가 필요한 사항을 정리한다. 국내 언론보도 종합을 통해 현재 본부에서 중요 이슈가 되고 있는 사안들을 점검하고, 동 사안들에 대한 국내 여론 동향을 파악함으로써 공관 차원에서 어떠한 조치를 취해야 하는지를 알 수 있다. 가령, 본부에서 재외국민 보호 문제가 언론에 집중 보도되고 있을 때에는 이러한 사안에 대해 본부에서 해당 공관에 지시가 내려올 것이기 때문에 이에 대비해야 한다.

이어서 본부의 각종 지시사항 처리 또는 주요인사 면담, 대표단 방문 등에 대비하기 위해 주재국 외교부나 관계부처 상대방과 필요한 내용을 협의하거나 면담일정을 잡아 상대방과 접촉하여 필요한 사항을 파악해야 하며,

우리 측 요청사항, 입장 등을 전달하고 이에 대한 상대국의 입장, 반응, 정책 등을 확인하여 보고해야 한다.

공관원은 또한 대사 또는 공사의 주요인사 면담, 양자 간 회담·교섭, 오·만찬 등에 참석하여 면담이나 회의 결과를 정리, 보고해야 한다. 각종 회의, 면담, 만찬행사 등이 밤늦게 끝나는 경우 중요 면담이나 회의 결과를 본부에 보고하기 위해서 늦은 시간까지 야근을 하는 경우도 잦다. 또한 면담이나 회담을 지원하기 위한 각종 행정지원(차량배차, 기관 출입조치, 선물준비, 항공편·호텔 예약 지원, 예산처리, 통역지원 등)을 해야 한다. 준비사항들을 하나하나 체크리스트로 만들어 꼼꼼히 챙겨야만 실수가 발생하지 않는다. 면담이나 회의는 종종 식사를 겸해서 이루어진다. 오찬 또는 만찬을 통해 주요인사 면담 또는 접견이 이루어지기 때문에 식사 시간 자체가 일의 연속인 경우가 많다. 오·만찬 또는 면담을 수행하는 경우 회담기록을 위해 식사를 제대로 하지 못하는 경우도 많다.

최근에는 국제무대에서 우리의 국가적 위상이 올라가고 외교적 역량 또한 커짐에 따라 한국이 주최하는 각종 국제회의, 학술포럼이나 행사가 많아졌다. 공관으로서도 주재국 정부, 학계 및 언론계 인사 등 주요 인사들을 대상으로 우리의 외교정책에 대한 이해를 제고하고 이들의 적극적인 지지확보를 위해 다양한 포럼, 학술교류 행사 등을 개최하고 있다. 또한 우리의 공공외교 및 문화외교의 비중이 커짐에 따라 주재국의 다양한 인사를 초청한 가운데 각종 문화행사, 예술 전시회 등을 개최하는 경우도 많아지고 있다. 이 과정에서 주재국 인사들뿐만 아니라 많은 국내인사들을 초청하는 경우도 늘고 있다. 이때 재외공관은 행사 기획, 준비, 실행 및 마무리까지 모두 담당한다.

재외공관에서 근무하다 보면 각종 내부 회의도 자주 열린다. 팀 회의, 대사 또는 공사 주재 회의, 정무·경제 부서 간 업무조정회의, 주간회의, 간부회의, 수시회의 등 많은 회의가 있다. 회의를 통해 주요 외교일정 및 업무추진 내용을 점검하고 향후 주요 업무추진 계획 및 방향 등을 정하고 참석자들 간 정보를 공유한다. 회의를 위해서는 의제를 정하고, 관련 자료도 준비해야 한다. 이러한 일이 주로 실무자들의 업무다.

본부나 관계부처 대표단, 국회방문단이 올 경우 공항출영을 포함한 대표단의 일정지원도 주요 일상 업무 중 하나이다. 대표단 방문의 경우 공항에서부터 공식일정이 시작되기 때문에 공항영송부터 시작하여 주요인사 면담 주선, 회의 참석, 동포간담회, 각종 오·만찬 행사, 업무 관련 시찰 및 방문, 숙소 예약 및 차량지원, 방문지 정보제공 등 바쁘게 돌아간다. 또한 본부나 정부의 고위대표단이 방문할 경우, 몇 달 전부터 사실상 비상근무체제에 들어간다.

총영사관에 근무하는 경우에는 각종 정무, 경제, 영사 업무뿐만 아니라 재외국민·동포 관련 행사나 일정이 많다. 공관 소재지역 한인회 등과의 각종 문화 관련 행사 개최 협의, 한인회 주관의 각종 모임·회의 참석, 관할지역에서 사건이나 사고를 당한 재외국민 지원 등으로 인해 총영사관 근무도 대사관 못지않게 바쁘게 돌아간다.

이외에도 국경일 리셉션national day reception, 광복절 기념식 등 각종 국가 기념일 행사 개최, 재외국민 및 동포사회의 각종 모임 참석, 인력 채용 및 노무 관리, 공관장 수행 및 출장, 사건·사고를 당한 우리 국민 보호, 재외동포 지원사업 수행 등 해야 할 일이 산더미처럼 많다. 특히, 한인회 등 재외국민, 동포단체들의 행사는 주로 주말에 열리고, 사건·사고에는 영일이 없기 때문에 공관원들은 주말에도 휴식 없이 바쁘게 움직인다.

하루 업무일정이 끝나도 일은 남아 있다. 일정이 모두 끝나면 이를 본부에 전문으로 보고해야 한다. 외교부의 거의 모든 보고체계는 전문보고를 통해 이루어지기 때문에 주재국의 언론 또는 발간자료 등을 통해 입수한 정보나 자료, 관계자 면담 또는 접견 등을 통해 얻은 정보, 주요 회의참석 등을 통해 파악한 내용은 전문으로 정리하여 본부 및 관계부처, 또는 업무 관련 공관에 보내게 된다.

이렇듯이 아침 출근, 전문 체크, 주재국 정부인사 접촉 및 면담, 오·만찬, 각종 협의 및 회의 참석, 주재국 정세보고, 본부 대표단의 일정 지원, 각종 결과보고, 공항 영송 및 숙소 체크인 등의 업무를 처리하다 보면 하루가 짧다. 공관에서는 이러한 일들이 1년 365일 쉼 없이 발생하고 있고, 이러한 하루하루의 업무가 농축되어 외교의 정수로 빛을 발휘하는 것이다.

대통령과 온종일 함께한 하루

필자는 2008년 3월 초 청와대 외교안보수석실에 발령 받아 대통령 외교안보비서진의 일원으로 국가원수의 외교업무를 보좌하게 되었다. 새로운 정부가 출범한 지 얼마 되지 않아 청와대 내에는 사무를 볼 집기조차 제대로 정리되지 않았고, 컴퓨터도 제대로 준비되어 있지 않았다. 새로운 정부의 출범에 따라 모든 것을 새로 세팅해야 했다. 외교비서관실에서 맡게 된 업무는 유럽과 러시아, 아중동국, 경제통상, 기타 서무행정 등 범위가 광범위했다.

업무 중에 특히 새로운 것은 아중동국 관련 업무로 외교부의 아중동국에서 관장하고 있는 국가들과의 정상외교였다. 2008년 3월부터 정부는 중동 및 아프리카 국가들과의 외교관계 강화를 위해 '한-아랍 소사이어티'를 설립하기로 했다. 아랍 소사이어티 설립을 위해 우리 정부에서도 어느 정도 재단설립기금을 마련했지만, 중동의 카운터파트 국가들에서도 재정적 기여를 받는 것이 필요했다. 이를 위해 정부는 외교부를 통해 중동의 많은 국가들을 대상으로 아랍 소사이어티 설립의 필요성을 설득하고, 이를 위한 재원 기여 등 협력을 당부했다.

한국과 중동은 오랜 역사적 교류관계를 갖고 있었다. 특히 1970년대 중동의 건설붐을 타고 많은 우리 근로자들이 중동에 진출해 이 지역의 경제건설을 위해 피땀을 흘린 덕분에 많은 국가들이 아랍 소사이어티의 설립 취지에 공감하고 단체설립에 동참했다. 또한 한-아랍 관계 강화를 위한 우리 정부의 이니셔티브에 따라 많은 중동지역의 정상들이 2008년 초부터 한국을 방문하기 시작했다. 이라크의 탈라바니Jalal Talabani 대통령, 요르단의 압둘라 2세Abdullah II IBn al-Hussein 국왕, 수단의 알 바시르Omar al-Bashir 대통령, 지부티의 구엘레Ismail Omar Guelleh 대통령, DR콩고의 카빌라Joseph Kabila Kabange 대통령 등 많은 아중동국 정상들이 방한했다. 이들 정상과의 정상회담을 통해 양자 간 현안을 깊이 있고 밀도 있게 논의하면서 양자관계를 더욱 긴밀하게 발전시킬 수 있었다. 또한 우리 기업들이 관심을 가지고 있던 해외플랜트 사업 수주에도 큰 도움이 되었다. 이런 과정을 통해 역사상 최초로 UAE에 대한 한전韓電의 원전 수출도 성사되었다. UAE에 대한 한전의 원전 수출은 우리의 대중동 외교 및 수출 역사에서 새로운 신기원을 개척한 획기적 성과였다.

한꺼번에 많은 정상들이 방문함에 따라 업무도 상당히 바빴다. 정상이 방한할 때마다 정상회담 일정 확정, 국빈 오·만찬, 국내 산업체 방문일정 준비, 정상회담 개최 및 홍보 등 일이 많았다. 또 외교비서관실 행정관은 본인이 담당하는 국가와의 정상회담이 이루어질 경우 정상회담장에 배석해 회담내용을 정리하고, 결과를 정리해 후속조치 이행 여부를 점검하게 된다. 5월 어떤 때는 연이은 정상회담으로 인해 대통령의 하루 일정이 완전히 외교일정으로 채워졌고, 하루 종일 청와대 본관 세종실에서 정상회담에 배석해야 했다. 정상회담이 끝난 후에는 일정이 국빈만찬으로 이어졌다. 소관 업무와 관련된 대통령의 하루 일정이 아침부터 저녁까지 쉼 없이 이어지고, 하루 종일 이 일정에 배석해야 했기 때문에 무척 바쁜 하루였다. 그렇지만 이런 일련의 외교일정을 통해 우리와 중동지역 국가들 간의 우호 및 실질협력관계가 증진되는 것을 목격할 수 있어 무척 보람 있는 하루였다.

외교현장은 때론 전쟁터

외교부에서 발간한 『세계각국편람』 속 국가들은 모두 194개이다. 이 중 로마 교황청Vatican을 빼면 193개국이 UN 회원국이다. 지구상에 있는 194개국 중 정치적 안정, 경제수준, 치안, 문화적 수준 등 제반 측면에서 한국보다 나은 국가들은 손으로 꼽을 수 있을 정도다. 외교부에서는 생활 및 교육여건, 치안수준, 기후, 의료수준 등의 측면에 있어서 현저히 낙후된 지역을 특수지라고 부른다. 이런 특수지가 약 50여 개국에 달하는데 이들 지역 중 일부는 전쟁, 내전, 테러 등으로 치안이 불안정하거나 말라리아 같은 전염병이나 토착병으로 생명의 위협이 존재하는 지역이다. 이라크, 아프가니스탄, 수단, 리비아, 예멘 등 주로 아프리카, 중동

등지에 있는 국가들이다. 이러한 위험지역에서 활동하는 외교관들에겐 외교 현장이 바로 전쟁터 그 자체라고 할 수 있다. 한 외교관은 이라크 내전 와중에 몸으로 겪은 공관원의 힘든 생활을 다음과 같이 기술하고 있다.

> "바그다드의 특수한 상황은 도착하는 순간부터 온몸으로 느낄 수 있었다. 총성은 하루 종일 허공을 가르고 거대한 폭발음은 하루에도 몇 차례나 지축을 흔든다. 폭발음이 난 후 30여 분 후에는 여지없이 알자지라 방송에 바그다드 인근에서 자살폭탄 공격으로 수십 명의 사상자가 발생했다는 속보가 날아든다. 통계적으로 주요 전투 종결 선언 이후에도 매일 3~4명꼴로 전사자가 발생하고 있으며, 저항세력의 반격이 기승을 부리기 시작한 4월 이후에는 매일 거의 6~7명에 달하는 미군 병사들이 희생되고 있다. 사정이 이렇다 보니 거리를 순찰하는 미군의 얼굴은 죽음의 그림자가 드리워져 있다고 해도 과언이 아닐 정도로 긴장과 두려움이 뒤범벅된 채 굳어 있다. 이라크 대사관에서는 대사를 포함한 전 직원이 공관 청사에 기거하며 숙식을 해결하고 있다. 말이 좋아 외교관이지 거의 수용소에 수감되어 있는 난민과 다를 바 없는 상황이다. 불안한 치안 사정으로 불가피한 경우를 제외하고는 최대한 외출을 자제하고 있음은 물론, 외출할 경우에는 반드시 방탄조끼로 몸을 감싸고 무장경호원을 대동한다."*

내전이나 전쟁, 또는 테러 위험의 와중에서도 한국 외교관들은 사선死線을

---

* 외교통상부 편집부, 「이라크 비망록」, 『외교의 현장에서 그 보람, 애환, 그리고 사랑』, 어진소리, 2004, pp.108-109.

넘나들면서 임무를 수행하고 있다. 포탄과 미사일이 떨어지고, 총알이 날리는 전쟁터의 한복판에서 외교관들은 국익을 지키고, 우리 국민의 안전을 지켜내기 위해 임지를 지키며 일한다. 위에서 사례로 든 이라크 대사관뿐만 아니라 아프가니스탄, 수단 등 많은 국가들에서 외교관들은 임지를 지키고 있다. 비교적 최근 발생한 리비아 위기사태는 우리 외교관들이 사선 속에서 죽음이라는 절망의 공포를 이겨내며 재외국민 보호를 위해 최선을 다한 좋은 사례다.

지난 2011년 리비아는 그해 초 튀니지에서 시작된 아랍지역 민주화의 바람(일명 '아랍의 봄')을 타고 연초부터 시민들의 민주화 열풍이 불었고, 카다피 정권에 대한 시민군의 저항이 시작되었다. 시민군의 봉기로 리비아 내전이 발발해 그해 10월 20일 독재자 카다피가 과도정부 시민군에 체포되어 비참한 최후를 맞음으로써 42년에 걸친 독재체제는 붕괴를 맞았다. 그러나 카다피 정권의 붕괴는 평화의 서막이 아니었다. 오바마 미국 대통령이 특별성명에서 밝힌 바와 같이 "안정된 민주주의로 전환하기 위한 멀고 힘든 길"을 거쳐야 했다. 2011년 초부터 시작된 내전은 리비아를 생지옥으로 만들었다. 치안이 완전히 무너지고 시민군과 정부군, 종파와 부족들 간의 갈등으로 무참한 살육전이 벌어졌다.

트리폴리에 있던 한국대사관 공관원들은 내전 중에도 현지 정세분석과 보고, 주재국 당국과 교섭, 재외국민 보호를 위해 철수하지 않고 끝까지 남았다. 시민군에 의해 트리폴리가 함락되는 과정에서 총·포탄이 쉴 새 없이 날라다니고, 무질서가 난무했다. 대사관은 2011년 2월 최악의 내전 상황 속에서 공관원들의 안전조차 확보되지 않은 채로 우리 국민의 본국 또는 인접국으로의 대피를 위해 필사의 구출작전을 수행했다. 모든 공관원들이 어려운 통신사정 속에서 현지 국민들의 안전 여부를 확인하고, 연락을 취하면서 재외

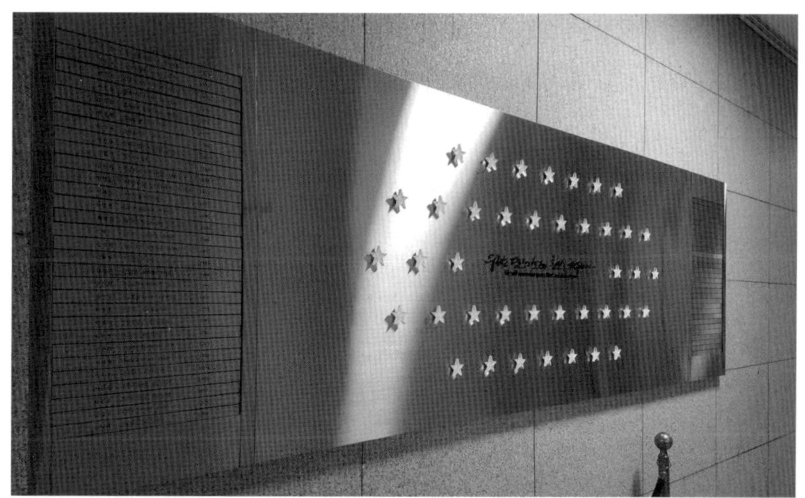

외교부의 순직자 추모 동판(국립외교원)

국민 보호업무를 수행했다. 본부에서도 대책본부가 설치되고 많은 지원을 했으나, 재외국민 대피를 위한 이집트 항공 전세기 동원 협상, 본국으로부터 아국인 수송을 위한 전세기 투입 협의, 여객기의 안전 착륙 및 이륙 확보를 위한 현지 당국과의 교섭, 재외국민 대상 철수작전 안내 등은 모두 공관의 몫이 되었다. 위기는 2014년에도 다시 재발했다. 이슬람 무장단체 간 유혈충돌이 격화되어 현지 우리 국민들을 대규모로 철수시키는 작업이 또 다시 이루어졌다. 인원 부족, 현지 행정력 마비, 통신두절 등 어려운 여건 속에서도 대사관은 임무를 완수했다. 이번 철수작전은 육로, 해로, 공로를 모두 이용한 입체적 작전으로 업무부담은 더욱 배가된 상황이었다.

이라크 내전 상황에서도 예외는 아니었다. 후세인 정권의 전복, 그리고 이어진 내전의 한복판에서 우리 외교공관과 공관원들은 생명의 위협을 무릅쓰면서 국익 증진과 재외국민 보호를 위해 임무를 수행했다.

험지에서 임무를 수행하는 과정 중 많은 외교관들이 생명의 위협을 느끼거나 테러를 당하기도 한다. 2010년 이라크 주재 한국대사관 주변에서 테러리스트의 공격으로 대사관 유리창이 대파되고 공관원들까지도 큰 피해를 입을 뻔한 일이 있었다. 예멘에서는 우리 외교관을 노린 테러가 발생하기도 했다. 지난 1997년에는 페루에서 좌익 게릴라들의 인질극으로 인해 이원영 주페루대사가 인질로 잡힌 적이 있었다. 1995년 3월에는 대만대표부에 근무하던 이수존 대표보가 한중수교에 불만을 품은 괴한의 칼에 찔려 생명이 위독한 지경까지 갔다.* 1985년에는 레바논에서 근무하던 도재승 참사관이 인질범에게 납치되어 장장 639일 동안이나 억류되어 있던 적도 있다.** 1975년에는 월남전 당시 재외국민 대피를 위해 공관에 끝까지 남아 임무를 수행하던 이대용 주월남대사관 공사 등 세 명의 공관원이 베트남에 억류되어 장장 1,809일에 걸친 억류생활 끝에 석방되기도 했다.*** 이처럼 외교현장은 때론 생명의 위협이 상존하는 전쟁터가 되곤 한다.

---

* 외교통상부 편집부, 「죽음의 문턱을 넘어」, 『외교의 현장에서 그 보람, 애환, 그리고 사랑』, 어진소리, 2004, pp.90-96.

** 외교통상부 외교안보연구원, 「레바논 인질사건」, 『외교관의 회고: 격동기의 외교관 수난기』, 외교통상부 외교안보연구원, 2002, pp.133-208.

*** 공로명, 『나의 외교노트』, 기파랑, 2014, pp.279-296.

험지 근무와 말라리아

아프리카, 동남아, 서남아 및 중남미 등 험지에서 근무하는 외교관들에게 본인은 물론 가족들의 생명을 위협하는 가장 큰 위험요소는 말라리아다. 해외에 근무 또는 거주하는 재외국민, 근로자 등도 마찬가지다. 말라리아는 '나쁜 공기bad air'를 뜻하는 이탈리아어 'mal'aria'에서 유래되었다. 불어로는 'paludisme'라고 하는데, 이는 오염되거나 더러운 늪지에서 나오는 '늪지열marsh fever'을 뜻한다. 말라리아는 주로 고온다습한 열대 저위도 지역에서 발생하고 있기 때문에 서양에서는 오랫동안 말라리아가 더럽고 오염된 늪이나 습지의 나쁜 공기로부터 감염된다는 '독기이론

miasma theory'을 받아들였다.* 이후 말라리아가 공기가 아닌 모기를 통해 감염된다는 것은 19세기에야 확인되었다.

말라리아는 플리스모디움Plasmodium이라는 병원체를 가진 모기에 물릴 경우 발병하며, 현대 의학으로도 아직 완전히 정복되지 않고 있다. 모기에 의해 전염되는 또 다른 병인 황열병yellow fever은 한 번 걸리거나 예방주사를 맞으면 체내에 항체가 형성되어 재발하지 않지만, 말라리아는 한 번 감염되더라도 항체가 생기지 않아 모기에 물릴 때마다 감염될 수 있으며, 그때마다 생명의 위협을 받게 된다.**, *** 말라리아는 역사적으로 가장 많은 인류의 생명을

---

* David McCullough, *The Path Between the Seas: The Creation of the Panama Canal 1870-1914*, Simon & Shuster, 1977, p.142.

** 황열병(yellow fever)은 인류에 의해 예방약이 만들어지기 전까지 치료제가 없는 무서운 병이었다. 특히, 열대지역 바다를 항해하는 선원들에게 황열병은 공포 자체였다. 한 명의 선원이 황열병에 걸리면 배 안의 모든 사람에게 감염되어 모든 선원이 죽게 되는 공포의 전염병이었다. 황열병에 걸린 선원에 의해 모든 선원이 사망해 유령선이 된 '플라잉 더치맨(Flying Dutchman)'이라는 배는 모든 국가가 이 배의 접수를 거부해 바다 위를 무한정 표류했다. 1793년에는 미국 필라델피아에서 황열병이 발생해 전 도시가 영향을 받았고, 1878년에는 미국 테네시 주 멤피스에서 황열병이 발병해 5,000명 이상의 시민이 사망했으며, 모든 상업거래가 중단되어 1억 달러 이상의 재산피해가 발생했다. David McCullough, 위의 책, p.141.

*** 말라리아에 걸리게 되면 고열이 난 다음, 다시 한기가 오고 이어 환자는 타는 듯한 갈증을 느끼게 된다. 열이 떨어지기 시작하면서 환자는 엄청난 땀을 흘린다. 말라리아에 걸린 사람은 육체적, 정신적으로 엄청난 공황을 겪게 된다. 중남미 지역 페루 인디언들은 현대의학이 말라리아 치료제를 발명하기 훨씬 전부터 이미 '키네네(Quinine)'라는 말라리아 치료제를 알고 있었다. 키네네는 기나나무(cinchona tree) 가지나 껍질을 벗겨 만드는데 아주 쓴 무색의 가루다. 원주민들은 말라리아를 막기 위해 이 약을 복용해 왔으며, 맛이 아주 쓰고 독하기 때문에 보통 식사 시 와인에 섞어서 먹는다. 키네네는 말라리아에 효과가 있으나, 이를 자주 복용하게 되면 구토와 두통, 이명, 그리고 심하면 귀를 멀게 하는 부작용이 있다. 중동의 수에즈 운하를 완공한 프랑스의 외교관이자 '위대한 사업가(the Great Undertaker)'로 칭송받는 페르디난드 드 레셉스(Ferdinad de Lesseps)가 파나마 운하를 완공하지 못한 것은 바로 중남미 열대우림지대에 창궐한 말라리아와 황열병으로 많은 노동자들이 죽었기 때문이다. 당시 프랑스의 파나마 운하 공사 과정에서 약 22,000명에 달하는 사람이 말라리아나 황열병 등 모기가 옮기는 병에 의해 희생되었다. 미국이 파나마 운하를 완공할 수 있었던 것은 파나마 운하 공사현장에서 의무실장(이후 미 육군 의무실장으로 승진)으로 있었던 열대병 전문가 윌리엄 크로포드 고르가스(Willam Crawford Gorgas)가 말라리아와 황열병을 옮기는 모기(황열병은 'Stegomyia'라는 모기가 옮기고, 말라리아는 'Anopheles'라는 모기가 옮긴다) 박멸을 위해 모기서식지를 철저히 소독하고, 청결한 위생을 유지함으로써 말라리아와 황열병을 획기적으로 줄였기 때문에 가능했다. 고르가스가 파나마에서 전개한 것은 의료와 군사 역사에서 유례가 없는 모기와의 전쟁(medical or military history to their war on mosquitoes)이었다. 위의 책, pp.141-142; 235; 407-

앗아간 질병이며, 어느 특정 지역에 한정되지 않고, 전 세계 어느 지역이든 발병할 수 있다.* 세계보건기구WHO, World Health Organization의 통계에 따르면, 2013년에 전 세계적으로 약 2억 명이 말라리아에 감염되었으며, 이 중 약 584,000명이 말라리아로 죽었다.** 비공식통계에 따르면 인도에서만 매년 약 100만 명이 말라리아로 생명을 잃는다고 한다.*** 그간 말라리아로 생명을 잃은 사람 숫자가 세계 제1, 2차 세계대전 때 희생된 사람들의 숫자보다 더 많다. 과거 중남미, 서부아프리카 지역인 '아이보리코스트Ivory Coast' 지역은 백인들이 말라리아 감염으로 많이 죽어 '백인의 무덤the white man's graveyard'이라고 불리기도 한다.****

말라리아는 의학적으로 예방과 치료가 가능하지만, 말라리아 발생지역에 근무하는 외교관이나 지상사원, 현지 재외국민들에게는 언제라도 발생할 수 있기 때문에 그들은 불안한 생활을 하게 된다. 김대중 대통령 당시 외교안보수석, 국정원장, 통일부장관 등을 역임한 임동원 전 장관은 과거 나이지리아 대사로 근무할 당시 말라리아 예방약을 매일 복용해 가면서 최악의 환경 속에서 그야말로 '생존투쟁'을 전개했다고 기술하고 있다.*****

외교관이 말라리아가 창궐하는 아프리카 등지로 발령을 받게 되면 가족들이 모두 전문의와 상담 후 황열병 예방 접종 등 모든 예방 접종을 받고 말라리아약, 간염주사약, 모기약, 주사기, 주사바늘 등 필요한 모든 것을 구입해

419.

* 위의 책, p.139.

** WHO Media Centre(www.who.org/media)의 말라리아 관련 사실관계 자료 참조(2015.03.08. 방문).

*** McCullough, 위의 책, p.409.

**** 외교통상부 편집부, 「말라리아」, 『외교의 현장에서 그 보람, 애환, 그리고 사랑』, 어진소리, 2004, p.124.

***** 임동원, 『피스 메이커: 남북관계와 북핵문제 20년』, 중앙북스, 2008, p.152.

가져가야 한다. 현지에 도착해서는 임동원 전 장관처럼 매일 말라리아 약을 복용해야 한다.* 이런 예방조치를 취해도 말라리아를 피하기는 어렵다. 가족이 말라리아에 걸린 상황을 과거 가나에 근무했던 한 외교관은 다음과 같이 기술하고 있다.

> "초등학교 1학년이던 첫째 아이가 말라리아에 걸려 학교에 가지 않고 집에서 치료를 받고 있었는데, 마침 그때 나도 점심을 먹으러 집에 들어와 쉬고 있었다. 그런데 별안간 집사람이 대성통곡을 하면서 아이가 죽었다고 빨리 1층으로 내려오라고 소리를 질렀다. 나는 정신없이 맨발로 뛰어나가 고온으로 눈을 뒤집어쓰고 기절해 뻣뻣하게 굳어버린 아이를 안고 병원으로 달려갔다. '나의 판단착오로 아프리카에 와서 아이를 죽이는 구나' 하며 눈물을 흘렸다."

> "말라리아에 걸렸을 때 느끼는 통증은 무엇이라고 표현할 수 없을 정도로 지독하다. 30여 년간 주사 한 번 안 맞았다고 자랑하던 집사람도 말라리아만 걸리면 즉시 병원으로 달려가 부끄러운 줄도 모르고 의사 선생님에게 엉덩이를 들이댄 채 그 빽빽한 근육주사(참으로 지독히 아프다)를 맞았으니, 말라리아의 통증을 조금은 이해할 수 있을지 모르겠다."

> "당시 현지에 있던 김 서기관의 부인은 임신 중에 '흑수열'이라는 특수 말라리아에 걸려 서울 세브란스병원 열대병연구소로 후송되었다.

---

* 외교통상부 편집부, 「라이베리아 탈출기」, 『외교의 현장에서 그 보람, 애환, 그리고 사랑』, 어진소리, 2004, p.115.

그런데 약 6개월 동안 치료를 받던 부인이 거의 회복단계에 있을 때 김 서기관 본인도 악성 말라리아에 걸려 후송을 가지 않으면 안 될 상황에 처했고, 후송 전날 김 서기관은 고열로 기절해 사무실 바닥에 통나무같이 넘어졌다. 얼굴에 피가 범벅이 되어 콘크리트 바닥에서 뻗어 있는 듯한 모습을 보면서 나는 큰 충격을 받았고 김 서기관이 즉사했다고 생각했다. 김 서기관을 영국 런던병원으로 후송해 열흘 동안 1차 치료 후 다시 세브란스병원으로 보냈지만, 그 후유증이 몇 년간 계속되어 고생했다는 소식을 들었다."

"1990년 9월 가나를 떠나오기 수일 전 나는 말라리아에 걸려 사망한 선원 두 명의 시체를 냉동고에 넣어 서울 가족에게 보냈다. 또 우리가 서울로 온 지 1여 년 후 아크라에서 활동하던 한인 목사의 어린 자녀와 OO건설 직원 1명이 말라리아로 사망했다는 소식을 접했는데 나도 저렇게 죽었을지도 모른다는 생각을 하면서 고인들의 명복을 빌었다."*

말라리아는 아직도 완전히 정복되지 않은 치명적인 병이다. 말라리아가 있는 곳에는 고통이 있지만, 한국 외교관도 함께 있다. 어떤 험지이든 우리의 국익이 걸려 있고, 국민이 있기 때문이다. 국가에 대한 충성심, 헌신, 그리고 봉사를 위한 소명의식이 있을 경우 그 어떤 어려움도 능히 극복할 수 있을 것이다. 그것이 말라리아든, 아니면 더한 것이든 간에 말이다.

---

* 외교통상부 편집부, 「말라리아」, 『외교의 현장에서 그 보람, 애환, 그리고 사랑』, 어진소리, 2004, p.124. pp.124-130.

재외공관원 가족의 생활

예전에 외교부의 한 전직 공관장 부인은 외교관 배우자로서 외교현장에서 오랫동안 겪은 일들을 모아 『세상을 수청드는 여자』라는 제목의 책을 냈다.* 이 책에서 저자는 외교관의 배우자로 생활하면서 남편의 외교활동 내조와 국익증진을 위해 공사 구분 없이 얼마나 힘들게 헌신진력하면서 내조했는지, 외교관의 배우자들이 험지에서 근무하는 남편을 따라다니면서 얼마나 많은 희생을 하고 있는지를 잘 그려냈다. 저자에 따르면 과거 공관생활은 젊은 부인들에게 호된 시집살이나 같았다고 한다. 자기 살림살이를 하면서

---

* 이강원, 『세상을 수청드는 여자』, 김영사, 1998.

대사관저의 일도 거들어야 하는데, 대사관저에서 중요한 행사(파티)가 있으면 며칠 전부터 장보는 것을 돕고, 마늘도 까고, 파뿌리도 다듬어야 했다. 파티 당일에는 아침부터 밤까지 돕는 것이 예사였다. 험지에서 근무하는 남편을 따라가서 생활하던 중에 풍토병에 걸려 가족을 잃는 안타까운 일도 종종 있었다.* 필자가 만난 한 공관장 사모님도 과거 남편이 주니어 시절 공관생활을 할 때 손님들과의 만찬 준비를 위해 김치를 담그고, 식기와 수저 세트를 정성스럽게 놓던 경험 등에 대해 이야기를 하곤 했다.

외교부에서 공관원 가족이나 배우자는 외교공동체diplomatic community의 일원으로서 많은 역할을 수행한다. 과거 미국에서 루스벨트 대통령의 영부인이던 엘리너 루스벨트Anna Eleanor Roosevelt 여사가 영부인의 역할에 대해 헌법 어디에도 나와 있지 않지만 영부인으로서, 외교관으로서 중요한 공적인 역할을 수행했듯이 공관원의 가족배우자들도 이러한 역할을 수행한다. 외교관의 배우자들은 외교를 업으로 하는 가족의 구성원인 동시에 해외에 파견된 외교공동체의 일원으로, 準외교사절로서 외교현장에서 대체할 수 없는 역할을 하였다.

배우자들은 특히 외교관이 활동하기 어려운 사각지대에서 주재국과 본국 간의 친선 및 우의 증진활동을 해 왔다. 가령, 주재국 내에서 자선기금 모금을 위한 바자회 활동을 한다든지, 지방정부 또는 커뮤니티 차원에서 개최하는 각종 행사에 참가해 한국의 문화나 국가 이미지를 홍보한다든지, 국경일 행사에 한국음식이나 전통 한복 소개 등 우리의 문화를 알리는 활동을 하는 것이 그 예다. 그러나 요즘은 외교부 본부와 재외공관에서 여성 직원들의 숫자가 증가하고, 외교관 배우자들의 상당수가 국내에서 사회·경제활동을

---

* *Ibid.*

하는 등 외교부 내외의 환경변화로 인해 과거의 모습이 많이 사라지고 있고, 시대의 변화에 따라 공관원 배우자의 역할도 많이 바뀌어 가고 있다.

한편, 외교부는 최근 외교부 본부와 재외공관 직원 배우자들(주로 여성 배우자들로 구성되었다)로 구성되었던 외교관 배우자회를 시대변화에 맞춰 발전적으로 해체하였다. 외교관 배우자회는 그간 본부와 재외공관에서 외교관 배우자들의 친목, 봉사단체로 활동하였으나 구성방식이나 활동 측면에서 최근 변화한 시대상황과 일부 맞지 않은 측면이 있어 직원들의 의견 수렴, 자체 결의 등을 거쳐 해산절차를 밟았다.

외교관의 고충

외교관은 해외에서 근무하고, 국제적으로 활동하면서 외국 정상 등 많은 해외 명망가들과 자주 접촉하다보니 명예롭고, 화려하며, 고상하다는 이미지를 갖고 있다. 일반인들은 외교관, 하면 멋진 양복을 입고, 고급 승용차를 타고, 호화 호텔에서 무도회를 즐기며, 고급 주택에서 멋진 생활을 하는 것으로 생각한다. 국내에서도 주한외교단의 관저가 부촌의 상징으로 불리는 성북동에 주로 몰려 있다 보니 외교관, 하면 으레 성북동의 고급주택가를 떠올린다.

그러나 이런 모습은 대부분의 외교관 생활과는 거리가 먼 영화 속의 창작물인 경우가 많다. 군인과 마찬가지로 외교관들도 특수한 직업에 따른 고충이 많다. 외교관이 해외

생활을 하면서 겪는 주요 고충은 잦은 국제이사, 자녀교육문제, 국내생활과의 유리遊離 등 같은 것이다.

외교관들은 거의 2~3년 주기로 한국과 해외를 오간다. 본부든 해외든 정을 붙이고 임지에 적응할 만한 시기가 되면 이사를 해야 한다. 순환근무원칙 때문에 임기가 차면 후임자를 위해 임지를 떠나야 하는 경우가 대부분이지만, 때로는 부모봉양, 자녀교육문제 등과 같은 개인적인 어려움 때문에 옮겨야 하는 경우도 있다. 어느 경우든 간에 단기간 정착했다가 때가 되면 기러기처럼 이사를 해야 한다. 이사를 자주 하다 보면 이삿짐을 채 다 풀기도 전에 짐을 싸야 하고, 현지 친구를 사귀어 좀 정을 붙일 만하면 이별을 해야 한다. 그러다 보니 외교관 생활을 하다 보면 유목민nomad 기질이 직업적으로 배게 된다. 매번 이사 때마다 정든 임지와 고별, 동포들과의 이별, 주재국 친구들과의 이별로 거듭된 이별의 고통을 겪기 일쑤다.

더 심각한 문제는 자녀교육문제이다. 외교관 자녀들은 겉으로 보기에는 국제화되어 있고, 영어나 제2외국어를 잘해 보이지만 사실 그들은 언어를 습득하기 위해 많은 고충을 겪는다. 언어와 문화가 다른 해외에서 친구를 사귀고, 현지 학교에서 적응하는 데도 여러 고충을 겪는다. 영어를 못해 현지 국제학교의 ESL 과정에서 낙제하는 경우도 많다. 제2외국어권 공관에서도 언어 때문에 많은 트라우마trauma를 겪는다. 언어소통이 안 되니 학교생활에 적응이 힘들고, 친구를 사귀는 데도 힘들다. 때로는 모국어조차 배우지 못한 상태에서 영어 등 외국어를 배우다 보니 발달장애도 많이 겪는다. 이사를 자주 하다 보니 성적관리도 힘들다. 안정적인 정착이 이루어지지 않기 때문에 공부나 학교생활에 집중할 수 없다. 때로는 언어와 피부가 다른 친구들과 사귀는 과정에서 인종적인 차별문제도 겪는다. 이처럼 외교관 자녀들은 많은 정신적 고통에 노출되어 있다.

외교관 생활을 하다 보면 보다 더 큰 문제는 국내적 기반을 잃는다는 것이다. 고향을 등지고 고국을 떠나背井離鄕 오랜 시간 해외생활을 하다보면 국내 가족, 친척, 친구, 동료들과 멀어진다. 국내에 가족을 두고 먼 해외에 살다 보면 부모님들과도 떨어지고, 친척들의 경조사를 챙기기도 어렵다. 해외생활이 길어지면 안부도 소홀해질 수밖에 없다. 친구들도 마찬가지다. 서로 어울리고, 애경사를 같이 챙기면서 우정관계를 유지해 가는데 외교관이란 직업은 이런 친구관리가 여러모로 어렵다. 몇 년 만에 친구를 잠깐 만났다가도 얼마 안 있어 다시 헤어지고, 전화나 메일로 연락을 이어가지만 해외생활이 길어지면 이마저도 어렵다. 그래서 외교관 생활을 오래 하다 보면 친구도 잃고 가족도 잃는 경우가 많다. 물론, 요즘에는 교통과 통신의 발달로 예전보다는 쉽게 안부를 전할 수 있지만 '눈에 안 보이면 멀어진다'는 속담은 외교관들에게 여전히 적용된다.

대통령 전용기 출장

국가원수인 대통령을 수행해 대통령 전용기를 타고 해외 순방행사에 참여하는 것은 외교관이 누릴 수 있는 최고의 명예이자 잊을 수 없는 경험 중의 하나이다. 때로는 기내에서 대통령과 직접 악수를 나눌 수도 있으니 이보다 더한 스릴과 감동도 없다. 대통령을 태운 전용기가 방문 대상국 공항에 도착하면 별도의 주기장에서 환영식이 열린다. 비행기 트랩에서부터 깔린 레드카펫을 따라 국가원수가 걸어가면 상대국 영접인사들이 나와 있고 절제된 군례 속에서 의장대가 환영음악을 연주한다. 때로는 상대국 의장대를 사열하게 되는 경우도 있다. 이러한 행사를 보고 있노라면 외교수행에서 국가원수의 위엄과 우리의 국격을 생각하게 되고,

중요 현장에 국가원수와 함께 있다는 생각에 자부심을 느끼게 된다.

물론, 대통령을 수행해 해외순방행사에 참여하는 것은 힘든 일이다. 대통령 전용기 탑승에 필요한 신원조회와 화물검색, 장시간의 비행, 기내에서의 긴장과 바쁜 업무처리, 현지 도착 후 공항행사부터 긴박하게 전개되는 일정 수행, 그리고 정상행사 후속조치까지 일련의 업무는 긴장과 격무의 연속이다.

과거에는 대통령 전용기를 '대통령 특별기'라고 불렀다. 약칭으로 흔히 '코드 원Code 1'이라고 부르고, 미국에서는 '공군 1호기Air Force One'이라고 부른다. 우리나라는 아직 장거리 해외순방행사를 지원할 정부 소유의 대통령 전용기가 없다. 미국, 일본, 러시아 등 주요 국가들은 별도의 보잉 점보 747급의 대형 여객기를 개조한 대통령 전용기를 갖고 있다. 세계 각국의 정상들이 모인 다자회의에 참석하기 위해 해외를 방문하다 보면 행사 유치국의 공항에 도착하는 순간부터 공항에 즐비하게 늘어선 외국 정상들의 전용기 모습을 볼 수 있다. 국가의 문장과 대통령 문장이 기체에 새겨진 대형 항공기의 모습은 보는 사람들의 마음을 설레게 한다. 대통령 전용기는 국가의 위엄과 국격을 나타내는 정치·외교적 미란다miranda의 상징이라고 할 수 있다. 이러한 상징성 때문에 각국은 대통령 전용기의 안전성뿐만 아니라, 기종, 외양과 디자인에도 세심하게 신경을 쓴다. 또한 대통령 전용기를 가진 국가들은 안전, 보안, 유사시 대비 등을 위해 예비기를 가동한다. 미국은 말할 것도 없고, 일본의 경우도 총리가 해외를 순방하게 되면 두 대의 대형 전용기가 함께 다닌다.

과거에는 대통령의 해외순방행사가 있을 때마다 우리의 국적항공사인 대한항공과 아시아나 항공으로부터 비행기를 빌려서 정상행사를 수행했다. 그러다 보니 외국에서 우리 대통령 일행이 탄 비행기가 공항에 도착하면 멀리 활주로에서 대한항공이나 아시아나 항공사의 로고가 먼저 나타난다. 이어 비행기가 활주로에 주기하고 문이 열려야만 대통령 문양을 볼 수 있었다. 대통령이 탄 비행기가 일반 승객이 탄 비행기와 거의 구별이 안 되는 상황이었다. 그러나 최근에는 대한항공으로부터 대통령 행사용 전세기를 장기간 임대해 외부 디자인도 새롭게 바꾸고 내부도 개조해 대통령 해외순방행사 때 사용하고 있다. 과거와 달리 민간항공사의 회사 로고가 그려진 외부 디자인을 지우고 대통령 전용기의 모습답게 국가의 디자인을 산뜻하게 적용하고 있다. 그러나 이 비행기는 엄밀히 말하면 대한민국 정부 소유의 '코드 원Code One'이 아닌 민간항공기인 셈이다.

그간 역대 정부는 대통령 전용기 구입예산 확보를 위해 노력했으나 어려운 경제여건과 예산사정 등으로 인해 아직까지 별도의 전용기 구입이 이루어지지 못했다. 대통령 전용기는 우리의 신장된 국력과 외교력에 맞는 정상외교 수행을 위한 외교자산인 만큼 우리도 공군이 보유·운용하는 별도의 대통령 전용기가 필요하다.

무관용(zero tolerance) 정책

최근 들어 해외에 파견 중인 외교관들의 음주운전, 성희롱, 공관 예산 유용, 현지 동포사회와의 불화 등 부적절한 처신이나 비행misconduct이 종종 언론에 보도되고 있다. 상사로서의 권한을 남용하여 부하직원에게 사적인 일을 시키거나, 부하직원을 가혹하게 대하는 이른바 '갑질행위'로 사회적 공분을 일으키는 일도 간혹 발생한다. 외국의 경우에도 일부 외교관들이 범죄나 스파이 행위 등에 연루되어 추방되는 경우가 간혹 발생하고 있다.

외교관들은 국제법상의 면책특권을 향유하고 있어 범죄에 연루되더라도 주재국 사법당국이 일반인들처럼 형사소송절차를 통해 처벌하는 것이 곤란하다. 그렇기 때문에 외교관들의 범죄행위가 발생하면 주재국에서는 문제의 외교관을 '비우호적 인물PNG: Persona Non Grata'로 지정하여 언론발표와 함께 추방하는 형식을 취한다. 외교관이 불미스러운 일로 PNG를 당하게 되면 파견국의 국가 이미지가 실추되어 더 이상 주재국에서 직무를 수행할 수 없기 때문에 많은 국가들이 외교관의 비행에 대해 엄격한 지침을 시행하며, 문제발생 시 소환하여 책임을 묻고 있다.

한국도 외교관들의 해외 음주운전, 성범죄 공금횡령 등 공관원으로서 지켜야 할 직무윤리를 저버리거나 법을 위반한 경우 즉각 해당자 소환, 징계 등 무관용 정책을 취하고 있다. 일반적인 경우, 문제발생 시 사건 경위에 대한 정확한 진상조사, 동 조사결과를 통한 문책수위 결정 및 소환을 거치는 것이 통상적인 절차이겠지만 외교관의 경우 국가 이미지에 미치는 악영향이 크고, 국내적 파급효과가 크기 때문에 문제가 발생했을 때 바로 조치를 취한다.

외교부의 무관용 정책은 해외근무 중인 외교관들에게 강력한 경고의 시그널로 작용하고 있다. 문제가 발생하여 본부로 소환될 경우, 본인의 향후 외교관 경력에 결정적인 치명타를 입을 뿐만 아니라 현지에 적응하여 정착 중인 자녀들의 학업도 중단되는 등 큰 불이익을 받기 때문이다.

외교관은 해외에 근무 중이라도 '어항 속의 물고기'와 같이 공사의 생활이 모두 투명하게 노출되어 있다. 외교관은 국가를 대표하는 만큼 국민의 기대 수준 또한 높고 처신과 행동에 대한 법적, 도덕적 판단의 잣대 또한 높기 때문에 국내외 어디서든 외교관으로서의 처신과 행동에 각별한 주의가 필요하다. '최고의 인격자'로서 처신해야 하는 외교관의 직무상 윤리는 도덕적 정언명령 수준을 넘어서는 법적 의무인 동시에 시대적·사회적 요구가 되었다.

해외출장

직장인들에게 해외출장은 두려움이나 부담보다는 기대와 설렘이다. 주니어 시절에는 이전에 가보지 못한 지역이나 국가로 해외출장을 가게 될 경우 새로운 세계에 대한 기대감과 호기심이 마음을 설레게 했다. 외교부는 '외무'부서다 보니 해외출장 기회가 비교적 많다. 외교부에서 해외출장은 세 가지 종류 중 하나다. 국제기구나 외국정부가 주최하는 국제회의 참석을 위한 출장, 양자 간 업무협의를 위한 출장, 대통령 또는 외교장관 등 고위인사의 외국 방문 시 수행원의 일원으로 가는 경우 등이다.

혼자 가는 해외출장은 당연히 업무의 연장이기도 하지만 종종 바쁜 본부의 업무나 상사의 잦은 업무지시에서

잠시라도 벗어날 수 있는 기분전환의 기회이기도 하다. 필자의 과에 근무하는 한 서기관은 출장을 가면 자유를 느낀다고 했다. 그녀는 “비행기를 타면 본부의 업무에서 벗어나기 때문에 마음이 편해진다”고 말했다.

그러나 다른 관계부처의 출장과는 달리 외교부의 해외출장은 여간 힘든 일이 아니다. 우선, 외교부의 출장일정은 빡빡한 스케줄 속에 진행된다. 해외에서 국제회의, 또는 양자회의가 있는 경우 보통 회의 당일이나 전날 오후에 도착해 회의가 끝나는 당일 돌아오는 일정으로 짜인다. 회의 전날 도착하기 때문에 미국처럼 시차가 한국과 반대인 국가에 도착할 경우 다음 날 시차 때문에 여간 피곤한 게 아니다.* 그리고 도착하자마자 회의결과를 보고하는

---

* 해외출장 시 시차가 주는 스트레스가 얼마나 큰지를 실험한 사례가 있다. 연구에 따르면, 시차적응 스트레스로 쥐를 가지고 실험을 했다. 6시간의 시차를 지속적으로 겪게 하면서 8주 동안 실험을 했더니 쥐의 생존율이 3분의 1로 떨어졌다고 한다. 시차 적응의 스트레스가 얼마나 강한지를

전문을 써야 하기 때문에 상당한 피로 속에서 출장일정을 소화하게 된다. 중요한 회의인 경우, 회의 종료와 동시에, 또는 회의 당일 저녁에 결과를 정리해 서울로 전문보고를 해야 하고, 중요한 협상 진행을 위해서는 서울에서 훈령을 받아야 하기 때문에 새벽까지 일을 해야 하는 경우도 다반사다.

대통령의 해외순방이나 외교장관의 해외방문을 수행할 경우, 도착 순간부터 내부전략회의, 면담 및 양자회담 등의 일정이 이어지기 때문에 조금도 긴장을 풀 수가 없다. 현지 호텔에 설치된 상황실에서 계속 상황을 체크해야 하는 경우도 많다. 대표단으로 회담에 배석할 경우, 회담 결과를 정리하고, 전문 작성, 면담자료 수정 등의 일을 하게 된다. 기타 각종 행정적인 일이나 서무를 챙기는 것도 매우 바쁘게 돌아간다.

출장을 마치고 돌아와서는 해외출장 결과 정리 및 보고, 출장 후속조치 및 감사서한 송부, 경비정산 등 많은 일들을 처리해야 한다. 편도 10시간 이상 되는 출장거리를 좁은 이코노미 좌석에서 버텨야 하는 고통도 크다. 이래저래 해외출장은 해외여행이 주는 스릴이나 감동보다는 바쁜 현안 처리로 고단한 여정의 연속인 셈이다.

잘 보여주는 실험결과였다고 한다. 신웅진, 『바보처럼 공부하고 천재처럼 꿈꿔라』, 명진출판, 2007, p.204.

칼질과 풀칠

필자는 외교부 입부 2년 차였던 1996년 2월 외교부 공보관실에서 근무하게 되었다. 공보관실은 언론의 취재·인터뷰 지원, 언론을 통한 외교부의 정책 홍보, 주요 정책 발표 및 이에 대한 여론동향을 외교정책에 반영하는 대국민·언론 소통창구의 역할을 한다. 공보관실은 외교 정책이 당국자 브리핑이나 보도자료를 통해 국민에게 전해지는 외교의 제1선 현장이기 때문에 일도 많았지만 보람도 컸다. 공보관실 근무는 외교부를 출입하는 각 언론사의 기자들과의 교류를 통한 인간적인 관계구축 기회를 제공했을 뿐만 아니라 외교에 대한 국민들의 일반적인 생각을 이해하는 데 많은 도움이 되었다.

공보관실에서 맡은 업무 중 하나는 매일 아침 8시까지 30개에 달하는 주요 언론의 외교 관련 보도기사를 스크랩해 종합·정리하는 일이었다. 외교부에서는 각 언론에 보도된 외교 관련 기사만을 따로 모아 편철한 스크랩 자료를 '외무일보'라고 부른다. 외무일보는 외교관들이 하루 업무를 시작하기에 앞서 외교에 대한 국민여론을 이해하고, 현재 이슈가 되는 주요 외교사안을 이해할 수 있는 자료다. 당시에는 인터넷이 발달하지 않았고, 원하는 신문기사만을 오려내 편집할 수 있는 프로그램도 없었던 시절이다. 요즘은 다른 직종의 직원들이 신문 스크랩 자료를 만들고 있지만 당시까지만 해도 사무관 초임들이 수작업으로 그 일을 했다.

아침 일찍 출근해 주요 신문의 외교 관련 기사를 체크하고 해당 기사를 잘 오려내 A3 용지에다 풀로 붙인다. 기사 하단에는 기사가 보도된 매체명을 나타내는 도장을 찍고 사인펜으로 다시 기사가 보도된 해당 면을 표시했다. 이런 기초적인 편집작업을 하고 나면 그날의 외교 관련 주제에 대한 언론사별 보도내용, 논조 등을 일목요연하게 볼 수 있는 외무일보가 탄생한다. 이어 이렇게 만들어진 외무일보를 복사기에 올리고 독자 수만큼 복사해 각 간부들 사무실에 배포한다. 외무일보는 주요국 재외공관에도 전문을 통해 배포한다.

외무일보 편집을 위해 신문 지면에 있는 기사를 칼로 오려내는 과정에서 손을 베는 일도 허다했다. A3 용지 위에 오려낸 신문기사를 붙이기 위해 풀칠을 하다 보면 손바닥이 온통 칼로 벤 자국과 풀칠로 엉망이 되어 있었다. 복사 도중 용지가 복사기에 걸려 배포시간을 놓칠까 애태운 경우도 많았다. 물론 이런 업무는 외교 수행과 직접적인 관계는 없다. 그럼에도 불구하고 매일 아침 외교부 주요 간부들이 제일 먼저 찾는 외무일보를 만든다는 사명감으로 열심히 했다.

오늘날 외교정책 결정에 가장 많은 영향을 미치고, 국민에게 외교정책을 알리는 것도 역시 언론이다. 언론 스크랩은 외교부의 직원들이 외교 현안에 대한 여론의 동향을 파악하고 외교정책 방향과 업무의 우선순위를 정하는 데 많은 도움이 된다. 외교부 간부들이 출근하자마자 가장 먼저 보는 정보지를 위해 궂은일을 함으로써 외교관들이 외교정책에 대한 국민 여론을 제대로 이해하도록 하는 이 작업의 중요성은 지금도 간과할 수 없다.

공보관실에서 일하면서 한 가족처럼, 식구처럼 지내던 외교부 출입기자들을 잊을 수 없다. 이 분들이 현재는 주요 언론사의 대표나 정치부장, 국제부장 등 핵심 간부들이 되어 여론 형성에 큰 역할을 하고 있으며 우리의 외교정책을 국민들에게 알리는 한편, 국민의 여론을 정부정책으로 환류還流, feedback시키는 쌍방향적인 소통 채널의 역할을 하고 있다.

총무과장과 인력관리

2010년 2월 필자는 주중대사관 1등 서기관으로 부임해 1년 반 동안 총무과장을 맡아 공관장 보좌, 공관 운영과 관리, 공관 서무 등 각종 행정지원업무를 수행했다. 전 세계 약 160여 개 공관 중에서 주중대사관처럼 규모가 큰 공관에는 공관의 인력 관리, 조달, 예산 및 회계, 인사, 각종 행사 및 행정지원, 차량 관리 등을 담당하는 총무과장이 있다. 주중대사관은 전 재외공관 중 가장 규모가 컸고, 일하는 직원도 가장 많았다. 연간 사용하는 예산은 4,000만 달러에 달했고, 공관 직원도 정규직원 및 행정직원들까지 포함하면 약 240명에 달했다. 이 정도 규모면 대사관이 하나의 거대한 중소기업 규모다.

행정직원 퇴임식 : 「이제 29년에 걸친 대사관의 생활을 마치고 퇴임하여 새로운 인생을 시작하겠습니다. 퇴직하면 "동쪽 울타리 아래 국화를 따다가 그윽이 남산을 바라보는(採菊東籬下 悠然見南山)"는 여유를 갖고자 합니다」

총무과장의 업무 중 가장 중요한 업무가 공관의 인력 관리였다. 대사관에는 업무 특성상 본부에서 파견된 외교부 직원들 외에도 많은 수의 현지인 행정직원을 고용하고 있었기 때문에 공관의 원활한 운영을 위해서는 중국인 행정직원들이 자부심과 긍지를 갖고 안정적으로 일할 수 있도록 하는 것이 중요했다. 직원 한 명이 떠나게 되면 퇴직금을 지불해야 하고, 새로운 직원을 채용하기 위한 공고, 시험 및 면접, 새로운 고용계약과 업무 적응지원 등 행정적 노력과 비용의 낭비가 많았다. 업무 노하우의 상실도 큰 문제였다. 또 대한민국에 대한 좋은 이미지를 형성하기 위해서는 현지인 행정원들로부터도 좋은 평가를 받고 좋은 직장이라는 이미지를 주는 것이 무엇보다 중요했기 때문에 인력 관리는 특히 중요했다. 중국인 행정원들이 일하기 좋고, 주변에 좋은 직장으로 추천할 만하고, 자부심을 갖고 일할 수 있는 기관이 되어야 비로소 대사관이 좋은 이미지 속에 일할 만한 곳이 되는 것이다.

행정원들 중에서도 특히 운전원들이 가장 고된 여건 속에 근무했다. 이들 중에는 대다수가 지난 1992년 한중수교 전후부터 대사관에서 근무하기 시작한 사람들이었다. 이들은 박봉에도 불구하고 장기간 근속하고 있었고, 가장 고된 근무강도 속에 업무를 훌륭하게 수행했다. 매년 본부에서 400여 차례의 대표단이 방문하고, 아침 일찍부터 일정이 시작되기 때문에 새벽에 출근을 해야 하는 경우도 많았다. 그러고 밤늦게 귀가하고도 아무 불평 없이 잘 견뎌 주었다. 이들의 사기진작을 위해 되도록 많이 기사들과 만남의 자리를 갖고 회식도 종종 했다. 회식을 하다 보면 간혹 박봉에 어려운 근무조건에 대해 불평하기도 했지만 이들은 헌신적으로 열심히 일해 주었다.

한번은 15년간 근무했던 기사가 건강이 좋지 않아 입원을 하게 되었다. 입원한 당일 병원으로 과일을 들고 찾아갔다. 나중에 그가 퇴원한 후에도 두 시간 거리에 있는 그의 집까지 찾아가 위문하기도 했다. 그전에는 이렇게까지 챙겨주는 대사관 직원이 없었다며 아픈 몸을 일으켜 돌아가는 우리 일행을 문 앞까지 눈물로 배웅해 주던 그 기사의 모습을 아직도 잊을 수 없다.

외국에서 생활하면서 국적이 다르고, 문화가 달라도 사람은 정으로 서로 의지하면서 살아간다. 직을 떠나면 업무는 사라지지만, 인연을 매개로 한 정은 남는다. 지금쯤 그 직원이 행복한 노후를 보내고 있기를 기원한다.

호텔과 친해지기

과거 미국에서 연수를 하던 중 방학을 맞아 뉴햄프셔 주에 위치한 브레튼 우즈Bretton Woods라는 곳에 간 적이 있다. 브레튼 우즈는 아주 시골에 있는 조그만 휴양지의 호텔명이였다. 이 호텔에서 제2차 세계대전 이후 새로운 국제경제질서를 형성한 브레튼 우즈 체제가 출범하였다. 조그만 호텔이 전후 세계경제질서를 출범시킨 요람이 된 것이다.

일반인들은 호텔의 중요성에 대해 잘 인식하지 못하지만, 사실 호텔은 중요한 외교적 공간의 역할을 한다. 그러다 보니 국내든 해외에서든 외교업무를 수행하다 보면 호텔에 갈 일이 많다. 호텔은 단순한 숙박 제공 기능을 넘어 각종 사교 모임이나 국제회의 등 많은 외교행사가 이루어지는 장소다. 오·만찬 행사가 자주 열리고, 본부에서 출장자들이나 귀빈이 올 때 묵는 곳도 바로 호텔이다. 임지에 도착하면 우선 주요 행사에 맞는 호텔 현황을 파악하는 것이 업무의 시작이다. 대사관 또는 총영사관 근처에 있는 주요 호텔의 명칭, 호텔의 급, 호텔의 질과 서비스, 가격 등을 파악해야 하고, 호텔에 근무하는 주요 매니저, 식당 등을 소상하게 파악하고 있어야 한다. 호텔의 식당이 어떤 곳인지도 잘 파악해 두어야 출장자나 대표단이 왔을 때 실수하지 않는다. 어떤 호텔 식당은 음식이 맛있는데, 서빙시간이 오래 걸린다든지, 과도한 팁을 노골적으로 요구한다든지 등 여러 가지 특징, 또는 제약요소들이 있기 때문에 호텔 식당들을 잘 파악해 두어야 한다. 미국 식당들의 경우, 음식을 주문할 때 웨이터가 채식인지, 육식인지, 토마토소스인지, 크림소스인지 등 여러 가지 옵션을 '따발총'처럼 물어보기 때문에 해당 식당의 메뉴도 연구해야 하고, 정찬 후에 나오는 후식도 숙지해 놓아야 한다.

호텔과 제대로 관계를 구축해 놓지 않으면 주요 인사 방문 시 여러 가지 애로를 겪게 된다. 본부에서 대통령 또는 총리 등 고위인사가 방문할 경우, 호텔 예약, 동포간담회 진행, 보안 관련 각종 협조 등 협조해야 할 사항이 수십에서 수백 가지는 된다. 한국의 경우 정상방문은 보안상의 이유로 시일이 촉박하게 발표되는데, 미국이나 유럽의 경우 유명 호텔은 통상 수개월 전부터 예약이 끝나는 경우가 많아 호텔 측과 평소 좋은 관계를 유지해 놓지 않으면 정상행사 준비에 차질을 빚게 된다. 특히, 특정 도시에서 다자 정상회의가 개최되는 경우, 자국 정상과 대표단이 체류할 적절한 호텔을 확보하기 위한 경쟁이 생각 이상으로 치열하기 때문에 평소 호텔 측과 원만한 협조관계가 구축되어 있지 않으면 자칫 낭패를 당할 수 있다. 정상행사 준비를 위해서는 제일 중요한 첫 단계가 바로 VIP 일행이 체류할 호텔을 확보하는 것이기 때문에 호텔 확보를 위해서는 평소 공관과 호텔 간의 원만한 업무협조체제가 구축되어 있어야 한다. 평소에는 공급자인 호텔이 을이고, 구매자인 소비자가 갑인 관계지만, 임박한 정상행사를 치를 마땅한 호텔의 숫자가 제한된 경우에는 호텔이 갑으로 바뀌는 경우가 종종 있다. 이럴 때 호텔 관계자와의 평소 우호적인 협조관계는 문제를 풀어나가는 데 많은 도움이 된다. 현지 사정상 적정한 호텔이 제한된 경우는 더욱 그러하다.

예전에도 마찬가지였지만 재외공관에서 근무하면서 겪는 애로 중의 하나가 공무원의 해외출장 기준상 숙박비 기준을 충족시킬 수 있는 가격의 호텔을 찾는 일이다. 우리의 경우, 주재국의 각종 물가인상에 비해 아직도 예산 사정 등으로 인해 해외출장비가 현실과 동떨어져 있는 편이라 기준에 맞는 도심 호텔을 찾기가 힘든 경우가 있다. 가격을 낮추다 보면 시내 외곽에 위치한 호텔에 묵게 되어 일정 수행에 여러 가지 지장이 생긴다. 이런 경우에 대비해서 평소에 현지 호텔 측과 좋은 관계를 형성해 대표단이 머무는 데 불편이나 어려움이 없도록 대비해 놓아야 한다. 유비무환의 자세는 국내든 해외든 어디서나 필요하다.

최악의 사고들

재외공관에서 영사로 근무하다 보면 간혹 안타까운 일들을 경험하는데 그중 가장 안타까운 일은 우리 국민들이 해외여행 중에 불의의 사건·사고를 당하는 경우다. 특히, 우리 국민들이 부주의나 불운으로 인해 이역만리 해외에서 사망사고를 당하는 것을 보면 가슴이 미어진다. 해외에서 이런 사고를 당하면 당사자는 물론이고, 가족들, 그리고 공관까지 후유증이 크다. 사망사고 발생 시 사망원인에 대한 진상조사, 사건처리를 위한 주재국 관계기관 접촉, 유족에 대한 비자 발급 등 현장지원, 화장과 유해의 국내이송, 피해배상 등 사건처리 과정에서 많은 일을 겪게 된다. 이 과정에서 많은 사람들이 아픈 고통을 겪는다. 옆에서 이를 돕는 영사나 공관원들도 유족과 별반 다름없는 아픔과 힘든 치유의 과정을 거쳐야 한다.

필자는 사건·사고를 담당하는 영사로서 사망사건이 발생하면 유족과 같은 마음으로 최대한 슬픔을 함께하며 그들의 슬픔을 조금이라도 위로하기 위해 최선을 다했다. 우선 사망사고가 발생하면 반드시 현장으로 달려가 사고 경위를 파악하고, 직접 시신의 상태를 확인하고, 화장 등의 절차에 반드시 입회하거나 확인했다. 그러다 보니 어떤 때는 일을 끝내고 집에 오면 사건 현장의 처참한 상황과 시신의 모습이 떠올라 잠을 이루지 못하고, 먹지도 못한 적도 간혹 있었다.

미국이나 중국은 국토가 넓기 때문에 하나의 총영사관이 관할하는 지역 역시 넓다. 시애틀 총영사관에 근무할 때는 서북미 5개 주를 관할했는데, 여기에는 워싱턴Washington, 알래스카Alaska, 몬태나Montana, 오리곤Oregon, 아이다호Idaho 등 주 하나가 남북한을 합친 것보다 큰 면적을 가진 넓은 주들이었다. 이곳에서 어디서든 사건·사고가 나면 달려가야 했다. 한번은 비 내리는 주말 오리곤 주에서 사망사고가 발생한 적이 있었다. 오후 늦게 출발해 600㎞를 달려 장례식장에 도착했다. 현장에서 유족들을 만나 장례절차 등을 지원하고, 밤늦게 눈 쌓인 베이커산Mt. Baker를 통과해 오다가 죽을 뻔한 일이 있었다. 돌아오는 길은 고도 2,000m가 넘는 고산지대 산속에 너무 많은 눈이 내려 도로가 미끄러웠다. 게다가 한밤중이어서 차가 절벽으로 추락할 경우 구해줄 만한 사람이 아무도 없었기 때문에 자칫 필자도 위험에 처할 뻔한 순간이 계속되었다.

또 한번은 사업차 시애틀을 방문했던 국내 기업인들이 헬기사고를 당했을 때 처참한 시신들을 수습하고 처리하기도 했다. 시신이 분리되고 불에 탄 모습은 일반인의 눈으로 차마 볼 수도 없는 처참한 모습이었지만, 유족의 아픔에

비하면 아무것도 아니었다. 수천 킬로미터 떨어진 이역만리에서 사랑하는 아들을 잃고 시신 앞에서 통곡하던 아버지의 모습은 아들 헥토르Hektor의 시신 앞에 울부짖던 고대 트로이의 프리아모스Priamos 왕의 비통한 모습과 비견되었다.

선양에서 근무하던 중 2015년 7월에 겪었던 지방행정연수원 연수단 일행의 버스추락 사고건은 아직까지도 기억에 생생한 악몽으로 남아 있다. 7월 1일 중국 길림성 집안시에서 연수원 소속 현장학습단의 버스추락 사고로 연수생 10명이 사망하는 대형 교통사고가 발생하였다. 사고 발생 이후 사망자 시신 수습, 시신 처리 및 시신 운구, 장례, 유족지원, 부상자 치료 및 지원, 사고원인 조사, 현지 당국과의 소통 및 업무 협조 등의 과정에서 수많은 고통과 어려움을 겪었다. 사고 처리 및 수습 과정에서 공관의 거의 모든 직원들이 밤을 지새면서 희생자 처리, 유족과 부상자 및 가족지원 등에 투입되었다. 일부 직원은 지방출장 후 복귀 중에 현장 지원 지시를 받고 새벽 1시에 폭우 속에 험한 시골길을 뚫고 현장으로 달려가 시신안치소를 마련하기도 하였고, 어떤 직원은 사고현장에서 며칠 동안이나 희생자의 유류품을 수습하고 시신의 염습을 하기도 하였다. 또 다른 직원은 슬픔에 사로잡힌 유가족들의 격한 감정을 위로하면서 밤새 시신안치소에서 밤을 새기도 하였다. 또 어떤 직원은 부상자를 치료할 병원을 찾아 동분서주하였다. 예상치 못한 대형재난에 사고수습과 희생자 및 유족지원, 부상자 처리 등을 위해 수개월 동안 처절하게 고생하던 그 당시의 기억을 잊을 수 없다.

해외에서 사랑하는 가족 누군가가 날벼락 같은 사건·사고를 당하면 국내에 있는 유족들의 슬픔과 비통함은 이루 말로 표현할 수 없을 것이다. 마음이 찢어지는 슬픔을 안은 채 때로는 10시간이 넘게 비행기를 타고 먼 이국에 도착해 처음 만나는 영사의 이미지는 여러 가지다. 본인의 아픔을 위로해 줄 수 있는 조문인의 모습일 수도 있고, 냉정한 경찰일 수도 있고, 아니면 어찌할 수 없는 슬픔에 무조건 붙들고 책임을 묻고 싶은 가해자로 보일 수도 있다. 어떤 이미지든지 간에 유족들의 아픔을 덜어주기 위해서는 영사가 직접 사건현장을 확인하고 향후 절차와 사건 처리 방향에 대해 유족들에게 잘 설명해 주는 것이 필요하다. 직업으로서의 영사가 아닌 유족의 입장에서 슬픔을 이해하고, 유족의 눈높이에 맞춰 지원해 주는 것이 제일 중요하기 때문이다.

영어 스피치

2006년 8월 미국 시애틀에 영사로 부임해 준비하게 된 중요한 행사 중 하나가 알래스카 주에서 열린 '한-알래스카 친선·우호의 밤' 행사였다. 1997년 외환위기 전까지 알래스카 주 앵커리지Anchorage에 우리 총영사관이 있었으나, 외환위기로 인해 그즈음 총영사관은 철수했다. 때문에 총영사관 부재로 많은 불편을 겪고 있던 동포들은 앵커리지에 총영사관 재개설을 희망하고 있었다. 시애틀 총영사관에서는 앵커리지 총영사관 철수로 인해 생긴 업무상의 공백을 메꾸고, 우리 동포, 그리고 알래스카 주와 한국과의 우호관계 증진을 위해 12월 말에 '친선·우호의 밤' 행사를 개최했다.

필자는 이 행사를 준비했고 행사 당일 총영사를 모시고 12월에 앵커리지로 출장을 갔다. 행사장은 앵커리지에 있는 '캡틴 쿡 호텔'이었다. 18세기 태평양 각 지역을 탐험하고 알래스카까지 왔던 영국의 유명탐험가 쿡James Cook 선장의 이름을 따 명명된 이 호텔은 앵커리지 시내 중심가에 있었고, 이 지역 모임과 사교의 중심지였다. 호텔 조금 뒤쪽으로는 엘렌도르프 미 공군기지Elmendorf Air Force Base가 있었고, 미 공군의 최신예 전투기인 F-22기가 배치되어 비행을 하는 모습이 호텔 창가로 이따금씩 들어 왔다.

저녁 6시부터 시작된 행사에는 5시경부터 내빈들이 도착하기 시작해, 앵커리지 시장 등 많은 현지 지도자급 인사들이 참석했다. 필자는 총영사의 환영사가 끝난 이후 갑자기 행사준비자로 내빈 앞에서 소개인사를 하게 되었다. 대규모 인원 앞에서 한 첫 번째 영어 스피치였고, 조명이 모두 나에게로 쏟아지고 있어 조금 긴장도 되었다. 모든 영어 연설이 그러하듯이 "신사숙녀 여러분, 안녕하십니까?"로 시작했고, "이 행사에 와 준 내빈께 감사를 드리고 이러한 행사를 통해 앞으로 한국과 알래스카가 더욱 가까워짐으로써 교류가 늘기를 희망한다"는 말로 마무리했다.

많은 청중 앞에서 영어로 스피치하는 것이 많이 긴장되었고, 그러다 보니 마음이 너무 조급해졌다. 영어로 스피치를 할 때는 속도를 조금 늦추면서 차근차근 말하는 게 중요한데, 마음이 급하다 보니 말이 빨라졌고, 말하려고 했던 내용을 다 이야기하지 못했다는 느낌을 지울 수 없었다. 이런 자리에서는 긴장을 풀고, 조곤조곤 이야기하는 것이 최고의 요령이다.

앵커리지에서의 영어 스피치 이후 다른 행사에서는 긴장을 덜 하게 되었다. 어느 정도 영어로 연설하는 요령도 생기고, 여러 사람들 앞에서 쫒기지 않고 조곤조곤 말하는 요령을 터득하고 나니 스피치가 많이 안정되었다. 이후에도 각종 리셉션, 오·만찬 등에서의 즉석 스피치 등은 많은 부담이 되었으나,

항시 천천히 조곤조곤 이야기하는 요령을 실천하면서부터는 많이 나아졌다.

어찌 되었든지 간에 외교관은 언제 어디서든 어떤 주제에 대해서든 10분 정도는 설득력 있는 메시지를 전달하면서 즉석에서 영어 스피치를 할 수 있을 정도로 준비되어 있어야 한다. 특히, 한국을 소개하는 내용에 대해서는 더욱더 신경 써서 준비되어 있어야 한다.

북극 오로라

지구의 양쪽 끝단인 남극과 북극은 인류의 접근이 아직도 쉽게 허락되지 않은 극한 지역이다. 남극과 북극은 과학적 조사연구를 수행하는 소수의 인원에게만 접근이 허용되는 지역이고, 접근이 가능한 시기도 연중 며칠 되지 않는다. 또한 취약한 생태환경으로 인해 많은 사람이 방문하는 것이 반드시 좋지만은 않은 지역이다.

남극의 경우, 현재는 많은 국가들이 과학연구기지를 두고 있기 때문에 과학기술을 담당하거나 남극정책을 담당하는 소수의 과학자나 정책결정자, 또는 외교관이 갈 수 있는 지역이다. 외교관 중에서도 남극정책을 담당하는 직원이 운이 좋으면 남극에서 열리는 과학행사 참석이나 남극

세종과학기지 방문을 위한 기회가 간혹 주어지기도 한다. 그러나 북극은 남극보다 더 방문하기가 어렵다. 북극과 관련해서는 남극처럼 정기적인 대규모 국제회의가 그간 없었고, 있다고 해도 한국은 관련된 인연이 많지 않았다.*

필자는 외교부에서 북극정책을 담당하는 과장을 하면서 차관을 모시고 북극지역을 방문할 기회가 있었다. 2013년 5월 15일 한국은 많은 외교적 노력 끝에 스웨덴 키루나Kiruna에서 열린 북극이사회Arctic Council 각료회의에서 북극이사회 정식옵서버 지위를 획득하는 데 성공했다.** 필자는 당시 북극정책 담당과장으로서 한국의 정식옵서버 지위 획득을 이루어 냈고 5월 말에 노르웨이 정부의 초청을 받아 북극지역 스발바드 제도Svalbard Is.에 있는 국제과학기지를 방문하게 되었다. 인천에서 출발해 프랑크푸르트Frankfurt, 오슬로Oslo, 롱이어비엔Longyearbyen, 뉘올레순Ny-Ålesund 공항 등 여러 공항을 거친 후 프로펠러 비행기까지 타고 나서야 북극 다산과학기지茶山科學基地에 도착했다. 그 출장은 지난 2006년 알래스카 동토에서 본 북극 오로라의 추억을 상기시키는 출장이었다.

역시 북극지역은 상상도 할 수 없는 이국적인 지역이었다. 끝도 없이 하얗게

---

*　이명박 대통령은 2012년 9월 9일 한국 정상으로서는 처음으로 북극지역에 위치한 덴마크령인 그린란드(Greenland)를 방문했다. 당시까지 그린란드를 방문한 국가 정상은 이명박 대통령이 유일했다. 이명박, 『대통령의 시간 2008-2013』, RHK, p.607.

**　북극이사회는 미국, 러시아, 캐나다, 스웨덴, 노르웨이, 덴마크, 핀란드, 아이슬란드 등 북극권에 위치한 8개 국가들로 이루어졌으며, 비북극권 국가들의 북극이사회나 북극이사회 옵서버 가입에 소극적인 입장을 갖고 있었다. 이사국들은 비북극권 국가들이 가입할 경우, 북극권 국가들 간의 협의체인 북극이사회의 동질성이 깨지고, 기후변화 대응이나 북극원주민 보호 등 북극권 국가들의 공동관심사안 해결에 대한 기여보다는 북극자원 개발, 북극항로 개발 등 주로 경제적 이익에만 관심을 가진 국가들의 목소리가 커지는 것을 우려했다. 이명박 대통령은 그린란드 방문했을 때 그린란드 자치정부 수반과의 면담에서 우리의 북극이사회 옵서버 가입에 대한 지지를 요청했고 이후 노르웨이, 미국, 러시아, 스웨덴 등을 대상으로도 옵서버 가입 지지를 요청했다. 그러나 우리의 옵서버 가입은 쿠피크 클라이스트(Kuupik Kleist) 그린란드 자치정부 수반이 이명박 대통령에게 밝힌 바와 같이 회원국 간의 의견 일치를 보지 못해 난항을 겪고 있었다. 결국 2013년 5월에 열린 제8차 각료회의에서 최종 결정되었다.

북극 스발바드 과학연구 기지

펼쳐진 설산과 설원, 얼음 덩어리로 뒤덮인 바다 위로 비행기를 타고 가는 느낌은 영화의 한 장면 같았다. 디즈니 영화 〈겨울왕국Frozen, 2013〉에서 본 동토의 제국 그 자체였다. 북극에서 하루 24시간 중천에 해가 떠 있는 광경을 보는 것도 신기했다. 그간 알고 있었던 낮과 밤, 동쪽과 서쪽, 시간의 개념이 통째로 무너지는 느낌이었다. 현장에서 하얀 설원에 옹기종기 펼쳐진 과학기지, 과학기지 입구에 자리 잡은 노르웨이의 탐험가 아문젠Roald Engelbregt Gravning Amundsen의 동상, 크리스탈 색깔의 바다를 보니 마치 영화 〈인터스텔라Interstellar, 2014〉 속 외계 행성에 온 듯한 느낌을 받았다. 또한 인간의 거주가 가능한 최북단에 위치한 대한민국 다산과학기지를 방문했을 때의 소감은 뿌듯함 그 자체였다. 대원들은 낮과 밤이 없는 혹한의 기지에서 국내 가족들과 몇 개월째 격리된 채 연구활동을 수행하고 있었다. 대원들에게 서울에서부터 가져간 식료품 등의 선물을 전달했을 때는 많은 보람을 느꼈다.

북극은 오랫 동안 '세계 기후의 부엌global climate kitchen' 역할을 해 왔다.

가정의 요리가 이루어지는 부엌처럼, 북극이 세계의 기후를 조절하는 역할을 한다는 말이다. 그러나 인류가 쏟아낸 공해, 이산화탄소CO_2 같은 화석연료 배출로 초래된 기후변화는 북극지역에 엄청난 변화를 초래하고 있다. 북극해를 완전히 덮고 있던 빙하가 녹아 바다 위를 조각배처럼 떠다니고, 수만 년간 얼어붙어 있던 빙하가 시시각각 녹아 무너져 내리는 모습을 눈앞에서 보면서 기후변화의 대규모 진행을 실감했다. 얼마 전 뉴스에서는 북극곰이 먹이를 찾지 못해 굶어 죽었다는 보도까지 있었는데, 북극 얼음이 녹아 없어지면서 사냥감을 찾지 못한 북극곰이 굶어 죽은 것이다.

한편, 기후변화는 극지에 새로운 도전과 함께 기회도 가져오고 있다. 혹한으로 그간 인류의 접근이 허용되지 않아 왔던 북극지역은 이제 자원개발, 북극항로 개척 등 새로운 경제적 기회를 제공하는 촉매제가 되고 있다.* 북극의 해빙으로 인해 하계기간 중 북극항로가 열리면서 인류는 이제 15세기 대항로의 시대에 이은 새로운 북극항로의 개통을 눈앞에 두고 있다.

북극 방문을 통해 북극해 해빙으로 인한 북극항로문제, 무한한 자원 잠재력을 갖고 있는 북극지역 에너지·자원 개발문제, 기후변화 대응문제, 북극원주민 보호문제 등을 논의했다. 북극은 이제 지구 생성 이래 최대의 변화를 맞고 있고, 그 변화는 우리의 국익 개척에 새로운 기회를 제공하고 있다. 이런 시점에서 한국이 많은 외교적 노력 끝에 북극 이슈 관련 프리미어 포럼인 북극이사회의 정식옵서버 지위를 획득한 것은 이제 우리가 기여할 수 있는 외교의 영역이 북극까지 확대된 것은 물론이고, 한국이 인류를 위해 더욱 더 많은 일을 할 능력을 얻었다는 것을 의미한다.

---

* 북극권에는 아직 개발되지 않은 전 세계 자원의 22%가 매장되어 있다. 특히 원유의 13%, 천연가스의 30%가 매장된 것으로 알려져 있다. 그린란드 역시 석유, 가스, 우라늄 등 무궁무진한 천연자원이 묻혀 있는 자원의 보고다. 이명박, 위의 책, p.608.

외교관의 전공과 전문 분야

대학교, 일반 행정부처, 그리고 기업 등과 마찬가지로 외교부에도 다양한 전문 분야가 있고, 분야별로 전문가들이 많이 있다. 특히, 외교부는 국내에서는 아직 소개되지 않은 이슈, 최첨단 이슈 또는 아직 국내적 인식이나 여론이 형성되지 않은 분야를 다루는 경우가 많기 때문에 특수한 분야의 전문가들이 많다.

가령, 기후변화 문제는 국내적으로 관심을 끌기 전부터 외교부가 오랫동안 전문가를 육성해 다뤄 온 분야 중의 하나이다. 외교부 내 실무자일 때부터 장기간 기후변화 문제를 담당했던 A 대사는 우리 정부가 '저탄소 녹색성장'을 주요 국정목표로 제시하고, 이를 국제사회에서 적극 알릴 때

기후변화 전문가로서 활약했다. 그는 각종 국제회의에 참가해 창의적인 제안을 많이 냄으로써 기후변화 분야에서 한국의 의제선도력을 높이는 데 크게 기여했다.

국제해양법 분야는 오랜 전문성과 경험을 필요로 하는 분야다. 1982년 출범한 UN해양법협약은 제정과정에서 30년이라는 오랜 세월이 걸렸다. B 과장은 외교부에 입부한 이후 주니어 시절부터 줄곧 해양법 업무를 담당했다. 각종 해양법 관련 회의에 참여해 해양법의 국내적 이행과 실행을 담당하면서, 국제사회에서도 손꼽히는 전문가로 성장했다. 그는 이후 새로 출범한 국제해양법재판소ITLOS, International Tribunal for the Law of the Sea의 요직을 맡아 대한민국의 국제적 위상을 제고함은 물론, 국제사회의 분쟁의 평화적 해결과 평화증진에 기여하고 있다.

위와 같은 외교부의 특정 분야 전문가들은 단지 몇 가지 사례에 불과하다. 이 밖에도 한미관계, 한중관계, 한·중동관계 등 지역 분야, 의전·환경·군축·인권·국제기구·국제법 등 다양한 기능 분야에서 수십 년간의 공부와 실무경험을 통해 국내 학계 어떤 전문가들보다 돋보이는 전문성을 갖고 있는 외교관들이 많이 있다.

외교부는 부처의 업무 특성상 다양한 국제적 이슈에 대해 전문성을 쌓을 수 있는 기회를 제공하고 있다. 외교부 어느 부서에서 일하든, 해외 어느 공관에서 일하든 근무지가 바로 연구소이고, 전공실험장이라고 할 수 있다. 그렇기 때문에 언제, 어디에 있든 자기 소관 업무에 대해 얼마만큼의 열정을 갖고 파고드느냐에 따라 나타나는 결과의 차이가 큰 곳이 외교부다. 외교부는 거시적인 전략가에서부터 현미경을 가진 전문 연구자까지를 모두 포용하고, 각자가 가진 관심과 흥미에 따라 국가이익을 실현하면서, 자아실현까지 가능한 특이한 조직이다.

외교관의 파견근무

대부분의 외교관들이 근무하고 있고, 일상적인 외교업무가 이루어지는 곳은 외교부 본부와 재외공관이다. 그러나 이러한 외교 일선현장을 제외하고도 외교관들이 근무하는 곳은 많다. 오늘날 중앙정부와 지방정부를 막론하고 국제교류업무가 증가하고, 어떠한 정책이든지 간에 국가 간, 또는 정부 간 긴밀한 협력 없이는 제대로 추진할 수 없기 때문에 국제관계 전문가인 외교관에 대한 수요가 증가하고 있다.

외교관들은 청와대와 총리실 같은 국정의 컨트롤 타워는 물론이고, 국방부와 같은 외교안보부처, 기획재정부, 산업통상자원부와 같은 경제부처, 서울시 등 지방자치단체,

입법기관인 국회 등 다양한 부서에서 활동하고 있다. 특히, 청와대는 최고의 외교기관이자 외교안보의 중추인 대통령의 외교안보업무를 보좌하는 곳이기 때문에 직업외교관의 파견이 가장 많은 기관 중의 하나다. 직업외교관들은 청와대 국가안보실, 의전비서관실 등 여러 부서에 파견되어 국가의 안보 문제를 다루고, 대통령의 정상외교 수행을 보좌한다. 직업외교관들은 각종 정상외교와 의전이 국가이익을 수호하는 가운데 국제적인 기준에 따라 올바로 수행될 수 있도록 보좌하는 역할을 수행한다. 이외에도 얼마 전 언론에서는 산업통상자원부에 파견되어 한중FTA 교섭업무를 담당했던 외교부 출신 통상전문가들의 이야기가 소개되기도 했다. 산업통상자원부에 파견된 외교관들은 수십 년간 쌓아 온 통상전문가로서의 경험을 살려 한중FTA 타결에 큰 기여를 했다.

이뿐만이 아니다. 외교관들은 대학이나 연구소 등에서 외교나 국제관계 실무를 가르치는 교수로 활동하기도 한다.

외교부를 제외한 다양한 기관에서의 파견근무 경험은 외교관의 시야를 넓히는 장점이 있다. 외교 일선 현장에서만 오래 있다 보면 국내 부처 돌아가는 현황이나 현장의 목소리를 제대로 듣지 못할 수도 있는데, 파견근무를 통해 외교에 대한 국민들의 목소리를 듣고 기층의 다양한 현장경험을 할 수 있다. 또한 외교업무를 수행함에 있어 여러 관계부처 및 기관의 입장과 정책을 이해하고 이를 정책에 반영할 수 있어 큰 도움이 된다.

외교는 감동이다

외교는 감동이다

"공(신숙주)은 예조판서를 겸임한 십수 년 동안에 외교(사대교린)를 자신의 책임으로 여겼다. 피차간에 정과 예가 모두 극진하였고 주는 것은 후하고 받는 것은 박하여 언제나 환심을 얻었다. 공은 일찍이 말하기를 '사람과 교제하는 것이 쉬운 일 같지만 실상은 어려운 것이다. (외교에서) 오직 지극한 정성만이 남을 감동시킬 수 있다. 중부의 신信은 돼지나 물고기에게까지 미칠 수 있는데 하물며 사람에게 미치지 못하겠는가?' 하였다."

_『국조인물고國朝人物考』 권1 相臣, 신숙주申叔舟 편*

---

* 〈네이버 지식백과〉, "국역 국조인물고: 신숙주 편". 『국조인물고』는 정조대에 편찬된 역사인물전이다. 신숙주 편은 이승소가 찬술했다.

"섬세한 배려로 꾸며진 (아세안 특별정상회의) 영부인 행사, 아세안 영부인들에게 특별한 추억으로 남다."

"영부인 맞춤형 스카프, 오찬장 냅킨에 새겨진 개인별 이니셜 등 섬세한 배려로 영부인들 감동시켜"

_ 외교부 보도자료(2014.12.12.)

외교는 상호의존된 국제사회에서 다른 주권국가들과의 관계를 관리하고 발전시키기 위한 국가 차원의 상호작용과 교섭과정이다.* 외교는 또한 국력을 바탕으로 상대국과의 교섭을 통해 이익을 증진시키고 자신의 가치를 추구하는 연속적인 전략게임이다. 외교를 다루는 학문인 국제정치학에서는 국가만을 설명과 분석의 대상으로 삼고 있고, 국제법은 국가들 간에 적용되는 법적 규범을 다룬다. 언론에서도 일반 국제관계를 다룰 때는 국제정치와 외교의 주된 행위자인 국가, 또는 국가를 대표하는 정상이나 정부의 입장에만 초점을 맞춰 외교정책을 설명하거나 분석한다. 그래서 외교하면 흔히 국가들 간의 공식관계에만 신경을 쓴다.

그러나 국가 또는 정부 간의 외교관계에 대한 분석이나 이론에만 따를 경우, 외교에서 제일 중요한 것은 사람이고, 외교도 결국은 사람이 하는 것이라는 점을 잊기 쉽다. 물론, 교섭을 통한 국익증진 등 외교의 목적을 달성하기 위해서는 협상 상대국과 정부를 움직여야 한다. 하지만 마차를 움직이기 위해서는 먼저 말을 움직여야 하듯이, 상대국의 정부와 국가를 움직이기 위해서는 먼저 그 안에 있는 사람을 움직여야 한다. 외교는 사람을 얻고, 사람의 마음을 얻는 과정이기

---

* 영국의 저명 외교관인 해롤드 니콜슨(Harold Nicolson)은 그의 저서 『외교론(Diplomacy)』에서 "외교는 교섭에 의한 국제관계의 관리, 대사 공사가 이러한 관계를 조정하고 관리하는 방법, 외교관의 직무 또는 기술"이라고 규정하고 있다. 그는 또 다른 저서에서는 "외교란 본질적으로 주권국가 간의 교섭에 관한 조직적인 제도"라고 풀이하고 있다. 김영주, 『외교의 이론과 실제: 정보, 대화, 교섭』, 외무부 외교안보연구원, 1992, p.13 참조.

때문이다. 이를 위해 중요한 것이 형식적이고 공식적인 관계를 넘어서는 인간적인 배려와 교감, 감동이다. 외교를 통해 국익을 추구하는 과정에서 상대국의 정책 결정자들뿐만 아니라 상대국 국민들도 움직여야 한다. 이를 위해서는 어학능력, 전문지식과 이론, 탁월한 논리뿐만 아니라 상대의 문화와 정서에 대한 깊은 이해와 공감, 그리고 인간적인 교감과 감동이 필요하다. 특히, 오늘날처럼 상호의존된 지구촌 시민사회에서는 우리 외교정책에 대해 상대국의 정부인사뿐만 아니라, 상대국 국민 대중의 이해와 지지를 얻는 것도 중요하기 때문에 설득력 있고 호소력 있는 외교가 필요하다.

국가 간의 외교관계에서 형식상의 의례적인 관계를 초월해 상대국 인사들과 깊은 인간적 교류와 정서적 공감을 모색하고, 더 나아가 감동을 추구하는 것은 한국 외교의 특징 중 하나다. 한국의 외교관들은 목표가 주어지면 치열한 직업정신, 열정, 그리고 상대를 배려하는 세밀한 인간적인 터치를 통해 상대의 마음을 움직이고 감동케 하는 장점을 갖고 있다.

지난 2006년 반기문 외교통상부장관이 당초 불가능할 것으로 여겨졌던 UN 사무총장에 당선된 것은 한국 정부차원의 강력한 지원과 효율적인 선거운동이 큰 역할을 하였다. 이와 함께 사람에게 성의를 다하는 그의 인간적 매력과 상대를 감동시키는 열정 또한 중요한 요인이었다. 반기문 장관은 바쁜 시간에도 틈틈이 불어를 익혀 사무총장 선거 시 프랑스와 아프리카의 불어권 국가 정상 및 외교장관들과 만날 때 불어를 구사해 감동을 주고 UN을 이끌 최적의 사무총장이 될 것이라는 확신을 심어 주었다.* 우리 외교의 최일선 현장인 UN에서 북한 인권문제의 중요성을 잘 제기한 오준 대사의 연설도 국제사회에서 많은 반향을

---

* 반기문 외교통상부장관의 UN 사무총장 후보 결정 경위, 선거 전개 내용, 당선 경위 등에 대해서는 이종석, 『칼날 위의 평화: 노무현 시대 통일외교안보 비망록』, 개마고원, 2014, pp.376-385를 참조할 것.

불러 일으켰다. 오 대사는 2014년 12월 23일 UN안보리 회의에서 북한의 인권 문제에 대해 발언하면서 의례적이고 딱딱한 연설이 아닌, 북한 인권문제에 대한 직접적인 당사자인 한국민의 입장에서 "북한 주민은 아무나가 아니다"는 내용의 연설을 통해 국제사회에 깊은 인상과 감동을 심어 주었다.* 그간 한국이 각종 국제기구 선거에서 거의 지지 않고 항시 수위로 당선되는 것도 바로 이런 감동외교의 성과라고 할 수 있다.

상대에게 지극한 정성을 다해 감동을 주는 감동외교는 2014년 한-아세안 특별정상회의를 계기로 한국을 방문한 아세안 6개국 정상 영부인들을 위한 오·만찬 등 각종 공식행사에서 더욱 빛을 발휘했다. 당시 행사를 맡은 외교부 실무자들은 정상행사에 참석한 영부인들을 위한 행사 중간중간 따뜻한 환대가 느껴질 수 있도록 한 분, 한 분에게 정성을 다했다. 영부인들의 방한이 특별한 기억이 될 수 있도록 방한 기념 선물을 만들기 위해 각국 영부인들의 선호 색상을 일일이 조사하고 이에 맞춰 머플러와 스카프 색을 정한 후 맞춤형 조각보 스카프를 선물했다. 또한 오찬장에서는 영부인들의 이름 이니셜과 함께 정상과 영부인들의 장수를 기원하는 전통 자수장식을 냅킨에 새겨 기념품으로 가져갈 수 있도록 했다. 외교부는 이렇게 섬세한 배려가 스민 영부인 행사를 통해 아세안 영부인들에게 특별한 추억을 선사하고자 노력했다.**

틀에 박히고 관료적인 외교가 아닌, 따뜻하고 감동을 주는 외교, 일방적 메시지 전달이 아닌 상대국의 감동과 정서적 공감을 추구하는 외교, 공식적인 관계 이전에 상대를 배려하고 인간적으로 다가가고자 하는 외교, 힘이나 이데올로기의 과시가 아닌 겸손과 배려를 통해 공감과 감동을 추구하는 외교, 상대국의 문화와

---

* 김동영, "오준 UN대사 감동연설: 북한 주민은 '아무나'가 아니다", 《스타뉴스》, 2014.12.30.

** 외교부, "섬세한 배려로 꾸며진 영부인 행사, 아세안 영부인들에게 특별한 추억으로 남다", 외교부 보도자료, 2014.12.12.

정서를 깊이 이해하면서 이를 존중하는 공공외교는 대한민국 외교만의 강점이라고 할 수 있다.

외교현장에서 프로 정신을 갖고 최선을 다함으로써 감동을 주는 사례는 우리 선조 외교관들의 외교 역사에서도 종종 찾아 볼 수 있다. 「통문관지通文館志」에 기록된 조선 선조시대 국왕의 공식 통역, 즉 「어전통사御前通事」였던 표헌表憲의 고사를 일례로 들어 보자.

> 「선조가 중국 사신을 접견할 때 임금이 말하기를,
> "사신은 벼슬이 낮더라도 서열이 위이니 먼저 의자에 앉으시오." 하였는데 중국 사신이 임금의 말을 이해하지 못하고 화난 기색이 있었다.
> 공표헌이 어전통사로서 곧 한마디를 덧붙여 전하기를, "사신은 벼슬이 낮더라도 서열이 위인데, 하물며 귀인임에랴…"라고 하니 중국 사신이 옳게 여겼다. 임금이 그 대답을 잘한 것을 가상히 여겨 특별히 가자加資하라고 명하였다.
> 그 뒤 중국 사신을 접견하여 잔치할 때에 사신이 평소에 술을 잘 마신다고 소문이 났으므로 임금이 대작해 내지 못할 것을 염려하여 임금에게 꿀물을 바치게 하였는데, 사신은 취하고 임금이 취하지 않게 되자 사신이 깨닫고 잡은 잔을 바꾸기를 청하니, 갑자기 생각나는 계책이 없었다.
> 공이 청하여 임금의 잔을 받들고 사신 앞으로 가다가 문득 넘어지는 체하고 잔을 엎으니, 임금이 실례라 하여 법사法司에 내려 다스리라고 명하였는데, 사신이 굳이 요청하여 그만두었다. 사신이 돌아간 뒤에 한 자급을 올리라고 명하였으니, 그가 일에 임하여 응변하는 것이 대개 이러하였다.

임진년에 임금이 서쪽으로 피하였을 때에 요동으로 건너가자는 의논이 있었는데, 조정에서 쟁론이 있었다. 공도 복합伏閤하여 그 불가함을 힘써 아뢰기를,

"나라를 잃은 자를 나라로 대우하였다는 말을 듣지 못하였습니다" 라고 했다.」*

표헌은 불합리한 봉건적 사대질서 속에서 조선 국왕이 중국의 외교사절을 접견하는 최일선 외교 현장에서 탁월한 어학능력, 현장판단 능력, 그리고 임기응변의 기지를 통해 왕의 실수를 상대에 대한 배려로 바꿈으로써 조선 국왕의 체면을 살리고, 국가위신의 실추를 막았다. 국가의 위기 시에는 역관의 신분임에도 불구하고 선조가 나라를 버리고 명나라로 망명해서는 안 된다고 충언을 함으로써 선조가 최악의 위기상황 속에서도 나라를 돌보도록 하였다. 만일 선조가 표헌의 충언을 듣지 않고 압록강을 건너 명明에 망명하였다면 조선은 종묘사직을 보존하기 어려웠을 것이다.

---

* 세종대왕기념사업회, 『국역 통문관지 2』, 1998, p. 25. 동 내용은 이상각, 『조선역관 열전』, 서해문집, 2011, p. 5에도 인용되어 있다.

김대중 대통령의 연설 준비

외교에서 국가원수, 총리, 외교장관 등 주요 국가지도자의 연설은 일국의 외교정책이나 입장, 그리고 연설자의 철학을 표현하는 중요한 메시지다. 외교계에서 이루어지는 연설의 청중은 비단 내국민뿐만 아니라 외국 정부나 외국 국민, 외국 언론, 국제공동체의 청중 등 광범위하다. 오늘날 세계화된 지구촌 시대에서 중요 연설은 CNN 등 글로벌 미디어를 통해 보도되면서 지구촌 구석구석에까지 메시지가 전달되기도 한다.

연설은 때로는 시대의 흐름을 바꾸기도 하고, 새로운 시대정신Zeitgeist을 창출해 내기도 한다. 1963년 6월, 독일 베를린을 방문한 케네디 대통령은 "나는 베를린 시민입니다

Ich bin ein Berliner"라는 연설을 통해 동서냉전의 와중에 자유의 소중함을 일깨우는 한편, 공산주의 진영에 맞서 자유 진영의 결속을 다지는 복음성가적 evangelical인 메시지를 전달했다. 단 266개의 단어로 이루어진 링컨 대통령의 게티스버그 연설1863년은 남북전쟁으로 갈라진 미국을 다시 단합시키는 치유력을 발휘하는 세기의 명문이 되었다. 또한 윈스턴 처칠의 소련 공산주의 등장을 경고한 '철의 장막Iron Curtain' 연설1946년, 로널드 레이건 대통령의 '공산주의 위기crisis of communism' 연설1982년, 맥아더 장군의 "노병은 죽지 않는다 Old Soldiers Never Die"는 연설1951년 등은 시대를 초월한 명문장으로써 뿐만 아니라 교시적인 효력을 갖고 청중을 감동시켰다.

이처럼 외교행위자들은 연설을 중시하고, 감동적이고 호소력 있는 연설 메시지 전달을 위해 혼신을 다한다. 연설에 앞서 오랜 시간을 두고 전달할 메시지를 구상하고 이를 효과적으로 전달하기 위한 방법, 계기 등을 고민한다. 연설문에 담을 메시지 외에 연설을 통해 구사할 수사rhetoric, 적절한 비유, 의미를 담아낼 적절한 단어 선정 등을 위해 고민에 고민을 거듭한다. 자신의 마음에 맞는 연설문을 위해 수없이 원고를 고치고, 연설연습을 거듭한다. 김하중 전청와대 외교안보수석전 주중대사, 전 통일부장관은 김대중 전 대통령이 외교무대에서 중요한 연설을 위해 얼마나 철저하게 사전준비를 했는지 아래와 같이 기술하고 있다.

> "(김대중) 대통령은 미국 방문을 준비하면서 대부분의 연설문을 영어로 준비할 것을 지시했다. 그러면서 자신의 영어가 부족한 점이 많지만, 미국 지도자들과 미국 국민들을 설득하기 위해서는 영어 연설이 조금이라도 더 나을 것이라는 설명도 했다. 대통령은 특히 의회 연설을 위해 혼신의 힘을 다해 준비를 했다. 연설문은 수없이 수정을 거듭

하다가 전날 밤에야 간신히 완성되었다.

한편 대통령은 의회 연설문을 영어 발음이 좋은 사람에게 낭독하게 하고 그것을 테이프로 만들어 시간이 나는 대로 들었다. 예를 들면, 대통령이 뉴욕 일정을 끝내고 워싱턴으로 이동하려고 호텔 앞에 세워 둔 자동차를 타려다가 그 테이프를 달라고 하는 것이었다. 그런데 여비서가 테이프를 자기 가방에 넣어 둔 바람에 꺼내는 데 몇 분이 걸렸다. 미국 경호는 VIP가 탑승하면 모터케이드는 바로 떠나야 한다고 야단이었지만 어쩔 수 없이 기다렸고, 대통령이 테이프리코더의 이어폰을 귀에 꽂고 난 다음에 모터케이드가 출발할 수 있었다. 그 정도로 대통령은 공항으로 이동하는 자투리 시간도 낭비하지 않았다.

대통령은 그러면서 시간이 나는 대로 프롬프터를 이용해 연습을 했다. 때문에 의회 연설 당일 우리 의전과 경호는 국회의사당의 프롬프터 준비를 철저히 확인했다."*

김대중 대통령의 위 사례는 김 대통령이 한 번의 연설을 위해서도 얼마만큼 치밀하게 준비하고 혼신의 노력을 기울였는지를 잘 보여준다. 외교무대에서 치밀한 준비와 피땀을 흘리는 혼신의 노력은 국가의 최고지도자인 대통령이라고 예외가 아니다. 연설은 때론 나라와 국민의 혼魂을 대표하는 것이다.

---

* 김하중, 『증언: 외교를 통해 본 김대중 대통령』, 비전과리더십, 2015, p.107.

흥남철수, 세월호 사건과 오바마 대통령의 목련

미국은 우리와 민주주의와 시장경제, 그리고 인권이라는 가치를 공유하는 우방이자, 동맹국이다. 한미관계는 우리 외교의 주축으로, 한미동맹은 한반도 및 동북아 안정의 핵심축린치핀 역할을 하고 있다. 한미관계는 1882년 3월 당시 조선과 미국이 한미수호조규를 조인함에 따라 시작되었으며 6·25전쟁, 베트남전쟁, 한국군의 아라크 파병 등 자유를 수호하기 위한 전쟁의 와중에 양국이 함께 피와 땀을 흘리면서 싸우면서 더욱 강력해졌다. 오늘날과 같이 강력한 한미동맹은 그냥 이루어진 게 아니라 양국 외교관과 정치 지도자들, 그리고 많은 민간인들의 의지와 노력을 통해 얻어진 것이고, 많은 시련과 고난을 거치면서 더욱 강해졌다.

오늘날의 한미동맹을 만들어 낸 가장 직접적인 계기는 북한의 6·25 남침을 한미 양국과 연합군이 힘을 합쳐 격퇴하면서부터라고 할 수 있다. 한국전쟁 이후 1953년 10월 한미 양국은 상호방위조약을 맺어 군사동맹을 확고히 했다. 그러나 강력한 한미동맹은 과거 공산주의 침략을 함께 격퇴하고 서로 도와주었다는 역사적 사실뿐만 아니라 그 근저에 깔린 강력한 믿음과 감동, 그리고 휴먼스토리가 있었기에 가능한 것이었다. 대표적인 사례가 바로 한국전쟁 때 있었던 '흥남철수작전'이다.

1950년 6월 25일 북한의 기습남침에 맞서 전열을 정비한 미군과 UN군은 1950년 9월 인천상륙작전을 통해 남한지역에서 북한군을 격퇴하고 38선을 넘어 북진을 계속했다. 그러나 서울 수복 후 함경도 지역에서 북진을 계속하던 미 10군단은 그해 12월 장진호 전투에서 살인적인 추위와 중공군의 인해전술로 인해 후퇴하게 되었다. 미군이 후퇴하던 당시 최단거리의 지름길이자 유일한 항구가 바로 흥남부두였다. 미군이 후퇴하기 위해서는 10만 명의 전투인력과 장비 35만 톤을 후방으로 날라야 했다. 그런데 더 큰 문제가 생겼다. 미군의 후퇴와 함께 자유진영으로 가기 위해 피난민들이 흥남부두로 구름같이 모여들었다. 당시 10군단 참모부장이던 에드워드 포니Edward H. Forney 대령과 한국인 군사고문인 현봉학은 에드워드 아몬드Edward Mallory Almond 군단장에게 "밀려드는 피난민을 두고 가는 것은 공산당 손에 죽으라는 거나 마찬가지"라면서 민간인들도 함께 피난시킬 것을 건의했다. 처음에 아몬드 군단장은 이 제안에 고개를 저었으나, 현봉학과 포니 대령의 구출호소에 마침내 이들을 함께 피난시키기로 결심했다. 몰려드는 피난민들을 한 사람도 사지에 남겨 놓지 않기 위해 군 지휘부는 어려운 결정을 내린 것이다. 생명을 살리기 위한 모험이었다.

마침내 1950년 12월 15일부터 24일까지 열흘간 세계 역사상 전례가 없는 대규모 철수작전이 혹한의 날씨 속에서 진행되었다. 중공군과 인민군의 공격이 임박한 전장에서 10일간 이루어진 이 철수작전에서 10만여 명의 장병, 17,000대의 차량, 35만 톤의 군수품이 안전하게 철수했다. 흥남철수 직전 마지막 남은 피난선이자, 수송선이던 메러디스 빅토리호SS Meredith Victory는 레너드 라루Leonard Larue 선장의 결단에 따라 선적했던 무기를 전부 배에서 내리고, 대신 피난민 14,000여 명을 태워 철수에 성공함으로써 세계 전사상 가장 많은 사람을 태우고 항해한 배가 되었다. 이 당시 철수하여 자유를 찾은 피난민 중에는 후일 대통령이 된 문재인 대통령의 부모님도 있었다. 게다가 메러디스 빅토리호가 피난민을 싣고 거제도에 도착할 때까지 단 한 명의 사망자도 발생하지 않았다.* 또한 피난길 중에 사람이 많아 숨조차 쉬기 힘든 선실에서 다섯 명의 새로운 생명이 태어나기도 했다.

흥남철수 사건은 세계 전사에 유례가 없는 군사철수작전이자, 대규모 민간인 호송작전이었다. 흥남철수작전은 제2차 세계대전 당시 1940년 5월 26일부터 6월 4일까지 독일군의 공격을 피해 프랑스 덩케르크Dunkerque 만에서 영국, 프랑스, 벨기에 연합군이 기적적으로 철수한 덩케르크 철수작전Withdrawal of Dunkerque에 비견되는 대규모 철수작전이었으나, 세계 전사에는 유례가 없는 인도주의적인 작전이었다. 이 사건은 급박한 군사적 위험상황하에서도 민간인의 생명을 살리기 위해 군 지휘부의 결단에 의해 이루어진 대규모 수송작전으로, 총·포탄이 날리는 전쟁터이지만 한 명의 민간인도 포기하지 않고 끝까지 함께 가겠다는 인도주의를 실천한 휴먼 감동 스토리 그 자체다.

미국의 한국민에 대한 깊은 인도주의적 배려는 2014년 4월 발생한 여객선 세월호 참사에서 다시 한 번 빛을 발했다. 당시 오바마 대통령은 세월호

---

* 김태익, "萬物相: 포니 대령", 《조선일보》, 2015.01.15.

참사가 발생하기 훨씬 전부터 한국을 방문해 박근혜 대통령과 정상회담을 가질 예정이었다. 오바마 대통령은 지난 2008년 11월 대통령에 당선된 며칠 후에 가진 이명박 대통령과의 전화통화에서 "불고기와 김치는 제가 가장 좋아하는 음식 중의 하나"라고 밝히고, 공식 연설 등에서 한국의 눈부신 경제발전과 높은 교육열을 평가하는 등 한국에 대해 각별한 이해와 우호적인 감정을 보여 왔다.* 그런 오바마 대통령이 세월호 참사로 한국민들이 깊은 슬픔과 비탄에 잠겨 있을 때인 4월 25일 한국을 방문해 한국민을 위해 마음에서 우러나왔을 깊은 위로를 전했다. 그는 "세월호 사고에 깊은 애도를 표하며, 어려운 시기에 한국과 미국이 함께 있다는 것과 한국을 우리의 동맹국이자 친구로 부를 수 있다는 긍지를 가지고 있음을 전달하고자 한다"면서 우리 국민과 아픔을 함께하고자 했다.

오바마 대통령은 또한 한국 방문 시 세월호 사고로 많은 목숨을 잃은 단원 고등학교 학생들과 선생님들을 위로하기 위해 백악관에서 직접 기른 목련 묘목을 가져와 기증했다. 백악관 목련은 미국의 제7대 대통령 앤드류 잭슨Andrew Jackson이 먼저 세상을 떠난 아내를 기리기 위해 집에서 가져온 목련 싹을 심은 것으로 1800년대부터 백악관 잔디밭을 장식해 온 의미 있는 꽃이다. 또한 세월호 참사 당일 백악관에 게양돼 있던 성조기를 가져와 사고의 희생자들에 대한 애도의 징표로 이를 우리 측에 전달했다. 그는 이날 있었던 한미 정상회담 전에 세월호 희생자와 실종자들을 위한 애도의 묵념을 제의하면서 함께 묵념을 하기도 했다.**

한국민의 깊은 슬픔과 아픔에 대해 어떤 국가의 정상이나 인물도 하지

---

* 이명박, 『대통령의 시간 2008-2013』, RHK, 2015, pp.208-213.

** 김범현, "오바마 세월호 참사 묵념… 성조기·목련 증정", 〈연합뉴스〉, 2014.04.26. 참조.

못한 깊은 애도와 슬픔의 표시를 통해 오바마 대통령은 한국민들에게 많은 감동을 주고 한미관계가 깊은 신뢰와 유대감에 기초하고 있다는 것을 잘 보여 주었다.

노병의 눈물

미국 시애틀에서 영사로 근무하던 시절 경제통상업무, 사건·사고 처리, 교육업무 등 여러 가지 업무를 수행했다. 경제통상업무 담당자로 2006년 체결된 한미FTA가 조속히 미국 의회의 비준을 받을 수 있도록 지방 차원에서 다양한 아웃리치outreach 활동을 했다. 공관장을 수행하여 관할지역에 지역구를 가진 의원이나 보좌관을 만나 FTA의 중요성과 필요성에 대해 설명하고, 경제인 단체나 기업을 방문하여 한미FTA에 대한 업계 차원의 지지와 협조를 요청하였다. 보잉Boeing, 마이크로소프트Microsoft, 스타벅스Starbucks, 코스트코Costco 등 시애틀에 둥지를 틀고 있는 세계 유수의 기업들은 한미 간 자유무역을 지지하면서 우리의 노력을 적극 응원했다.

2007년 4월 어느 날 주미대사가 미국 태평양 연안 서북미지역에서 한미 FTA 미 의회비준 촉구를 위한 설명회를 위해 시애틀을 방문했다. 당시 주미대사관을 비롯한 미국 내 우리 공관들은 지역구 의원들이 한미FTA 비준동의안의 의회 통과에 찬성할 수 있도록 지역의 여론지도자, 주요 기업인사, 시민단체 지도자들을 만나 우리 입장을 설명하고, 이를 통해 지역 내 지지여론을 조성하는 활동을 했다. 동 계기에 시애틀 총영사관은 주미대사가 시애틀 지역에 거주하고 있는 한국전 참전용사들을 만나 이들의 노고와 희생을 위로하고 감사를 표시하는 오찬행사를 기획했다.

당시 미국 내에는 약 40만 명에 달하는 한국전 참전용사들이 살아 있었다. 한국전 참전용사들은 모두 고령의 나이였지만 지역마다 단체가 있어 정기적으로 모임을 가지고 있었다. 특히, 한국전 참전용사단체들 중에는 '초신퓨Chosinfew'라는 모임이 있다. 이 단체는 한국전 참전용사들 중에서도 특히 전투가 가장 치열했던 1950년 겨울 장진호 전투에 참전했던 미군 전우들의 모임인데, 참전용사단체 중 가장 끈끈한 결속력을 갖고 있었다. 전우들은 '초신퓨'라고 새겨진 옷이나 모자를 착용하고 있었다. 한국전 당시 중공군, 북한군에 맞서 가장 치열했던 전투를 함께 치렀고, 혹한의 겨울 전투에서 살아남았다는 끈끈한 전우애는 이들을 하나로 묶고 있었다. 이들은 한국에 대한 애정도 깊었고, 한국전과 한국에 대해 생생한 기억을 갖고 있었다.*

---

* 장진호 전투는 1950년 겨울 11월 27일부터 그 해 12월 11일까지 미 해병1사단이 함경남도 개마고원 장진호에서 계곡을 따라 전진하던 중 중공군 제9병단 7개 사단에 포위되어 미군 약 6,500여 명의 인명손실을 입은 전투이다. 장진호 전투는 미군이 전쟁 역사상 가장 고전했던 전투로 꼽힌다. 장진호 전투에 대한 생생한 묘사는 David Halberstam, *The Coldest Winter*, Hyperion Books, 2008에 잘 묘사되어 있다. 한국전 당시 미군 약 150만 명이 투입되었으며, 이 중 54,246명이 전사했고 103,284명이 부상을 당했으며, 8,177명이 실종되었다.

미국 오레곤 주 한국전 참전 기념비

한국전 참전용사들에게 한국은 많은 의미를 갖고 있다. 제2차 세계대전이 끝나면서 전장에서 고향으로 돌아왔지만 종전휴가를 즐길 여유도 없이 이들은 트루먼Harry S. Truman 대통령의 소집에 따라 바로 냉전의 최전선이던 한국전쟁에 투입되었다. 이들은 제2차 세계대전 이후 전후의 소란이 채 정리도 되기 전에, 군화 끈을 풀 겨를도 없이 수천 킬로미터를 건너와 한국에 도착했다. 그리고 곧장 총·포탄이 날리는 사선으로 투입되었다.

미국인들에게 한국전쟁은 베트남전쟁만큼이나 아픈 기억이 살아 있는 전쟁이다. 미국에서 한국전은 흔히 '잊혀진 전쟁forgotten war'이라고 불린다. 한국전은 미국 연방헌법상 규정된 의회의 정식 선전포고 없이 트루먼 대통령이 군 최고통수권자의 자격으로 UN 회원국들의 지지를 받아 UN의 깃발 아래 참전한 전투였다. 당시까지만 해도 미 국민들에게는 참전 사유나 이유가 충분히 알려지지 않은 전쟁이기도 했다. 후방에 있던 미국인들 또한 한국전쟁 수행을 위해 내부적으로 혹독한 대가를 치러야만 했다. 트루먼 대통령은 한국전쟁 수행을 위해 국가산업 생산능력의 극대화를 추구했다. 그러나 1951년 제철공장 노동자들이 임금교섭 실패로 전국적인 파업에 돌입하자 전국 제철소의 정상가동을 위해 행정부 수반이자 군 최고사령관으로서의 권한을 이용해 상무부가 전국 제철소를 접수해 운영토록 하는 행정명령을 발동했다. 이 조치는 국내적으로 많은 논란의 대상이 되었고 연방대법원은 동 조치가 대통령의 권한을 벗어나는 조치라는 판결까지 내렸다.*

당시까지만 해도 미국인들에게 한국은 극동의 아주 먼 나라였고, 한때 미국의 대공산권 방위라인으로 불리던 애치슨 라인Acheson Line에서 빠져 있던 나라였으며, 일제의 식민지배로부터 해방된 지 얼마 안 된 가난하고 헐벗은 나라였다. 그들에게 비친 한국은 민둥산이 전부였고, 낙후된 나라였다. 이러한 이미지는 많은 한국전 참전용사들에게 각인되어 있었다. 그들은 공산주의의 침략에 맞서 한국의 자유를 지키기 위해 온 것이었다.

그런데 그런 한국이 '한강의 기적'이라는 전후 세계 역사에서 유례를 찾아보기 힘들 정도로 빠른 경제발전을 달성하고, 산업화와 민주화에 성공한 나라가 되었다. 헐벗고 굶주리던 나라가 이제 미국에 자동차를 수출하고, 반도체, 휴대폰 같은 최첨단 전자제품을 수출하고 있었다. 우리가 주최한 오찬에서 주미대사는 참전용사들의 노고와 희생에 감사하고, 한미동맹 발전에 이들이 지속적으로 지지해줄 것을 당부했다. 이어서 참전용사들에게 한국 기업이

---

* See Youngstown Sheet & Tube Co. v. Sawyer(The Steel Seizure Case), 343 U.S. 579. 이 사건에서 미국 연방대법원은 민간재산인 제철소의 점유 및 운영을 위해서는 의회의 명시적인 입법이 필요하며 이는 의회의 권한으로, 대통령이 민간재산을 점유해 노동분쟁을 해결하는 것은 행정부 수반이자 군 최고통수권자로서의 권한을 벗어나는 것이라고 판결했다.

생산해 미국에 수출하던 최신형 휴대폰을 선물로 증정했다. 한국의 발전상을 보여주는 한편, 참전용사의 희생에 대한 감사를 동시에 보여준 선물이었다. 선물을 받아 든 참전용사들의 눈가에서 뜨거운 눈물이 흘렀다. 그들은 한 손으로 지팡이를 짚고, 다른 한 손으로는 필자를 부둥켜안고 눈물을 흘렸다.

참전용사들은 그들의 희생과 용기를 기억해 준 한국에 깊은 감사를 느꼈다. 그들은 자신들이 참전하여 피를 흘리며 도와준 나라가 자유를 되찾고 세계 역사에 우뚝 선 나라로 성장한 것을 감격스러워 했다. 행사가 끝나고 헤어지면서도 참전용사들은 필자의 손을 놓지 않고 거듭 고마움과 감사의 마음을 표했다. 한미동맹의 뜨거운 결속력을 보여주는 한편, 참전용사의 희생을 잊지 않고 기억해 준 대한민국에 보내는 진정어린 감사의 표시였다.

외교관은 만능 엔터테이너

외교관으로 외교부에 입부해 하는 일 중 중요 업무에는 외국의 정상, 외교장관 등 외빈 방한 시 방한행사 준비, 우리 정상 또는 외교장관 등 요인의 해외방문행사 준비 등이 있다. 재외공관에서 근무하는 경우에도 외국을 방문하는 국내 요인의 현지 일정 수행, 주재국 인사의 방한행사 준비 등이 큰 비중을 차지한다.

외빈 방한 시, 정부수반이거나 국가원수일 경우 보통 양국 정상회담, 국회 연설, 주요 경제단체장 초청오찬, 국내 산업시찰, 동포간담회 등의 행사를 갖는다. 이러한 일정을 지원하기 위해 실무진들이 챙겨야 할 일이 무척 많다. 우선 방문 접수의 필요성, 방한 시 성과 및 실익, 우리 대통령의 일정, 방문의 격식, 여타 정상들의 방한 일정, 국내 정치 일정, 방문국의 금기사항 또는 우리 측 금기사항, 국회 일정, 과거 방문 일정 및 주기, 관련국의 국내정세 등 많은 사항을 챙겨야 한다.

마찬가지로 우리 정상 또는 외교장관의 상대국 방문 준비를 위해서도 역시 수십 가지를 점검해 보고 일정을 정한다. 우선 일정의 가능 여부, 상대국의 국내정세, 방문 필요성 및 예상 성과, 양자관계, 과거 상호방문 기록, 조약체결 필요성 여부 등을 점검해야 한다. 특히, 국회 일정이 있거나 중요한 국내행사 등이 있는 경우, 국내 정치정세가 유동성이 큰 경우, 국내의 자연재해 또는 대형사고 등이 있는 경우에는 외교행사 일정이 변경되거나 축소되기도 한다. 이처럼 외교에도 많은 요인이 서로 영향을 미친다.

외교행사를 준비하다 보면 실무진들은 행사 준비보고서, 특별기 영공통과를 위한 협조, 경호 관련 협의, 정상회담 또는 외교장관회담 의제 협의 및 자료 준비, 상대국 또는 상대방에 대한 인적 정보 파악, 상대국의 정세 및 경제현황 파악, 최근 선거현황 등에 대한 상세 보고서에서부터 묵을 숙소, 식사 메뉴, 공항영송 및 출영계획, 이동동선, 언론회견, 주요 인사 면담 일정 주선, 외교 성과 홍보, 주요 기업체의 투자 또는 프로젝트 관련 계약, 조약 서명식 거행 여부, 요인의 각종 연설문 자료 작성 및 영문자료 작성 등 점검해야 할 사안이 수십, 수백 가지에 이른다. 또한 몇 분 단위로 쪼개지는 일정마다 각종 준비인원 대기 및 배치, 일정별 점검사항 확인 등 많은 일을 준비하다 보면 가히 인간적 한계를 초월하는 업무를 수행해야 할 경우도 많다. 밤샘 작업은 늘 있는 일이다. 사전보고, 로지스틱스 지원, 애프터서비스에 이르기까지 모든 행사와 일정을 완벽하게 준비해 행사가 성공적으로 이루어지고, 이를 통해 양국관계가 발전하고 우리의 국익이 증진될 수 있어야 비로소 임무가 끝난다고 할 수 있다.

성공적인 외교행사는 단순한 보고서 준비나 연설, 오·만찬 행사 등 의례적인 업무수행으로 끝나는 것이 아니다. 때로는 방문객의 침실에 우아한 꽃을 넣고, 방문자의 취향에 맞는 식단과 주류를 준비하고, 국빈만찬 시 상대방이 평소에 좋아하는 음악을 고르는 등 세세한 부분에 이르기까지 치밀하고 정성어린 터치를 필요로 한다. 실제로 지난 2012년 3월 서울에서 핵안보 정상회의가 개최되었을 때 우리 실무진들이 방문자들의 마음까지 배려한 세심한 준비로 방문자들에게 감동을 선사했고, 이에 감동을 받은 외국 정상 또는 외빈들은 우리 측의 세심한 배려에 감사하는 감사편지를 보내왔다. 손님들에 대한 이런 세심한 배려는 한국에 대한 이미지를 높이고, 양자관계를 더욱 강화시켜 우리의 외교적 지평을 넓히는 데 크게 기여했다.

외교관은 시시각각 변하는 국제정세하에서 능동적으로 대응하기 위해서 저마다 전문성을 갖고 복잡한 외교업무를 수행해야 한다. 또한 외교관은 자신이 전문성을 갖고 있지 않는 분야의 업무도 능숙하게 처리할 수 있는 올라운드 플레이어all-round player가 되어야 한다.*, **더 나아가 외교관은 단순한 관료가 아닌 세심한 배려와 감동을 통해 상대국의 지도자와 국민들의 마음을 움직일 수 있는 만능 엔터테이너가 되어야 한다.

---

* 김성환 외교통상부장관은 2011년 10월 7일 외교부 직원 대상 월례조회에서 현대 축구가 토탈사커(total soccer)를 지향하듯이 외교관도 저마다의 전문성을 가지면서도 올라운드 플레이어가 되어야 한다고 언급했다.

** 조태열 외교부 제2차관은 2015년 2월 3일 국립외교원에서 열린 외교관 후보자 정규과정 교육생을 대상으로 한 강연 중 "외교관은 특정 분야에서 남들보다 뛰어난 전문성과 자질을 갖춰야 하지만 어떤 문제에 봉착하더라도 주어진 환경과 시간 제약 속에서 전문가 수준에 버금가는 실력으로 임무를 완수해 낼 수 있는 'specialized generalist'가 돼야 한다"고 강조한 바 있다. 조 차관은 동 강연에서 "훌륭한 외교관이 되기 위해서는 문화, 예술, 역사 공부도 게을리 하지 않으면서 교양인으로서의 덕목도 쌓아야 한다"고 했다. 박대열, "조태열 외교차관, 외교관 후보자 교육생들에 조언", 《뉴시스》, 2015.02.03. 참조.

외교의 신경망:
외교 전문

전문의 등장과 외교혁명

전문cable, telegram은 외교부 본부와 재외공관 간에 구축된 전자통신 시스템을 통해 전자적 방식으로 소통되는 외교 관련 각종 공문, 보고서 및 기록들을 말한다. 외교부에서는 전문을 전보라고 부르기도 한다. 전문 시스템은 지리적으로 멀리 떨어져 있는 본부와 재외공관 간의 소통에 이용되는 문서유통 시스템이다 보니 일반 전보나 우편 시스템과는 다른 특수한 송수신 시스템을 통해 운영된다. 전문은 특히 외국의 정세 동향, 주요 외교정책이나 외교교섭 사안에 대한 입장, 중요 정보 등 기밀내용을 포함하고 있어 고도의 보안을 필요로 하기 때문에 암호 시스템을 통해 운영된다.

전문 시스템은 19세기 무선통신과 전화기 발명 등 현대적인 정보통신 체계와 함께 급격하게 발전하기 시작했다. 특히 1858년 미국과 영국을 연결하는 대서양 횡단 통신케이블이 부설되면서 비약적으로 발전하기 시작해 제1차 세계대전이 끝난 1918년부터는 주요 국가들의 외교에서 일상적인 통신수단으로 이용되었다.* 전문 시스템의 도입과 함께 외교부 본부와 재외공관 간의 소통 및 통신체계에서도 혁명적인 변화가 발생하기 시작했다.

외교현장에서 전문통신이 등장하기 전에는 본부와 재외공관 간의 연락 및 소통에는 인편이나 우편을 통한 방법이 이용되었으나 이러한 방법은 오랜 시간이 걸렸고,** 시시각각으로 변하는 국제정세나 상황에 대응할 수 없다는 문제점이 있었다. 가령, 국가 간의 전쟁 또는 휴전 등 급박하게 변하는 국제정세의 변화에 대응할 수 없었고, 위기가 발생한 경우 외교관이 현장에서 본부의 지침을 받아 대응하는 데 많은 시일을 필요로 했다. 그만큼 외교업무의 수행이 비효율적으로 이루어졌고 위기대응도 느렸다. 대신 느린 속도로 진행되는 통신과 먼 거리는 전신이 도입되기 전에 해외에 파견된 외교관들의 자율성을 증진시킬 수 있었다.***

원활하지 못한 통신 및 연락체계로 인해 발생하는 문제점을 보완하기 위해 각국은 특명전권대사제도를 활용했다. 특명전권대사는 자신의 임명권자인 국왕의 개인적인 신임을 토대로 현지에서 고도의 자율성과 재량을 갖고, 자신의 지혜와 독자적인 판단하에 국가이익 수호를 위해 주재국과의 교섭, 조약의 체결, 양자관계 증진 등 외교업무를 처리했다. 그러나 개인적인 재량에

---

* David Paull Nickels, *Under the Wire: How the Telegraph Changed Diplomacy*, Harvard University Press, 2003, p.8.

** 가령, 19세기 초 영국 외무성에서 1809년 1월 23일 미국 주재 공사에게 내린 지령은 우편을 통해 4월 초에 워싱턴에 도착했다. 위의 책, p.40.

*** 위의 책, p.37.

기초한 독립적인 외교업무 수행은 종종 문제점을 야기했다. 현지 대사의 판단과 결정에 따른 외교업무 수행이 종종 본부의 입장과 배치되어 승인을 얻지 못하는 일이 발생했기 때문이다.

예를 들면, 1806~1809년까지 미국 주재 영국공사로 근무했던 어스킨 David Erskine은 나폴레옹 전쟁이 초래한 여러 가지의 해상분쟁으로 인해 영미관계가 극도로 나쁠 때 외교관으로 근무했다. 그는 주미공사로 발령 받아 나올 때 미국에 우호적이던 폭스Charles Fox 외상의 임명장을 받고 나왔으나 폭스 외상이 1806년 9월에 사망함에 따라 임지에 도착하기도 전에 자신의 지지자를 잃게 되었다. 새로 외상이 된 캐닝George Canning은 미국과의 유화책을 쓰는데 별 관심이 없었기 때문에 어스킨과 캐닝 사이에는 긴장관계가 생겼다. 그러던 중 캐닝은 영미관계를 증진시키기 위해 미국과의 관계에서 약간의 양보를 하고자 했다. 그는 나폴레옹에 대항하여 상업적인 전쟁을 규정한 추밀원 명령을 개정해 미국이 독일 및 발틱Baltic 국가들과 자유롭게 교역하는 것을 허용했다. 그러나 미국이 프랑스에 대해서는 적대적인 중립관계를 유지하면서, 자국 항구를 영국 선박에 개방하고 영국과의 통상에 대한 제한을 해제하기를 희망했다. 또한 프랑스가 통제하는 지역들과의 교역을 중단하고 이들 지역들과 교역하는 미국의 선박에 대해 제재조치를 취하는 것에 동의할 것을 원했다.

캐닝은 이러한 방침하에서 1809년 1월 23일 어스킨에게 미국과의 긴장관계를 해결하도록 지시하였다. 그러나 어스킨은 이러한 방침이 미국의 지도자들에게 모욕적인 것으로 받아들여질 것이라는 것을 알고 캐닝의 지침을 준수하지 않고 이를 자신이 수정하였다. 그는 미국과 협상하여 4월 18일과 19일에 교환각서를 체결하여 그가 받은 지침의 정신은 충족시켰다. 그러나 이러한 합의는 "미국 정부의 이러한 조건에 대한 분명하고 공식적인 승인"을 요구하는 캐닝의 지시와는 맞지 않는 것이었다. 이러한 합의를 통해 어스킨은 영미관계를 일시적으로 개선시키는데 성공하였고 미국에서 큰 호응을 받았다. 그러나 캐닝은 내각 협의를 거쳐 이러한 합의를 거부하고 어스킨의 직무수행 또한 거부하였다. 이에 대해 미국인들은 격렬한 반감을 표시하였다. 어스킨은 자신의 정부와 지리적, 심리적인 거리를 통해 미국인들에게 잘못된 기대를 불러일으킨 채 불명예스럽게 귀국해야 했다. 이 사건은 많은 외교관들로 하여금 취소할 수 없는 어떤 조치를 취하기 전에 본부의 허가와 조언을 얻을 수 있는 보다 빠른 형태의 통신수단을 강구하도록 만들었다.*

국가 간 외교업무 수행, 그리고 외교부 본부와 재외공관 간의 소통과 통신에 전문 시스템의 도입은 전통적인 외교방식에 많은 도전과 기회를 불러왔다. 전신을 통해 국가 간 빠른 속도로 통신이 가능해지면서 19세기 중반 이후부터는 비싼 비용을 지불하면서까지 재외공관을 유지할 필요가 없지 않냐는 주장이 나오고, 전통적인 외교관들조차 필요 없다는 주장까지 등장했다. 그러나 외교에서 전문의 도입은 국가 간의 위기가 발생한 경우 신속한 통신을 통해 위기를 최대한 빨리 해결하게 해 주었다. 또한 본부를 통한 재외공관, 그리고 재외외교관들에 대한 중앙통제centralized control of diplomats가 가능하도록 촉진시켰다.** 독일의 비스마르크Bismarck 재상 시절, 전문은 해외에 근무하는 외교관을 통제할 수 있는 유용한 수단으로 이용되었다. 철혈재상이던 비스마르크는 전문을 통해 그의 명령을 이행하길 거부하는 재외공관장들을 직접 통제했다.***

---

* 위의 책, p.40.

** 위의 책, p.47.

*** 위의 책, p.48.

외교현장과 전문(電文)

전문은 외교현장의 제1차적인 기록이다. 주요 외교교섭이나 외교활동현장에는 담당 외교관의 전문기록이 남는다. 보존기간도 1년 등 단기간에서 영구보존 등에 이르기까지 다양하다. 전문 내용의 성격에 따라 일반 공개대상에서부터 극비내용까지 그 범위도 넓다.

신임 외교관이 외교부에 입부하게 되면 가장 먼저 교육받는 것이 바로 전문 작성법이다. 외교 전문을 작성하기 위해서는 일반 공문서와 다른 특수한 방법과 스타일을 필요로 한다. 또한 전문은 국가의 외교정책을 뒷받침하는 문서이기 때문에 사실에 기초한 정확한 정보와 분석, 올바른 정세판단이 녹아들어 있어야 한다. 전문이 잘못된 정보를 포함하고 있거나, 잘못된 정세 또는 상황 판단에 기초할 경우 국가의 대외정책이 잘못되고 이로 인해 국익의 손상이 발생할 수 있다. 그래서 전문 작성 시에는 사실관계의 정확성, 정세판단의 정확성, 대책 및 건의의 적절성 등에 대해 다단계의 검증 및 결재 단계를 거치면서 신중에 신중을 기한다. 전문 자구·표현·용어 선택에서부터 쉼표 하나, 조사 하나에 이르기까지 세심하게 신경을 쓰게 된다. 외교현장에서는 전문이 이처럼 중요하기 때문에 외교부에서 처음 외교업무를 시작하는 신임 직원에게 가장 강조하는 것이 전문 작성능력이다. 전문을 얼마만큼 잘 쓰느냐에 따라 직원 개개인의 업무능력을 평가하게 되고 이에 따라 외교부 내에서의 향후 진로가 결정된다고 해도 과언이 아니다. 또한 양질의 전문을 얼마나 생산하는지는 재외공관을 평가하는 가장 기초적인 자료다.

외교부의 경우, 외무사무관 등 실무직원이 전문의 초안을 작성해 과장, 국장의 보고를 거쳐 재외공관에 보낸다. 사안에 따라서 때로는 과장이나 참사관급 이상의 직원이 전문을 기안하는 경우도 있으나, 전문은 주로 사무관이나 서기관 등 실무직원이 기안을 한다. 과장이나 참사관급 이상의 직원들은 실무직원이 기안한 전문을 보고 수정·보완함으로써 전문의 질을 향상시키는 한편, 정확한 전문이 작성될 수 있도록 품질관리quality control를 한다. 일반적인 내용의 전문일 경우 '담당-과장-심의관-국장'의 결재단계를 거쳐 송부하지만 중요 전문이나 민감한 사안일 경우 상위 결재자인 '실장(차관보)-차관-장관'의 결재를 거쳐 송부한다. 아주 중요한 내용의 경우에는 전문 발송 전에 상급부서와의 협의, 또는 보고를 거치기도 한다. 전문의 수신처는 청와대 등 국가안보의 중추부서에서부터 지방자치단체, 일반 부처에 이르기까지 사안에 따라 다양하다.

전문의 생명은 신속성, 정확성, 신뢰성, 시의성이라고 할 수 있다. 과거 전문 수발신에 소요되는 비용이 클 때에는 경제성 또한 주요 요소였다. 전문은 지체해서는 안 되고 상황 발생 시 즉각적으로 보낼 수 있어야 하며, 공식적인 문서인 만큼 신뢰성이 있고 정확해야 한다. 또한 시시각각 변하는 주재국의 정세나 국제정세의 흐름을 놓치지 않도록 시의적절해야 한다. 최근에는 방송·정보통신 기술이 발달하고, 인터넷을 이용한 실시간 언론 매체들이 발전하면서 아무리 먼 곳에 있는 해외에서 발생한 사건·사고나 이슈라도 거의 실시간으로 국내에 알려지고 있다. 세계화·전지구적 사건의 실시간 중계의 시대에 있어 주요사안 발생 시 재외공관들이 얼마나 신속하고 정확하게 관련 사안들에 대한 전문보고를 할 수 있는지도 관건이 되고 있다. 세계화 시대에 있어 해외에 주재하는 외교관들도 이제는 현지 언론 특파원, CNN, 인터넷 매체들과 함께 정보의 획득과 보고, 대응에 있어 신속성 경쟁을 해야 하는 시대에 살고 있다.

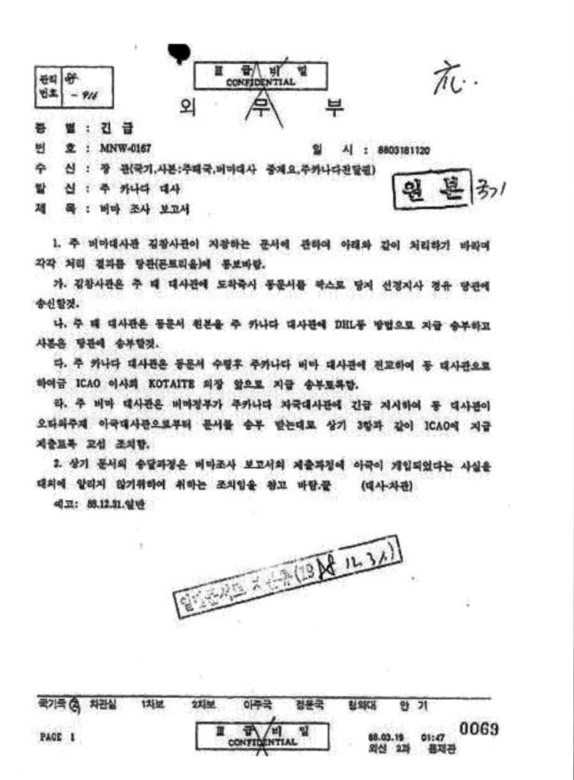

관리번호 -911

Ⅲ 급 비 밀
CONFIDENTIAL

외 무 부

원 본

종 별 : 긴 급

번 호 : MNW-0167　　　　일 시 : 8803181120

수 신 : 장 관(국기,사본:주태국,비마대사 중계요,주카나다진달필)

발 신 : 주 카나다 대사

제 목 : 버마 조사 보고서

1. 주 버마대사관 김참사관이 지참하는 문서에 관하여 아래와 같이 처리하기 바라며 각각 처리 결과를 당관(몬트리올)에 통보바람.

가. 김참사관은 주 태 대사관에 도착즉시 동문서를 팩스로 당지 신경지사 경유 당관에 송신할것.

나. 주 태 대사관은 동문서 원본을 주 카나다 대사관에 DHL등 방법으로 지급 송부하고 사본은 당관에 송부할것.

다. 주 카나다 대사관은 동문서 수령후 주카나다 버마 대사관에 전고하여 동 대사관으로 하여금 ICAO 이사회 KOTAITE 의장 앞으로 지급 송부토록함.

라. 주 버마 대사관은 버마정부가 주카나다 자국대사관에 긴급 지시하여 동 대사관이 오타와주재 아국대사관으로부터 문서를 송부 받는대로 상기 3항과 같이 ICAO에 지급 제출토록 교섭 조치함.

2. 상기 문서의 송달과정은 버마조사 보고서의 제출과정에 아국이 개입되었다는 사실을 대외에 알리지 않기위하여 취하는 조치임을 참고 바람.끝　　(대사-차관)

예고: 88.12.31.일반

국기국 차관실 1차보 2차보 아주국 정문국 청와대 안 기

PAGE 1

Ⅲ 급 비 밀
CONFIDENTIAL

88.03.19 01:47
외신 2과 통제관

0063

외교문서공개 제도로 대외 공개된 외교전문(출처 : 통일뉴스)

대통령의 마음을 움직인 전문

흔히 판사는 판결로 말한다고 하는데, 같은 맥락으로 외교관은 전문電文, cable으로 일한다. 본부와 재외공관 간의 공식적인 문서유통, 지시 및 보고는 주로 전문체계를 통해 이루어진다. 전문은 외교관의 업무기록이자 삶의 존재방식이다. 외교관이 아침에 출근하면 가장 먼저 해야 하는 일이 그날의 전문을 확인하는 것이고, 오후에 퇴근 전에 마지막으로 해야 하는 일 또한 전문을 확인하는 일이다. 이러한 전문 확인 작업 중 중요한 전문을 놓치는 경우 업무에 펑크가 나고, 중요한 사건의 초기대응을 위한 타이밍을 놓칠 수도 있다.

외교관은 전문의 수요자·독자이기도 할 뿐만 아니라

스스로가 전문의 생산자·공급자이기도 하다. 일상적인 정세 보고, 중요 현안에 대한 진행상황 보고, 대통령 해외순방 및 해외 국빈의 방한 준비, 촌각을 다투는 국가 외교안보사안에 대한 보고, 중요 외교안보정책 수립을 위한 정책사례 조사, 중요 외교교섭 결과 보고 등이 모두 전문을 통해 이루어진다.

전문의 수요자는 비단 직업외교관들뿐만이 아니다. "청와대 등 국가 외교안보 관련 기관·부서의 정책결정자들도 매일 아침 주요국에서 보내온 전문을 읽는 것으로 시작한다. 대외정책의 방향을 결정하는 데 있어 기본은 상대국의 상황을 이해하는 것이고, 이를 위해서는 외교 전문만한 것이 없기 때문이다."* 그러나 사실 정보전달의 영향력, 현장감, 속도, 실시간성의 측면에서 언론매체의 보도와 비교했을 때 전문이 방송 뉴스나 신문기사보다 훨씬 뒤질 수도 있다. 특히 외국에서 어떤 사고가 나거나, 중대한 정세 변화가 발생한 경우 CNN이나 우리 언론사 특파원들의 보도는 현장을 생생하게 보여주면서 보도를 하기 때문에 현장성이나 실시간성의 측면에서 재외공관의 전문이 이를 따라갈 수는 없다. 그러나 외교관들이 작성하여 보내는 전문보고는 현장 상황에 대한 정확한 객관적 사실관계뿐만 아니라, 주재국 정부의 공신력 있는 발표, 권위 있는 정부 관계자내부 관계자나 전문가 면담, 비공개이나 신뢰성 높은 자료 등을 종합적으로 참고하여 보내기 때문에 비교적 정확하고 객관적이며 신뢰성이 높은 내용을 담고 있다.

전문이 대통령의 마음을 움직인 경우도 있다. 과거 이수혁 전 주독일대사는 2005년 9월 26일 독일 사민당의 한 의원과 두 시간가량 독일총선 결과를 놓고 이야기를 나눴다. 이후 그는 '독일총선 전후 정치분석'이라는 제목의

---

* 이제훈, "외교 전문의 세계-우리나라는 보안문제 없나", 《국민일보》, 2011.09.23. 청와대 NSC 등 국가 컨트롤 타워에서의 외교 전문 활용 등에 대해서는 이종석, 『칼날 위의 평화: 노무현 시대 통일 외교안보 비망록』, 개마고원, 2014, p.421, 555를 참조할 것.

전문을 본부에 보냈다. 전문은 독일 대연정의 가능성에 대한 내용을 담고 있었다. 마침 여소야대의 상황으로 어려움을 겪던 노무현 대통령은 이 전문을 본 뒤 "감명 깊게 읽었다. 한국 상황과 비교해 고민해 볼 필요가 있다"고 참모들에게 얘기했다. 이후 노 대통령은 한나라당과의 대연정 제안을 꺼내기에 이른다. 국정운영에 어려움을 겪던 대통령이 독일에서 날아온 전문 내용에 주목해 정치적 방향을 결정한 셈이다.*

전문은 국가의 외교정책과 전략을 결정하는 데 결정적인 영향을 미친다. 미국의 저명한 현실주의 외교관으로, 제2차 세계대전 이후 미소 냉전시대에 소련 공산주의 정권의 팽창주의를 간파하고, 이의 저지를 위한 봉쇄정책containment policy을 입안한 것으로 유명한 케넌George F. Kennan은 한 편의 전문으로 미국은 물론, 서방 자유진영을 대표하는 위대한 전략가가 되었다.

케넌은 미국에서 러시아가 별로 인기가 없던 시절 독일과 불가리아 등지에서 러시아어를 공부했던 외교관이다. 그는 당초 군인이 되고자 사관학교St. John's Military Academy를 다녔으나, 외교관이 되라는 홀트Henry Holt 학장의 조언에 따라 사관학교를 그만두고 프린스턴 대학으로 전학해 졸업 후, 국무부에 들어가 러시아소련 전문 외교관으로 진로를 바꾸게 된다. 주소련대사관에서 근무하던 그는 제2차 세계대전이 끝난 이후 소련의 대외정책이 공산주의의 전 세계적 확산이라는 혁명주의 이념 전파로 발전되는 것을 보고 세계의 공산화를 막기 위해서는 미국이 소련의 공산주의 팽창을 저지하는 봉쇄정책을 펴는 것이 옳다고 보고 이러한 내용의 전문을 워싱턴 국무부로 보내게 된다.** 그리고 이어 본인의 이름을 익명으로 처리한 'X'라는 필명의 기고

---

* 이종석, 위의 책.

** George F. Kennan, "Excerps from Telegraphic Message from Moscow of February 22, 1946", *Memoirs 1925-1950*, Little, Brown and Company, 1967, pp.547-565.

문 "X-Article: The Sources of Soviet Conduct"를 《포린 어페어스Foreign Affairs》 1947년 7월호에 기고해 대소 봉쇄정책 등 냉전시대 미국 외교정책과 국가전략의 방향을 제시했다.*

이와 같이 한 통의 전문은 때로는 국가 통수권자의 마음을 움직이기도 하고, 때로는 국가정책과 전략의 방향을 제시하는 등불이 되기도 한다.**

---

* Council on Foreign Relations, "Foreign Affairs", XXV, No.4(July, 1947).; George F. Kennan, *American Diplomacy(Expanded Version)*, University of Chicago Press, 1984, pp.107-128. 케넌은 이 논문에서 소비에트 권력의 정치적 개성은 마르크시즘, 레닌주의 등 이데올로기와 환경의 산물이라고 보았다. 그는 미국의 대소정책은 소련의 팽창주의 정책을 감안해 장기적인 인내심을 갖는, 그러나 확고하면서 경계심을 갖춘 봉쇄정책이 되어야 한다고 주장했다. 그는 또한 미국이 가까운 시일 내에는 소련과 정치적인 친밀감을 가질 것으로는 기대할 수 없기 때문에 소련을 파트너가 아닌 경쟁자(rival)로 간주해야 한다고 주장했다.

** 사실 외교현장에서 모든 전문이 주목을 받는 것은 아니다. 많은 전문이 접수와 동시에 소리 없이 정책결정자들의 관심에서 멀어져 버리는 경우도 많다. 미국의 국무차관을 지낸 로버트 머피(Robert Murphy)는 독일 뮌헨에서 근무하던 당시(1921~1925년) 히틀러의 초기 정치활동을 관찰 보고한 외교관이었다. 그는 자신이 보낸 전문보고서 중 뒷날 봐도 상당히 잘 되었다고 생각된 전문보고서를 그 당시 워싱턴 국무부에서 누가 읽었는지 궁금하게 여겼다. 그래서 훗날 문서보관처에서 자신이 보낸 보고서를 찾아봤더니 보고서가 제대로 이용되었던 흔적이 없었으며 "침묵 속에서 접수(accepted in total silence)"되었던 것을 알고 실망했다고 한다. 이처럼 오늘날 각국의 외교부에서 접수하는 막대한 양의 정세보고 중 제대로 이용되는 정보보다 이용되지 않는 정보가 더 많을 수도 있을 것이다. 김영주, 『외교의 이론과 실제: 정보, 대화, 교섭』, 외무부 외교안보연구원, 1992, p.100.

초긴급 응신

2001년 미국 뉴욕타임스The New York Times의 맥 스위니McSweeney 기자는 '한국의 한 국적항공사가 각종 사고를 많이 일으켜 미 항공안전당국이 한국의 항공안전등급을 한 단계 격하시킬 예정이며, 이와 관련해 주미 한국대사관에 내용을 문의하기 위해 전화했으나 아무도 전화를 받지 않고 자동응답기만 돌아가고 있었다'는 내용의 보도를 했다. 이 신문의 보도대로 한국의 항공안전등급이 격하될 경우, 외국 항공사들과의 항공좌석 공유제도code share가 무너지게 되고, 보험료도 대폭 상승할 것으로 예상되었다. 한국을 대표하는 국적항공사의 안전등급 하락은 국가 이미지에도 부정적인 영향을 줄 수 있었다. 이 항공사의 안전등급은 그 이전부터 계속된 항공기 추락사고로 문제가 되었고, 이는 안전의식과 관련한 회사 내부의 조직문화와도 관련되어 있었다.

이 보도가 난 이후 외교부 담당부서는 초비상상태에 들어갔다. 대개의 경제·통상 관련 주요 국내 정보는 해당 업무를 담당하는 관계부처에 있었고, 외교부는 관계부처에서 제공하는 자료, 정보와 자체 정보를 토대로 외국과의 외교교섭을 추진한다. 만일 보도대로 국적 항공사의 항공안전등급이 떨어질 경우, 우선 가장 큰 피해는 국내 여행객들이 입게 되었다. 국적항공사와 해외항공사 간의 항공동맹을 통한 공유제도가 깨질 경우, 국적항공사를 통한 해외 항공노선 예매가 불가능해 연결항공편을 이용할 수 없게 된다. 이로 인해 국적항공사가 취항하지 않는 지역으로 여행을 할 경우, 티켓 구입, 좌석 예약 등에서 여러 가지 불편이 초래된다. 항공안전 2등급 국가라는 국가이미지 실추도 큰 문제였다.

이러한 위기상황에서 정부는 국내항공사의 안전등급 하락을 막기 위해 미국 연방항공국FAA, Federal Aviation Administration, 국무부 등을 대상으로 긴박한 외교적 교섭을 진행해야 했다. 외교부는 주미대사관을 통해 미국의 관계당국과 접촉해 우리 입장을 적극 설명하고, 항공안전등급 추락을 막고자 했다. 국내에서도 국무총리가 직접 주한 미국대사와 긴급 접촉해 우리 정부의 입장을 설명하고, 항공안전등급 격하방지를 위한 업계의 요청도 전달했다. 이러한 일련의 일들이 모두 주중이 아닌 주말에 발생한 관계로 미국 측 관계자와의 연락, 접촉이 쉽지 않았으나 담당부서에서는 최대한의 외교적 노력을 기울였다.

심각한 국익이 걸린 이슈에서 본부는 대사관에 초긴급 지시를 하달했다. '초긴급'이란 분·초를 다투는 위기상황에서 발하는 전문지시로, 초긴급 지시를 접수한 공관은 최단시간 내에 관련 조치와 함께 지시 이행상황을 응신應信

해야 한다. 웬만큼 급한 상황이 아니면 보통 등급의 전문으로 업무처리가 이루어지나 그때 상황은 긴급한 이슈였기 때문에 초긴급 전문을 통해 업무처리가 이루어졌다. 우리 항공사의 안전등급 하락을 막기 위한 마지막까지의 노력이었다. 그러나 결국 2001년 8월 17일 미국 연방항공국은 주미대사관을 통해 한국의 항공안전등급을 2등급으로 하향 조정키로 했음을 통보했다.*

항공안전등급 하락은 국내 항공업계는 물론, 일반 국민들에게도 큰 충격이었다. 이 사건으로 인해 건교부의 항공 관련 담당자들이 다수 책임을 져야 했고, 항공업계에서도 항공안전 제고를 위해 조직문화와 잘못된 관행을 철저히 바꿔야만 했다. 그러나 이 사건을 계기로 항공안전이 국가의 중요 정책 의제agenda로 등장했고, 항공안전 관련 제도, 체계, 의식이 선진화되어 한국의 항공안전 수준이 세계 최고 수준으로 올라가는 계기가 되었다.

---

* 김후진, "미 FAA 한국 항공안전 2등급 하향, 주미대사에 공식 통보", 《한국경제》, 2001.08.17. 참조.

찜머만 전문 유출사건과 독일의 패망*

1917년 1월 19일은 제1차 세계대전을 일으킨 독일의 향후 운명을 가르는 결정적인 날이었다. 이날 주미 독일대사였던 베른슈토프Johann Heinrich von Bernstorff 공작은 외무성 본부로부터 두 통의 비밀 전문secret telegram을 받았다. 이 전문 두 통은 미국이 제1차 세계대전에 참전하는 계기가 되었고, 신흥 세계 강국으로 막강한 군사력과 경제력을 보유한 미국의 참전은 전세를 역전시켜 독일을 패망으로 몰고 갔다.

베른슈토프 대사가 받은 전문 한 통은, 1917년 2월 1일

---

* 이하 내용은 David Paull Nickels, Under the Wire: How the Telegraph Changed Diplomacy, Harvard University Press, 2003, pp.137-160을 참고한 것이다.

부터 모든 상선들을 대상으로 독일이 사전경고 없이 무차별적인 잠수함작전 unrestricted submarine warfare을 시작한다는 내용이었다. 나머지 한 통의 전문은 소위 '찜머만 전문Zimmermann Telegram, Zimmermann Note'이라 불리는 것으로, 미국이 독일에 전쟁을 선언할 경우 독일이 멕시코 및 일본과 동맹을 추진한다는 내용이었다. 이 전문에서 당시 독일 외상이던 찜머만Arthur Zimmermann은 주미 독일대사에게 멕시코가 미국에 잃었던 영토인 텍사스Texas, 뉴멕시코 New Mexico, 애리조나Arizona를 회복할 수 있도록 재정지원을 포함한 여타의 지원을 제공하겠다는 조건으로 멕시코와 동맹을 추진하라고 지시했다. 주미 독일대사관은 이 전문을 다시 멕시코시티Mexico City 주재 독일공사에게 전달했다.

베른슈토프 대사는 미국의 제1차 세계대전 참전을 막고 미독관계 개선을 위해 필사적인 노력을 하고 있었다. 베른슈토프 대사는 주미대사로 근무하면서 막강한 경제적 능력, 군사적 잠재력, 그리고 도덕적인 영향력을 갖고 있는 미국의 참전은 독일을 패망으로 이끌 것이라는 것을 너무나 잘 알고 있었다. 그러나 당시 독일에서는 무능한 빌헬름 황제와 정치적인 판단력이 떨어진 강경파 군부 인사들이 정치와 외교정책에 막강한 영향력을 행사하고 있었기 때문에 베른슈토프 대사의 이러한 노력은 힘을 받지 못하였다. 당시 부주의한 정책결정은 독일 군부지도자들이 추구하던 외교정책의 특징이었다. 군사적인 목표가 외교적인 고려보다 우선시되었다"Military goals trumped diplomatic considerations". 황제나 민간인 재상이었던 홀베크Theobald von Bethmann Hollweg는 모두 허울에 불과했다.* 외교관 집안에서 자란 베른슈토프 대사는 어려서부터 영국에서 영어를 배웠고, 영국의 부르주아지bourgeoisie 계층, 유태인,

---

* 위의 책, p.143.

그리고 언론단체 등 다양한 인사들과 교분을 나누면서 자유주의적인 분위기와 성향을 갖고 있었고 미국을 잘 이해했다.

당시 외무성 본부에서는 1916년 11월 22일 정책결정에 있어 매사 신중한 태도를 유지하던 야고브Gottlieb von Jagow 외상이 물러나고 강경정책으로 군부의 환심을 사던 찜머만이 외상으로 취임했다. 군부는 "책상을 주먹으로 내려칠 수 있는" 사람을 원했고, 찜머만은 이러한 짓을 할 수 있는 강경파였기 때문에 군부와 강경보수파의 기대를 충족시켰다. 찜머만은 전임자와는 달리 영국을 대상으로 한 무차별 잠수함작전을 지지했고 프랑스 및 벨기에 전선에서의 답보상태를 감안했을 때 무차별 잠수함작전은 서부전선에서 승리를 가져올 것이라고 믿었다. 찜머만은 무차별 잠수함 작전이 벌어질 경우 미국이 참전할 수 있다는 것을 알았지만 이 경우 미국의 주력군을 멕시코로 돌릴 수 있다고 오판했다.

사실 독일-멕시코 간 반미동맹 구축이라는 아이디어를 낸 사람은 켐니츠Hans Arthur von Kemnitz였다. 켐니츠는 멕시코를 부추겨 멕시코가 미국을 공격하도록 하는 방안을 제안했다. 사실 1916년 11월 멕시코는 독일에 잠수함기지를 제공하겠다는 제안까지 한 바 있었기 때문에 찜머만은 켐니츠의 이러한 아이디어를 수용해 찜머만 전문을 내보내게 되었다.

그러나 보안이 문제였다. 찜머만 전문은 당시 영국 영토를 경유해 '베를린-코펜하겐-워싱턴-멕시코시티'로 연결되는 미국 국무부 전문경로를 통해 전달되었다. 당시 미 국무부는 독일의 외교보안코드 '0075'를 통해 비밀리에 독일의 메시지를 파악하고 있었다. 당시 기술수준에 비추어 볼 때 능숙한 암호해독가cryptanalyst라면 미국과 독일의 전문 메시지의 비밀코드를 금방 구별할 수 있었다. 미국의 전문 메시지는 숫자와 문자가 혼합된 비밀코드를 이용했으나, 독일은 숫자로만 조합된 메시지를 이용했다. 당시 영국은

'Room 40'라는 해군첩보부서를 운영해 적대국인 독일은 물론, 미국으로 전송되는 암호통신도 모두 도청 내지는 감청하고 있었다.

당시 해군첩보부서에서 근무하던 그레이Nigel de Grey는 독일 외무성에서 전달된 찜머만 전문을 도청해 해독한 내용을 첩보부대장이던 홀William Reginald Hall 대위에게 전달했다. 이 내용을 전달받은 홀은 찜머만 전문이 갖고 있는 엄청난 선전효과를 인식하고 이 전문을 어떻게 활용할 것인지를 고민했다. 그는 이 전문을 미국이 제1차 세계대전에 참전토록 유도하는 수단으로 활용하기로 했다. 문제는 이 전문을 어떻게 독일이 자신들의 전문이 도청당하고 있다는 것을 모르게 한 채 공개할 것인지와 미국으로 하여금 어떻게 전문의 진실성을 믿게 할지였다. 어떻게 하면 그들이 획득한 정보의 출처를 노출시키지 않으면서 그 전문의 진실성을 입증하느냐 하는 문제에 직면한 것이다. 이와 함께 홀은 영국이 미국 비밀 전문을 가로채 해독해 오던 관행에 대해서도 미국에 비밀을 유지코자 했다.

홀은 미국 주재 독일대사관에서 멕시코로 보낸 전문의 사본을 훔친 것처럼 내용을 구성해 이 문제를 해결했다. 워싱턴에서 멕시코시티로 보낸 전문을 미국이 공개한다면 영국은 이 문제에 대해 전혀 무관한 것으로 보일 수 있고, 독일과 미국 간의 전문이 영국의 도청으로부터 안전하다는 기존의 인상을 유지할 수 있었다. 이 과정에서 홀은 미국의 주영대사였던 페이지Walter Hines Page와 전 수상이었던 밸푸어A.J. Balfour를 활용했다. 그는 또한 독일의 의심을 피하기 위해 영국 정보당국의 무능을 가장하기 위한 역정보misinformation 공작도 실시했다. 그는 찜머만 전문의 내용을 흘린 다음에 런던의 《데일리메일Daily Mail》에 영국 첩보당국의 무능을 비판하는 기사도 싣게 만들고, 미국 언론이 미국 첩보요원으로부터 전문을 입수한 것처럼 믿게 했다. 또한 불만을 가진 독일대사관 직원이 베른슈토프 대사의 방에 들어가

금고에서 전문을 훔쳤다는 루머도 만들어 냈다.

1917년 2월 24일 사전공작을 모두 마친 홀은 페이지 대사로 하여금 밸푸어가 찜머만 전문의 영문 번역본을 전달했다는 보고를 랜싱Robert Lansing 국무장관에게 하게 했다. 페이지 대사는 찜머만 전문과 해설을 달아 국무부에 보고했고, 미 국무부는 이 내용을 2월 24일 저녁 8시 30분에 접수했다. 국무부 장관대리였던 폴크Frank Polk는 이 메시지를 다음 날 저녁 6시에 윌슨Woodrow Wilson 대통령에게 보고했다. 보고를 받은 윌슨 대통령은 노발대발했으며, 폴크는 대통령이 즉각 전문 내용을 발표하려는 것을 말려야 했다. 2월 27일에 랜싱 국무장관이 돌아와 윌슨 대통령과 상의한 끝에 이 전문을 2월 28일 저녁 《AP통신Associated Press》에 전달했다. 다음 날 전문 내용은 미국 언론의 헤드라인을 장식했고, 독일의 조치를 맹비난하는 여론이 형성되었다. 미 하원은 403:13이라는 표결수로 미국 상선을 무장시키는 법안을 통과시켰다. 찜머만 전문은 윌슨 대통령을 격노시켰고, 미국의 대독참전에 대한 반대여론을 완전히 덮어 버렸다.* 윌슨 대통령은 미국이 독일과 평화교섭 촉진을 위해 제공한 자신들의 전문 시스템을 독일이 중남미에서 반미동맹 형성과 미국 영토에 대한 침략을 모의하는 데 악용했다는 사실에 대해 격노했다. 이 사건은 윌슨 대통령으로 하여금 유럽의 전쟁을 평화롭게 끝낼 수 있다는 신념을 통째로 흔들어 버렸다.

찜머만 전문 유출사건은 신호를 이용한 모든 전문이 도청될 수 있다는 것을 보여준 대표적인 사건이었다. 이 사건은 또한 국가 간 첩보공작을 통해 얼마든지 전문 내용의 위조나 변조garble가 가능하다는 것을 보여주었으며, 비도덕성과 현실주의 간 가정된 연관관계의 오류를 입증한 사건이기도 했다.

---

* 위의 책, p.150.

결국 이 사건의 피해자로 독일 정부에 의해 좌천당하고, 이후 히틀러정권의 탄압을 받아 망명지에서 사망한 베른슈토프 대사는 다음과 같은 말을 남겼다.

> "나는 정치와 도덕이 분리 불가능하게 결부되어 있으며, 도덕적인 고려사항에 의해 인도되지 않은 정책은 일시적인 성공을 거둘지라도 세계 역사의 법정에서 어떠한 자비도 얻을 수 없다는 것을 확신한다."*

---

* Eric Sutton & A. Bernstorff, *Memoirs of Count Bernstorff*, Random House, 1936, p.127.

비스마르크의 전문 조작과 독일통일

독일통일을 이끈 비스마르크Otto von Bismarck는 프러시아의 귀족 출신으로 외교관을 지내면서 국제정세를 읽어내는 데 탁월한 감각을 지녔다. 그는 통일이라는 국가이익을 달성하는 데 어떻게 외교를 관리해야 하는지를 잘 이해하고 있었다. 그는 프랑스 파리 주재대사로 재직하는 동안 프러시아 정부의 결정에 의해 재상으로 임명되어 1862년 9월 22일에 재상에 취임했다. 그는 재상 취임 이후 9월 29일 의회 재정위원회에 출석해 유명한 철혈정치의 소신을 발표하여 '철혈재상'이라는 이름을 얻게 되었다. 그는 의회에서 다음과 같이 통일을 위한 철혈정치의 방침을 밝혔다.

"독일은 프러시아의 자유민주주의를 기대하고 있는 것이 아니라 프러시아의 힘을 기대하고 있는 것이다. 프러시아는 적절한 시기에 사용할 힘을 보존해야 한다. ……이 시기의 중대한 문제들은 연설이나 다수결에 의한 결정들에 의하여 좌우되는 것이 아니라 철과 혈에 의해 결정되는 것이다."*

비스마르크는 독일통일을 최대의 외교목표로 설정하고 러시아, 영국 등과의 외교관계를 세심하게 관리하면서 통일에 반대하는 오스트리아, 프랑스 등과의 전쟁을 통해 통일의 장애물을 하나씩 제거해 나갔다. 독일통일 과정에서 최대의 장애물은 프랑스였다. 비스마르크는 통일의 마지막 장애물이었던 프랑스와 보불전쟁1870년을 일으키는 과정에서 외교 전문을 조작하고 이를 공개해 여론화함으로써 프랑스가 먼저 성급하게 프러시아에 선전포고를 하도록 하여 보불전쟁의 단초를 마련했다. 이것이 1870년 7월 13일 일어난 소위 엠스 전문Ems telegram사건이다.** 엠스 전문은 프러시아의 국왕 빌헬름1세King William Ⅰ of Prussia와 주독 프랑스대사였던 베네데티Count Vincent Benedetti 간의 면담기록이다.

당시 스페인은 내란이 일어나고 임시정부가 수립되었으나 정치는 안정을 찾지 못하고 있었다. 이 중에서 가장 큰 현안은 누구를 스페인의 국왕으로 옹립하느냐 하는 문제였는데 국왕 후보로 물망에 오른 사람이 프러시아 왕가였던 호헨쫄레른-지히마링겐Hohenzollern-Sigmaringen 가家의 레오폴드Leopold 왕자였다. 호헨쫄레른 가의 가장이던 안톤K. Anton은 빌헬름 국왕과

---

* 김용구, 『세계외교사』, 전면개정판, 서울대학교출판문화원, 2012. p.130.

** 엠스 전문사건 상세내용은 위의 책, pp.145-148.; Encyclopaedia Britannica Online Edition.; Ivor Roberts, *Satow's Diplomatic Practice(6th ed.)*, Oxford Univ. Press, 2009, p.624를 참고할 것.

친척관계였으며, 레오폴드 왕자의 아버지였다. 스페인 국왕이 호헨쫄레른 가문에서 나온다는 것은 프랑스로서는 도저히 받아들일 수 없는 일이었다.*

이에 따라 프랑스 외무성은 레오폴드의 스페인 왕위 계승을 막기 위해 온갖 외교적 노력을 다하고 있었다. 물론, 독일의 비스마르크는 레오폴드의 왕위 계승을 위해 여러 가지 공작을 했다. 그러던 차에 레오폴드의 스페인 국왕 취임 수락사실이 프랑스 신문에 게재되고 이로 인해 프랑스 여론이 격화되었다.

1870년 7월 13일 아침에 프러시아 국왕 빌헬름은 여느 때와 마찬가지로 휴양지인 엠스Ems의 궁정에서 산책을 하였다. 그때 베네데티 프랑스 대사가 나타나 빌헬름 국왕에게 레오폴드의 왕위 수락을 취소하라고 요구했다. 베네데티 대사는 이미 지난 9일과 11일에도 왕을 알현하여 왕의 길을 막으면서까지 레오폴드가 스페인 국왕 취임 수락의사를 취소하도록 강압적으로 요구했다. 이에 빌헬름 국왕은 베네데티 대사의 무례한 요구와 방법에 불쾌해했으며 프랑스의 요구를 수락할 수 없다고 정중히 말했다. 사실 빌헬름 국왕은 내심 레오폴드의 취임 취소 방향으로 기울고 있었다. 베네데티 대사가 이렇게 강압적이고 비외교적인 방법으로 프러시아 국왕을 압박하게 된 데는 프랑스의 초조함에 따른 전문이 원인이었다. 나폴레옹 3세Napoleon Ⅲ 등 프랑스 지도부 인사들은 레오폴드의 스페인 왕위 계승을 막기 위해 프러시아의 빌헬름 국왕으로부터 다시는 레오폴드가 스페인 국왕 취임을 수락하지 않겠다는 약속을 받아내라는 훈령을 베네데티 대사에게 계속 내려보냈다.

비스마르크는 7월 13일 저녁 육군상, 참모총장과 함께 만찬을 하던 중 그날 엠스에서 온 전문을 받게 되었다. 내용은 프랑스의 베네데티 대사가 빌헬름

---

* 김용구, 위의 책, p.143.

국왕에게 또 다시 스페인 왕위 계승을 포기하라고 압박하는 내용이었다. 전문의 암호해독이 끝나자 비스마르크는 이를 두 사람에게 읽어 주었다. 그리고는 즉석에서 전문의 원문 내용을 축소시켰다. 전문 원문에서는 빌헬름과 베네데티 대사가 만난 일과 대사가 요구한 내용을 빌헬름 국왕이 1인칭으로 서술한 것이었으나 비스마르크는 이것을 3인칭으로 짧게 바꾸었다. 그리고 또 면담 내용 중 경어를 빼서 양인이 서로 모욕한 것처럼 보이게 했다. 이렇게 하자 베네데티 대사가 빌헬름 국왕에게 무례한 요구를 해 국왕이 대사를 물리치고 다시는 접견치 않겠다는 내용을 함축한 전문이 되었다. 이런 내용은 프랑스와 프러시아 모두에게 도발적인 것이 되었고, 비스마르크는 이 내용을 신문은 물론, 모든 재외공관에 알리도록 했다. 7월 14일 이 전문 내용이 프랑스에도 알려지자 프랑스 내 여론이 들끓었고 프러시아도 마찬가지였다. 마침내 7월 19일 프랑스가 전문 내용에 대한 조사도 없이 프러시아에 성급한 선전포고를 했다. 프랑스는 비스마르크가 파놓은 계략에 말려들었고, 결국 보불전쟁의 패배로 이어져 독일은 1871년 통일을 이루게 되었다.

노련한 외교관이던 비스마르크는 당시의 정치적 상황에서 프랑스와의 전쟁을 유도하기 위해 조작된 외교 전문을 여론전에 이용함으로써 통일이라는 정치적 목적을 달성한 셈이다.

외교관과 외국어

외교관과 어학 실력

외국어 구사능력은 외교관이 외교현장에서 외교업무를 수행하기 위해 반드시 갖추어야 할 무기이자 기술이다. 크로아티아의 유명 외교관이었던 스탠코 닉Stanko Nick 대사는 외국어는 "단순한 도구가 아니라 외교관이라는 직업의 제일 핵심"이라고 하였다. 외국어 공부는 외교관이 평생을 함께 할 직업적 삶의 일부로, 외교관의 삶에 윤기를 더할 뿐만 아니라 주변세계에 대한 인식의 지평을 넓혀주는 등불과 같은 역할을 한다. 오랫동안 중국의 외교부장을 역임했던 리자오씽李肇星은 외교관이 갖춰야 할 기본적인 자격요건으로 외국어에 능통해야 한다는 점을 지적하고 있다"精通語言". 그는 외교관이 되기 위해서는 먼저 상대국의 언어를 알아야 하고, 언어를 구사할 수 있어야 그 다음에 "전문 분야專"를 장악할 수 있다고 한다.*

한국 사람이 아닌 외국인과 만나 우리나라와 문화를 이해시키고, 우리가 추구하는 정책을 설명하며, 이에 대한 이해와 동의를 통해 상대방을 설득하기 위해서는 능숙한 외국어 실력이 필수적이다. 외교관의 본업 중의 하나는 국익을 위한 협상인데, 언어와 문화, 사고방식이 다른 상대방과 효과적인 의사소통을 기초로 한 협상을 위해서는 원만한 외국어 구사능력이 뒷받침되어야 한다. 특히, 성공적인 협상을 위해서는 상대방의 입장과 이익을 이해하면서 내가 추구하는 목적을 이해하고 동조하도록 하는 설득persuasion이 중요하다.

외교 가이드 북으로 유명한 Satow의 저서에 따르면, 성공하는 협상의 가장 중요한 비법 중의 하나는 상대방의 마음속에 내가 설득시키고자 하는 사안이나 이익이 수용될 수 있도록 하기 위해 어떻게 나의 생각을 조금씩 조금씩 주입시킬 것인지를 아는 것이 중요하다고 한다.** 이러한 노력을 위한 의사소통의 매개체가 바로 외국어 구사능력이다. 외국어는 또한 상대국을 이해하고 그 나라 사람들의 정서를 이해하는데 있어서도 가장 확실한 매개체이기 때문에 국제적인 협상을 업으로 하는 외교관에게 외국어 구사능력은 매우 중요하다.***

여기서 외국어는 영어, 불어, 중국어 등 특정지역이나 국제사회에서 널리 통용되는 외국어만을 의미하지는 않는다. 자기가 만나는 상대방과 원만하게 소통할 수 있는 언어를 말한다. 영어나 불어가 될 수도 있고, UN 공용어가 아

---

* 李肇星, 『李肇星外事回憶』, 中信選書, 北京, 2013, pp.343-344.

** Ivor Roberts, *Satow's Diplomatic Practice(6th ed.)*, Oxford Univ. Press, 2009, pp. 618.

*** Ibid., p. 620.

니지만 현지에서 널리 사용되는 현지어가 될 수도 있다. 유럽의 외교관들을 만나 보면 모국어 외에도 영어를 거의 모국어처럼 완벽히 구사하는 경우를 흔히 볼 수 있고, 영어 외에도 3~4개국의 외국어를 구사하는 경우도 종종 볼 수 있다. 구사하는 언어가 많아질수록 외교관의 소통능력과 협상능력은 그만큼 배가 된다.

외교관으로서 활동하기 위해서는 물론 영어 구사능력이 가장 중요하다. 중요한 외교교섭에서 영어를 못할 경우 불리한 교섭결과로 이어지고 이는 결국 국익실현에 부정적인 영향을 미친다. 그러나 영어가 외국어의 전부는 아니다. 영어가 쓰이지 않는 곳에서는 현지어 구사능력이 중요하다. 외교관이 현지에서 현지의 문화와 언어를 이해하면서 외교활동을 하는 것과 현지 언어를 못하면서 외교활동을 하는 것은 큰 차이가 있다. 현지 언어 구사 여부에 따라 인적 네트워크 구축 범위, 사교의 깊이, 정보획득의 범위 등 외교활동에 많은 차이가 발생한다. 특히, 현지 인사들과 속 깊은 이야기를 나누고 깊이 있는 소통을 위해서는 능숙한 현지어 구사능력이 기본이다. 이러한 측면에서 볼 때 외국어 실력은 외교관이 갖춰야 하는 필수자질이라고 할 수 있다.

그럼에도 불구하고 외교관을 외국어 기능인으로 환원시켜 보는 시각은 옳지 않다. 일부 언론에서는 외교관의 어학검정등급이 좋지 않다고 보도하면서 마치 외교관의 업무능력이 떨어지는 것으로 보도하는 경향이 있다. 그러나 어학이 외교관으로서의 필요조건일지라도 충분조건은 되지 않는다. 어학실력이 외교관이 갖춰야 할 자질의 전부는 아니다. 조선시대의 외교사절도 어학보다는 '신언서판身言書判'이라는 인문적 소양과 경험, 인품을 우선시했다. 중국에 사행단을 파견할 때에 정사에게 어학요건을 부과하진 않았고, 학문과 인품, 가문, 문장력을 갖춘 고급관료를 우선 선발했다. 또한 주요 외교현안에 대한 교섭을 함에 있어 어학보다는 시서에 대한 소양 및 시문창화 능력이 훨씬 중요하였다.

오늘날 복잡한 국제정세하에서 국익수호를 위한 교섭, 국가안보 위기상황 관리, 재외국민 보호를 위한 영사업무 처리 등을 위해서는 어학능력과 함께 종합적인 상황판단 및 대응 능력, 전략적인 사고, 효과적인 의사소통능력, 문서 작성 능력, 리더십, 투철한 사명감과 국가관 등 종합적이고 전인적인 품성과 자질이 더욱 중요하다고 할 수 있다.

외교관의 커리어를 좌우한 외국어

외교관에게 외국어는 외교활동을 수행하기 위해 필요한 업무적인 기술skills이자 도구라고 할 수 있다. 주재국의 정부인사를 만나든, 전문가나 학계인사를 만나든 주재국의 언어를 능숙하게 구사하는 것이 주재국 인사들에게 친근감, 신뢰감을 심어주고 우정을 촉진시킬 것이 분명하다. 특히, 영어가 아닌 제2외국어권 공관에서 근무 시 현지 언어 구사능력은 주재국과의 관계증진에서 핵심적으로 중요하다. 외교부에서 영어를 포함한 외국어 구사능력은 개인의 커리어와 성공에도 큰 영향을 미친다. 외교부에서는 그간 훌륭한 영어, 제2외국어 구사능력을 갖춘 인재들이 많이 발탁되었다. 외교관의 현지 외국어 구사능력이 개인의 진로에 어떠한 영향을 미치는지 사례를 한 번 보자.

필자가 2009년에 청와대에 근무하고 있을 때였다. 마침 중동의 한 대사가 서울에 부임하여 우리 대통령에게 신임장을 제정할 때였다. 이 대사는 신임장 제정이 끝나고 대통령과 약 15분간 단독면담을 하게 되었다. 상대국의 대사는 우리 대통령에게 현지에 나가 있는 우리 A 대사가 주재국에서 아주 훌륭하게 활동하면서 양국관계 발전을 위해 많은 노력을 하고 있다고 칭찬을 하였다. 그러면서 가장 크게 칭찬한 것이 우리 대사의 아랍어 구사능력이었다. 그는 대통령에게 한국 대사가 현지에 나와 있는 대사들 중에서 아랍어를 제일 잘 한다면서 입에 침이 마르도록 칭찬하였다. 이 말을 들은 대통령의 기분은 당연히 좋았다. 이 자리에는 외교부장관, 외교안보수석도 배석하고 있었다. 그 주한대사의 칭송을 받았던 A 대사는 얼마 후 본부로 영전을 하였고, 본부에서 중책을 맡은 후 다시 중동의 주요 임지에서 보직을 받아 우리의 국익증진을 위해 크게 기여하였다.

이처럼 외교관의 어학구사능력은 외교부 본부에서 뿐만 아니라, 주재국에서도 다방면에서 평가를 받고 있다. 그러므로 외교관으로 활동할 사람들에게는 외국어 구사능력이 아주 중요하다. 영어는 기본 중의 기본이라고 할 수 있다. 최근에 외교부에 들어오는 직원들의 영어 구사능력은 과거와 비교할 수 없이 향상되었다. 한국 사회가 세계화의 흐름 속에서 부단히 국제화되었고, 대학생들의 영어실력이 자연스럽게 향상된 결과라고 볼 수 있다. 이제 영어는 너무나 당연한 기본 중의 기본이기 때문에 강조할 필요조차 없게 되었다.

사실 과거에는 외교관으로 활동하는 데 영어 하나만으로도 충분했다. 그러나 이제 시대가 바뀌었다. 외교관으로 활동하기 위해서는 3개 외국어 정도는 구사해야 한다. 이제 영어, 제2외국어를 기본으로 하고, 여기에 기타 외국어 1개 정도는 외교부 입부 전부터 일정 수준까지 공부를 해 놓아야 한다.

외교부의 직원 어학검정 시험 시행결과를 보면 최근에는 중국어, 일본어 및 불어 등의 제2외국어 검정자들이 증가하고 있으며, 그중 중국어가 가장 많다.* 그러나 아직 베트남어를 비롯한 아시아권 언어에 대한 관심은 상대적으로 미진한 실정이다. 이제는 우리와의 주요 경제협력 대상국가들이 아시아권으로 이동하고 있고, 외교의 중심 또한 신남방정책 등으로 아시아권으로 더욱 다변화·심화되고 있는 바, 제2외국어에서도 과거 서구 언어 중심에서 벗어나 베트남어, 인도네시아어 등 아시아권 언어 능통자를 더욱더 많이 육성할 필요가 있다.

---

* 외교통상부 외국어교육과, "11년도 하계특별 부내 제2외국어검정 시행결과"(2011.09.23.).

외교관과 통역

대한민국에는 영어 등 외국어에 능통한 인재들이 많이 있다. 특히, 통역 분야에서 뛰어난 실력과 역량을 갖춘 인재들이 많다. 그럼에도 불구하고 대한민국 국가원수인 대통령의 공식통역은 관례적으로 외교부에서 파견된 직업외교관이 담당하고 있다. 대통령의 외교업무를 언어 전문가보다는 외교업무에 익숙한 외교관을 통해 보좌토록 하는 것이 더 많은 장점이 있기 때문이다. 우선, 직업외교관들은 외교적 의제에 익숙하고, 국가 간 공식적 외교행위에 대한 경험이 풍부하기 때문에 통역을 어떻게 진행해야 하는지를 잘 알 수 있다. 또한 업무에 대한 투철한 소명의식과 충성심을 갖고 있다.* 이런 연유에서 김대중 대통령, 노무현 대통령, 이명박 대통령, 박근혜 대통령, 문재인 대통령 등 전·현직 대통령들의 영어 통역은 모두 외교부에서 파견된 직업외교관이 담당해 왔다. 외교부에서는 통상 영어실력이 가장 뛰어나고 상황대처능력이 뛰어나며 일정 분야에서 전문성을 쌓아 온 최일류급 직원을 대통령 통역으로 추천한다.

그러나 외교관이 통역관은 아니며, 역사적으로도 통역관이 외교관의 본질적인 역할을 수행한 것은 아니다. 일반인들은 종종 외교관을 통역관으로 혼동하기도 한다. 외교관을 과거 조선시대의 역관으로 이해한다든지, 외교관의 본질적인 업무를 통역으로 혼동하기도 한다. 과거 조선시대에도 보면 오늘날 공식 외교사절의 역할을 담당했던 사절단(정사, 부사, 서장관 등)은 모두 역관과 구별되는 사대부의 지위를 가진 사람들이었고, 왕실인사나 조정의 고위직 업무를 수행하던 사람들이었다. 당시 사절단에는 언어능력이 아닌 인품, 문장능력 등 종합적인 인문적 소양을 갖춘 사람들이 선발되었다(물론, 여기에는 신분제의 영향도 있었다고 볼 수 있다). 오늘날도 마찬가지다. 외교관을 선발하기 위해서는 업무 수행에 필요한 전문지식, 인성, 어학능력 등 종합적인 외교업무 수행능력을 검증한다. 다만, 종합적인 외교능력 중의 필수불가결한 요소 중의 하나가 어학능력이기 때문에 외교관은 영어와 기타 외국어 등 여러 가지의 어학을 말할 수 있는 능력을 갖추어야 한다. 그럼에도 불구하고 어학은 외교업무 수행을 위한 기본적인 의사소통 자질skill이지, 외교

---

* 외무부는 1990년 12월 14일 소련 모스크바에서 열린 한소 정상회담 러시아어 통역을 위해 몇 개월 전에 재미동포 인사를 특채했다. 그러나 통역으로 특채된 이 인사는 12월 18일에 열린 한소 정상회담 공식만찬 행사장에서 중간에 퇴장하는 해프닝을 일으켰다. 이 사건은 국가원수의 통역 등 중요한 외교행사의 통역을 위해서는 비단 외국어 능력뿐만 아니라 투철한 사명의식과 직업정신이 필요하다는 것을 상기시켜 주었다. 동아일보, "訪蘇 통역 해프닝…外務部 특채 在美교포 처리 고민", 《동아일보》, 1990.12.16. 참고.

능력 그 자체는 아니다.

외교부에서는 각 지역별·분야별로 외국어 전문가에 대한 수요가 많기 때문에 어학전문자 특채를 많이 하고 있다. 중국어, 불어, 스페인어, 아랍어, 러시아어 등 제2외국어 특채를 많이 하고 있다. 이들 언어는 직업외교관들 중에서도 특출한 재능을 갖춘 사람이 많지만, 각종 공식회의, 양자 간 교섭 등에서 전문통역 서비스에 대한 수요가 많기 때문에 별도로 채용해 활용하고 있다. 이러한 전문통역의 경우는 외교관이자 통역의 업무를 동시에 수행한다고 할 수 있다. 조선시대 사역원의 역관들이 사행단으로 파견되었을 때 한편으로는 통사通事로서 실무외교관 역할을 하고, 한편으로는 통역인 역관 본래의 역할을 했던 것과 유사하다고 할 수 있다.

외교관은
몇 개 외국어를 해야 하는가?

해외생활을 하다 보면 '외국어의 신'이라고 할 수 있는 사람들을 자주 만난다. 유럽 쪽에서 온 외교관들은 모국어 외에도 영어는 거의 준모국어처럼 구사하며 불어, 독일어, 스페인어 등 4~5개 언어를 불편 없이 구사한다. 독일인으로 고대 트로이의 유적을 발견한 것으로 유명한 고고학자 슐리만Heinrich Schliemann은 15개 국어를 구사했다고 한다. 그는 러시아어를 포함한 어떤 언어든 6개월 정도 공부하면 해당 언어를 구사할 수 있었다고 한다.

외교관으로서 활동하는 데는 몇 개 정도의 외국어를 구사해야 할까? 외국어는 큰 자산인 만큼 많으면 많을수록 좋고 나쁠 것이 없다. 다만 현실적으로 어렵다. 참고로 UN

에서 쓰는 공용어는 영어, 불어, 중국어, 러시아어, 스페인어, 아랍어 등 6개 언어다. 그러나 UN과 같은 국제기구에서는 회의 시 영어와 불어 등 2개 국어를 많이 쓴다. EU에서도 마찬가지다. 국제사법재판소ICJ, International Court of Justice에서는 법정심리 및 재판에서 영어와 불어를 모두 쓰며, ICJ의 모든 판결문은 영어와 불어본 2개 언어로 작성된다. 물론 UN에서 쓰는 공용어를 모두 구사할 수 있다면 금상첨화일 것이다. 다만, 어느 정도의 외국어를 구사해야 할지는 상황과 활동무대에 따라 조금씩 다르다고 할 수 있다.

일반적으로 국제기구에서는 영어와 불어가 필수언어처럼 되어 있다. 불어는 과거 제1차 세계대전까지만 해도 국제사회의 공용어처럼 쓰였고, 현재도 많은 나라에서 쓰고 있다. 최근에는 중국의 국제적인 영향력이 커짐에 따라 중국어의 위상도 변하고 있다. 미국을 비롯한 많은 국가들에서 중국어는 꼭 배워야 할 필수 외국어가 되었다. 외교, 비즈니스 등 공식적인 활동을 위해서는 물론, 개인활동, 관광 등을 위해서도 중국어는 필수처럼 되어 가고 있다. 실제 외교부 신임 직원들의 상당수가 중국어를 공부하고 있는 만큼 조만간 중국어 자체도 외교부에서 영어 못지않는 비중을 차지할 것이다.

UN 등과 같은 국제기구에서 활동하거나 이 방면으로 진출하려는 사람들은 영어와 불어를 습득해 놓는 것이 좋다. 국제기구 채용조건에서 이 2개 언어를 거의 의무화하고 있기 때문이다. 유럽지역이나 아프리카계 사람들이 국제기구에 많이 들어가는 것도 이러한 요인이 작용하는 것이다. 스페인어도 국제사회에서 많이 쓰이고 있다. 심지어 미국 내에서도 스페인어의 정치적 영향력이 커지고 있어, 대통령 후보로 나오기 위해서는 스페인어 구사능력이 필수요건처럼 되어 가고 있다.

그렇다면 전공공부를 하기도 빠듯한데 어떻게 2~3개의 외국어를 공부할 것인가? 외교관으로서의 외국어 공부는 직업생활 평생에 걸친 과정으로 생각하면 된다. 슐리만도 평생 외국어 공부를 하면서 살았다. 학창시절이나 외교관이 되기 전에 영어, 중국어, 불어 공부를 해 놓고 나머지 독일어, 스페인어나 아랍어, 러시아어 등은 외교관 생활을 하면서 해당 언어권 공관생활을 하면서 익혀도 무방하다. 다만, 여러 개의 외국어를 공부하려면 먼저 마음의 준비를 하고, 기초적인 준비를 학창시절에 해 놓으면 좋다. 외교부에서도 직원들을 위해 다양한 제2외국어 연수프로그램을 가지고 있기 때문에 학창시절 영어, 중국어 외에 불어, 스페인어나 아랍어 또는 러시아어 기초 정도를 배워 놓으면 나중에 외국어를 보다 더 깊이 체계적으로 연마할 수 있는 기회가 계속 생기게 된다. 또한 외교부에서는 러시아어, 불어, 아랍어, 스페인어, 독일어, 베트남어 등 특수외국어 구사자가 해당 언어권 국가의 공관에 근무할 경우 특별어학 수당을 지급하는 등 외국어 공부에 대한 지원 및 장려 정책을 실시하고 있다.

외교관의 해외연수

정부에서 근무하는 공직자가 자기계발을 위해 누릴 수 있는 가장 큰 혜택 중의 하나는 해외연수제도이다. 해외연수를 통해 어학구사능력을 늘림은 물론, 직무 관련 전문지식을 함양하고 해당 직무 분야의 국제적 동향을 파악할 수 있다. 외교부도 직원의 업무 전문성 함양, 해외 인적 네트워크 구축, 어학능력 향상 등을 위한 목적으로 오래전부터 외교관 국외연수제도를 운영해 오고 있다. 외교부 국립외교원은 국외연수제도의 성과 제고와 해외 유명 학술·연구기관과의 학술교류를 위해 중국의 베이징대학, 미국의 콜롬비아 대학 등 세계적 수준의 유명 대학들과 MOU를 체결하여 체계적인 국외훈련제도를 운영하고 있다.

외교부에 입부를 하게 되면 1~2년 정도의 본부 근무를 거쳐 어학성적, 근무성적 평가를 통해 해외연수과정에 선발될 수 있다. 해외연수생으로 선발되기 위해서는 어학능력, 업무능력 등이 뛰어나야 하고, 연수를 위해 사전에 많은 준비를 해야 한다. 특히, 최근에는 영어, 중국어 등 어학실력이 뛰어난 직원들이 많이 입부하기 때문에 미국이나 중국지역은 경쟁이 치열하다. 일부 직원들은 대학 때의 전공외국어를 심화시키거나 다른 커리어 개발을 위해 러시아어, 스페인어, 아랍어, 독일어, 불어 같은 언어권으로 진로를 선택하기도 한다.

국외연수의 목적을 좀 더 상술하면 세 가지 정도로 분류할 수 있다. 우선, 해당 지역의 언어습득이다. 국외연수를 통해 장차 본인이 근무할 지역의 언어를 습득해 장래 근무에 대비하는 것이다. 국외연수제도는 또한 수요에 비해 모자라는 특정 제2외국어 능통자를 육성하는 목적도 갖고 있다. 아랍어, 러시아어, 스페인어 등 특정 제2외국어권의 경우 외교부에서 지속적으로 전문가가 양성되어야 하기 때문에 이런 정책상의 필요에 따라 특수외국어 연수를 위한 후보자를 선발하기도 한다.

둘째는 업무 관련 전문지식 습득이다. 외교업무를 제대로 하기 위해서는 각종 분야에 대한 전문지식이 필요하다. WTO 등 국제통상문제, 핵문제, 국제안보, 국제기구, 국제법, 군축, 에너지, 기후변화, 테러, 해적, 우주문제, 과학기술 등 요즘 신문지면을 장식하는 많은 국제문제들이 외교 일선에서 현안으로 다루어지고 있기 때문에 이런 분야에 대한 전문지식 없이는 제대로 된 외교업무를 수행할 수 없고, 외교의 질을 보장할 수 없다. 또한 국제사회에는 코로나19 감염병 대응을 위한 국제 협력과 국가 간 공조 등 끊임없이 새로운 이슈와 도전과제가 등장하고, 변하고 발전하기 때문에 이러한 이슈의 변화·발전 과정을 따라잡기 위해서는 전문지식의 재충전이 필요하다. 외교관 해외

미국 하버드대학교의 모습

연수는 전문지식 재충전을 통해 국제무대에서 발생하는 새로운 이슈나 의제에 능동적으로 대응하여 최선의 국익을 수호토록 하기 위한 것이다.

셋째로 해외 인적 네트워크 구축이라고 할 수 있다. 해외 유명 교육기관, 대학, 연구소 연수 등을 통해 국제사회의 여론을 이끄는 해외 전문가들과 교류하고 인적 네트워크를 구축함으로써 향후 업무에 많은 도움을 받을 수 있다.

한편, 과거에는 해외 유명 대학, 연구소, 어학연수 기관 등에서의 연수가 외교부 직원들의 가장 큰 혜택이었으나 지금은 다른 정부부처에서도 해외연수 파견제도가 활성화되어 있어 외교부 직원들만의 혜택으로 보기에는 힘들게 되었다. 정부에서도 공직자들의 전문성 함양, 어학능력 함양을 위해 체계적인 장·단기 해외연수 과정을 운영하고 있기 때문에 외교부가 아닌 다른 정부기관에 근무하더라도 해외연수 기회를 얻을 수 있다. 또한 요즘은 많은 정부기관에서 외국 정부기관과의 상호 인력교류 프로그램들을 운영하고 있기 때문에 굳이 해외연수를 가지 않더라도 다양한 해외연수 및 파견 기회를 누릴 수 있다.

외교관 드림 부팅:
외교관을 위한 준비

누구나 외교관이 될 수 있다

외교관에 대한 일반인들의 생각을 나타내는 말 중에서 가장 자주 듣는 말은 외교관이 아주 특별한 직업집단으로 일반인들은 접하기 힘들다는 것이다. 많은 사람들이 외교관을 외무고시를 합격한 소수 엘리트 집단으로 생각하고 있으나 사실은 그렇지 않다. 미국의 유명한 외교관이자 미소 냉전시대 미국의 전략가였던 케넌George F. Kennan은 시골 우체국에서 우편배달부로 일했으며, 대학 졸업 후에는 시간당 48센트를 받고 하루 16시간씩 근무하는 선원으로 일하기도 했다.* 외교관도 일반 기업의 직원이나 여타 공무원들

---

* George F. Kennan, *Memoirs 1925–1950*, pp.10–18.

처럼 보통 사람들로 구성된 직업집단이다. 다만, 외교관들의 근무 장소나 환경이 주로 해외고, 대사관과 총영사관이 보안을 요하는 시설이다 보니 일반인들과 자주 접촉할 기회가 적을 뿐이다.

외교관이라는 직업은 소수 엘리트 대학의 졸업자들로 채워지지는 않는다. 외교부에는 줄잡아도 100여 개에 달하는 대학이나 대학원 졸업자들이 근무하고 있고, 외교관들의 대학 전공 또한 법학과, 정치외교학과, 영문학과 등 과거 전통적인 외교관 배출 학과에 국한되지 않는다. 외교부에는 의과대학 출신도 있고, 천문학과 출신도 있고, 수학과 출신도 있고, 물리학과 출신도 있다. 출신 대학도 국내 명문대학뿐만 아니라 지방대학, 해외에서는 중국의 베이징 대학, 미국의 캘리포니아 대학, 아랍의 대학 등 많은 외국대학 출신들도 있다. 문과 출신뿐만 아니라 이과 출신, 사회과학도뿐만 아니라 공학도, 어문학도나 사범대학 출신 등 다양한 전공배경을 갖춘 직원들이 근무하고 있다. 한마디로 말하면 출신 학교, 전공에 관계없이, 심지어 외국에서 성장했어도 우리 국민이면 누구나 대한민국의 외교관이 될 수 있다.

실제로 외교부에서는 일반인들이 생각하는 외교관상과 전혀 다른 전공이나 커리어를 쌓은 사람들이 직업외교관으로 성공하는 경우를 심심찮게 볼 수 있다. 외교부에서 차관을 지낸 고위 외교관은 의과대학을 졸업했는가 하면, 어떤 외교관은 법조인을 하다가 외교관으로 전직하기도 했다. 2013년에 실시된 제1기 외교관 후보자 과정 합격생들의 면면을 보면 NGO 활동가, MBA 학위 보유자, 아프리카·중동 전문가 등 다양한 배경을 가진 사람들이 외교부에 들어오고 있다.* 이처럼 특정 전공에 관계없이 다양한 분야에서 전문 분야를 개척해 성공적인 커리어를 이어갈 수 있는 곳이 외교부다.

---

* 강경민, "NGO 활동가·MBA... 외교관 스펙 달라졌다", 《한국경제》, 2013.11.13.

여성 외교관들의 활동도 눈부시다. 많은 여성 외교관들이 주미대사관, 주중대사관 등 양자공관은 물론, 뉴욕의 UN 대표부, 제네바Geneva의 세계무역기구WTO, World Trade Organization 대표부 등 다자외교의 최전선에서 맹렬한 활동을 하고 있다. 임지도 미국, 유럽 등 선진국 선호공관뿐만 아니라, 최험지로 꼽히는 아프가니스탄, 아프리카 등 다양하다. 이제 외교관 후보자 시험을 거쳐 입부하는 신임 직원들의 상당수가 여성들이다. 제1기 외교관 선발시험에서는 합격자의 57%를 차지한 데 이어 수석합격과 최연소 합격을 모두 여성이 차지했다.* 제2기 시험에서도 수석·최연소 합격을 모두 여성이 차지했고, 비율도 64%에 달했다.**

외교부는 또한 다양한 부처 출신의 공무원들을 포용하고 있다. 재외공관에는 사건·사고 처리를 담당하는 경찰주재관, 출입국 및 비자 업무를 담당하는 법무부 주재관, 경제·통상·금융 관련 업무 처리를 위해 경제부처에서 파견된 재경관, 상무관 등 다양한 부처에서 나온 공무원들이 주재관으로 함께 일하고 있다.

이처럼 외교부는 동일하고 균질적인 집단이 아닌 다양한 구성원들이 혼합되어 빛을 내는 은하수와 같은 조직이다. 외교관이 되느냐 마느냐는 준비하는 사람의 열정과 계획에 달려 있다.

---

* 윤창수, "첫 외교관 후보에도 '여성 파워'", 《서울신문》, 2013.11.13.

** 장세정, "외교관 후보자시험 수석·최연소 모두 여성", 《중앙일보》, 2014.09.19.

외교관 선발 패러다임의 변화:
고시에서 교육으로

대한민국 건국 이후 외교관 선발제도는 시대상황에 맞게 계속 발전해 왔다. 초기에는 외교관만을 선발하기 위한 별도의 외무고시제도가 없었으나, 전문직업외교관 채용에 대한 국가적인 필요성이 인정되어 1968년 고등고시에서 외무직렬 시험이 도입되었고 1974년에 고등고시에서 분리된 별도의 외무고등고시가 실시되었다. 이후 47년 동안 외무고시는 1,361명의 엘리트 외교관을 배출했다.* 이 중에는 반기문 UN 사무총장을 비롯해 한국을 이끈 많은 외

* 외교부 보도자료(14-931), "외교관 후보자 1기생 임용", 2014.12.17.

교관·정부 고위관료·국제협상 전문가들이 나왔다.* 외무고시제도는 이명박 정부 시기인 2009년 세계화·국제화·다변화되고 있는 외교의 현실을 감안, 다양한 분야에서 국제경쟁력을 갖춘 전문직업외교관을 선발하기 위해 국립외교원 외교관 양성과정으로 바뀌게 되었다.

외무고시제도의 폐지에 따라 외교관 선발은 고시를 통한 선발제도에서 국립외교원의 교육연수과정을 통한 선발로 바뀌게 되었다. 외교관 선발 패러다임이 국가고시제도에서 국립외교원을 통한 교육으로 대폭 바뀌게 된 것이다.

새로운 외교관 선발제도에 따라 외교관이 되려는 사람은 먼저 국립외교원 외교관 훈련과정 입학시험인 '외교관 후보자 선발시험'을 치르고 합격해야 한다. 외교관 후보자 선발시험에 합격한 사람은 외교관 임용후보자 자격으로 1년여 동안 국립외교원에서 전문적이고 체계적인 교육과정을 이수해야 하고, 동 과정을 이수한 사람에 한해 교육과정 중 성적, 평가 등을 거쳐 정식 외교관으로 임용된다.

새로운 제도 시행에 따라 국립외교원이 외교관 후보자 교육 및 훈련을 담당하게 되었다. 국립외교원은 과거 외교부 소속 외교안보연구원이 개편된 것이다. 외교안보연구원은 오랫동안 외교관 교육·훈련 및 공무원들의 국제화 관련 전문교육을 실시해 왔을 뿐만 아니라 외교안보정책 연구 분야의 싱크탱크로서의 역할을 수행하여 왔다. 이러한 경험과 역사를 바탕으로 국립외교원은 급변하는 국제전략 환경에 대응할 수 있는 지식과 전문성을 갖춘 최정예 외교인력을 발굴하는 한편, 외교관 후보자들에 대한 체계적인 교육 및 훈련, 평가를 담당하게 되었다.**

---

* 이지선, "개천에서 용 나던 고시여 안녕!", 《경향신문》, 2014.02.02. 참고.

** 김병국 원장, "국립외교원 개원식 개식사"(2012.04.24.).

기존의 외무고시가 아닌 국립외교원 외교관 후보자 과정 선발을 통한 채용은 과거 다양하게 실시되어 온 각 전문 분야별 특채제도를 보완하는 특징을 갖고 있었다. 즉, 국립외교원 선발과정에 일반외교전형뿐만 아니라, 지역외교중동, 아프리카, 중남미, 러시아·CIS 전문가, 각 기능별 외교전문가경제·다자외교 전형과정을 별도로 설치함으로써 기존의 특채제도를 외교관 후보자 선발과정에 통합시켰다.

고시를 통한 선발이 아니라 국립외교원의 교육 및 훈련, 그리고 평가를 통한 예비 외교관 후보자 양성과정은 기존의 뽑는 외교관에서 국가적 수요와 외교환경의 변화를 반영한 체계적인 교육과 훈련을 통해 길러지는 외교관으로 패러다임의 변화를 의미한다.*

---

* 외교통상부 보도자료(제11-1201호), "외교관 후보자 선발시험 및 교육과정" 관련 설명회 개최(2011.12.29.).

외교관 후보자의 교육

외교관이 되기 위해서는 외교관 후보자 선발시험 등 국가공무원 공개경쟁채용시험을 거쳐 외교부 소속 교육훈련·연구기관인 국립외교원에서 시행하는 소정의 직무교육을 이수하여야 한다. 2019년 전까지 5급 외교관이 되려는 사람은 국립외교원에서 약 1년간 실시하는 경쟁적 교육과정을 거쳐 종합교육성적이 우수한 사람만을 임용하고 그렇지 못한 일부 후보생들은 임용에서 탈락시킨 바 있다. 그러나 현재는 이런 경쟁식 임용제도(후보생 탈락제도)를 폐지하고 국립외교원에 입교하여 1년 이내의 정규과정을 이수하고, 정규과정 종합교육 성적이 일정 기준 이상인 사람은 모두 임용하는 방식으로 바뀌었다.

국립외교원 전경

국립외교원 제도 도입 이후 최근 임용제도 변경 전까지는 국립외교원 교육과정을 마치더라도 일부 임용후보자들이 최종 외무공무원 임용단계에서 탈락하였다.* 외교관 후보자 교육생 중 일부가 외교관으로 임용되지 못함에 따라 국립외교원 교육과정은 그만큼 성적경쟁이 치열할 수밖에 없었다. 실제 2014년 실시되었던 제1기 외교관 후보자 임용교육은 치열한 경쟁 속에서 이루어졌는데, 동아일보 조숭호 기자는 당시 교육 분위기를 다음과 같이 묘사하고 있다.**

---

* 2014년 11월 21일에 2013-2014 제1기 외교관 후보자 정규과정 수료식이 국립외교원에서 거행되었다. 이번 수료식에서 외교관 후보자 43명 중 39명이 외교관으로 임용되었고, 나머지 4명은 외교업무 또는 국제교류업무가 필요한 지방자치단체나 공기업으로 취업을 지원받았다. 수료생들은 1년간의 교육과정을 통해 외교관으로서 갖추어야 할 기본능력을 배양했다. 이용수, "外試 폐지 후 첫 외교관 후보자 배출", 《조선일보》, 2014.11.22.; 방재홍, "외교관 후보자 정규과정 수료식 거행", 이뉴스투데이, 2014.11.21.

** 조숭호, "외교戰 완전무장 341일", 《동아일보》, 2014.12.27. 참조.

국립외교원 전경

"과거 외무고시 합격생들의 교육과정에서는 연수 동기들이 경쟁상대라기보다는 동료였고, 밟고 살아남아야 한다는 절박함이 덜했다. 그러나 2014년 처음 배출된 외교관 후보자들의 처지는 달랐다. 입교생 가운데 10%는 반드시 떨어진다는 그야말로 살얼음판이었다. 상대를 떨어뜨리지 못하면 내가 떨어지는 피 말림 속에 힘겨운 1년이 갔다. (교육과정은) 하루 수업은 총 5교시, 80분 수업에 쉬는 시간은 10분이다. 강의실이 바뀌기라도 하면 화장실 다녀오랴, 다음 수업 준비하랴 정신이 없었다. 해가 떠 있을 때는 사실상 쉴 시간은 없다고 보는 게 맞다. 오후 6시. 정규수업이 끝나면 각자 흩어진다. 일부는 집으로 가지만 대부분 저녁을 먹고 다시 강의실로 돌아와 과제를 하거나 자료를 읽는다. 1~3학기 동안 후보자 한 명이 읽어야 하는 자료량은 8,000쪽이 넘는다. 책을 읽다 보면 시간은 어느새 한밤중. 외교원 현관문을 닫는 밤 12시에 맞춰 강의실을 나선다. 지난해 치러진 1차 후보자 선발시험은 512명이 응시해 43명이 11.9 대 1의 경쟁률을 통과했다. 하지만 이들이 모두 외교관으로 임용되는 건 아니다. 이 중 10%인 4명은 반드시 탈락한다. 전 세계 외교 아카데미 가운데 1년 교육 후 탈락자를 가려내는 제도를 운영하는 곳은 한국밖에 없다."

그러나 현재는 경쟁기반 임용제도 대신 종합성적에 기초한 임용제도로 변경되었다. 후보자들은 연수 과정에서 외교부에서 정한 일정한 성적기준만 충족시키면 상대적인 등수에 관계없이 모두 5급 외교관으로 임용될 수 있다.

국립외교원에서 실시하는 외교관 후보자 교육과정의 가장 큰 특징은 이 교육이 전문직업교육professional training 과정이라는 것이다. 교육과정에서는 전문직업 외교관으로서 업무수행에 필요한 각종 이론과 실무를 배우게 된다. 특정

학문 분야의 이론 또는 연구 결과를 공부하는 대학과는 차이가 있다. 국립외교원에서는 약 1년간 외교관 임용후보자들을 대상으로 국가관과 공직가치를 정립하고, 외교관으로서 소양을 함양하며, 외교업무에 요구되는 전문지식과 실무역량을 겸비한 외교관을 길러내기 위한 체계적인 교육과 훈련을 실시한다.*

구체적으로 공직소양 함양, 글로벌 스탠더드에 대한 이해, 국가정체성의 확립을 통해 인류와 국가에 공헌하는 공직소명의식을 품은 외교관을 양성한다. 전문지식 분야에서는 법, 정치, 공공행정, 국제금융, 지역연구 등 여러 분야에 대한 깊이 있는 교육을 통해 풍부한 전문지식을 겸비한 외교관을 양성한다. 전략적 사고, 위기관리, 협상 등의 역량개발을 통해 탁월한 외교역량을 갖춘 외교관을 양성한다. 또한 글로벌 커뮤니케이션 및 네트워킹에 필요한 영어와 제2외국어 구사능력을 함양해 세계와 소통하는 외교관을 양성한다.**

외교관 후보자 교육과정의 또 다른 특징은 영어를 통한 교육과 시뮬레이션 교육이라고 할 수 있다. 국립외교원에서는 후보자들이 바로 외교업무에 투입되더라도 영어 구사에 문제가 없도록 영어집중교육 과정을 운영하고 있다. 시뮬레이션 교육에서는 다양한 국제회의, 양자회의 등을 상정해 의제를 정하고, 협상목표를 정하고 이를 달성하기 위한 전략과 의제 개발, 상대방을 설득시키는 협상기법, 보고과정 등을 배우게 된다. 국제회의를 상정한 수업에서는 정부대표로서 영어를 통해 직접 협상을 하는 연습을 하게 된다.

이러한 전문직업훈련을 통해 이론과 실무, 당위와 현실 간의 차이를 줄이고, 후보자들이 실제 외교현장에서 투입되었을 때 최소한의 적응기간을 거쳐 바로 업무를 처리할 수 있는 실무능력을 증진시키는 것이다.

---

* 국립외교원, 『외교관 후보자 정규과정 안내서』, 2014 참조.

** 위의 책.

외교관 시험(1):
외교관 후보자 선발시험*

외교관이 되기 위해서는 매년 초 인사혁신처에서 실시하는 국가시험인 "외교관 후보자 선발시험"이나 국가공무원 7급 공개경쟁채용시험인 "외무영사직외무영사" 시험에 합격해야 한다. 2021년을 예로 들면, 외교관 후보자 선발시험은 일반외교 직렬에서 40명을 선발할 예정이다. 2021년 외교관 후보자 선발시험에서부터는 기존의 지역외교 분야와 외교 전문 분야 채용 시험이 폐지되었다. 외교부는 향후에 지역외교, 외교 전문 분야 전문인력은 경력경쟁채용시험

---

* 아래 내용은 2021년 1월 1일 인사혁신처장이 공고한 "2021년도 국가공무원 공개경쟁채용시험 등 계획 공고" 내용을 참고한 것이다. 상세 내용은 사이버국가고시센터(http://gosi.kr)에서 제공하고 있다.

등으로 전환하여 선발할 것으로 보인다. 외교관 후보자 선발시험에 합격한 사람은 1년 이내의 국립외교원 외교관 후보자 정규 교육과정을 거쳐 종합교육 성적이 외교부장관이 정한 기준 이상일 경우 5급 사무관으로 정식 임용된다.

일반외교 분야 시험은 1차 필기시험, 제2차 논문형 필기시험, 제3차 면접 시험으로 구성된다. 제1차 시험에서는 외교관 후보자로서 업무수행에 필요한 기본적인 판단능력, 사고력 등을 평가하며, 시험 분야는 언어논리, 자료해석, 상황판단, 헌법, 영어 및 한국사, 제2외국어 시험을 치르게 된다. 영어와 한국사는 각각 영어능력검정시험, 한국사능력검정시험으로 대체하며, 영어는 TOEFL PBT 시험기준으로 590점, 한국사는 한국사능력검정시험 2급 이상을 받아야 한다. 헌법 과목은 100점 만점에 60점 이상을 득점해야 한다. 제2외국어는 독어, 불어, 러시아어, 중국어, 일어, 스페인어 등의 능력검정시험으로 대체하며, 어학과목별 기준 점수는 아래와 같다.

◇ 영어 능력검정시험 대상시험별 기준 점수

시험명	TOEFL		TOEIC	TEPS ('18.5.12. 이전 시험)	TEPS ('18.5.12. 이후 시험)	G-TELP	FLEX
	PBT	IBT					
외교관후보자 선발시험	590	97	870	800	452	88(level 2)	800

◇ 외국어 언어별 능력검정시험 기준 점수

외교관 후보자 선발시험	독어				불어			러시아어		
	스널트 (SNULT)	플렉스 (FLEX)	독일어 능력 시험 (Test DAF)	괴테 어학 검정시험 (Goethe Zertifikat)	스널트 (SNULT)	플렉스 (FLEX)	델프/달프 (DELF/DALF)	스널트 (SNULT)	플렉스 (FLEX)	토르플 (TORFL)
기준점수	60점	750점	수준 3	GZ B2	60점	750점	DELF B2	60점	750점	1단계

외교관 후보자 선발시험	중국어			일어				스페인어		
	스널트 (SNULT)	플렉스 (FLEX)	한어 수평고시 (신HSK)	스널트 (SNULT)	플렉스 (FLEX)	일본어 능력시험 (JPT)	일본어 능력시험 (JLPT)	스널트 (SNULT)	플렉스 (FLEX)	델레 (DELE)
기준점수	60점	750점	5급 210점	60점	750점	740점	N2 150점	60점	750점	B2

제2차 시험은 전공평가 시험과 통합논술 시험으로 국제정치학, 국제법, 경제학, 학제통합논술시험 Ⅰ, 학제통합논술시험 Ⅱ를 치르게 된다. 제2차 전공평가 및 통합논술시험에서는 해당 과목에 대한 깊이 있는 이해를 바탕으로 복잡한 현실에 이를 적용하고 분석하는 능력을 종합적인 논문식으로 평가한다. 제3차 시험은 2차 시험 합격자를 대상으로 면접을 통해 전문성과 외교관 후보자로서의 정신자세 등 직무수행에 필요한 능력과 적격성을 종합적으로 평가한다.

매 연도별 외교관 후보자 선발시험의 실시시기, 선발인원, 시험과목, 기출문제 등 구체적인 사항은 인사혁신처가 운영하는 사이버국가고시센터 http://gosi.kr를 통해 확인할 수 있다.

외교관 시험(2):
제2차 전공평가 시험

외교관 후보자 선발시험에서는 제2차 논문형 필기시험에서 국제정치학, 국제법, 경제학 3과목에 대한 전공평가 시험과 학제통합 논술시험을 논문형으로 실시한다. 국제정치학, 국제법, 그리고 경제학은 국제관계의 양대축인 정치와 경제·통상, 그리고 주권국가들 간에 적용되는 법규범 관계를 이해하고 분석하기 위해 필요한 학문적 도구다. 이 세 과목은 경쟁과 협력이 병존하고 복잡한 이해관계가 얽힌 국제외교무대에서 외교업무를 수행해 나가는 데 필요한 전문지식을 배양하는 한편, 논리적인 사고와 분석능력, 문제해결 능력을 키워주는 고등학문이라고 할 수 있다.

국제정치학

/

국제정치학은 국제관계에서 작용하는 정치의 측면, 즉 국가 간 권력의 배분과 평화의 추구를 다루는 학문이다. 미국의 정치학자 이스턴David Easton의 정의처럼, 정치가 사회적 가치의 권위적 배분이라고 한다면, 국제정치학은 국제관계에서 국제적 공공재, 또는 권력과 같은 가치의 배분에 관한 학문, 또는 국제관계에 작용하는 정치의 측면을 사회과학의 측면에서 경험적·과학적으로 다루는 학문이다. 국제정치학은 주권국가 간의 관계에서 권력power이 어떻게 유지되고, 국제관계 질서의 양상은 어떠한지, 전쟁과 평화 등 국제관계의 거대한 담론들을 과학적 방법으로 설명하는 학문이다. 국제정치를 설명하는 이론으로는 현실주의 국제정치이론과 이상주의 국제정치이론, 그리고 세계화 시대에 맞게 새롭게 등장한 상호의존이론 등이 있다. 국제정치학은 이런 이론적 분석틀을 통하여 국가간의 관계를 설명하고 예측한다.

국제정치학은 크게 외교사와 국제관계론군축·안보 포함 등으로 이루어져 있다. 외교사는 대체로 1648년 유럽의 30년 전쟁을 마무리하는 웨스트팔리아Westphalia 조약으로 근대적 주권국가체제가 형성된 이후부터 진행되어 온 외교관계사를 주로 다룬다. 국제관계이론은 세력균형이론 등 거시적인 국가 간의 상호관계의 모형을 이론에 기초해 다룬다. 국제정치학은 국가라는 실재하면서도 추상적인 단위체가 분석의 기본모형이 되어 이들 국가 간의 권력 유지, 변경 및 형성모형을 다루기 때문에 학문적으로 흥미진진하고 재미있는 분야다.

국제정치학은 보통 정치외교학과에서 2학년 즈음에 배우는 과목으로 대학 때 해당 과목 수강을 통해 공부하는 것이 효과적이다. 또한 국제정치나 외교 분야의 책들을 두루 읽는 것이 좋다. 공부를 할 때는 이론적 모델을 토대로 이론의 기본적인 프레임, 기본 가정 및 전제, 설명 및 예측능력, 이론의 유용성과 한계, 보완모델 등을 비판적으로 공부해야 한다. 현재 시중에는 국제정치학 교과서들이 많이 나와 있기 때문에 이러한 책들을 골라 비판적으로 읽는 것이 많은 도움이 된다.

교과서 외에 국제정치학을 공부하려는 학생들이 읽어볼 만한 명저나 고전들은 다음과 같은 것들이 있다.

국제정치학 추천 도서

- E. H. 카아E. H. Carr 저 · 김태현 역, 『20년의 위기The Twenty Years' Crisis, 1919-1939: An Introduction to the Study of International Relations』, 녹문당, 2000.
- 그래햄 T. 앨리슨 & 필립 D. 젤리코Graham T. Allison & Philip D. Zelikow 저 · 김태현 역, 『결정의 엣센스: 쿠바 미사일 사태와 세계핵전쟁의 위기Essence of Decision: Explaining the Cuban Missile Crisis』, 모음북스, 2005
- 르네 알브레히트 까리에Rene Albrecht-Carrier 저 · 김영식 & 이봉철 역, 『유럽외교사: 비엔나 회의 이후A Diplomatic History of Europe since the Congress of Vienna』, 상·하권, 까치, 1981, 1982.
- 조지 F. 케넌George F. Kennan 저 · 유강은 역, 『조지 케넌의 미국 외교 50년American Diplomacy』, 가람기획, 2013.
- 존 J. 미어셰이머John J. Mearsheimer 저 · 이춘근 역, 『강대국 국제정치의 비극The Tragedy of Great Power Politics』, 나남, 2004.
- 케네스 N. 월츠Kenneth N. Waltz 저 · 박건형 역, 『국제정치이론Theory of International Politics』, 사회평론, 2000.
- 필립 D. 젤리코 & 콘돌리자 라이스Philip D. Zelikow & Condoleezza Rice 저 · 김태현 & 유복근 역, 『독일통일과 유럽의 변환: 치국경세술 연구Germany Unified and Europe Transformed』, 모음북스, 2008.
- 한스 J. 모겐소 & 케네스 W. 톰슨Hans J. Morgenthau & Kenneth W. Thomson 저 · 이호재 역, 『현대국제정치론Politics Among Nations』, 법문사, 1989.
- 헤들리 불Hedley Bull 저 · 진석용 역, 『무정부 사회: 세계정치에서의 질서에 관한 연구The Anarchial Society: A Study of Order in World Politics』, 나남, 2012.

- 김용구, 『세계외교사』, 서울대학교출판문화원, 2012.
- 김우상, 『신한국책략』, 나남, 1998; 『신한국책략 2: 동아시아 국제관계』, 나남, 2007; 『신한국책략 3: 대한민국 중견국 외교』, 세창출판사, 2012.
- 박재영, 『국제정치 패러다임』, 법문사, 2003.
- 오기평, 『세계외교사: 세기를 넘기면서』, 박영사, 2007.
- 최영진, 『신조선책략: 어떻게 역사는 역전되는가』, 김영사, 2013.

국제법

/

국제법은 현대 국제관계에서 주권국가 간의 관계, 또는 국제기구에서 적용되는 법규범을 다루는 학문이다. 국제관계에서 일반적으로 통용되는 국제관습법, 성문법인 국가 간의 조약, 국제사법재판소의 판례 등으로 구성된 국제법은 일반 개인 간에 적용되는 법규범과는 달리 주권국가와 국제기구가 주로 법의 주체로 등장한다는 점에서 국내법과 구별된다.

그로티우스Hugo Grotius의 자연법론에서부터 본격적으로 발전해 온 국제법은 힘이 아닌 이성과 정의, 전쟁이 아닌 외교교섭을 통한 국제관계의 관리를 다룬다. 주로 국가 간의 상호관계에 적용되는 법규범과 국가 간 분쟁의 해결에 관한 내용으로 구성되어 있다. 수험과목의 편의상 국제법은 국가 간의 공적인 관계를 다루는 국제공법과 WTO 무역규범 등 경제·통상관계를 규율하는 국제경제법으로 나뉘어진다.

국제법은 국제법의 다양한 주체들(개인, 국제기구 및 국가), 영토·해양·극지·우주 등 다양한 규율대상, 국제법 규범 형성의 기본적 방식인 조약의 체결절차와 해석 및 적용, 국제분쟁의 평화적 해결 등 다양한 주제를 규범적으로 접근한다. 국제법은 또한 국가들 간의 관계를 규율하는 법적인 규범이기 때문에 조약이나 국제관습법뿐만 아니라 국제사법재판소ICJ의 판례 등 국제법의 다양한 법원法源들을 함께 공부해야 한다.

국제법을 암기과목이 아닌 이해하는 과목으로 공부하기 위해서는 법의 기초를 우선 다져야 한다. 법률적 사고방식과 접근방식을 다져야 국제법적인 기초가 쌓이기 시작한다. 법학을 전공하지 않은 학생들이라면 가급적 저학년 때에 법학통론, 민법총칙 공부를 통해 법학의 기초를 쌓은 다음 국제법을 공부하는 것이 좋다. 국제법도 법의 한 분과이고, 모든 법의 기초는 민법이며, 민법의 기초를 구성하는 것은 민법총칙이기 때문에 민법의 기본원리를 이해한 다음에 국제법을 공부해야 논리적·법적 사고의 형성이 가능하다. 또한 법학을 공부할 때는 여러 가지 책을 보지 말고 하나의 기본서를 정해 반복적으로 공부하고 정리를 하는 것이 효율적이다.

경제학
/

경제학은 사회과학의 여왕으로 경제현상을 설명하는 정치한 이론체계와 분석틀을 갖고 있다. 오늘날 사회과학에서 경제학의 중요성은 아무리 강조해도 지나치지 않다. 그 이유는 우리 일상생활의 거의 모든 부분이 직·간접적으로 경제와 관련되어 있고, 경제학에서 행위자를 분석하는 심리적인 동기인 경제적 합리성(이기성)은 모든 개인의 본질이기 때문이다. 경제학은 또한 학제 간 연구inter-disciplinary research를 중시하는 미국 사회과학의 풍토에서 가장 중요한 기초학문이다. 미국의 고등교육기관에서 경제학을 얼마나 중요시하는지는 하버드대학의 커리큘럼을 살펴보면 쉽게 알 수 있다.

우선 하버드 로스쿨의 교과과정에는 법과 경제학이라는 과목이 개설되어 있다. 로스쿨에서 가르치는 민법, 형법, 공정거래법도 경제학적 분석논리와 이론을 통해 접근하고 있다. 또한 매학기 수백 개의 강좌가 개설되는 하버드대학교 케네디 행정대학원Harvard Kennedy School of Government의 교과목 중 반이 경제학 관련 과목이고, 석사과정이든 박사과정 학생이든 모든 대학원생은 반드시 경제학 과목을 이수토록 하고 있다. 필자가 케네디 행정대학원에 재학할 당시 지도교수는 이렇게 말하곤 하였다. "케네디 스쿨에는 딱 두 종류의 교수들이 있다. 경제학자와 비경제학자 두 종류가 그것이다."

외교관 시험에서 요구하고 있는 경제학 수준은 경제학원론, 각론미시경제학, 거시경제학, 국제경제학국제무역론 및 국제수지론으로 나눌 수 있다. 이들 과목은 경제학의 기본 개념과 원리를 이해시키고, 이론을 현실 생활과 국가의 경제정책에 적용하여 다양한 경제현상을 분석하고 예측할 수 있는 능력을 배양하는 데 중점을 두고 있다.

경제학을 공부하기 위해서는 우선 대학 저학년 때 경제학원론을 공부하고, 이를 토대로 미시경제학, 거시경제학, 국제경제학국제무역론, 국제금융론을 단계적으로 공부해야 한다. 오늘날 경제학은 규범경제학에서 실증경제학으로 초점이 옮겨져 있고 실증경제학에서는 수학에 기초한 수리모델이 중요한 만큼 고등경제학 공부를 위해서는 고등 수학에 대한 어느 정도의 지식이 필수적이다. 고등경제학 공부를 위한 준비로 평시에 계량경제학econometrics 실력을 조금 쌓아 두는 게 좋다.

학제 통합 논술시험

/

학제 통합 논술시험은 국제정치학, 국제법 및 경제학을 종합적으로 이해한 바탕 위에서 이를 어떻게 현실 국제정치·외교 및 경제상황을 해석하고 설명하는 데 응용할 수 있는지를 묻는 시험이다. 통합 논술시험은 학제 간 논술시험인 만큼 어느 특정 과목적 시각이 아닌 종합적인 이해와 통합, 적용능력을 테스트하게 된다.

학년별 준비전략

국립외교원 입교를 위한 외교관 후보자 선발시험 준비전략은 학년에 따라서, 본인의 전공에 따라 달라질 수 있다. 시험을 준비하고자 할 경우 목표는 가급적 빨리 잡고 미리 체계적으로 준비하는 것이 좋다. 이와 관련해 여기서는 도움이 될 만한 일반적인 팁을 기술한다.

먼저 시험 준비에 앞서 시험 준비기간을 고려해야 한다. 경우에 따라서는 외교관 선발시험이 3년 내지 4년 정도의 긴 준비기간을 필요로 할 수도 있기 때문이다. 시험 준비기간은 사람에 따라 달라질 수 있으나, 대체적으로 국가고시는 2~3년 정도의 긴 수험 준비기간을 필요로 한다. 대학졸업과 동시에 외교관 후보자 선발시험에 합격하기 위해서는 대체적으로 대학 2학년이나 3학년 초 정도부터 준비하는 것이 좋다.

저학년 땐 우선 전공 공부를 충실히 따라가면서 어학 공부에 집중하여 영어와 제2외국어 실력을 확실히 다지도록 한다. 전공 공부는 비록 외교관 시험과 무관하다고 할지라도 지성인으로서 갖추어야 할 가장 중요한 이론적, 분석적, 지적인 사고능력을 함양하는 데 필수적이다. 따라서 전공 공부의 중요성은 아무리 강조해도 지나치지 않을 것이다. 어학 공부 시에는 외교관 후보자 선발시험에서 요구하는 외국어능력검정시험 통과 정도의 실력이 아닌 외교관으로서 장차 활동하는 데 필요한 정도의 실력을 갖추도록 해야 한다. 영어는 가장 중요한 언어인 만큼 특별히 언급할 필요가 없을 것이다. 다만, 외교부에서 필요로 하는 영어는 국제시사문제뿐만 아니라, 다양한 방면에서 쓰이는 깊이 있고 수준 높은 영어이기 때문에 말하기, 독해와 작문 분야에서 최고의 실력을 갖추어야 한다. TOEIC, TOEFL, GRE와 같은 시험용 표준영어시험 성적으로는 부족하다. 평소 영자신문 등 시사자료, 전공 관련 원서, 논문 등 다양한 영어자료를 흡수해야 한다.

제2외국어도 관건이다. 중국어, 불어, 스페인어, 러시아어, 독일어, 일본어 등 다양한 제2외국어가 있는데, 외국어를 선택할 때는 고등학교 때 공부했던 외국어를 계속하는 것이 무난하다. 다만 향후 본인의 진로를 생각해 볼 때 기존에 공부했던 제2외국어가 맞지 않을 경우에는 가급적 대학 저학년 때 새로운 외국어를 공부하는 것이 좋다. 필자의 경우는 대학입시 및 외무고시 준비를 위해 독일어를 제2외국어로 선택했으나, 나중에 외교부에 입부 후 중국 발령과 함께 중국어를 새로 공부하게 되었다. 독자들의 경우에도 이전에 했던 외국어와 자신이 관심을 갖고 있는 지역이 다를 경우에는 가급적 조기에 바꾸는 것이 좋다. 시대의 변화에 따라 새롭게 부상하고 있는 중국어 등을 새로 공부하는 것도 좋은 방법이다. 향후 국제질서의 미래는 아시아에 있기 때문이다(Future is Asian!).

외국어 공부 못지않게 중요한 것이 국제법, 국제정치학과 경제학이다. 이 세 과목은 내용이 난해하고, 공부 범위도 넓어 충분한 이해와 자신만의 이론 체계 정립에 오랜 시간이 소요된다. 공부가 궤도에 오르기 위해서는 각 학문에서 요구하는 방법론과 사고방식을 익혀야 한다. 이 세 과목이 외교관 시험 통과 여부의 관건이 되기 때문에 대학 저학년 때부터 체계적인 공부를 시작하는 것이 좋다. 이들 과목을 마스터하는 데 가장 좋은 방법은 대학수업을 통해 또는 급우들과 스터디 그룹을 통해 공부하는 것이다. 방학 등을 활용하여 특강이나 학원 강의 등을 수강하는 것도 큰 도움이 된다.

끝으로 시험 준비에 있어 중요한 것은 공부하는 자세와 집중력이다. 시험 준비를 하기로 마음을 먹으면 가급적 생활을 단순화하여 공부에 대한 집중도를 높이고, 단기간 내에 수험생활을 끝내는 것이 바람직하다.

외교관 시험에 유리한 전공

현행 외교관 선발제도하에서는 시험에 특별히 유리한 학과나 전공이 있는 것은 아니다. 정치외교학과든, 법학과든, 영문학과든, 심지어 자연과학 계열이든 특정한 학과가 시험에 유리한 것은 아니다. 특정 전공보다는 다양하고 깊이 있는 독서를 통해 종합적인 사고능력을 갖춘 후보자가 유리하다. 다만, 외교와 관련된 전공학과의 선택이 중요할 수 있다. 해당 학과의 동료들이 공부하고 있는 진로, 전공이 주는 동기부여 및 주변 분위기, 주변 선후배 친구들의 공부 방향, 지도교수의 조언 등이 어떠한 작용을 할 수 있기 때문이다. 그럼에도 외교관으로의 진로를 설정한 경우에는 특별한 학과나 전공보다, 본인의 동기부여와 노력이 더욱 중요하다.

핵심은 자신의 전공 분야와 연결되는 시험과목과 제2차 전공평가과목인 국제정치학, 국제법, 경제학 등 세 과목의 통합적 이해·적용 능력을 테스트하는 학제 간 통합 논술시험을 어떻게 극복해 내는가 하는 것이다. 이들 과목은 어렵고, 시험범위도 넓고, 읽어야 할 자료의 양도 엄청 많기 때문에 공부 부담이 크다.

물론, 이 과목들을 공부하기에는 정치외교학과, 법학과법학전문대학원, 또는 경제학과 등 전통적인 사회과학 계열 전공이 유리하다. 사회과학 전공이 아닌 학생들이 자신의 전공을 소홀히 하지 않으면서 이 세 메이저 과목들을 정복하기는 만만치 않다. 그렇기 때문에 사회과학 전공이 아닌 경우에는 대학 저학년 때부터 경제학계량경제학 포함, 법학, 정치학, 행정학, 사회학 등 다양한 사회과학 분야 과목 수강이나 서적 탐독을 통해 사회과학적 사고방식과 비판적 분석능력, 논리를 익혀야 한다. 이를 위해 인문·사회과학 분야의 중요한 고전들은 광범위하게 섭렵하는 것도 좋다.

아울러 외교관 후보자 선발시험은 논문시험이기 때문에 일반적인 산문과 형식, 문체, 논리전개 방식이 다르다는 것을 유념해야 한다. 사회과학 분야의 논문시험 응시를 위해서는 사회과학 특유의 접근방법, 논리전개 방식, 스타일 등을 익혀야 한다.

일반 공무원도 외교관이 될 수 있다!

오늘날 외교부 본부와 재외공관은 직업외교관뿐만 아니라 다양한 배경을 가진 구성원들로 이루어져 있다. 공무원 경력을 외교부에서 처음 시작한 사람들처럼 일반 공무원으로 공직을 시작한 사람들에게도 재외공관에서 외교관으로 근무할 수 있는 기회가 열려 있다. 심지어 지방자치단체에서 근무하는 공무원들도 재외공관에서 외교관으로 활동할 수 있는 길이 있다.

현대의 외교업무는 정치, 외교, 경제, 문화, 영사 등 몇몇 분야에만 한정된 업무가 아니고 국가 대 국가, 중앙정부 대 중앙정부, 그리고 지방정부 간 교류 등 다양하고 복합적이며 중층적인 교류업무를 다루기 때문에 이러한 업무에 능동적으로 대응하기 위해서는 다양한 분야에서 경험과 전문성을 갖춘 직원이 필요하다. 이러한 맥락에서 생겨난 제도 중 하나가 바로 주재관제도다.

주재관이란 원래 외교부가 아닌 타 부처 출신 공무원들로 해당 부서의 업무와 관련된 외교업무 수행을 위해 재외공관에 파견된 외교관의 일종이다. 영어로는 보통 'Attache'라고 한다. 큰 규모의 재외공관에는 거의 모든 중앙부처, 경우에 따라서는 공공기관이나 지방정부 공무원들까지 주재관으로 파견되어 근무하고 있다. 가령, 주중대사관의 경우, 기획재정부, 통일부, 산업통상자원부, 법무부, 환경부, 문화체육관광부, 농림부, 해양수산부, 인사혁신처, 공정거래위원회, 경찰청 등 거의 모든 부처의 공무원이 파견되어 외교관으로 근무 중이다. 이외에도 지방자치단체, 한국토지주택공사, 보건산업진흥원, 국제교류재단 등 공공기관이나 공사의 직원들이 파견되어 근무하는 경우도 있다. 국방부의 경우에는 대사관 내에 별도의 무관실을 운영해 육군, 해군, 공군의 현역 장교들이 파견되어 군사외교활동을 하고 있다. 이처럼 오늘날은 직업외교관이 아니더라도 언어와 업무 분야에서 전문성을 인정받으면 외교관으로 재외공관에서 근무할 수 있는 기회가 주어진다.

다만, 주재관으로 재외공관에 나갈 기회를 얻기 위해서는 해당 업무에 정통해야 하고 언어에 능통해야 한다. 우선 영어 구사능력이 최상급이어야 하며, 중국이나 제2외국어권 공관으로 가기 위해서는 해당 언어 구사능력을 갖추는 것이 중요한 선발조건이다. 그렇기 때문에 일반 공무원이 된 후에라도 주재관으로 외교관 근무를 희망하는 사람은 평소에 영어와 제2외국어 실력을 부단히 닦아 놓는 것이 필요하다. 외교부는 매년 봄과 가을에 두 번 공모를 거쳐 각 부처에서 주재관 파견자를 선발하고 있다.

국제기구 진출

요즘 젊은 학생들 사이에서는 향후 진로로써 국제기구에 대한 관심이 대단히 높다. 특히 반기문 외교통상부장관이 세계 외교무대의 수장이라고 불리는 UN 사무총장으로 선출된 이후 UN과 같은 국제기구에 대한 관심이 아주 높다.

국제기구는 정부 간 합의에 따라 설립되어 별도의 법인격을 가진 단체가 주권국가들의 관심사항이나 국제적 성격의 문제들을 처리하기 위해 만든 조직이다. 국제기구에 진출한다는 말의 의미는 이런 국제기구의 사무국secretariat이나 전문기관, 관련 부서의 직원이 된다는 것이다. 국제기구는 주로 미국, 스위스, 영국, 프랑스, 네덜란드 등 선진국들에 위치해 있기 때문에 근무여건도 훌륭하다(우리나라

미국 뉴욕의 UN 본부 모습

에도 몇 개의 국제기구가 있다). 국제기구가 직원들에게 제공하는 급여나 휴가, 연금 등 복지혜택도 훌륭하기 때문에 전 세계에서 실력 있는 젊은이들이 많이 몰린다. 또한 국제기구에서 일하게 되면 주권국가들 간의 공통 관심사안인 국제적인 문제들을 처리하기 때문에 국제공동체의 평화와 번영을 위해 일한다는 사명감을 가질 수 있어 좋다.

국제기구로 가기 위해서는 통상 두 가지 경로가 있다. 하나는 국제기구가 자체적으로 실시하는 공식적인 공개경쟁 채용시험을 거쳐서 국제기구에 '입사'하는 것이다. UN국제연합, WTO세계무역기구, IMO국제해사기구, OECD경제협력개발기구, IMF국제통화기금, World Bank세계은행, ICAO국제민간항공기구 등 많은 국제기구들이 매년 행정, 홍보, 국제법, 경제학, 관리, 예산 등 특정한 전문 분야별로 직원들을 선발하고 있기 때문에 공석 발생 시 공개채용을 통해 입사할 수 있다. 위와 같은 방법으로 입사하는 경우가 가장 일반적이며, 채용 직위도 실무급(보통 P급)에서 관리자급(D급 이상) 등으로 다양하다.

다른 하나는 처음부터 국제기구로 직접 들어가지 않고, 외교부에서 직업 외교관으로 근무하거나 외교부가 아닌 정부부처에서 근무하면서 국제기구 관련 업무경험을 쌓은 후 국제기구로 파견을 나가거나, 아예 국제기구 정식직원으로 전직을 하는 경우이다. 예를 들면, 외교부에서 국제법 관련 업무를 하다가 UN 법률국에 공석이 발생하면 응모해 뽑히는 경우다. 또는 IMF와 같은 국제금융기구에 정부파견 대표로 일하다가 IMF에 공석이 발생하는 경우 응모해 정식직원이 되는 경우도 있다. 이처럼 정부나 외교관 경력을 쌓은 다음에 국제기구에 들어가는 것도 좋은 직업경로 중 하나로 종종 있는 일이다.

어느 경우든 국제기구로 가기 위해서는 최소 두 가지 조건을 갖추어야 한다. 첫째는 업무에 대한 전문성이다. 국제기구에 가기 위해서는 해당 국제기구가 요구하는 업무 분야의 전문성을 갖추어야 한다. 가령, UN 법률국에 들어가기 위해서는 국제법 분야의 전문성을 쌓아야 하며, ICAO와 같은 국제기구에 들어가기 위해서는 항공이나 국제항공법 분야의 전문성을 쌓아야 한다. 전문성을 입증할 수 있는 가장 좋은 방법은 관련된 분야의 고등학위를 취득하거나 업무경험을 쌓는 것이다. 국제기구에 가기 위해서는 통상 해당 분야의 석사, 또는 박사학위 같은 고등학위가 필요하다. 국제적인 지명도를 가진 대학에서 법학, 정치학, 경제학, 재정학, 행정학 등의 학위를 취득하는 것이 좋다. 유관 분야 근무경험은 기업, 정부기관, 비영리단체 등의 업무경력이다.

둘째는 능숙한 외국어 소통능력이다. 국제기구에서 업무용으로 사용하는 언어는 보통 영어이나, 추가적으로 UN 공용어로 쓰이는 제2외국어 실력이 필요하다. 예컨대, UN 등에서 일하기 위해서는 영어 외에 불어나 스페인어 등 제2언어 구사능력이 필요하다. 국제기구를 염두에 두고 진로를 계획

중인 학생들은 6개의 UN 공용어영어, 불어, 스페인어, 러시아어, 중국어, 아랍어 중 최소한 두 가지 이상의 외국어 구사능력을 갖추어야 한다.

국립외교원 외교관 후보자 과정에서는 국제기구 회의참여, 국제기구 내 협상 등에 필요한 과정들이 개설되어 있다. 국립외교원에 들어와서도 국제기구 진출에 필요한 전문지식이나 기술을 연마할 수 있기 때문에 후에 국제기구 진출을 희망하는 학생들에게도 국립외교원 과정은 커리어상의 잠재력을 한 단계 높일 수 있는 좋은 기회다.

참고문헌

1. 논문

김경록, 「朝鮮初期 宗系辨誣의 展開樣相과 對明關係」, 『국사관논총』, 제108집.

______, 「宣祖代 洪純彦의 외교활동과 朝·明관계」, 『명청사연구』, 제41집.

김남윤, 「소현세자와 심양관」, 〈주선양총영사관 주최 제1회 한중사행단 학술제〉 발표자료, 2014 08.22.

김순자, 麗末鮮初 對元·明 關係 硏究, 연세대학교 대학원 박사학위 논문, 연세대학교, 1999.

남도영, 「麗末鮮初 馬政上으로 본 對明關係」, 동국사학 6, 1960.

서인범, 「명대 조선통사의 요동 회원관에서의 외교활동」, 〈제1회 한중 사행단 국제학술제〉 발표자료, 2014.08.22.

유복근, "외교행위에 대한 사법심사 문제: 미국의 정치문제 이론을 중심으로", 2012년도 국제법평론회 동계학술대회 발표자료.

______, 「국가 간 수형자 이송제도에 관한 연구」, 고려대학교 박사학위 논문, 2006.

임기중, 「조선연행사 붓끝의 청대 심양 백성 생활상 점묘」, 〈주선양총영사관 주최 제1회 한중 사행단 국제학술제〉 발표자료, 2014.08.22.

주선양총영사관, 제2회 한중 사행단 국제학술 포럼 발표자료, 2015.07.17.

張士遵, 「명·청 시대 한중 사절단 교류와 한중관계」, 〈2014 한-동북3성 미디어 인문포럼〉 발표자료, 2014.08.23.

鄭恩主, 1760년 庚辰冬至燕行과 〈瀋陽館圖帖〉, 명청사연구 제25집, 2006.4.

2. 단행본

공로명, 『나의 외교노트』, 기파랑, 2014.

국립외교원, 『외교관 후보자 정규과정 안내서』, 2014.

그래햄 T. 앨리슨 & 필립 D. 젤리코 저·김태현 역, 『결정의 엣센스: 쿠바 미사일 사태와 세계핵전쟁의 위기』, 모음북스, 2005.

김영윤 저·양현모 편, 『독일, 통일에서 통합으로』, 통일부, 2009.

김영주, 『외교의 이론과 실제: 정보, 대화, 교섭』, 외무부 외교안보연구원, 1992.

김용구, 『세계외교사』, 전면개정판, 서울대학교출판문화원, 2012.

김용식, 『새벽의 약속』, 김영사, 1993.

김정배, 『해리 트루먼: 제33대 대통령』, 선인, 2011.

김창훈, 『에티켓과 테이블 매너즈』, 샘터, 1988.

김태준 · 이승수 · 김일환, 조선의 지식인들과 함께 문명의 연행길을 가다, 푸른 역사, 2005.

김하중, 『증언: 외교를 통해 본 김대중 대통령』, 비전과리더십, 2015.

김효은, 『외교관은 국가대표 멀티플레이어: 21세기 성공 커리어』, 럭스미디어, 2008.

段潔龍 주편 · 외교부 영토해양과 편, 『중국 국제법론: 이론과 실제』, 법문사, 2013.

대통령비서실, 『김대중 대통령 연설문집』, 제3권, 2001.

__________, 『노무현 대통령 연설문집』, 제3권, 2006.

로렌스 M. 프리드만 저 · 안경환 역, 『미국법의 역사』, 청림출판, 2006.

박수길, 『박수길 대사가 들려주는 그동안 우리가 몰랐던 대한민국 외교 이야기』, 비전코리아, 2014.

박영규, 『한 권으로 읽는 조선왕조실록』, 들녘, 1996, p.225.

박재홍, 『공직의 길: 정상의 공직자로 안내하는 자기관리법』, 유원북스, 2011.

박지원 저 · 고미숙 외 역, 『세계최고의 여행기: 열하일기』, 상권, 그린비, 2008.

__________________, 『세계최고의 여행기: 열하일기』, 하권, 그린비, 2008.

박흥신, 『반환 교섭 막전 막후 외규장각 의궤의 귀환』, 행복에너지, 2014.

변광석, 『18세기 초 통신사의 파견과 경상도의 재정부담』, 부산대학교, 2011.

사마천 저 · 연변인민출판사 고전번역팀 역, 『사기열전: 사마천, 궁형의 치욕 속에서 역사를 성찰하다』, 서해문집, 2006.

서긍 저 · 한국고전번역원 옮김, 『고려도경』, 서해문집, 2015.

서대원, 『글로벌 파워 매너』, 중앙북스, 2007.

서인범, 『연행사의 길을 가다: 압록강 넘은 조선 사신, 역사의 풍경을 그리다』, 한길사, 2014.

선약해 저 · 신해진 편역, 『심양사행일기: 당시 하북과 심양의 동향을 알려주는 기록』, 보고사, 2013.

세종대왕기념사업회 편집부, 『국역 국조인물고』, 1~34집, 세종대왕기념사업회, 2007.

____________________, 『국역 통문관지』, 1~4집, 민창문화사, 1998.

소현세자 시강원 저 · 정하영 외 역, 『심양장계: 심양에서 온 편지』, 창비, 2008.

신성순 & 이근성, 『조선통신사』, 중앙일보사, 1994.

신웅진, 『바보처럼 공부하고 천재처럼 꿈꿔라』, 명진출판, 2007.

오긍 저 · 신동준 역, 『정관정요: 창업과 수성의 리더십』, 을유문화사, 2013.

외교부, 「연설, 세계를 바꾸다」, 『정책자료집』, 2014.

______, 『신뢰외교 2013: 3월-12월』, 외교부장관 주요정책 연설 · 기고, 2013.

______, 『신뢰외교 2014: 1월-6월』, 외교부장관 주요정책 연설 · 기고, 2013.

외교통상부 외교안보연구원, 『외교관의 회고: 격동기의 외교관 수난기』, 외교통상부 외교안보연구원, 2002.

외교통상부 편집부, 『세계각국편람』, 외교통상부, 2011.

______________, 『외교의 현장에서 그 보람, 애환, 그리고 사랑』, 어진소리, 2004.

______________, 『의전실무편람』, 외교통상부, 2012.

______________, 『한국외교 50년: 1948-1998』, 외교통상부, 1999.

______________, 『한국외교 60년: 1948-2008』, 외교통상부, 2009.

外務部, 『外交官 便覽』, 1992.

위성락, 『한국 외교 업그레이드 제언』, 21세기북스, 2020.

위정철 저 · 신해진 역, 『심양왕환일기: 1631년 회답사로서 심양을 다녀온 일기』, 보고사, 2014.

유복근, 『로스쿨 진학 가이드』, 개정판, 고시계사, 2012.

_____, 『로스쿨 진학 가이드』, 전면개정판, 고시계사, 2009.

_____, 『로스쿨 진학 가이드』, 초판, 고시계사, 2005.

유복렬, 『돌아온 외규장각 의궤와 외교관 이야기: 145년의 유랑 20년의 협상』, 눌와, 2013.

유성룡 저 · 김흥식 역, 『징비록: 지옥의 전쟁 그리고 반성의 기록』, 서해문집, 2005.

이명박, 『대통령의 시간 2008-2013』, RHK, 2015.

이민성 저 · 이영춘 외 역, 『조천록』(1623년의 북경외교), 대원사, 2014.

이상각, 『조선 역관 열전』, 서해문집, 2011.

이승휴 저 · 진성규 역, 『빈왕록』, 지식을만드는지식, 2009.

이종석, 『칼날 위의 평화: 노무현 시대 통일외교안보 비망록』, 개마고원, 2014.

林基中 편, 燕行錄全集, 동국대학교 출판부, 2007

임동원, 『피스 메이커: 남북관계와 북핵문제 20년』, 중앙북스, 2008.

전재성 · 조윤영 · 한석희 · 박영준 · 신범식, 『한국의 스마트파워 외교전략』, 한울, 2009.

정광, 『조선시대의 외국어교육』, 김영사, 2014.

정명림 저 · 이우창 그림, 『대륙을 움직인 역관 홍순언』, 푸른숲, 2007.

정약용 저 · 이지영 역, 『하룻밤에 읽는 목민심서』, 사군자, 2002.

정은주, 『조선시대 사행기록화: 옛 그림으로 읽는 한중관계사』, 사회평론, 2012.

趙憲 저 · 동아시아비교문화연구회 역, 『조천일기』, 서해문집, 2014.

주선양총영사관, 제1회 한중사행단 국제학술제 발표자료, 2014년 8월.

중국사학회 편 · 강영매 역, 『중국통사 1: 선사시대 · 하 · 상 · 서주 · 동주 · 진 · 서한 · 동한』, 범우, 2008.

__________________, 『중국통사 2: 삼국 · 서진 · 동진 · 남북조 · 수 · 당』, 범우, 2008.

__________, 『중국통사 3: 오대십국 · 북송 · 남송 · 요 · 금 · 원』, 범우, 2008.

__________, 『중국통사 4: 명 · 청』, 범우, 2008.

최병구, 『외교 외교관』, 평민사, 2004.

최부 저 · 서인범 외 역, 『표해록』, 한길사, 2004.

최영진, 『신조선책략: 어떻게 역사는 역전되는가』, 김영사, 2013.

최호중, 『外交는 춤춘다』, 한국문원, 2004.

필립 D. 젤리코 & 콘돌리자 라이스 저 · 김태현 외 역, 『독일통일과 유럽의 변환: 치국경세술 연구』, 모음북스, 2008.

한명기, 『역사평설: 병자호란 1』, 푸른역사, 2013.

_____, 『역사평설: 병자호란 2』, 푸른역사, 2013.

한영우, 『왕조의 설계자 정도전』, 지식산업사, 1999.

헨리 키신저 저 · 권기대 역, 『헨리 키신저의 중국 이야기』, 민음사, 2012.

호르스트 텔칙 저 · 윤여덕 역, 『329일: 독일 통일의 기적을 만든 결정적 순간들』, 한독산학협동단지, 2007.

3. 중국서

段潔龍 主編, 『中國國際法實踐與案例』, 法律出版社, 2011.

習近平, 『談治國理政』, 外交出版社, 北京, 2014.

李肇星, 『李肇星外事回憶』, 中信選書, 北京, 2013.

張士遵, 『紐帶: 明淸 兩代 中朝交通考』, 黑龍江人民出版社, 2012.

錢其琛, 『外交十記』, 世界知識出版社』, 北京, 2003.

古道今韻編輯委員會, 『古道今韻』, 遼寧省中韓友好協會, 2016.

張杰, 『韓國史料三種與盛京滿族硏究』, 辽宁人民族出版社, 2009.

4. 영문서

Arthur E. Sutherland, *The Law at Harvard: A History of Men and Ideas, 1816-1967*, 1967.

Arthur M. Schlesinger, Jr., *A Thousand Days-John F. Kennedy in the White House*, Houghton Muffin Company, 1965.

CIA, *THE WORLD FACTBOOK*, BARNES & NOBLES, 2006.

Colton C. Campbell, Nicol C. Rae & John F. Stack, Jr., *CONGRESS AND THE POLITICS OF FOREIGN POLICY*, Prentice Hall, 2003.

Council on Foreign Relations, "Foreign Affairs", XXV, No.4(July, 1947).

David G. Adler & Larry N. George(ed.), *The Constitution and the Conduct of American Foreign Policy*, Univ. Press of Kansas, 1996.

David Halberstam, *The Coldest Winter*, Hyperion Books, 2008

David McCullough, *The Greater Journey: Americans in Paris*, Simon & Schuster, 2011.

________________, *The Path Between the Seas: The Creation of the Panama Canal 1870-1914*, Simon & Shuster, 1977.

David Paull Nickels, *Under the Wire: How the Telegraph Changed Diplomacy*, Harvard University Press, 2003.

Edward S. Corwin, *The President: Office and Powers 1787-1948*, New York University Press, 1948.

Eileen Denza, *DIPLOMATIC LAW: Commentary on the Vienna Convention on Diplomatic Relations*, Oxford Univ. Press, 2004.

Eric Sutton & A. Bernstorff, *Memoirs of Count Bernstorff*, Random House, 1936.

Erwin Chermerinsky, *Constitutional Law: Principles and Policies*, Aspen Publishers, 2002.

G. R. Berridge, *Diplomacy: Theory and Practice*, Palgrave, 2002.

George F. Kennan, *American Diplomacy(Expanded Version)*, University of Chicago Press, 1984.

________________, *Memoirs 1925-1950*, Little, Brown and Company, 1967.

Gordon Harvey, *Writing with Sources: A Guide for Harvard Students*, 1998.

Graham Allison & Philip D. Zelikow, *Essence of Decision: Explaining the Cuban Missile Crisis(2nd ed.)*, Addison-Wesley Educational Publisher, 1999.

H. Nicolson, *Diplomacy*, Oxford, 1939.

Hedley Bull 저 · 진석용 옮김, 『무정부 사회』(The Anarchical Society: A Study of Order in World Politics), 나남, 2012, pp. 294-296.

Henry Kissinger, *ON CHINA*, 2012.

Horst M. Teltschik, *329 Tage: Innenansichten der Einigung*, 2006.

Ivor Roberts, *Satow's Diplomatic Practice(6th ed.)*, Oxford Univ. Press, 2009.

John H. Davis, *The Kennedys: Dynasty and Disaster*, S.P.I. Books, 1993.

John Rawls, *A Theory of Justice(Rev. ed.)*, Harvard Univ. Press, 1999.

Laurence H. Tribe, *American Constitutional Law*, Foundation Press, 2000.

Lawrence M. Friedman, *An History of American Law(3rd ed.)*, A Touchstone Book, 2001.

Louis Henkin, et. al, *INTERNATIONAL LAW*, West Group, 2001.

Louis Henkin, *Foreign Affairs and the United States Constitution*, Oxford Univ. Press, 1997.

Malcolm N. Shaw, *INTERNATIONAL LAW*, Cambridge Univ. Press, 1997.

Michael J. Glennon, *Constitutional Diplomacy*, Princeton Univ. Press, 1990.

Michael P. Scharf & Paul R. Williams, *SHAPING FOREIGN POLICY IN TIMES OF CRISIS: The Role of international law and the State Department Legal Adviser*, Cambridge Univ. Press, 2010.

Nada Mourtada-Sabbah & Bruce E. Cain, *The Political Question Doctrine and the Supreme Court of the United States*, Lexington Books, 2007.

Nicholas Burns, Marc Grossman, et al., A U.S. Diplomatic Service for the 21st Century, Harvard Belfer Center Report, November 2020.

Nina Segal, *International Jobs(6th ed.)*, Basic Books, 2003.

P. M. Forni, *Choosing Civility: The Twenty-Five Rules of Considerate Conduct*, St. Martin's Griffin, 2002.

Patricia Linderman & Melissa Brayer Hess, *Realities of Foreign Service Life*, Writers Club Press, 2002.

Patrick Salmon, *Keith Hamilton & Stephen Twigge, German Unification 1989-1990: Documents on British Policy Overseas(Series III)*, Volume VII, Routledge, 2010.

Philip Zelikow & Condoleezza Rice, *Germany Unified and Europe Transformed: A Study in Statecraft*, Harvard University Press, 1995.

Richard E. Neustadt, *Presidential Power and the Modern Presidents: The Politics of Leadership From Roosevelt to Reagan*, The Free Press, 1990.

Shaun Riodan, *The New Diplomacy*, Polity Press, 2003.

Shawn Dorman(ed.), *Inside a U.S. Embassy: How the Foreign Service Works for America*, American Foreign Service Association, 2003.

Stephen Dycus, et al, *National Security Law*, Aspen Publisher, 2002.

The Harvard Law Review, et al, *The Bluebook: A Uniform System of Citation(17th ed.)*, 2000.

Thomas M. Franck, Sean D. Murphy, et al, *FOREIGN RELATIONS AND NATIONAL SECURITY LAW(4th ed.)*, WEST, 2012.

William G. Howell, *Power without Persuasion: The Presidential Politics of Direct Presidential Action*, Princeton Univ. Press, 2003.

Zachary Karabell, *PARTING THE DESERT*, Alfred A. Knopf, 2003.

5. 주요 언론 보도

강경민, “NGO 활동가 · MBA... 외교관 스펙 달라졌다”, 《한국경제》, 2013.11.13.

권세진, “외교관 양성할 국립외교원, 교수 3명 채용하고 사무실 리모델링만?”, 《월간조선》, 2013년 12월호.

김동영, “오준 UN대사 감동연설: 북한 주민은 ‘아무나’가 아니다”, 《스타뉴스》, 2014.12.30.

김범현, “오바마 세월호 참사 묵념… 성조기 · 목련 증정”, 〈연합뉴스〉, 2014.04.26.

김성호, “법정에 선 대한민국의 외교와 정치”, 《한국일보》, 2013.11.26.

김승섭, “설에 더 바쁜 재외공관 직원… 설 기분 꿈 못꿔”, 《뉴스1》, 2015.02.18.

김진오, “이태식 대사, 독도 ‘공적’에서 ‘영웅’으로 부활?”, 《노컷뉴스》, 2008.08.01.

김태익, “萬物相: 포니 대령”, 《조선일보》, 2015.01.15.

김후진, “미 FAA 한국 항공안전 2등급 하향, 주미대사에 공식 통보”, 《한국경제》, 2001.08.17.

남혁상, “[朴 대통령 리야드 도착] 사우디의 ‘파격적 예우’… 국왕, 왕위 서열 2 · 3위 공항 환영식에 참석”, 《국민일보》, 2015.03.04.

동아일보, “訪蘇 통역 해프닝…外務部 특채 在美교포 처리 고민”, 《동아일보》, 1990.12.16.

박대열, “조태열 외교차관, 외교관 후보자 교육생들에 조언”, 《뉴시스》, 2015.02.03.

박형수, “[진로 찾아가기] 외교관: 특혜 많은 화려한 고위직? 밤늦도록 격무 시달리는 ‘국제공무원’”, 《중앙일보》, 2014.03.05.

방재홍, “외교관 후보자 정규과정 수료식 거행”, 《이뉴스투데이》, 2014.11.21.

신각수, “외교부 조약국장의 외교인력 배증론”, 《월간조선》, 2002년 8월호.

유지혜 · 강태화, “외교관이 국회의원 관광가이드냐”, 《중앙일보》, 2014.03.17.

윤창수, “첫 외교관 후보에도 ‘여성 파워’”, 《서울신문》, 2013.11.13.

윤태형, “朴 대통령, ‘중국어 외교’ 효과만점… 中 언론 ‘찬사’”, 《뉴스1》, 2014.07.06.

이덕일, “시대에 도전한 사람들”, 《한겨레21》, 2007.06.28.

이언 부루마, “나라 체면 상징이 된 외교관 특권”, 《중앙일보》, 2014.01.21.

이용수, “外試 폐지 후 첫 외교관 후보자 배출”, 《조선일보》, 2014.11.22.

이욱헌, “글로벌 에세이: 고구려 사신, 왜 사마르칸트에 왔을까”, 《문화일보》, 2015.01.21.

이제훈, “외교 전문의 세계-우리나라는 보안문제 없나”, 《국민일보》, 2011.09.23.

이지선, “개천에서 용 나던 고시여 안녕!”, 《경향신문》, 2014.02.02.

장세정, “외교관 후보자시험 수석 · 최연소 모두 여성”, 《중앙일보》, 2014.09.19.

장일현, “장관 퇴임식 다음날 수십 년간 알던 사람 전화번호 다 지웠다”, 김하중 前 통일부장관 인터뷰, 《조선일보》 토일섹션, 2015.03.14~15.

장 훈, "초대 국립외교원장께", 《경향신문》, 2012.04.27.

정 광, "[북리뷰] 조선시대의 외국어교육", 《조선일보》, 2014.12.27.

정재훈, "정부, 심각한 상황…대응수위 높일 것", <YTN>, 2006.04.17.

정태익, "前청와대 외교안보수석의 외교비사", 《프리미엄조선》, 2014.

조숭호, "외교戰 완전무장 341일", 《동아일보》, 2014.12.27.

한림국제대학원대학교 정치경영연구소, "[정치경영연구소의 '自由人'] MB 독도 방문, 日 극우 아베 정권 탄생 도왔다", 조세영 전 외교부 동북아 국장 인터뷰, 《프레시안》, 2013.10.09.

Annie Gowen, "Arrest of Indian Diplomat in New York Sparks U.S.-India Tensions", 《The Washington Post》, December 17, 2013.

Nick Thomson, "Netherlands: 'Sorry' for the Arrest of a Russian Diplomat", <CNN>, October 9, 2013.

6. 인터넷 자료

국립외교원, 주간 뉴스레터.

국사편찬위원회, 朝鮮王朝實錄(sillok.history.go.kr) 국문번역자료.

국사편찬위원회, 承政院日記(sjw.history.go.kr) 국문번역자료.

국사편찬위원회, 비변사등록 국문번역자료.

<네이버 지식백과>, 국역 국조인물고(국조인물고).

<네이버 지식백과>, 국역 고려사 열전.

<네이버 지식백과>, 한국고전용어사전.

<네이버 한국민족문화대백과>.

<위키백과>.